本书为教育部创新团队发展计划系列成果之一
CCES当代中国经济研究系列

登顶比赛
理解中国经济发展的机制

RACE TO THE TOP
UNDERSTANDING THE INSTITUTIONAL
MECHANISM OF ECONOMIC DEVELOPMENT
IN CHINA

张军 范子英 方红生 著

北京大学出版社
PEKING UNIVERSITY PRESS

图书在版编目(CIP)数据

登顶比赛:理解中国经济发展的机制/张军,范子英,方红生著. —北京:北京大学出版社,2016.1
(CCES 当代中国经济研究系列)
ISBN 978-7-301-26469-0

Ⅰ. ①登… Ⅱ. ①张…②范…③方… Ⅲ. ①中国经济—经济发展—研究 Ⅳ. ①F124

中国版本图书馆 CIP 数据核字(2015)第 259740 号

书　　　名	登顶比赛:理解中国经济发展的机制 Dengding Bisai: Lijie Zhongguo Jingji Fazhan de Jizhi
著作责任者	张　军　范子英　方红生　著
策 划 编 辑	徐　冰
责 任 编 辑	李笑男
标 准 书 号	ISBN 978-7-301-26469-0
出 版 发 行	北京大学出版社
地　　　址	北京市海淀区成府路 205 号　100871
网　　　址	http://www.pup.cn
电 子 信 箱	em@pup.cn　　QQ:552063295
新 浪 微 博	@北京大学出版社　@北京大学出版社经管图书
电　　　话	邮购部 62752015　发行部 62750672　编辑部 62752926
印 刷 者	北京大学印刷厂
经 销 者	新华书店
	730 毫米×1020 毫米　16 开本　32.25 印张　355 千字 2016 年 1 月第 1 版　2016 年 1 月第 1 次印刷
印　　　数	0001—4000 册
定　　　价	82.00 元

未经许可,不得以任何方式复制或抄袭本书之部分或全部内容。
版权所有,侵权必究
举报电话:010-62752024　电子信箱:fd@pup.pku.edu.cn
图书如有印装质量问题,请与出版部联系,电话:010-62756370

序

中国自1978年改革开放以来,逐步由计划经济向市场经济进行转轨,在同时代的社会主义阵营国家中,中国的经济转型成就是令人瞩目的。一方面,中国改革开放三十多年来经济增长迅速,保持了年均10%左右的增长速度;另一方面,中国的制度建设和经济结构调整也取得了不俗的成绩。到目前为止,中国已经建立了较为完善的市场经济制度,市场替代了计划在经济发展中的基础性配置作用,中国的经济结构也成功跨越到工业化时代,并朝后工业化时代迈进。在经济转型的影响下,经济学界也展开了诸多的学术研究,旨在剖析"中国模式"背后的核心要素。早期的研究大多从既有的经济学理论入手,认为中国之所以改革成功,是因为"把价格搞对"了,中国的制度建设是其经济增长的源泉,例如中国在资本市场、劳动力市场、土地市场和产品市场进行了一系列的改革,这些改革参照了成熟经济体的经验,看上去只是把西方的制度移植到中国而已。

但是这些研究都忽视了一个重要的特征,那就是中国的地方政府在经济发展中扮演了不同寻常的角色。在改革初期,对于"休克疗法"和"渐进式改革"是有争议的,决策层并没有一个清晰的改革蓝图,什么领域优先改革、如何改革都是难以决定的。于是,中央开始鼓励地方先行先试,通过"试错法"来发现改革的领域和模式,最后中央再总结改革经验,并在全国进行推广,这就是"摸着石头过河"的改革路径。此外,中国地域广袤,不同地区之间存在显著的差异,中央和地方政府之间存在严重的信息不对称,"一刀切"的改革模式也显然不适用于一个大国,因地制宜的改革方案才是可取的。但是,如果中央政府亲自操刀进行因地制宜的改革,又会面临地方的讨价还价,因此把权力下放给地方也是唯一的选择了。

实际上,地方政府间的这种改革是诸多改革的源头,而政府间的改革又来自于20世纪80年代初的"承包制"。在农业领域推广的家庭联产承包责任制取得了卓越的成就,解决了困扰中国三十余年的温饱问题,并释放了大量的劳动力资源。随后,决策层尝试将这种承包经验应用到其他领域。其中,国有企业的承包制以失败告终,这也是学术界常常涉及的话题,但是经济学理论界却忽略了承包制在政府间改革中的作用。在改革开放初期,中央鼓励一些地方先行先试,但地方政府在具体的政策上却束手束脚,规模稍大的投资项目需要得到上级政府和主管部门的批准,同时对一些投资领域和投资形式仍然存在禁忌,于是为地方政府"松绑"成为改革的先遣队。在地方政府获得投资支出决策权之后,为了避免地方"大手大脚"透支中央财政,财政收入权也同时被赋予了地方政府。

20世纪80年代的这种政府间财政体制改革被通俗地称为"大包干""分灶吃饭",虽然具体的制度细则在各地有所差异,但"大包干"开启了中国地方政府"为增长而竞争"的先河,并由此奠定了中国改革开放三十余年来的经济高速增长的制度基础。地方竞争在一个大国内部确实能够发挥各地的优势,但仅此一项并不充分构成经济增长的全部,地方竞争还可能滑向另一个极端,那就是地方政府与地方精英勾结,地方政府不仅未能成为帮助企业发展的"援助之手",甚至可能演变为"攫取之手"。这一现象在诸多东欧转轨国家中出现过,地方政府发展为一个利益集团,争相从本地企业中攫取更多的资源。从这个角度来说,中国的转轨成功反而是一个特例,这得益于中国的政治体制和中央—地方关系。中国自上而下的官员任免制度能够对表现不力的官员进行惩罚,同时对表现优异的官员在政治上进行奖励,这种"胡萝卜加大棒"避免了地方政府成为"攫取之手",并形成了西方人所谓的"登顶比赛"(race to the top)。实际上,很多年之前英国BBC推出的一部对比中国和印度经济发展的纪录片,就用了"Race to the Top"的片名,而那个片子中也包括了BBC的著名记者在上海对我就中国经济增长机制的采访。

我负责的研究团队在十几年前就着手考察在中国经济增长中中央—地方关系的演变和地方竞争的积极作用,并持续跟踪研究至今。这些研究成果涵盖了地方经济的很多维度,从财政、税收、政府行为到转移支付等。在现有的研究文献里,虽然国内外关于这一主题的研究颇多,但是覆盖广泛的系统性研究非常缺乏。本书尝试呈现一个关于中国经济发展的中央—地方关系的基本架构,这个框架里最重要的是由政策和财政体制不断改革生成的激励机制。在整理书稿的过程中,我们发现在这一领域里,学者们的研究兴趣也随着时间在不断演变。最早的一批研究集中于探讨地方竞争是否带来了经济增长,之后转向地方竞争的作用机制分析,最近则在地方竞争给整体经济所带来的结构性影响方面有诸多突破。

中国自20世纪80年代以来的地方竞争并非一成不变,这是《理解中国经济快速发展的机制:朱镕基也许是对的》一文主要讨论的问题。80年代的分权改革虽然释放了地方的积极性,但是这种地方竞争也是无序和杂乱的。中国政府间治理的模式除了鼓励"块块"之间相互竞争外,还要求"条条"之间能够上传下达,"条块"之间要能够良好互动。但是在整个80年代,"条条"几乎是完全失效的,中央将大多数的权力下放到地方政府,中央财政甚至不得不依赖于从地方进行分成,于是中央政策也无法对地方行为产生约束,地方投资一哄而上,造成了投资的混乱和财政的无序。1994年由朱镕基主政的分税制改革无疑逆转了格局,将中央—地方间的财政结构由"弱中央、强地方"逆转为"强中央、弱地方",中央财政收入占全国财政的比重一跃上升至55%。不仅如此,由于分税制改革将企业税收大量上划至中央财政,例如75%的增值税,地方发展企业远不如之前有利可图,于是催生了"土地财政",土地批租制度成为20世纪90年代以来影响最大的地方创新。

如果要盘点地方竞争的积极影响,基础设施无疑是最主要的观察平台。在《中国为什么具有良好的基础设施》一文中,我们分析了中国的地方竞争如何促进了基础设施的发展。中国在许多维度上的发展跟不上增长。例如,在教育、医疗、社保等方面,中国的现状与其经济发展水平不相称。但与此相反的是,中国的基础设施远远超过同等水平的国家,这可以从现阶段中国四通八达的高速公路,以及最近几年令世界瞩目的高速铁路看出来,此外在港口、机场和城市建设方面,中国表现都异常优秀。我们在这篇文章中发现,地方政府之间在"招商引资"上的竞争和政府治理的转型是解释中国基础设施投资决定的重要因素,这意味着分权、开放、政府体制的改革与政府职业化水平的提高对政府致力于建设和改善基础设施是至关重要的。

自上而下的官员选拔机制虽然对那些有晋升希望的官员有效,能够防止他们被利益集团俘获,同时鼓励他们在一定的范围内最大限度发挥自身才能,但是这种机制并不能遏制其他官员的自利动机。由于上级政府的空缺职位是有限的,特别是相对于下级官员的数量而言,因此中央需要制定一套官员异地交流制度来防止官员被俘获,这便是《官员任期、异地交流与经济增长》的主要内容。我们在这篇文章中发现,官员任期与经济增长的关系呈现出倒"U"形特征,这说明在中国,官员的任期时间长短会显著影响其施政行为和策略。如果官员在某一职位任职时间过长或者面临年龄限制而即将终结任期,就会改变目标函数和决策方式,弱化激励水平,限制或缩短任期在一定程度上有助于扭转这个目标变化的问题。但如果官员预期的任职时间仅是短暂的或者过渡性的,那么他(她)也会短视,不做长期规划。因此,对于中央政府来说,制定一个合适的任期上限是非常有必要的,并且理论上是存在一个最优任期年限的。

地方政府竞争主要表现在两个维度：一是在财政支出方面竞争，例如争相将政府支出投入到基础设施建设，相应减少其他领域的投入；二是在税收政策方面竞争，即税收竞争。《税收竞争、税收执法与企业避税》就分析了地方政府间的税收竞争对企业的影响。地方政府为了招商引资，最大化财政收入和本地GDP规模，会在具体的税收政策方面给予企业优惠，而企业在一系列潜在的地方之间进行选择，这会导致地方竞争演变为"逐底比赛"(race to the bottom)，最后的实际均衡税率远低于初始税率。但地方税收竞争会面临法律上的障碍，这是因为中国的税法权限集中于中央政府，地方不具备调整法定税率和税收优惠的权力，不过幸好地税局还掌握在地方政府手中。我们的研究发现，对于两个完全相同的企业，在地税系统的企业的所得税实际税率比国税系统的企业低25%。因此，在中国地方之间的税收竞争在宏观上表现为税源损失，在微观上表现为企业税率下降，税收竞争确实会降低企业的实际税负，这便是其中一只"援助之手"。

税收竞争不仅表现在一国内部，还在国家之间出现。国家之间的税收竞争的主要形式是出口退税政策，这是《出口退税政策与中国加工贸易的发展》一文的研究主题。中国的外贸出口对实体经济的拉动作用明显，而发展最为迅速的是加工贸易，很多的加工贸易是"两头在外"，即原材料和产品市场都在国外，中国只是负责装配加工等，早年的"三来一补"贸易就是典型的加工贸易。我们在这篇文章中发现，中国特色的出口退税制度是加工贸易得以迅速发展的原因，具体来说，中国政府针对加工贸易实施"不征不退"的政策，即在进口环节不再征收进口增值税，同时在出口环节免于退还增值税。"不征不退"政策保证了加工贸易免受宏观政策的干扰,我国频繁调整出口退税税率显著影响到一般贸易的出口,却对加工贸易没有影响。

地方竞争会带来地方政府的投资冲动,固定资产投资具有见效快、周期短、易操作的优点,地方官员能够在其一个任期内将本地的 GDP 提升一个台阶,因此在"GDP 竞赛"的背景下,如何遏制地方的投资冲动是中央政府需要解决的难题。《中国地方政府竞争、预算软约束与扩张偏向的财政行为》一文即分析了地方政府竞争导致的财政扩张行为。1994年,中央政府为了约束地方的投资行为,专门制定了《预算法》,规定地方政府当年的财政收支要盈亏平衡,不得单列赤字,这意味着中国的地方政府不能向银行借款,也不能单独发债。但即使是这样,我们的研究依然发现在繁荣期,中国地方政府执行的是顺周期性财政政策,但是在衰退期,中国地方政府执行的是非常积极的反周期性财政政策。这意味着地方投资是超过了理论水平的。中国式分权治理模式是一把"双刃剑",即对于治理经济衰退非常有效,但一旦经济处于繁荣时期,地方政府将不可避免地成为经济不稳定的加速器。

分税制改革之后,中央政府从全国的财政收入中占据了更大的比重,如果地方的政策目标是财政收入最大化,分税制政策就可能导致地方"破罐子破摔",从而造成税源的大量流失。但实际上,中国的财政收入不仅没有出现滑坡,1998—2008 年甚至出现年均超过 20% 的增速,由于这一段时间的税收收入增速远超过同期的 GDP 增速,因此也被称为"税收收入超 GDP 增长之谜"。《攫取之手、援助之手与中国税收超 GDP 增长》一文首次构造了一个以攫取之手和援助之手为双内核的理论框架来研究这个谜题。我们有三点重要发现:第一,尽管两只手有时会相互抑制,但是两只手治理模式对于中国税收持续超GDP增长现象的确具有正向推动作用,而且其解释力至少为52%。第二,尽管在提高税收净流出地区的税收占GDP比重方面,主要渠道是税收征管效率而非高税行业的发展,但是两只手治理模式的确调动起了地方政府大力发展高税行业的积极性。第三,与税收净流出地区不同,在提高税收净流入地区的税收占GDP比重方面,两只手治理模式是将高税行业的发展作为其主要渠道的。

十多年前,陈抗等(2002)发表了一项至今仍被广泛接受的研究成果,即财政集权将激励地方政府伸出攫取之手而不是援助之手。《财政(再)集权的激励效应再评估:攫取之手还是援助之手?》一文对此表示了质疑,并重新评估了财政集权的激励效应。我们发现财政集权将激励净流出地区的地方政府伸出援助之手,而在净流入地区,虽然中央政府的转移支付对财政集权的这一效应有所抑制,但总体上还不足以改变其援助之手的性质。这一发现支持了新财政集权理论而证伪了陈抗等至今仍被广泛接受的一个攫取之手的观点。

过度的分权会导致无序的地方竞争,反而不利于经济增长,《财政分权与中国经济增长的效率》一文即估计了"分权的底线"。理论上,分权会导致如下三方面的不足:城乡差距、地区分割和公共事业投入低。首先,工业和服务业都集中于城市,而农村的农业回报远低于工业和服务业,于是地方政府倾向于将财政资源投入到城市,恶化了原有的城乡差距,如今的城乡差距不仅体现在居民的收入上,还体现在城乡的基础设施和基本服务上;其次,地方竞争势必导致"以邻为壑",因此区域性的市场被各地割据；最后，与资本相关的基础设施得到长足发展，基本公共服务则非常落后，如果考虑到地方官员的任期限制，这种支出偏向就更加严重。我们的研究发现，仅仅依赖于提高经济产出并不能有效缓解分权的负面效应，更为重要的是对不利作用进行纠偏。

要依赖于地方政府自身对其行为进行纠偏是行不通的，一个可行的方法是由上级政府来操作，《财政转移支付的市场整合效应》一文则研究了中央政府如何利用"胡萝卜"来诱导地方政府改变行为。关于市场分割的一个解释是地方政府为了财政收入最大化，地区之间倾向于将本地市场保护起来以留给本地产品使用。同样，这种地方保护还体现在要素市场上，早年各地开展的"煤炭战""棉花战"即是将生产资源留给本地，这些扭曲行为的背后是地方的利益最大化。由于地方保护根源于地方竞争，只要地方竞争的模式没有发生改变，地方保护就不会自行消失。理论上可行的办法是由中央政府基于地方行为进行奖惩，如果地方放弃市场分割，中央则给予更多的财力支持，这样地方政府就会在放弃市场分割的损失和收益之间权衡，只要财力支持超过一定的额度，地方政府就会选择区域分工和合作。

财政转移支付虽然能在一定程度上使得地方政府放弃地方割据，但恰恰是转移支付目标的多元化，导致转移支付难以促进地方的增长。在《财政转移支付的增长效应》一文中，我们估计了转移支付对增长的效应，发现转移支付在短期内能够增加投资，因此能带来短期的增长，但是从长期来看，由于地方政府逐渐依赖于转移支付，财政资源净流入的增长反而下降了。这种负向的增长效应与转移支付的结构性效应紧密相关，在《粘纸效应：财政转移支付与政府规模》一文中，我们发现转移支付会显著增加地方政府的规模,使得地方财政逐步沦为"吃饭财政";而《财政转移支付与腐败》一文则发现转移支付还带来了严重的官员腐败,这是因为转移支付被地方政府大量挪用于基础设施建设,而基础设施建设又是腐败高发领域。

由于转移支付更像是"意外之财",地方政府都会想方设法"跑部钱进",政治因素在转移支付的分配中起到重要作用。《财政转移支付分配中的政治经济学》即研究了地方与中央的政治管理如何影响到地方获得的转移支付,中国现阶段的财政转移支付制度目标多重,特别是为了维系"条条"之间的贯通,财政转移支付过度模糊化,将操作的权限赋予各部委,由部委来决定其领域的财政资源如何在地区间进行分配,这虽然有利于部委政策在地方的落实,但无形之中也增加了人为因素的干扰,特别是放大了作为"一把手"的部长的权限。我们的研究发现,如果有一位部长来自于某地级市,其获得的财政转移支付会相应增加27%,如果是一个重要部委,这种效应会使得转移支付翻番。地方竞争不仅表现在招商引资和GDP竞赛上,还表现在争夺中央财政资源上。

综上所述,这14篇论文分别从地方竞争、财政分权、分税制改革、支出偏向、转移支付等维度展开,基本涵盖了有关中国的中央—地方的财政关系和中国地方政府竞争行为的主要领域。我们相信本书是对中国式财政联邦主义和地方竞争理论的一个贡献,希望能够促进未来研究的再深入。

值得一提的是,本书的合著者方红生和范子英博士都曾在我的指导下完成博士论文并在复旦大学获得经济学博士学位,之后分别在浙江大学经济学院和上海财经大学公共经济与管理学院执教。如今他们各自在自己的研究领域已经取得了丰硕的成果,赢得了学术界的赞誉,成为中国新生代青年经济学家当中的佼佼者。作为导师,对此我感到自豪。收入本书的这些研究论文大多数是他们各自在攻读博士学位期间与我合作完成的,而这些研究的内容在选题过程中也精心设计,彼此互补,因而当我发现我们之间的这些研究几乎可以生成一本主题鲜明的著作的时候,我并不感到意外。于是我决定由我们师徒三人编辑出版这本书,算是对我们师徒过去合作研究的最好纪念。

张军

2015 年 7 月 28 日于上海

目录

1 理解中国经济快速发展的机制：朱镕基也许是对的　1
2 中国为什么具有良好的基础设施　42
3 官员任期、异地交流与经济增长　131
4 税收竞争、税收执法与企业避税　176
5 出口退税政策与中国加工贸易的发展　205
6 中国地方政府竞争、预算软约束与扩张偏向的财政行为　235
7 攫取之手、援助之手与中国税收超 GDP 增长　263
8 财政（再）集权的激励效应再评估：攫取之手还是援助之手　296
9 财政分权与中国经济增长的效率　328
10 财政转移支付的市场整合效应　360
11 财政转移支付的增长效应　388
12 粘纸效应：财政转移支付与政府规模　422
13 财政转移支付与腐败　444
14 财政转移支付分配中的政治经济学　472

1

理解中国经济快速发展的机制：朱镕基也许是对的①

| 一、引言 |

应 David Greenaway 主编的邀请，我感到非常荣幸能够在 *The World Economy Annual China Lecture* 上跟大家分享我对中国经济转型和发展模式的一些认识。正是这个邀请让我在过去几个月里不得不去认真整理一下我这些年来所做的有关中国经济增长与发展方面的研究片段。事实上，在 2008 年，时值中国经济改革和开放 30 周年之际，我曾受邀在诺丁汉大学、斯德哥尔摩经济学院和大阪工业大学等地就如何诠释中国的经济发展做过几次演讲。在那些演讲的基础上，今天我才能够更系统地给各位展现一个框架，而且我认为这个框架有助于更好地诠释中国经济快速发展的机制，从而帮助人们理解中国经济在过去 20 年来的发展经验。

就在前不久，也就是 2011 年 7 月 26 日，纽约大学的 Nouriel Roubini 教授在上海交通大学高级金融研究院做了一个演讲。他在演讲中提到，中国经济过去的高速增长是靠出口和巨大的固定资产投资支撑的，而且他说高储蓄

---

① 发表于《比较》2012 年第 6 期。

和低消费是一个不可持续的增长模式。这也是当下非常流行的看法。但我想指出的是,这一说法并不像它看上去的那么正确。例如,尽管中国的出口值相对于GDP超过了30%,但平均而言,净出口(net exports)占GDP的份额过去10年平均仅有3.3%,这几年更是在2%以下。更有意思的是,Roubini教授把经济增长的源泉归结于需求的构成,显然这不是经济学家应该有的理解长期经济增长的方法。需求因素,特别是消费需求,并不能作为解释长期经济增长的源泉,相反,它最好被理解为经济增长的结果。因此,站在需求方,断言中国经济过去的高速增长依靠了过度出口和过度投资,忽略了消费,是无益于揭示20年来中国经济发展的逻辑与机制的。这种似是而非的言论之所以大行其道,大概皆可归因于当下源于美国和欧洲的全球经济危机。由于过于强调消费需求对经济发展的重要性,储蓄再一次被诅咒而不再被视为美德。尽管这种分析短期经济波动和商业周期的逻辑并不能用于对长期经济增长的解释和预测,然而,令人匪夷所思的是,那些著名的经济学家为什么今天也随波逐流?

那么,要阐释经济发展的机制,我们应该从哪开始呢?什么才是经济发展的核心问题呢?还是让我们听一下Arthur Lewis在1954年是怎么说的吧。他在著名的论文"Economic Development with Unlimited Supply of Labor"中写道:"在经济发展的理论中,核心的问题是要弄清楚一个经济体从前的储蓄和投资仅占其国民收入的4%—5%,甚至更少,是如何能将其自愿储蓄提高到占其国民收入的12%或15%,甚至更高的。之所以这是核心问题,是因为经济发展的核心事实是资本(包括资本中包含的知识和技能)的快速积累。"(Lewis,1954,p. 416)(The central problem in the theory of economic development is to understand the process by which a community which was previously saving and investing 4 or 5 per cent of its national income or less, converts itself into an economy where voluntary saving is running at about 12 or 15 per cent of its national income or more. This is the central problem because the central fact of economic development is rapid capital accumulation (including knowledge and skills with capital).)

毫无疑问,中国现在的高投资率反映的是中国目前的国民储蓄率仍处于较高水平这一阶段性事实。这没有错。消费占比的下降只是相对于GDP的比重下降,并不是绝对水平的减少。遗憾的是,中国的统计当局没有能够在统计上处理好家庭的服务消费和"推断租金"(imputed rents)的问题,从而对家庭消费开支的核算存在系统性的低估。① 但即使这样,中国在20世纪90年代之后的20年也一直保持着消费的较快增长,扣除通货膨胀因素的复合增长率达8.6%,而同一时期世界经济整体的消费增长率则不到3%。② 另外还需要指出,中国在过去20年来消费占比的下降并不是国民储蓄率升高的必然结果,因为过去20年,中国的国民储蓄率升高主要是公司部门和政府的公共储蓄得以提高的结果,家庭储蓄率的变化其实并不显著。③ 而非居民部

---

① 自从中国在20世纪90年代末放弃福利分房制度并启动住房市场之后,家庭必然为购买住房而储蓄。如今在城乡房屋私有化率高达近90%的情况下,国家统计局不得不承认,由于缺乏足够可靠的历史资料来估算"推断租金",国家统计局只是使用家庭缴纳的维修基金和物业费以及房屋装修开支等粗略估计家庭用于住房消费的开支。根据这一估计,中国普通家庭住房消费占家庭消费开支的比重仅为7%左右,显然低估了家庭在住房消费上的支出水平。另外,国家统计局利用现有的官方社保、医疗、金融、保险等部门的统计资料进行推算家庭服务支出的做法也低估了家庭在教育、医疗以及金融中介服务等方面的实际开支。

② Arvind Subramanian(2011)在最近出版的著作 *Eclipse: Living in the Shadow of China's Economic Dominance* 中使用"佩恩表"(Penn World Tables)的购买力平价数据计算发现,在与东亚经济高增长的相似阶段,中国人均消费的增长也显著快于日本、新加坡、韩国,以及中国香港和中国台湾等。顺便提一下,这个比照结果不仅说明中国在过去20年人均消费的增长有较好记录,而且对那些指责中国一直实行贸易重商主义政策的言论也有申辩之义。

③ 中国的家庭储蓄率(占GDP)大约维持在20%左右。而过去20年以来公司部门的储蓄率增长较快并且已经超过了家庭部门的储蓄率。

门储蓄率提高(从而投资占GDP比率上升)的一个重要原因是过去20年来年劳动报酬占国民收入的比重(所谓的"劳动份额")持续下降(罗长远和张军，2009a,b；白重恩和钱震杰，2009)。那么，为什么会出现这一现象呢？

包括我在内的不少经济学家做了各种努力，试图找到答案。在我们的一个研究中，我们把全国层面的劳动报酬占国民收入的比重分解到了中国的各个省份，于是就发现了这个现象背后的有趣规律。利用地区的资金流量表，我们计算发现，上海的劳动报酬占比是全国最低的，而经济贫穷的贵州和广西则是全国最高的(罗长远和张军，2009b)。① 这似乎是说，农业份额大的省份，劳动报酬占比就往往比较高，而工业化程度和城市化水平比较高的省份，劳动报酬占比就比较低。为什么这样？这不难解释，因为农业部门的资本-劳动比率大大低于工业部门。因此，劳动份额的持续下降趋势反映的实际上是中国经济结构的升级过程，也就是说，在过去20年，越来越多的省份实现着经济结构的升级，经历着工业化和城市化的进程。在这个结构变化过程中，农业在GDP中的份额在下降，而制造业和服务业的份额则在上升，这样一个结构变化很大程度上导致了我们观察到的劳动报酬在GDP中的占比出现下降的趋势。

所以我认为，上述现象的出现主要是经济结构变化造成的。这是一个非常积极的信号，因为结构变化是经济发展的一个非常重要的机制。经济发展是经济结构不断升级的过程，在这个过程中，劳动力、资本和土地等要素开始从传统部门逐步被配置到生产率更高的现代部门，从而实现人均收入的不断提高。不用说，过去20年，中国正处于快速工业化的发展阶段，制造业在GDP中的份额持续增加，而将来，随着服务业在各个省的经济结构中变得越来越重要，全国

---

① 例如，在2000年，上海的劳动收入份额是34.99，而广西和贵州分别是64.33和60.85。

层面上观察到的劳动报酬在整个国民收入当中的份额就会止跌回升。这意味着,随着劳动份额的提高,未来中国的国民储蓄占 GDP 的比重也就会随着经济发展进入到更高阶段和人均收入水平的提高而逐步下降。亚洲"四小龙"在 30—40 年前都是世界上储蓄率最高的经济之一,但今天不是。但是它们早期经济发展的成功经验告诉我们,如果能在储蓄率高的阶段推进有效的资本形成,人均收入就可以获得更快的增长,从而成功缩小与发达国家的收入差距。①

因此,过去 20 年来中国工业化(和城市化)进程在地方间不平衡地推进是解释劳动报酬份额的下降和国民储蓄率提高的主要因素。不难理解,工业化显著提高了一个地区的劳动生产率,而中国的农村释放出来的巨大规模的劳动供给量又使得非技能工人的工资增长相对缓慢。这就让资本的回报和政府的收入获得了更快的增长。我的这一解释幸运地得到了卢锋(2006)的一项研究的证实。卢锋发现,1978—1990 年,中国制造业的劳动生产率的年均增长率仅有 1.85%,但在进入 20 世纪 90 年代之后,随着资本积累和工业化的加速,制造业的劳动生产率增速开始大幅提升,其中 1991—2004 年的年均增长率达到 13.1%,而 1994—2004 年的年均增长率则达到 15.5%,均大大高于同期人均 GDP 和工资的增速。

二、过去 20 年工业化与资本积累的几个典型事实

你也许留意到了,刚才我多次提到工业化和资本积累是在过去 20 年里

---

① 北京大学的蔡洪滨教授做了一个研究,他用上百个国家的统计样本,讨论了哪些因素会影响一个中低收入国家成功实现向高收入的跨越。在他的回归方程中,消费率、投资率、出口占 GDP 的比重、基尼系数等变量都被作为了影响因素。他的回归结果显示,这些结构变量在统计上都不显著。换句话说,从长远来说,这些变量并不是决定这些国家能否成功跨越所谓"中等收入陷阱"的因素,因为它们会随着经济发展阶段的改变而发生变化(蔡洪滨,2011)。

得以加速的。你会感到好奇,中国经济的改革始自1978年,为什么工业化(城市化)是从20世纪90年代之后开始加快的呢?为了回答这个问题,我先陈述一下20世纪90年代中期以来我们可以观察到的关于工业化和资本积累加速的几个典型事实:

第一个典型事实是,资本形成的速度在20世纪90年代中期之后显著加快。1979—1993年,实际资本存量的增长率只有一位数,而之后开始加速,平均达到每年大约13%的增长。如图1-1所示,这使得实际的资本产出比率从1994年前后开始上升。

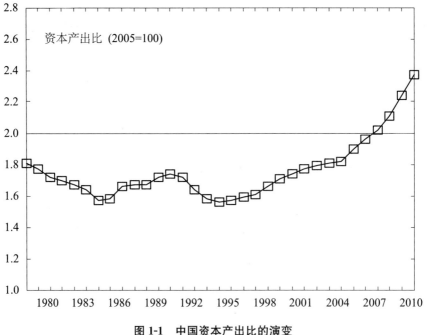

图1-1 中国资本产出比的演变

注:资本存量数据是31个省级资本存量的加总,该数据系列来自于Zhang(2008),陈诗一将该数据系列推广到了2010年。在形成本图时,作者用2005年为基期的投资品价格指数和GDP隐含价格指数分别对资本和GDP做了价格缩减。

第二个典型事实由图 1-2 给出。在图 1-2 中我们可以清楚地观察到,也是在 20 世纪 90 年代中期之后,公共基础设施的投资几乎在所有省份都经历跳跃式的增长,成为资本积累加速的重要助推器。从那以后,以交通、通信、能源和城市公共设施为代表的中国基础设施的水准得以前所未有地持续改善。①

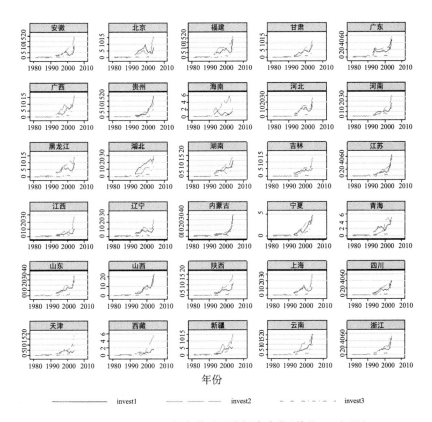

图 1-2　1981—2004 各省基础设施投资变化(单位:10 亿元)

注:invest1 指电力、煤气及水的生产和供应业投资;invest2 指交通运输仓储和邮电业投资;invest3 指水利、环境和公共设施管理业投资。另外,重庆市 1997 年及以后的数据并入了四川省。

资料来源:张军等(2007)。

---

① 张军(2011)提供了过去 20 年来中国在基础设施的投资及融资方式演变上的详细介绍。在另一个经验研究中,张军等(2007)解释了为什么中国拥有了良好的基础设施。

第三个典型事实是,来自地方政府的资本支出在这一时期的资本形成中扮演着重要角色。每年平均大约40%的资本支出是来自政府的,尤其是地方各级政府。而中央政府在基本建设投资项目中的资助比例则持续下降,过去10年平均只有10%左右(如图1-3所示)。地方政府的资本支出主要不再是对国有企业的资本投入,而是用于公共基础设施以及其他社会公共资本(social overhead capital)的建设。事实上,各级地方政府开始成为资本积累的积极鼓励者和有力推动者。

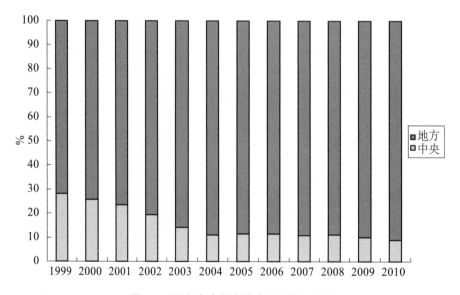

图1-3 固定资产投资的中央-地方比例

资料来源:国家统计局,《2011中国统计年鉴》。

第四个典型事实是,尽管在20世纪90年代之后工业化和资本积累加快了,但资本的回报并没有出现恶化趋势(Bai, Hsieh and Qian, 2006)。这很大程度上得益于90年代后期政府对国有部门的结构改革使得资本和劳动要素的跨地区和跨部门流动变得更加容易,资本的分配效率在这一时期得到不断改善(Chen, Jefferson and Zhang, 2011)。① 因此,工业化和资本积累在90年代之后的加速是过去20年来中国实现经济快速和持续增长的引擎。

以上四个典型事实提醒我们,发生在20世纪90年代之后的加速工业化现象不应该理解为中央政府自上而下制定和实施工业化战略和选择性产业政策的结果。正相反,经济的市场化和各级地方政府成为工业化和资本形成加速的有力推动者。正是后者让20世纪90年代之后的工业化道路与之前40年的工业化道路有了显著的区别,这也是理解20世纪90年代之后资本积累和经济发展机制的关键。在相当长的时期内(至少在20世纪50年代到20世纪80年代中),中国的工业化和资本积累一直是靠自上而下执行产业政策并在计划投资的体制里推进的,其教训是,自上而下执行产业政策的后果往往导致对基础设施等公共投资的严重不足,也导致更多的资本最先被配置到经济相对落后的内地省份而不是去帮助东部发达地区的经济起飞。

---

① 虽然经济学家中对中国的投资效率和投资回报率持批评态度的并不少见,但对投资回报率做出估计的并不多见。在2006年前后,世界银行、清华大学和北京大学的研究小组几乎同时开展的独立研究没在总量层面上发现中国的投资回报率有明显的恶化趋势。那些批评中国投资过度的经济学家往往指出中国的产能过剩问题。尽管某些产业或者产品的产能过剩是完全可能的,但这并不足以证明存在结构性的产能过剩问题,否则就难以与过去20年中国经济高速增长的经验事实相吻合。也有较多经济学家用增量资本产出比率(incremental capital output ratio, ICOR,它等于投资率与GDP增长率之比)的上升来证明中国投资效率有恶化的趋势,理由是,中国的投资率(投资占GDP的比率)比20年前高了很多,但经济增长速度并没有更快。需要指出的是,ICOR对经济的短期波动非常敏感,因此,在计算ICOR时,必须使用较长时间跨度的平均值才有意义。根据我们的计算,中国2001—2010年的平均ICOR(平均投资率除以平均增长率)是4.06,与1981—1990年3.86的平均ICOR相比只是略有上升,而这种上升其实是非常正常的。随着经济发展水平和人均收入的提高,一个国家的ICOR一般也会上升。事实上,发达国家的ICOR要远高于中国的水平。根据世界银行的数据,高收入国家作为一个整体在上述两个十年间的ICOR分别是6.32和12.62。所以,不能简单地用ICOR来判断一个国家的投资效率。如果一定要用这个指标的话,那么中国的投资效率就几乎位于世界的最前列了(朱天和张军,2012)。

不妨大胆设想一下,如果20世纪90年代之后的这种工业化进程(从而资本积累)是在选择性产业政策的框架里自上而下执行的,中国似乎难以避免再度发生因过度工业化和丧失经济效率造成的经济衰退。以此推断,90年代之后工业化进程的加速和资本的深化不可能是集权计划决策体制的结果,或是自上而下执行产业政策的结果,而更像是市场、分权和政府间竞争导致的结果,因为没有以竞争为基础的有效的资本分配和让地方政府自主的激励机制,中国经济不可能在90年代之后因为工业化的加速和资本深化而保持持久的快速增长势头。

可是,作为提高地方政府自主性改革的内容之一,中央政府在财政上和决策上向地方政府的放权和分权早在20世纪80年代就完成了,而且地方政府之间的竞争在80年代也就因此而存在,为什么工业化和资本积累的加速发生在90年代之后?众所周知,在中国经济改革的头十年,农业改革和乡村的工业化(以所谓的乡镇企业的崛起为特色)无疑是经济增长的最大贡献者。在这一时期,原有的计划经济的管理体制基本没有改变。但为了调动地方政府的积极性,中央政府尝试了向地方政府的财政分权,以财政承包制的形式将更多的财政收入留给了地方。然而,整个20世纪80年代,虽然实行了财政承包并给予了地方更多的自主权,但城市的工业化和资本积累速度依然缓慢。财政分权引发的更多的是地区之间的市场封锁与分割等严重的地方主义和保护主义的行为,重复建设损害了资本分配的效率,国有企业受到保护,并最终在宏观上导致反复不断的恶性通货膨胀,经济大起大落,经济增长的基础非常脆弱并极易波动。① 而所有这一切在20世纪90年代之后都趋于消失不见了。所以,仅仅看到了财政分权和向地方的放权还不够,还需要更周密地考虑发生在90年代之后的更重要的制度变化,方能解释地方的工业化和资本积累加速的现象。

过去20年里,那些把财政分权与经济增长相联系的文献(所谓中国式的财政联邦主义)在试图解释改革开放以来中国经济增长的现象时常常并不考虑90年代与80年代在制度改革和增长机制上的差异,而仅仅关注和强调这种财政联邦主义总体而言对经济增长的好处,忽略了财政分权在80年代为地方政府追逐严重地方主义行为提供的强大激励。② 的确,对中国而言,分权的好处很大。中国有2 860多个县,30多个省,有600多个城市,将近300个地级市,经济不仅在行政管理体制上被分割成了最小的行政单位,而且在一个行政的区划内,几乎所有的资源都控制在地方政府的手上。这跟大多数西方经济很不一样。在西方,经济资源多数为私人部门或者家庭拥有,经济决策和经济活动多由这些私人部门来做出和安排,跟地方政府没有直接的关系。而在中国,所有的经济资源都在地方政府手上,经济增长需要在层层的分权和调动了基层政府的积极性之后才能发生。张五常先生一直强调"县"

---

① 2000年4月,在一篇题为"Redistribution in a Decentralized Economy: Growth and Inflation in China under Reform"的论文中,Brandt和Zhu证实了财政分权是1981—1993年中国频繁出现通货膨胀的根源(Brandt and Zhu, 2000)。2005年,在另一篇也是讨论中国的财政分权与宏观不稳定的论文中,作者Feltenstein和Iwata也发现,中国不断发生的通货膨胀是财政向地方政府分权的一个不可避免的结果。地方政府不断获得的财政自主权经过一个传导机制最后推动了货币创造,使货币供给常常失去控制,导致通货膨胀总是频繁地发生。按照他们的说法,中国的经济分权对实物产出有显著的正面影响,但财政分权却不利于物价的稳定(Feltenstein and Iwata, 2005)。

② 关于中国的财政分权与经济增长的研究文献,可参见Zhang and Zou(1998), Lin and Liu(2000)以及Jin, Qian and Weingast(2005)等。

非常重要,因为所有的土地资源都在县一级政府手里,因此一个省要实现增长的话,就要确保县(市)一级的增长(Steven Cheung,2009)。① 可是,虽然这种组织架构对于分权的潜在收益来说非常大,但也意味着分权的潜在成本和风险同样很大,因为在这种组织架构内,要确保上下级政府的"激励兼容"和协调有冲突的利益也会变得十分困难。在分权体制下,地方政府倾向于过度追逐地方主义的目标,如果缺乏有力的协调机制,势必导致全国层面上出现经济混乱和宏观经济的高度不稳定。实际上,这个"激励不兼容"的问题严重困扰着中国。不仅在计划经济时期,而且在 20 世纪 80 年代的改革方案中,中央政府也未能解决好这个问题。那时候的改革只有对财政分权的考虑而没有设计好处理"激励不兼容"和协调问题的方案,结果宏观经济一直摆脱不了大起大落和恶性通货膨胀反复发生的顽症。②

那么,90 年代到底发生了什么使得中国的财政分权体制在保留了财政联邦主义的好处的同时又大大限制了地方政府追逐地方主义和保护主义目标的能力呢?Blanchard 和 Shleifer(2001)似乎把原因归结为了中国的政治集权,认为是政治的集权体制削弱了地方政府对局部目标的追逐。他们写道:"近来关于中国财政联邦主义的讨论中,在褒扬分权的好处时是有所忽略的。我们所能说的是,财政联邦主义带来的分权的好处很大程度上取决于某种形式的政治集权。没有这种集权,地方政府追逐地方主义的动机就会过大,而且仅仅通过巧妙的经济与财政的安排是很难消除的。"(Blanchard and

---

① 张五常认为:"今天的中国,主要的经济权力不在村,不在镇,不在市,不在省,也不在北京,而是在县的手上。理由是,决定土地使用的权力落在县之手。"(Cheung,2009,p.63)

② 在 20 世纪 80 年代,前民主德国的经济学家访问中国时曾经对中国的经济改革政策评价道,已有的改革尽是微观的改革,看不到任何宏观层面的改革。

Shleifer,2001,p.178)(…it has been neglected in the recent discussions of China praising the decentralization benefits of federalism. As best we can tell,the economic benefits of decentralization obtained from federalism rely crucially on some form of political centralization. Without such centralization,the incentives to pursue regionalist policies are too high,and cannot be eliminated solely through clever economic and fiscal arrangement.)我不得不说,这一解释并不令人信服,因为同样是集权的政治和中央对地方高官的任命制,在 20 世纪整个 80 年代却没能有效克服地方主义行为的流行。相反,这一行为在 80 年代后期愈演愈烈,最后导致了宏观经济的严重失衡和经济生活的混乱。显然,那个使得财政分权的体制在保留了财政联邦主义的好处的同时又大大约束了地方政府的地方主义行为的改革应该出现在 90 年代初。而我认为,那就是中央政府 1993 年定型的在中央与地方的财政关系上用"分税制"取代收入分享制的方案。

得出这个结论似乎是显而易见的,因为分税制的出台原本就是中央政府针对 20 世纪整个 80 年代的财政分权导致的地方主义行为泛滥和宏观经济不稳定做出的一种制度性回应,旨在解决中央与地方政府之间的"激励不兼容"。但我认为分税制的影响远不止这些,我在后面会进一步说明,正是分税制帮助加速了中国经济的市场化、工业化和资本积累的进程。这或许是分税制的积极推动者、时任国务院副总理的朱镕基当初意想不到的结果。而如果是这样,那就真是通过"clever economic and fiscal arrangement"(巧妙的经济与财政安排)改变诱导地方主义行为的那种激励机制了。

三、分税制改革如何改变了增长的激励？

我曾经强调说，在中国经济改革的 30 年里，1993—2003 年这十年非常重要。为什么？答案很简单，这 10 年中国完成了针对计划体制和国有部门的几乎所有的结构性改革，建立起了中国经济的市场基调（market fundamentals）。① 在此之上，政府的经济政策（包括应对 1992—1993 年的恶性通货膨胀以及 1997 年的亚洲金融风暴）也基本上没有大的偏误。这确保了中国经济的宏观平稳和国民财富的快速积累。在那些观察和研究中国经济改革的经济学家当中，1993 年总是被界定为一个分界线。不少经济学家在总结那段时期的改革时总是说，1993 年之后，中国开始真正加快了市场化改革的步伐，更坚决地朝向市场经济体制转轨。有些人甚至认为中国的改革战略在 1993 年前后有了可以观察到的显著改变。例如，Barry Naughton（2008）把 1993 年之后的改革战略的改变归结于邓小平在党内面对的政治阻力的消除。这没有错。但是，经济学家似乎更希望知道的是，1993 年之后的中国政府为了构建邓小平设想的市场经济体制的基调到底做了什么，为什么那么做可能是对的。当然，那 10 年也正是朱镕基担任副总理和总理的 10 年。②

---

① 实现宏观经济的稳定需要进行国有经济部门（包括企业、银行、财政与社会福利）的结构性改革，因为国有经济制度是宏观不稳定的体制根源。1993 年之后，中国真正开始了针对国有企业、银行、公共财政体制以及社会保障为代表的所谓结构性改革。没有这些改革，要长期保持宏观稳定是不可能的。关于这一时期结构性改革的有关政策，也部分反映在朱镕基刚刚出版的《朱镕基讲话实录》第 2—3 卷中。参见朱镕基(2011，第 2 卷，第 3 卷)。

② 朱镕基是中华人民共和国成立以来的第 5 位总理。他在担任副总理期间（1991—1998 年）负责经济改革工作。即使在担任总理期间（1998—2003 年），经济的稳定与增长也还是他的主要职责。

这解释了我为什么选择"朱镕基可能是对的"作为我今天的演讲题目。接下来我要讨论1994年开始实施的分税制改革如何改变了地方政府的约束和激励机制,以及如何让地方的恶性竞争变成了实现经济增长而展开的良性竞争,导致工业化和资本积累的加速。

1980年以后,中央与地方的财政关系进入一个以"划分收支、分级包干"为特征的体制。① 实行财政包干体制的目的是激励地方政府的积极性,让地方政府可以从自身努力中获得好处。为此,在中央与地方政府签订财政承包合同时事先确定了地方财政收入的留成比率和上缴比率,所以这种财政体制也时常被称为"分灶吃饭"。由于各地区的经济发展水平和初始的财政条件差异很大,在实际执行过程中各地区的包干方案是有所不同的。根据钟晓敏(1998)的说法,在1980年到1985年间,大概有四类方案在不同的地区得到了执行,但一半以上的省份实行的是按设定比例上缴中央收入的最标准的固定比率分享合约。在当时的改革设计中,中央政府本来只是想把这种"分灶吃饭"的体制作为过渡体制,准备实行5年,之后改为按照税种划分中央与地方各自财政收入范围的"分税制"。但后来因情况的变化,中央政府在1988年决定要将这个财政包干的体制继续执行下去,并且向更大的范围做了推广。结果,财政包干体制最终覆盖了37个省、直辖市、自治区和计划单列市。如表1-1所示,由于更多地考虑到地方经济发展程度的差异和财政条件,财政包干的安排实际上有6种之多。

---

① "包干"或者"承包"二字是中国民间对"固定租约"(fixed rental contracts)或按固定比例分成合约的俗称。

表 1-1　1988—1993 年中央与地方的财政收入分享合约类型

	收入递增包干		总额分成	总额分成加增长分成		上解递增包干		定额上解（亿元）	定额补助（亿元）
	合同规定的增长率（%）	地方留成率（%）		总额分成比例（%）	增长分成比例（%）	上解额（亿元）	递增包干比例（%）		
北京	4.0	50.0							
河北	4.5	70.0							
辽宁	3.5	58.3							
沈阳	4.0	30.3							
江苏	5.0	41.0							
浙江	6.5	61.5							
宁波	5.3	27.9							
河南	5.0	80.0							
重庆	4.0	33.5							
哈尔滨	5.0	45.0							
天津			46.5						
山西			87.6						
安徽			77.5						
大连				27.7	27.3				
青岛				16.0	34.0				
武汉				17.0	25.0				
广东						14.1	9.0		
湖南						8.0	7.0		
上海								105.0	
黑龙江									2.9

(续表)

	收入递增包干		总额分成	总额分成加增长分成		上解递增包干		定额上解(亿元)	定额补助(亿元)
	合同规定的增长率(%)	地方留成率(%)		总额分成比例(%)	增长分成比例(%)	上解额(亿元)	递增包干比例(%)		
山东									3.0
吉林									1.1
江西									0.5
陕西									1.2
甘肃									1.3
福建									0.5
内蒙古									18.4
广西									6.1
西藏									9.0
宁夏									5.3
新疆									15.3
贵州									7.4
云南									6.7
青海									6.6
海南									1.4

注：本表中广东包括广州市，陕西包括西安市；武汉和重庆从湖北和四川分离出来后，这些省从向中央提供净税收变为了从中央得到净补贴的省份。它们的收支差额由武汉和重庆向省上缴的收入作为中央给地方政府的补贴加以弥补。武汉和重庆上缴给所在省的百分比分别是 4.6% 和 10.7%。

资料来源：中国财政部预算管理司和 IMF 财政事务局（编），《中国政府间财政关系》，北京：中国经济出版社 1993 年版，第 26、27 页；钟晓敏（1998），第 137、138 页。

理论上说，财政包干体制作为一种固定比例的收入分享（revenue-sharing）机制，它的实行在边际上应该有助于显著改变地方政府的激励，提高地方政府对增加财政收入的努力,从而推动工业化和经济发展。但有意思的是,在这一体制下出现的反而是财政收入的增长相对于 GDP 的增长不断下降的趋势。这显然是中央与地方政府缺乏互信而选择策略性行为的结果,也就是说,中央与地方政府陷于一种典型的"囚徒困境"(prisoners' dilemma)之中:由于信息不对称,中央并不完全知道地方政府的具体收入状况,因而地方政府可以很容易地隐瞒自己的收入,比如将预算内的收入转移到预算外或"小金库"中,或者干脆降低征税的努力,从而减少上缴中央的收入。① 同样由于信息不对称,即使地方政府不隐瞒收入,中央政府也会采取策略性行为,在年终修改年初的分享比例以尽可能增加中央的收入。比如,在 80 年代中央政府就曾以不同的形式向地方政府"筹借"过大量的资金,而这些借款从来都没有归还。一旦地方政府预期到中央政府的承诺不可信或者行为不一致性,自然就更加倾向于隐瞒地方收入了。②

把预算内的收入转移到预算外,或者私设"小金库"在那个时期其实已经成为地方政府的重要收入来源。预算外收入的构成和来源并没有固定的模式,但都是地方政府自收自支不纳入预算管理的收入。根据国家统计局的数据,由于预算外资金的增长,到 1992 年全国预算外资金的规模高达 3 855 亿

---

① 在《分权的底线》一书中,王绍光教授说:"如果地方政府不遗余力地加大征税力度,它们有理由担忧,中央会在下一轮谈判中调高他们的上缴比重。所有地方政府都知道它们与中央达成的分成合同会在几年之内重新讨论,而中央政府则背着'鞭打快牛'的坏名声:财政收入快速增长的省份,基数可能调低,上缴比重可能调高。事先预料到中央的这种事后机会主义,地方政府的响应是自己的机会主义,即征税努力程度上留一手。"(王绍光,1997,第 109 页)

② 黄佩华(Wong,2005)提到,中央为了扩大在财政收入总额中所占的份额,采取多种措施频频从地方财政"抽调"资金。她列举的事件包括:从 1981 年起,国家每年发行国库券,并向地方借款;1983 年起开征能源交通重点建设基金,并将骨干企业收归中央;1987 年,发行电力建设债券;1988 年取消少数民族定额补助递增规定。除此之外,中央还陆续出台一些被戏称为"中央请客,地方拿钱"的增收减支措施,致使财政包干体制变得很不稳定,挫伤地方积极性。

元,占到了当年预算内财政收入的 97.7%(黄肖广,2001)。

无论是地方政府隐瞒真实收入还是征税努力不足,基于财政包干合同的收入分享制的推行最终都导致全部财政预算收入的增长持续落后于 GDP 的增长,使得财政收入占 GDP 的比重从 1984 年的 22.8% 下降到 1993 年的 12.3%;同时,中央财政收入占全部财政收入的比重也出现持续下降的趋势,从 1984 年的 40.5% 下降到 1993 年的 22%。这两个比重的持续下降表明,财政的分权大大削弱了中央政府对于经济的控制力,而同时地方政府的预算外收入则获得了快速的增长。中央的财力虽然下降很快,但事权(支出)并没有太大变化,中央政府依然负担着相当大的公共支出和资本建设,中央政府在完成本级政府支出后,已经没有财力协调地方政府的行为并对宏观经济的波动进行有效调控,这无疑为宏观经济的不稳定和通货膨胀埋下了种子。而且,由于过度分权和地方政府的财务势力的扩张,中央政府自上而下的结构性改革方案也很容易遭遇地方政府的阻挠。

1993 年 11 月,中共第十四届三中全会通过了《关于建立社会主义市场经济体制的若干问题的决定》,明确提出了整体推进的改革战略,其中包括要从 1994 年起建立新的政府间财政关系,用明确划分中央与地方(包括省和县)的税种和征管范围的"分税制"取代原来的财政收入分享制以扭转中央收入占比下降的问题。1993 年 12 月 15 日国务院颁布了《关于实行分税制财政管理体制的决定》,对分税制的方案进行了详细的说明,并决定从 1994 年开始用分税制取代之前的收入分享制。

分税制改革方案的主要内容包括:①中央和地方明确划分各自的政府事权和财政支出的范围;②中央和地方明确划分各自税收征收的范围,明确划分了中央税、地方税和中央与地方共享税;③建立中央和地方税收征管机构,负责各自的税收征管;④建立中央对地方的转移支付制度,以税收返还和专项补助来帮助实现地区平衡;⑤推行以增值税为主体的间接税制度,统一个人所得税。在这一制度下,中央与地方共享的预算收入主要来自增值税和资源税,其中增值税部分,中央分享75%,地方分享25%。资源税按不同的品种划分,陆地资源税全部作为地方收入,海洋石油资源税作为中央收入。证券交易印花税在1994年的时候确定为中央与地方各50%,但2002年起改为中央分享97%。

由于分税制改革是对之前财政过度分权的一个纠正,因此分税制无疑是一种财政再集权的努力。[①] 这种努力当然会遭遇地方政府的阻力。为了赢得地方,特别是富裕省份的支持,中央采取了保障地方不少于1993年收入基数的过渡政策。中央政府从专享税和分享税中取得的收入如果超过了1993年中央税改前的收入,将多出的部分返还给地方政府,以保障地方政府在实行分税制后的实际收入不低于该地区1993年的水平。这个承诺确保了分税制在1994年如期推行。为此,时任副总理的朱镕基付出了极大的努力,与地方政府的官员进行了多次苦口婆心的解释、恳谈和说服。[②]

由于分税制最终取代了财政承包制,中央财力下滑的趋势得到了明显的纠正。首先,如图1-4所示,分税制后,中央预算收入占全部预算收入的比重

[①] 正如我在本演讲中将要说明的那样,就对经济增长的激励而言,中国财政再集权的努力显然是成功的。在经历了财政分权带来的一系列不利后果之后,俄罗斯也试图实行了财政的再集权,但与中国不同,俄罗斯的财政再集权直接导致了公共部门的扩大以及联邦政府对整个经济控制能力的加强,这使得地方政府对促进经济增长的政策缺乏兴趣。财政的再集权之路及其后果在中国与俄罗斯之所以大相径庭,很大程度上是因为中国政府的财政压力远远大于依靠石油收入过日子的俄罗斯(Parker and Thornton,2007)。

[②] 朱镕基1993年9月率领中央政府部门官员60余人先后在广东省和新疆维吾尔自治区与地方政府官员进行了面对面的解释和沟通。详细内容,参见《朱镕基讲话实录》,第2卷,第357—374页。

1 理解中国经济快速发展的机制:朱镕基也许是对的

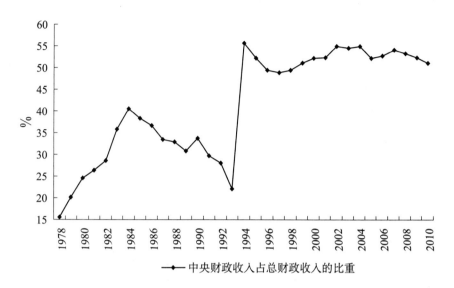

图 1-4 中央财政收入占总财政收入的比重演变

资料来源:国家统计局,《2011 中国统计年鉴》。

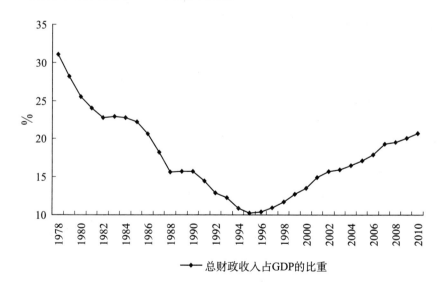

图 1-5 财政收入占 GDP 的比重演变

资料来源:国家统计局,《2011 中国统计年鉴》。

下降趋势得到扭转,该比重在 1994 年后开始上升并稳定在 50%—55% 的范围内。另外,如图 1-5 所示,由于 80 年代的过度分权导致中央与地方的激励不兼容,中国的财政收入占 GDP 的比重一直处于下降趋势,而在实行分税制后不久,该比重便止跌回升。① 这意味着中央和地方政府在增加财政收入上是激励兼容的。

中国的财政收入占 GDP 的比重在实行分税制之后止跌回升,在很大程度上要归因于分税制中的内存机制,是这种机制保证了政府间的激励兼容性(incentive compatibility)。首先,与之前的财政包干体制不同,在分税制下,中央和地方政府各自拥有独立的税种和税收征收机构(新设国税局以便与地税局对应),由于税收收入分开征收,中央的税收并不会对地方政府扩大税收的努力和激励产生冲突和负面作用;其次,在分税制下,政府间分享的是以增值税为代表的税收而不是财政收入,而且因为对增值税的征收相对于财政收入而言更加透明,不同级政府对于税基的了解也较相似,因而相对于财政收入的上缴,地方政府隐瞒增值税收入的动机要小得多;最后,由于中央与地方分享的是增值税,而该税税基的扩大一定与地方政府发展经济的努力程度成正比,因此,地方为扩大增值税而推动经济增长的努力也就同时增加了中央政府的收入。

观察一下在实施分税制之后地方政府的预算外收入占比的变化,应该可以为我们验证分税制中内存的上述机制有助于实现政府间的激励兼容性提供一个粗略的证据,这是因为预算外收入可以很好地作为地方政府与中央政府激励不兼容的一个代理变量(proxy)。图 1-6 给出了基于省级数据计算的地方政

---

① 这个问题也常常用另外的方式来提出,即分税制后为什么税收的增长超过 GDP 的增长。

府的预算外收入占财政收入的比重(extra/revenue)在 1987 年、1994 年、1998 年和 2001 年四个年份的核密度分布(kernel density)。很显然,相对于 1987 年的双峰分布,1994 年以及之后的年份,不仅核密度分布曲线变成单峰曲线,而且持续向左移动,表明预算外收入在地方政府收入中的比重在持续下降。

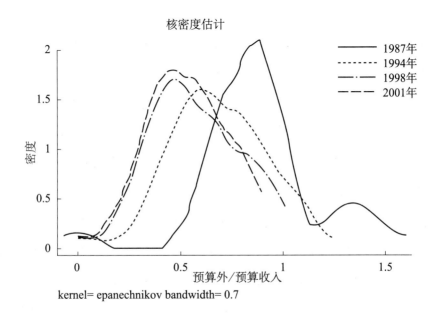

图 1-6 预算外收入占预算收入的核密度分布变化

注:该密度分布所使用的数据为省级数据。其中,1987 年和 1994 年的数据不包含重庆,1987 年数据不包含海南。

资料来源:中国财政杂志社(编),《中国财政年鉴》1988 年、1995 年、1999 年和 2002 年卷。

分税制解决了中央与地方政府之间在激励上的不一致性,而且中央政府开始从地方政府的增值税增长中获得更大的分享比例,使得中央政府的财力不断改善,不仅对实现宏观经济稳定的调控能力大大加强,而且有助于奖惩地方政府的作为以及对结构改革的失利者进行补贴。实际上,也正是因为实行了分税制,地方政府扮演的角色开始发生变化。既然地方政府被赋予了独立的税源和可分享的增值税,那么,它们自然就要从国有企业的所有者和补贴者的身份转变成对企业的征税者。地方政府这一角色的改变让中央政府自上而下的结构改革和国有企业的大规模私有化变得容易多了。这部分地解释了中国在20世纪90年代后期为何如此迅速地完成了对国有部门的结构性改革。在这一结构改革中,除了保留了极少数中央控制或者在重要行业的国有企业之外,地方政府原来拥有的大多数中小型国有企业都被私有化了;国有银行部门也迅速实现了资产重组和治理结构的改革,并实行了引进战略投资者等所有权的多元化。随着国有企业的私有化,对原有社会保障体系以及就业和住房制度的改革也得以迅速推进。总而言之,在实行分税制之后的差不多5—6年时间里,中国以一种比较激进的方式完成了被早先的改革计划一再推迟的重要内容。

更重要的是,分税制改革带来的地方政府行为的变化也是解释1994年之后中国经济的市场化和工业化进程得以加快的关键。这就引出我接下来要讨论的中国经济发展的机制了。在我看来,中国经济的市场化和工业化进程的加快是地方政府追逐财政收入最大化的结果,而分税制驱动了地方政府对财政收入最大化的追逐。为了理解这一点,我需要强调指出分税制方案中的一个不对称性:分税制改革只涉及了收入方面,仍然保留了之前的那种让地方政府扮演中央政府的支出代理人角色的支出责任体制。因此,分税制改革必然使得地方政府相对中央政府的支出比例大幅度提高。例如,在2002年,地方政府在全部预算收入中的比重大约为45%,但却负担了全部预算支出的70%。[1] 这就意味着,分税制改革实际上强化而不是弱化了地方政府的

---

[1] 如果用地方政府的支出占全部政府支出的比重来衡量,中国可能仍然是世界上最分权的国家。

预算约束。在支出责任与收入权利不对称的情况下,地方政府不得不尽可能追求财政收入的最大化以确保完成本级政府的支出责任。这是地方政府对快速工业化的鼓励和支持的逻辑起点。

具体而言,地方政府对快速工业化的极大鼓励很大程度上源于增值税对地方财政收入的重要性这一事实。在分税制改革之后,增值税成为中央财政收入中贡献最大的税种,而其中25%的增值税由地方政府分成。尽管在边际上地方政府从每增加一元的增值税中只能获得四分之一的份额,但是因为增值税是流转税并且主要与投资和加工活动相关联,因而与GDP的联系更紧密。地方政府领导人明白,唯有当地的经济(GDP)增长了,归属地方所有的其他税种,特别是与运输、建筑、房地产以及其他服务业相关联的营业税才能有更大的增长。[1] 这是因为工业投资对运输和建筑业等生产性服务具有显著的"溢出效应",并且一旦当地的经济增长了,人口就会流入,就会派生出对住宅和商业地产项目的需求增长,因而增值税的增长也往往伴随之后营业税更快的增长。图1-7清楚地显示,在实行分税制之后,政府的增值税收入占GDP的比重从1995年的4.3%快速上升到了2007年的大约6%。而根据《中国统计年鉴》的数据计算,营业税占GDP的比重在1994年仅有1.4%,之后这一比重则持续上升,到2007年就已超过2.5%。这也是20年来中国税收收入的增速快于GDP增速的原因。[2] 因此,为了扩大增值税和营业税

---

[1] 在分税制改革方案中,交通运输、建筑等部分服务业实行上缴营业税而不是增值税的政策,房地产部门也被征收营业税,而营业税全部上缴地方政府。在90年代末之后,随着经济增长和人口向东部沿海地区流入数量的激增,东部地区的房地产市场开始兴旺起来,营业税开始快速增长,成为地方政府财政收入中最大的来源。

[2] 1994年之后财政收入的增速快于GDP的增速,征管效率的改善也被认为是一个重要原因。当然,提高征管效率也源于地方政府的财政压力和对财政收入最大化的追逐。

的税基,地方政府将扩大收入的努力策略性地集中在了工业化方面。地方政府越是努力促进工业化,增值税和营业税的增长越快。毋庸置疑,过去20年中国的经济发展就是以快速的工业化和资本积累推动的。尽管没有充分的理由认为在经济发展的战略上中国一定最适合发展制造业,但是1994年之后形成的经济体制却让工业化在中国的经济发展中扮演了更重要的角色。

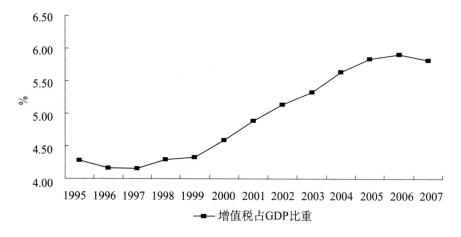

图1-7 增值税占GDP的比重演变

资料来源:中国财政杂志社(编),《2011中国财政年鉴》。

值得强调的是,尽管各地方政府具有很强的动力去鼓励和推动地方的工业化和资本积累,但与20世纪80年代流行的地方保护主义和恶性竞争不同,它们的努力却推动着整个经济朝市场化的方向不断发展而不是相反。1994年之后,虽然地方政府参与经济发展的程度加深了,但中国经济反而越来越开放,市场化程度越来越高。① 这个看似矛盾的现象是地方政府开展的为"增长而竞争"的结果。在理论上,政府间的这个竞争过程类似 Tibout

---

① 樊纲、王小鲁和朱恒鹏(2010)系统编制了衡量中国市场化程度变化的指数。

(1957)给出的那个机制,不同的仅仅是,在 Tibout 那里,是社区民众的"用脚投票"(自由迁徙)机制导致了地方政府之间的竞争,从而确保了地方政府在公共支出上的有效供给水平;而在中国,"用脚投票"的机制是由那些生产性投资者(包括 FDI)对投资目的地的选择显示出来的。由于工业化和资本形成可以扩大地方的增值税税基,在中国,地方政府把"招商引资"视为推动地方经济发展的重要手段并成立相应的政府机构来负责。因而,地方政府必然为吸引更多投资者落户而展开横向的竞争。这种竞争保证了地方政府致力于提供公共服务、制定城市规划、投入和改善公共基础设施以及降低政府官僚主义作风等方面的有效努力水平,也大大改善了政府公共支出的效率(陈诗一和张军,2008)。因此,在 1994 年之后,工业化和资本积累的加速是地方政府追逐增值税而进行 Tibout 式竞争的结果。这种竞争局面的形成与其说是来自于财政分权还不如说是来自于财政的再集权。是 1994 年的分税制解决了中央与地方激励不兼容的问题,改变了地方政府的行为模式。同时,由于增值税可以间接衡量地方政府致力于经济发展的努力程度,因而这一竞争模式也很好地服务了中央政府对地方官员政绩考核的政治目标。①

四、地方政府的角色与土地财政

尽管普遍认为中国与东亚经济在经济发展的战略上有诸多相似之处,但其实两者的经济发展机制存在很大的不同。在亚洲"四小龙"那里,政府的产

---

① 那些关注政绩的考核制度、官员晋升和政治锦标赛的学者试图要找到官员晋升与当地经济增长绩效之间的正向关系(如 Chen et al.,2005;Li and Zhou,2005)。实际上,我们很容易发现,官员在晋升和政治锦标赛模型中的策略性选择与追求财政收入最大化模型的选择是一致的。

业政策是推动经济发展的重要机制(World Bank,1993；Amsden,1989，2001)，而过去 20 年推动中国经济发展的最重要力量是地方之间的竞争(regional competition)。而且，与亚洲"四小龙"在经济发展初期大多拥有美国援助或美元贷款的初始条件不同,中国的地方政府要推进工业化和加快资本积累,需要靠自己解决投资资金短缺的问题。也正因如此，"招商引资"这个模式才流行了起来。

的确，"招商引资"这四个字很好地刻画了地方政府推动资本积累和工业化过程的方式。为了成功地招商引资,地方政府不仅制定了优惠的税收政策,更重要的是致力于改善公共基础设施和公共服务的水平。这就是为什么我说中国地方政府之间的竞争是 Tibout 式竞争的原因,是外部投资者"用脚投票"的偏好显示机制确保了地方政府公共支出的有效水平。而且确实如此，物质基础设施的持续改善和拥有良好的基础设施正是中国过去 20 年在经济发展中取得的巨大成就。可是,在 1994 年分税制之后,地方政府面临了更严厉的公共财政和金融约束。因此,一个非常现实的问题是,地方政府用于公共资本形成的资金(funds)从何而来？

早在中国第一个经济特区深圳即将开始建设的 1980 年,大规模基础设施的建设(所谓的"四通一平")就面临严峻的资金短缺,除了来自银行的 3 000 万元贷款之外,财政上拿不出更多的资金。在当时,特区政府能想出的唯一办法就是出让土地。在开发深圳罗湖小区时政府曾经估算,至少有 40 万平方米的土地可作为商业用地,而按照每平方米 5 000 港币计算,政府可以获得 20 亿港币的收入。在那个时候,这是一个非常大胆的设想,因为政府拥有的土地在《宪法》上是被禁止买卖的。但深圳特区政府出于无奈并得到邓小平先生的默许,率先尝试了有偿使用国家土地的制度。1982 年,深圳颁布了《深圳经济特区土地管理暂行规定》,对划拨土地进行了有偿、有期使用的改革。规定还说明了各类划拨用地的使用年限及土地使用费的标准。其中,工业用地最长年限为30年;商业用地20年;商品住宅用地50年;教育、科技、医疗卫生用地50年。

随后在1987年,深圳和上海部分借鉴了香港的经验,率先实行土地出让或批租的制度。在这个制度下,取得土地的投资者或者开发商,为了获得一定年限的使用权,需要交纳一笔出让金。① 在总结土地有偿使用和土地出让试验经验的基础上,《深圳特区土地管理条例》于1988年1月3日正式实施。条例明确规定,土地使用权和所有权相分离。政府拥有土地的所有权,但土地的使用权不但可以出让,而且可以转让、抵押、出租。就在同年4月,中国的《宪法》进行了再次修改,其中将"土地使用权可以转让"写入了《宪法》,追认了深圳土地制度改革的合法性。在土地批租制度(the land leasehold system)下,批租的是土地的使用权,不改变土地的所有权。承租人取得的只是某一块土地在一定年限内的使用权,而当批租期限届满,承租人要将这块土地的使用权连同附属其上的建筑物全部无偿地归还给土地所有者即政府。

对政府而言,为了"招商引资",致力于改善当地的投资环境,特别是进行基础设施的建设,将是一笔巨大的公共投入,而公共储蓄不足是一个严格的金融约束。这个问题是任何一个中国的地方政府在经济发展的初期都面临的问题。深圳和上海的个案经验之所以在1994年之后变成流行模式,成为各级地方政府用于基础设施投资和公共资本形成的重要资金来源,就是因为

---

① 1987年的下半年,深圳特区曾分别将三块土地先后以协议、招标和拍卖的方式出让使用权,获得地价款2 000余万元。1988年7月,上海虹桥一块1.29公顷的土地通过招标获得2 805万美元(折合1.041 6亿元人民币)的转让收入。

它确实为地方政府突破这个金融约束找到了出路。

看上去,中国是幸运的,因为地方政府可以获得来自批租土地的收入这个事实是与土地的政府所有制不可分的。在经济发展的早期文献里,土地的私人所有制或者私人可以购买土地被认为是对储蓄的吸纳器。因为私人购置土地会减少生产性的投资资金,从而对投资具有负面的影响(Rosenberg,1960;Nichols,1970)。基于这样的看法,Rosenberg(1960)发现,在很多欠发展的经济中,之所以资本积累不足,一个主要的原因就是土地的私有制减少了生产性的投资。从这个意义上说,在中国,土地的政府所有制对地方政府克服公共资本形成和经济发展中所面临的金融约束发挥了重要的作用。可是,在新中国成立之后将近半个世纪的时间里,土地的政府所有制反而禁止了土地的交易,让土地成为免费品,导致土地无法按照级差地租来决定它的用途,从而难以通过被使用到最佳用途上去来实现其价值,造成土地的错配、浪费和闲置惊人。所以,在土地政府所有制的局限条件下,深圳和上海率先实行的这个土地使用权与所有权相分离的批租制度是具有划时代意义的,它大大提高了土地的使用和配置效率,并使土地批租收入成为地方政府公共储蓄的重要来源。

在中国的土地制度下,土地的国有制是由各级政府所有制构成的。根据这一制度,城市市区的土地属于国家(地方政府)所有,农村和城市郊区的土地则属于农民集体所有。除了兴办乡镇企业,修建村民住宅、乡(镇)村公共设施和公益事业建设可以被允许使用农民集体所有土地以外,其他任何单位和个人需要使用土地进行投资或基本建设时,都只能申请使用国有(政府)的土地,包括原本就属于国家(政府)所有的土地以及政府征收的原属于农民集体所有的土地。除了少数情况下投资者可以获得政府划拨或租赁的土地,绝大多数情况下地方政府是依赖转让土地使用权（简称为"土地出让"）向投资者提供土地的。例如，在过去的10年，有偿转让使用权的土地面积占政府全部土地供应面积的70%。这使得土地出让金成为地方政府可以获得的土地供应收入的主要来源。地方政府出让土地的方式有招标、拍卖、挂牌和协议四种方式，但地方政府多以协议出让的方式向生产性的投资者或企业（工矿企业以及仓储）转让土地，而以"招拍挂"的方式转让土地给商业和住宅开发商。如图1-8所示，协议转让的土地价格是远远低于土地的"招拍挂"价格的。在一些情况，为了"招商引资"，地方政府不仅会制定短期的税收优惠政策，而且会"赠送"土地给企业家或其他的生产性投资者。这是政府间的竞争导致的策略性结果。这样做符合地方政府将增值税税基最大化的目标。由于地方政府通过协议或者"招拍挂"方式在土地出让时一次性获得的土地出让金实际上可以解释为未来地租流量的现值，因此，随着土地的租值或价格随经济发展而不断上升，特别是20世纪90年代末随着房地产市场的形成和城市化进程的加快，地方政府来自土地批租的收入便获得了快速的增长，成为政府财政收入之外的重要的政府收入。在1999年，土地出让收入占财政收入的比重还只有大约10%，到了2003年，这一比重上升到了55%，之后有所回落，但今天依然保持在35%左右。①

除了土地批租这个机制之外，土地作为地方公共储蓄功能的另一个机制

---

① 地方政府通过市场机制或者所谓的"招拍挂"方式在土地出让时一次性获得的土地出让金实际上可以解释为未来地租流量的现值，这与西方发达国家通过房产税间接获得的方式从理论上讲是等价的。在房地产市场上，与西方国家征收房产税的制度相比，中国的土地制度和出让方法使得中国的房价相对较高，而持有房屋的成本相对较低。中国至今没有在全国范围内征收房产税，因为地方政府从土地出让金中实际上已经一次性征完了，换句话说，在中国的土地制度下，未来70年的房产税是购房者在购房时一次性预交的。

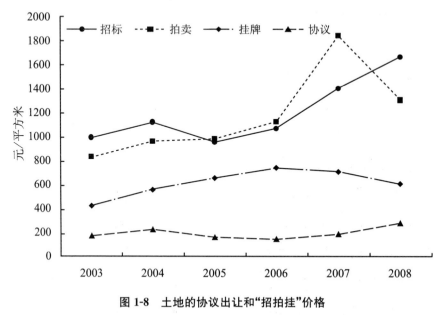

图 1-8 土地的协议出让和"招拍挂"价格

资料来源:中华人民共和国国土资源部(编),《中国国土资源统计年鉴》,2000—2009 年各卷。

是地方政府建立起来的融资平台,也就是我们熟知的地方政府的开发公司或者城投公司等。这些公司在功能上类似于"特殊目的的公司"(SPV)。地方政府成立这些公司的目的是筹措用于基础设施建设的资金。政府通常以少许的财政资金和划拨土地等政府资产作为城投公司的资本金,而城投公司则利用对一些基础设施的定价权(如公用事业费、公路桥梁的收费权等)或者依赖政府未来财政收入流量来发行建设债券或者直接向银行借款。由于基础设施的建设和更新有助于地方的招商引资和促进经济增长,从而会增加地方政府未来的增值税,同时,地方政府又拥有可开发的土地储备以及营运的大量公共基础设施等实物资产,因此,城投公司的负债通常来说被认为是安全和有信誉的,颇受银行等金融机构的青睐。总的来说,二十多年来,地方融资平台的运行颇为成功,成为地方政府投资建设公共基础设施和大量公益项目的主要融资渠道。之所以地方融资平台没有出现系统性的债务危机,一方面因为大多数基础设施的投资项目日后形成了较为优质的资产,另一方面也因为基础设施的形成对地方的经济发展具有显著的外溢效应,确保了地方财政收入的增长和财政状况的稳健。

五、结束语

至此,我大致描述并讨论了 1994 年的分税制改革之后中国经济发展的基本机制。的确,要解释过去 20 年中国经济何以获得如此快速的增长,揭示出这个机制的经济学逻辑是至关重要的。我们看到,这个经济快速发展的机制是 1994 年的分税制改革和财政再集权的结果,其核心是地方政府对增值税和财政收入最大化的追逐,由此导致了地方政府之间的 Tibout 竞争。由于地方之间的竞争,地方政府开始更多地扮演招商者的角色,不再去创办国有企业,而是致力于推进当地公共资本的形成和改善投资环境以吸引外部的私人投资者落户。我相信,政府的公共资本支出对私人部门的生产性投资的"挤入效应"(crowing-in effect)是保证中国经济发展成功的重要经验。[①] 而所有这一切在中国变得可能,不是因为中国的地方政府拥有雄厚的财力,而是因为土地的公共所有制使得土地的再配置和基于土地的公共融资变得相对容易。在任何国家,早期的经济发展都离不开对土地的开发和再配置,区别在于难易程度。一般来说,土地私有制下,对土地的开发和土地的再配置要困难得多,不仅如此,正如我们前面提到的那样,在发展中国家,私人拥有

---

① 在为数不多的经验研究中,郭庆旺和赵志耘(1999)以及刘溶沧和马栓友(2001)都证实了这一挤入效应的存在。

土地还往往因为吸纳掉了过多的私人储蓄而对资本形成有负面影响,这构成经济发展的制度性阻碍。而在中国,当国有的土地被允许转让使用权(批租)之后,依靠竞价的机制,那些没有得到有效使用的土地或者被错误配置的土地通过土地批租的机制进行再配置以得到更有效率的利用。而地方政府也因为竞争性地转让土地使用权获得可观的公共收入以用于基础设施的建设。在竞争条件下,土地使用权的转让价格包含了土地未来的租金收入流,并且后者随着经济增长而不断提高。从这个意义上讲,在土地使用权的竞争性转让制度下,政府使用类似金融市场的方式将土地未来的收入流量在时间轴上做了很好的平移,从而克服了金融的约束。这是中国经济发展机制中非常重要的一环。

可以推测,由于地价会随经济增长和收入水平的提高而上升,因此地价的变化会调节资本的再分配。在中国,企业家都明白,随着沿海地区(比如珠三角和长三角)的地价和生产成本的上涨,把制造业迁往内地是不可避免的,因为这样做可以降低成本以保持竞争优势。的确,中国经济发展的巨大空间优势就是地区之间经济发展水平和地价的差别为地区间的产业转移创造了条件,从中长期来说,它也将促进经济发达地区的产业升级与技术进步。这个区域发展的模式似乎比东亚地区更吻合赤松要于40年前提出的"经济发展的雁行模式"(flying geese pattern of economic development)。[①] 事实上,过去的5年里,我们发现中国沿海地区的制造业资本正在向中西部转移。这是农村的年轻劳动力向东部沿海地区的流动开始放缓的原因,这进一步导致沿海地区的工人工资持续上升。而中西部地区的经济这些年以每年超过

---

① 据说,赤松要在20世纪30年代就提出了关于发展的雁行模式的概念,但限于日语的局限而不为西方经济学家所知晓。到了60年代,他用英文重新发表了有关这一概念的论文,从而成为经济学家讨论东亚经济发展和工业化的一个重要概念。参见 Akamatsu(1962)。

10%的速度增长,很大程度上得益于资本的这种跨地区再分配。确保成功承接来自东部沿海地区的生产性投资和企业的转移,已经成为中西部地区经济发展的重要战略。① 过去20年间,得益于快速的资本积累和工业化,沿海地区成为引领中国经济发展的火车头。而今天,中西部地区的生产率正因为资本积累的加快而不断提高,与沿海地区的差距有望不断缩小。我深信,中国地区内部的"追赶"对于中国从整体上缩小与发达经济之间的差距至关重要。对经济学家而言,这符合Simon Kuznet(1966)假设的模式,这也是邓小平在中国经济改革初期设想并希望遵循的经济发展模式。

然而,在中国,上述经济发展的机制,特别是土地出让金对地方政府的重要性常被人冠以"土地财政"而备受诟病,因为人们认为是土地批租制度导致了住房价格的过快上涨。尽管房价的确在中国的一些沿海城市涨得离谱,但我并不认为"土地财政"与高房价两者之间存在直接的因果关系。② 事实上,房屋市场上的泡沫存在于任何国家的任何时候。在今天的印度,即使土地制度和公共财政制度与中国完全不同,依然在一些大城市出现严重的房地产泡沫。对于一个经济快速发展的国家,房价的上涨更多源自预期收入和需求的过快增长。③ 谁让这个经济增长这么快呢?这是"增长的烦恼"。

---

① 这些年来虽然出现一些跨国公司在中国沿海地区的投资撤出中国而转向东南亚地区的案例,但更多的投资和制造业企业迁移到了中西部地区。

② 在况伟大和李涛(2012)的研究中,他们使用35个大中城市2003—2008年的数据证实,在中国,地价由房价决定。这意味着高房价不是土地"招拍挂"制度的必然结果,而应由需求增长过快来解释。

③ 人们经常以中国当前的房价-收入比与美国做对照来评论中国的房价是否过高。但这样的对比是假设了两个国家未来的收入增长率相同。事实上,由于购房的开支是用未来几十年里的收入来偿还的(银行的按揭就是要用未来几十年收入来偿还的),因此,未来收入的增长趋势对动态计算房价-收入比就有显著的影响。陈凌(2009)讨论了在两个经济增长率完全不同的经济里如何动态计算房价-收入比的方法。

在今天的演讲中，我并不希望对中国的经济发展机制做出优劣的评价，也不讨论中国在快速经济发展中面临的问题和未来的挑战。毫无疑问，与很多其他快速发展中的经济一样，中国经济也面临发展中的诸多问题，比如，收入差距、社会保障、环境恶化，特别是快速的老龄化问题。坦率地说，中国面临的这些问题多数是经济发展太快而不是太慢造成的。对这些问题的讨论超出了我今天演讲的主题范围。我今天的演讲是希望回答这样的问题：为什么中国经济在20世纪90年代之后会实现这么快速而持续的增长？是一个什么样的制度和机制提供了增长的驱动力？这样的制度是怎么来的？这些问题之所以很重要，是因为20年前，中国几乎陷入了"局部改革的陷阱"（partial reform trap），悲观情绪弥漫，经济萧条，市场混乱，宏观失衡，通货膨胀挥之不去。从那时起的10年、20年，中国经济还能不能涅槃重生？几乎没有人看得清楚。然而，奇迹还是很快发生了。时任国务院副总理的朱镕基承担起经济改革的重任，大刀阔斧地推行了一系列制度改革，很快实现"拨乱反正"，将经济推向了快速发展的轨道。从那以后，20年来，中国实现了长期的宏观稳定，保持了平均每年超过9%的增长速度，而且无论是中国的城市、乡村还是普通家庭的生活都发生了巨大的和实质性的变化。中国今天已经成为世界第二大经济体。这似乎印证了中国人常说的一句话——"乱中取胜"。我希望我今天的演讲能为各位理解中国经济的这个"取胜之道"提供一个有益的线索。

参考文献：

Alice Amsden. 1989. *Asia's Next Giant：South Korea and Late Industrialization*. England：Oxford University Press.

Alice Amsden. 2001. *The Rise of "The Rest": Challenges to the West From Late-Industrializing Economies*. England: Oxford University Press.

Andrew Feltenstein and Shigeru Iwata. 2005. Decentralization and Macroeconomic Performance in China. *Journal of Development Economics*, 76: 481–501.

Arvind Subramanian. 2011. *Eclipse: Living in the Shadow of China's Economic Dominance*. Washington: Peterson Institute for International Economics.

Athur Lewis. 1954. Economic Development with Unlimited Supply of Labor. *The Manchester School of Economic and Social Studies*, 47(3): 139–191.

Barry Naughton. 2008. A Political Economy of China's Economic Transition. in Loren Brandt and Thomas Rawski (eds). *China's Great Economic Transformation*, England: Cambridge University Press.

Binkai Chen and Yang Yao. 2011. The Cursed Virtue: Government Infrastructural Investment and Household Consumption in Chinese Provinces. *Oxford Bulletin of Economics and Statistics*, 73(6): 856–876.

Charles Tiebout. 1957. A Pure Theory of Local Expenditure. *Journal of Political Economy*, 64: 416–424.

Chong-En Bai, Chang-Tai Hsieh, and Yingyi Qian. 2006. The Return to Capital in China. NBER Working Paper No. w12755.

Christine Wong. 2005. Can China Change Development Paradigm for the 21st Century? Fiscal Policy Options for Hu Jintao and Wen Jiabao after Two Decades of Muddling Through. Paper for Stiftung Wissenschaft und Politik.

Donald Nichols. 1970. Land and Economic Growth. *American Economic Review*,60(3): 332 – 340.

Elliott Parker and Judith Thornton. 2007. Fiscal Centralization and Decentralization in Russia and China. *Comparative Economic Studies*,49(4): 514 – 542.

Hehui Jin, Yingyi Qian and Barry Weingast. 2005. Regional Decentralization and Fiscal Incentives: Federalism, Chinese Style. *Journal of Public Economics*,89: 1719 – 1742.

Hongbin Li and Li – An Zhou. 2005. Political Turnover and Economic Performance: The Incentive Role of Personnel Control in China. *Journal of Public Economics*,89: 1743 – 1762.

Jun Zhang. 2008. Estimation of China's Provincial Capital Stock Series (1952—2004) with Application. *Journal of Chinese Economic and Business Studies*,6(2):177 – 196.

Justin Yifu Lin, and Zhiqiang Liu. 2000. Fiscal Decentralization and Economic Growth in China. *Economic Development and Cultural Change*, 49(1): 1 – 21。

Kaname Akamatsu. 1962. Historical Pattern of Economic Growth in Developing Countries. *The Developing Economies*,1:3 – 25.

Loren Brandt and Xiaodong Zhu. 2000. Redistribution in a Decentralized Economy: Growth and Inflation in China under Reform. *Journal of Political Economy*,108(2): 422 – 439.

Nathan Rosenberg. 1960. Capital Formation in Underdeveloped Countries. *American Economic Review*,50(4): 706 – 715.

Oliver Blanchard and Andrei Shleifer. 2001. Federalism with and without Political Centralization: China versus Russia. MIT Working Paper 00 – 15.

Shiyi Chen,Gary Jefferson,and Jun Zhang. 2011. Structural Change,Productivity Growth and Industrial Transformation in China. *China Economic Review*, 22: 133 – 150.

Simon Kuznet. 1966. *Modern Economic Growth, Rate, Structure and Spread*. New Haven: Yale University Press.

Steven Cheung. 2009. *The Economic System of China*. Beijing: China Citic Press.

Tao Zhang and Heng-fu Zou. 1998. Fiscal Decentralization, Public Spending, and Economic Growth in China. *Journal of Public Economics*, 67:221 – 240。

World Bank. 1993. The East Asian Miracle: Economic Growth and Public Policy. *World Bank Policy Research Report*. New York: Oxford University Press.

Ye Chen, Hongbin Li, and Li – An Zhou. 2005. Relative Performance Evaluation and the Turnover of Provincial Leaders in China. *Economics Letters*,88: 421 – 425.

白重恩、钱震杰,2009,"国民收入的要素分配:统计数据背后的故事",《经济研究》第3期。

蔡洪滨,2011,"中国经济转型与社会流动性",《比较》第2期(总第53期)。

陈凌,2009,"也谈房价收入比之国际比较",未发表的打印稿。

陈诗一、张军,2008,"财政分权改善了地方财政支出的效率吗?",《中国社会科学》第4期。

樊纲、王小鲁和朱恒鹏,2010,《中国市场化指数》,北京:经济科学出版社。

郭庆旺、赵志耘,1999,"论我国财政赤字的拉动效应",《财贸经济》第6期。

国家统计局,2011,《中国统计年鉴》,北京:中国统计出版社。

黄肖广,2001,《财政资金的地区分配格局及效应》,苏州:苏州大学出版社。

况伟大、李涛,2012,"土地出让方式、地价与房价",《金融研究》第8期。

刘溶沧、马栓友,2001,"赤字、国债与经济增长关系的实证分析-兼评积极财政政策是否具有挤出效用",《经济研究》第2期。

卢锋,2006,"我国劳动生产率增长及国际比较(1978—2004)——人民币实际汇率长期长势研究之一",北京大学中国经济研究中心中文讨论稿,No. C2006004。

罗长远、张军,2009a,"经济发展中的劳动收入占比:基于中国产业数据的实证研究",《中国社会科学》第4期。

罗长远、张军,2009b,"劳动收入占比下降的经济学解释:基于中国省级面板数据的分析",《管理世界》第5期。

王绍光,1997,《分权的底限》,北京:中国计划出版社。

张军,2011,"中国基础设施:投资与评价",未发表的打印稿。

张军、高远、傅勇和张弘,2007,"中国为什么拥有了良好的基础设施",《经济研究》第3期。

中国财政部预算管理司和IMF财政事务局(编),1993,《中国政府间财政关系》,北京:中国经济出版社。

中国财政杂志社(编),《中国财政年鉴》,北京:中国财政出版社。

中国国土资源部(编),《中国国土资源统计年鉴》,北京:地质出版社。

钟晓敏,1998,《政府间财政转移支付论》,上海:立信会计出版社。

朱镕基,2011,《朱镕基讲话实录》(第2卷,第3卷),北京:人民出版社。

朱天、张军,2012,"三驾马车之说可以休矣",《经济观察报》,录用待发表。

2

中国为什么具有良好的基础设施[1]

一、导言

对于那些三十年前来过中国而在过去十年里又重访中国客人来说,中国基础设施水平所发生的变化的确让他们惊诧不已。是的,中国基础设施和城市面貌(尤其是沿海地区)的改善可谓日新月异。也许在 15 年前,没有人敢于奢望基础设施能够达到今天的水平以及它的持续更新速度。回到 20 世纪 80 年代,即使生活在城里的中国人也必须忍受着在通信、能源、公共交通和旅行上的极大不便。而今天,每天乘坐大巴行驶在漂亮的高速公路上的人数可以高达数百万,更不用说城市基础设施上的变化给中国人生活带来的福祉。

作为一种公共资本的存量,良好的物质基础设施水平对一国的经济增长和经济发展发挥着重要的基础性作用。但同时,基础设施水平的持续提高也是中国经济增长的一个重要的内容。但在评价中国经济增长的一些文献里,很多学者似乎还是倾向于贬低"硬件",而更多强调"软件"的重要性。这在中

---

[1] 本章的研究成果发表于《经济研究》2007 年第 3 期,详见张军等(2007)。

国与印度的"双棒讨论"中表现得尤其突出。虽然中国在基础设施上远远胜于印度是不可否认的事实,可是大多数文章还是更看重印度的"制度资产"。我们认为,在讨论和对比不同经济增长绩效的文献里,把"硬件"与"软件"分开评价的做法并不合适。印度基础设施的严重滞后并不说明印度可以很快地赶上中国的水平,而基础设施的改善绝不是一件可以孤立谈论的事情,也更不简单。

基础设施的建设表现为高速公路、轨道、通信电缆、机场、车站以及城市公用事业这些物质条件的改变,但却远远超出这些物体本身。这些基础设施水平差异的背后更多地反映了政府治理和政府作为的差异。毋庸置疑,一个没有作为的政府体制是"造"不出这些"硬"东西来的。大量的经济学研究文献发现,一个国家的基础设施水平是它的政府治理的水平、政治的管理模式以及分权的效率的典型体现。高质量的基础设施被包含在了那些度量政府质量或治理水平的指标体系中。

在转型经济中,由于政治属性和政府治理转型上的差异,转型经济中的政府在作为上表现出显著差异(Vishny and Shleifer, 1997)。财政的分权与不同政治管理模式的结合也产生出了经济增长和发展的不同绩效(Blanchard and Shleifer, 2000)。正如很多研究所观察到的那样,俄罗斯、印度与中国在20世纪90年代之后出现的经济绩效的差异不是财政分权上的差异,而是政府治理上的差异造成的(Bardhan, 2006; Zhuravskaya, 2000)。这些因素为我们寻求对基础设施的投资激励的差异提供了制度上的背景。

乍看上去,投资于基础设施是典型的"扶持之手"的政府行动。但这是否意味着中国的地方政府更懂得如何去实现公共利益呢?或者中国的政治管理模式是否更有利于基础设施的改善呢?想要回答这些问题必须考虑政府官员所面临的激励才有希望。这意味着我们需要从事经济学的分析。

我们的观察是,相对于研究与开发方面不成功的商业模式而言,中国在改善基础设施问题上却演化出了一个成功的模式。自20世纪80年代中期以来,中国的城市建设和基础设施的改善多是地方政府所为。在理论上,基础设施的投资周期长、私人回报低、折旧快,市场的解决办法不能保证足够的投资。以此而论,假如没有确保投资基础设施之外的可观的回报和承诺,单纯依赖市场机制应该无法解决中国基础设施严重短缺和投资不足的问题。那么,什么是政府可以给市场投资者参与投资基础设施提供的可观的回报和承诺呢?由于存在土地的政府所有权和复杂而普遍的政府管制,政府可以给市场投资者提供的回报机会当然就应该包括基础设施本身的经营特许权、土地的协议转让、房地产开发以及对本地市场的进入许可,等等。在中国,政府管制的放松和变迁常常是与市场进行互利交换的结果。

问题是,为什么中国的地方政府在改善基础设施问题上会变得那么有"市场头脑"呢?在这个问题上,我们常会对政府有完全相反的假设。但在理论上,经济学家一般并不假设"扶持之手"的政府随处可见,而是把政府的"公益"行为更多地解释为官员的逐利行为的结果。重要的不是什么性质的政府,而是它的官员们面临什么样的激励。经济学家看待和解释这些现象的理论基础仍是建立在"个人选择"的经济学逻辑之上的。这意味着我们需要把那些持续改善基础设施的政府努力与约束条件下的官员选择行为联系起来。这样的结合是揭开中国为什么拥有良好的基础设施之谜的关键。

在本章我们将提出,中国在投资和更新基础设施上的出色成就是中国式财政分权模式和政府成功转型的一个可以解释的结果。这个分权模式成功的地方在于中央政府用"标尺竞争"取代了对地方政府的政治说教。

中央自上而下的政治管理基于地方经济发展的可度量的标尺(简称"政绩")。在这个政治治理模式下,不仅当地基础设施的改善有助于"招商引资",从而实现更快的经济增长,而且显著改善的基础设施本身也最容易度量,从而能最好地满足地方官员的"政绩"需要。"把激励搞对"是邓小平和毛泽东在政治治理上的最大差异。毛泽东排斥市场,而邓小平却利用了市场。

过去十年来,大多数经济学家对转型经济的研究时常忽视对政府自身的治理转型的关注。实际上,为了实现向市场扶持型的政府治理模式的转变,从而支持和利用市场的作用,政府官员的技术化、职业化、政府职能的转变以及更新政府的人力资本是至关重要的战略。1996年,因为亲身经历了俄罗斯与东欧的经济转型过程,美国的经济学家施莱弗和维什尼教授才注意到了政府转型在经济转轨中的重要性。在"转轨中的政府"一文中,他们强调:"无论是对经济还是对政治而言,如何更新过时的人力资本也许都是转轨的中心问题。"(施莱弗和维什尼,2004,第213页)我们认为,中国在这些方面也走在了俄罗斯的前头。在地方层面上,政府治理模式向"发展型"政府的成功转型有助于改善政府官员对基础设施的投资激励,因为这有利于官员的政治仕途。

本章的结构安排如下:在第二节我们将对基础设施的概念加以定义和分类;然后在第三节提供关于基础设施的经济学研究文献的系统综述和评论;第四节是对改革以来中国的财政分权、政治管理和政府治理转型的一个综合讨论,目的是理解地方政府投资基础设施的动力与激励模式提供一个制度的背景;在第五节,我们描述和分析了改革开放以来中国基本建设和基础设施投融资的增长状况、基础设施存量在东部和中西部地区的差异模式;第六节构造了关于基础设施投资决定的回归模型并利用中国 29 个省(市)1988—2001 年的面板数据进行了统计检验;第七节是本章的结论。

二、基础设施的概念、定义与分类

从经济学的文献来看,最早关于物质基础设施(以下简称"基础设施")的研究可以追溯到亚当·斯密①,他在论述国家职能时指出,国家应该具有三个职能:一是保护国家安全;二是尽可能保护社会上每个人的安全;三是"建设并维持某些公共事业及公共设施,其建设与维持绝不是为某些极少数人的利益"。在这里,斯密特别强调,"这些事业与设施,若由社会经营,则其利润常能补偿其费用而有余,而若由个人或少数人经营,则绝不能补偿其费用"。无疑,斯密描述的国家的第三个职能其实就是要提供基础设施。②

而在斯密以后,虽然很多经济学家的论述中也提到基础设施,但大都没有明确将基础设施作为一个专门的研究题目并开展经济学研究。基础设施真正进入经济学家的研究视野是在第二次世界大战以后因为发展经济学的繁荣。在此之后,对于基础设施的研究一直与"经济发展"这个题目密切相连。本节我们首先讨论发展经济学文献里对于基础设施所给出的各种定义以及世界银行使用的定义,然后对本章的研究范围、指标选取以及对这些指标的处理方法——主成分分析法(PCA)做简单介绍和说明。

---

① 这里要指出的是,虽然有些学者认为基础设施的研究始于重农学派的魁奈所说的"原预付",但是按照我们的理解,魁奈所说的"原预付"与我们今日的基础设施概念相差甚大,而斯密的这一论述则具有我们当今所说的基础设施的含义。

② 〔英〕亚当·斯密:《国民财富的性质和原因的研究》,北京:商务印书馆 1974 年版,第 253 页。

1. 发展经济学文献中的"基础设施"

最早正式提出基础设施这一概念并对其进行深入研究的,是第二次世界大战以后以 Paul Rosenstein‑Rodan、Ragnar Nurse 和 Albert Hirschman 等为代表的一批发展经济学家。在他们那里,基础设施被称为"社会公共资本"(social overhead capital)。①

我们发现,是 Rosenstein‑Rodan 最早正式提出了"基础设施"这一概念并将其定义为社会管理资本。社会管理资本包括诸如电力、运输或者通信之类的所有基础产业,它所提供的服务具有间接的生产性,而其最重要的产品就是在其他产业中被创造出来的投资机会,它构成了整个国民经济的先行成本。Rosenstein‑Rodan 指出,社会管理资本的特点在于:首先,它是不可分的,在配置上具有大规模的集聚性,投资规模巨大;其次,基础设施具有较长的酝酿期,即建设周期长。这些特点决定了"这些产业必须局限于那些能够更快产生收益的、具有直接生产性的投资",以便为增加能更快地产生收益的直接性生产性投资铺平道路。同时,供给上的不可分割性也是产生规模经济的重要源泉。关于如何改善基础设施,Rosenstein‑Rodan 认为必须以政府干预和实现计划化来主导基础设施的投资和建设。②

Ragnar Nurse 对于基础设施的认识则比 Rosenstein‑Rodan 前进了一步,他注意到了教育和公共医疗卫生事业在经济发展中的重要作用,认为社会管理资本不仅包括公路、铁路、电信系统、电力、供水等,还包括学校和医

---

① "social overhead capital"有多种译法,如"社会间接资本"、"社会先行资本"、"社会分摊资本"、"社会管理资本"等,本章统一使用世界银行《1994 年世界发展报告:为发展提供基础设施》中的译法——"社会管理资本"。

② 转引自唐建新和杨军:《基础设施与经济发展:理论与政策》,武汉:武汉大学出版社 2003 年版,第 6—8 页。

院。他认为,社会管理资本的作用在于它能够提高私人资本的投资回报,并指出:"我们已经注意到,在缺少这些基础设施时……私人资本的投资效益小得令人失望。"对于发展基础设施,Nurse 与 Rosenstein-Rodan 观点一致,也认为应该由国家来承担。①

Albert Hirschman 将基础设施的定义进一步扩展,从狭义和广义两个方面定义了基础设施,并具体给出了判断一项经济活动是否满足被称为基础设施的条件。他认为社会管理资本"包括那些进行一次、二次及三次产业活动所不可缺少的基本服务"。一项属于基础设施的活动必须满足以下条件:第一,这种活动所提供的劳务有利于或者在某种程度上是许多其他经济活动得以进行的基础;第二,在所有国家中,这些劳务实际上都是由公共团体或受官方控制的私人团体所提供,它们或是免费提供或是按照公共标准收费;第三,这些劳务不能从国外进口;第四,这些劳务所需要的投资具有技术上的不可分割性和较高的资本-产出比。Hirschman 将满足前三个条件的社会管理资本称为"广义社会管理资本",法律、秩序及教育、公共卫生、运输、通信、动力、供水以及灌溉、排水系统等所有的公共服务都可以归到广义社会管理资本中来。而第四个条件则将广义与狭义的社会管理资本区分开来,排除了法律、秩序及教育、公共卫生等。②

其他一些发展经济学家,如 P. H. 库特纳和 W. W. 罗斯托③等,也非常重视基础设施对于经济增长的重要作用并对基础设施的概念给出了自己的

---

① 转引自唐建新、杨军,《基础设施与经济发展:理论与政策》,武汉:武汉大学出版社 2003 年版,第 6—8 页。
② 〔美〕艾伯特·赫希曼,《经济发展战略》,北京:经济科学出版社 1991 年版,第 73—75 页。
③ 〔美〕罗斯托,《从起飞进入持续增长的经济学》,四川:四川人民出版社 1988 年版,第 3、17 和 298 页。

理解，但就其实质而言，并没有超出以上几位定义的范围，这里不再赘述。但还需要单独提及的是 Schultz 和 Becker，他们延续了 Hirschman 对于基础设施的广义与狭义区分处理，不同的是，他们主要从不同种类的基础设施对于不同直接生产要素的作用角度着手，将基础设施划分为核心基础设施和人文基础设施。核心基础设施主要指交通和电力，其作用是增加物质资本和土地的生产力；而人文基础设施则主要包括卫生保健、教育等，其主要作用是提高劳动力的生产力。这一对基础设施的宽泛定义和分类方法自此被学者和政策制定者及执行者广泛接受。①

2. 世界银行的定义

以帮助发展中国家发展经济为其宗旨的世界银行一直将基础设施作为一个重要的研究领域。20 世纪 80 年代末开始，世界银行组织了一系列关于基础设施的研究工作，并在 1995 年集中发布了其研究成果——《1994 年世界发展报告：为发展提供基础设施》。在这份报告中，世界银行着重研究了经济基础设施，并定义其为永久性工程构筑、设备、设施和它们所提供的为居民所用和用于经济生产的服务。这些基础设施包括公用事业（电力、管道煤气、电信、供水、环境卫生设施和排污系统、固体废弃物的收集和处理系统），公共工程（大坝、灌渠和道路）以及其他交通部门（铁路、城市交通、海港、水运和机场）。该报告认为，虽然基础设施（或者发展经济学家所称的社会管理资本）都没有十分明确的定义，但都始终贯穿着两个特征：技术比重特征（如规模经济）和经济特征（如使用者向非使用者的扩散）。②

---

① 邓淑莲，《中国基础设施的公共政策》，上海：上海财经大学出版社 2003 年版，第 3 页。
② 世界银行，《1994 年世界发展报告：为发展提供基础设施》，北京：中国财政经济出版社 1995 年版，第 2、13 页。

该报告发布以后,世界银行的经济学家对与基础设施有关的相关问题,如基础设施与经济增长、收入差距和贫困的关系、改进基础设施供给效率的可行途径等进行了持续深入的研究,并取得了一系列成果。在Prud'homme(2004)提交给世界银行的政策研究报告中,对狭义的基础设施所具有的特征进行了总结:第一,基础设施是一种资本投入品;但是它本身单独并不能直接用于消费,而需要同其他资本投入品或者劳动投入品结合起来,提供服务。它所提供的服务一般是资本密集型服务,并且具有一定规模经济的特征。第二,基础设施一般比较笨重,而且建设周期长。这意味着很难根据需求的波动随时调整其供给。只有基础设施的整个工程完全完成,其功能才能得到发挥。第三,基础设施一旦建成,则其使用时间也较长,一般为几十年甚至上百年。第四,基础设施的建设需要投入大量的固定成本,具有空间依存性。一旦一项基础设施投资在A地发生,则它很难被转移到B地;同时,一旦一项基础设施的投资已经发生,则很难将其用于其他用途。第五,基础设施的供给一般情况下是与一定的市场失灵相联系的,这种市场失灵或者产生于规模经济,或者产生于公共品性质。第六,基础设施既可以直接为居民提供服务,也可以为厂商提供服务,其中为厂商服务是作为生产过程中的一种投入物品。

显然,如上所述,基础设施是与所提供的某种服务联系在一起的。Prud'homme(2004)根据各种不同的基础设施所提供的不同服务种类,将基础设施划分为以下几类(如表2-1所示)。如果说世界银行1994年的报告对于经济基础设施的定义是原则性的,那么Prud'homme(2004)则细化了判断一项活动是否属于经济基础设施的特征。在本章,我们将采用世界银行和Prud'homme(2004)的定义来构造指标。

表 2-1　世界银行以提供的服务项目种类定义的基础设施

服务项目	基础设施
交通	公路,桥梁,铁路,隧道,港口等
供水	大坝,蓄水池,水管等
水处理	下水管道,污水处理车间等
灌溉	大坝,水渠等
垃圾处理	垃圾箱,垃圾焚化炉等
供热	集中加热设备,供热管道等
电信服务	自动交换机,电缆等
能源	发电厂等,输电线,煤气管道等

资料来源:Prud'homme(2004)。

3. 本章的研究范围与指标选取

本章关注狭义的基础设施,即世界银行所定义的"经济基础设施"。我们认为,基础设施的发展状况应该可以从流量和存量两个方面来衡量。以中国为例,存量指标主要衡量全国或者各地区各年度基础设施的现有水平,实际上反映基础设施在过去积累起来的投资水平与发展状况;而流量指标指的是各年度全国或者各地区对基础设施的投资水平。在本章中,我们主要以世界银行的定义为基础,并结合数据的可得性,选取恰当的指标来度量全国或者各地区的基础设施的水平和发展状况。

在存量方面,我们主要选取了四个方面的指标:一是交通基础设施,二是能源基础设施,三是通信基础设施,四是城市基础设施。其中前三个指标是以其功能进行分类的,而最后一个指标则比较特殊,专指城市系统的基础设施。这主要是因为:第一,该指标在《中国统计年鉴》是作为一个单独的项目报告的,可以得到十分明确的数据;第二,该项目中所包含的各个子指标都包含在世界银行的定义中;第三,在讨论基础设施投资与外商直接投资(FDI)的相互关系时,城市基础设施更是一个需要特殊关注的方面,因为外国投资者大多数投资于中国的城市。

交通基础设施由三个指标组成,即铁路营运里程、内河航道里程和等级公路里程。其中等级公路是指高速公路、一级公路和二级公路的总里程数。能源基础设施由电力消费量和能源消费量两个指标组成。通信基础设施在统计年鉴中可获得的数据较多,涵盖了邮政、电信和互联网三大方面。其中,邮政基础设施由邮政局所个数和总邮路长度两个指标衡量,电信基础设施由长途电话、无线寻呼用户、移动电话用户、长途自动交换机容量、本地电话局用交换机容量、移动电话交换机容量和长途光缆线路长度来衡量,而互联网基础设施主要包括互联网人数和长途微波线路长度。城市基础设施指标主要包括城市用水普及率、城市燃气普及率、每万人拥有公共交通车辆、人均拥有道路面积、人均公共绿地面积、每万人拥有公共厕所。显然,这些指标也都包含在世界银行的定义中。我们在第五节将对这些基础设施的存量指标进行处理以更好地从总体上来刻画基础设施建设水平的变动趋势和地区间不平衡发展的模式。

除了观察基础设施的存量水平的变动之外,我们在本章也研究基础设施的流量变化及其决定因素。我们希望使用基础设施的资本形成或政府对基础设施的投资来反映其流量变动。但是,现有的统计资料来源无法按照存量的构成指标提供一一对应的投资数据。幸运的是,我们在《中国统计年鉴》中获得了以下三类资本形成的概念:(1)电力、煤气及水的生产和供应行业;(2)交通运输仓储以及邮电业,和(3)水利、环境和公共设施管理业资本的形成。这三类投资的指标在相当大的程度上涵盖了我们在前面定义的基础设施的概念,因此作为衡量基础设施投资的流量指标并不算离谱。在本章,我们将讨论地方政府对改善基础设施的投资激励受到哪些因素的影响。

三、关于基础设施研究的文献回顾

1. 基础设施对经济发展的重要

除了发展经济学的文献之外,在主流的经济学文献里有关基础设施的研究只是最近20年的事情。虽然Arrow和Kurz(1970)的一篇题为"公共投资、回报率和最优财政政策"的经典论文最早把公共资本存量(public capital)[①]纳入了总量生产函数。[②] 但由于模型的均衡具有不确定性,在一段时间这里并没有引起很大的注意,理论发展一度就此停滞。经济学家对基础设施的真正热情始于20世纪80年代末。Aschauer(1989a,1989b,1989c,1995)出色的实证工作展示了基础设施投资对经济发展的极端重要性,虽然这种重要性后来被证明很可能被他高估了。美国经济在20世纪70和80年代生产率出现了明显的下降趋势,而Aschauer把它归因为先于生产率变动的基础设施投资的下降。他的做法是将公共资本作为一个独立的要素加入柯布-道格拉斯式的总量生产函数之中加以估计,实证结果令人吃惊:公共基础设施投资的边际生产率高出私人投资边际生产率3—4倍之多,商业部门对所谓公共核心基础设施(public core infrastructure)投资的产出弹性大约是0.4,这是私人投资的两倍。Aschauer的研究表明,相对于消费而言,美国

[①] 在概念上,公共资本(public capital)是相对于私人资本而言的,主要是指由政府投资形成的资本,两者共同构成了总资本存量。显然,公共资本(尤其是生产性的公共资本)中最重要的组成部分就是基础设施,有些研究将两者认为是等同的。因而,我们的文献综述有相当一部分研究的直接对象是公共资本。从后文可以看到,为了估计基础设施的回报率和产出弹性,在设定生产函数时,不少的研究是从总的资本存量中扣除基础设施存量获得私人资本存量。

[②] 当然,我们也可以把主流经济学的研究理解为对发展经济学文献的复兴(Murphy,Shleifer,and Vishny,1989;Justman,1995)。

的投资,尤其是公共基础设施投资严重供给不足,这意味着资金应该从消费转到公共投资中去。

继 Aschauer 之后,Munnell(1990)支持了前者的基本结论。然而,在随后很多的经济学家看来,这样的回报率被认为是令人难以置信的(Aaron,1990)。对基础设施回报率和产出弹性的估计充满了争论(对于早期的争论,Gramlich(1994)做了出色的综述)。

第一波研究兴趣是建立在用总量的时序数据估计柯布-道格拉斯生产函数的基础之上的,这种方法一般会得到与 Aschauer 相似的结论(Munnell,1990;Holtz-Eakin,1993)。然而,总的说来,这种方法得到的结论被批评为"太好了而令人难以置信"(World Bank,1994)或者"太大了而不可信"(Munnell,1992)。随后的争论交织在生产函数的设定、估计技术以及内生性等方面,并得到了进展。在生产函数方面,使用最为广泛的方法是在一个成本最小化的框架中考察投入和产出;另外一些研究则用更灵活的超越对数(translog)生产函数形式代替最初的柯布-道格拉斯生产函数。使用这一函数对公共资本效应的估计通常比 Aschauer 的结果低得多。比如,Nadiri 和 Mamuneas(1994)对美国 12 个产业的考察发现,公共基础设施平均的年社会回报率 7.5%,而远远小于私人资本的回报率 12.5%。其他的研究者使用了一阶差分的性质进行了估计,甚至发现社会资本有负效应(Holtz-Eakin,1994)。特别是,Holtz-Eakin(1994)的工作相当令人信服地指出,Aschauer 发现的高回报率反映的是收入增加导致政府活动有一个更高水平的程度,而不是反映基础设施对私人生产率的贡献。尽管如此,上述作者承认他们的发现并不表示基础设施是非生产性的。相反,他们认为,他们的文献使用的总量数据从而没有基础设施组成的贡献,因为可能只有一部分基础设施的作用是生产性的(Holtz-Eakin,1994,p. 20)。

基础设施研究的一个特征是最初的经验研究主要局限于美国。然而,如果在美国基础设施具有极高的回报率并且存在投资不足的话,这种情况在那些基础设施方面与美国相差甚多的国家可能就会更加显著。Wylie(1996)的研究用加拿大的经验支持了 Aschauer 和 Munnell 的结论,即基础设施投资的回报率很高,并且基础设施尤其是公共基础设施对国民经济增长及其生产率有着显著的正效应,且产出弹性甚至高于 Aschauer(1989a)和 Munnel(1990)对美国的估计结果。作者认为,这表明基础设施在加拿大比在美国发挥着更大的作用,原因在于加拿大的地理特征及其经济对基础设施的需求。加拿大人口增长更快,而人口的密度较低,气候环境也与美国迥异,这些因素表明加拿大对基础设施的需求强度可能要高于美国,并放大了基础设施对产出和生产率的贡献。

然而,考虑到这些研究所使用方法的不同,它们所得到的有关各个国家的结论就不能轻易地用于比较。因而,在同一个框架下研究公共资本的作用就显得十分必要。这个框架必须能够发现国际系统性差异。例如,一种较为合理的推测是,对公共资本的需求强度和经济发展的阶段可能呈反向的关系。显然,这种一致的答案有着更为明确的政策含义。在这个方面,研究也取得了一定的进展。

Demetriades 和 Mamuneas(2000)为公共资本回报提供了一个国际视角,该研究朝着这个方向做出了第一步的努力。运用有着丰富动态结构含义的跨期利润最大化框架,作者使用 12 个 OECD 国家的面板数据进行了联立方程的估计。他们假定生产者在公共资本给定的情况下使预期利润最大化,同时假定私人资本有调整成本(用产出损失来衡量)因而是半固定的(quasifixed)。这使得他们可以从三种不同的时间维度估计产出、就业和资本对公共资本的弹性:短期,这时私人资本假定是固定的;中期,这时私人资本开始调整;以及长期,这时所有的私人资本都已经调整到最优水平。他们的结论是,公共基础设施资本对利润有显著的正影响。这个结论对所有时期和所有国家都是正确的。这意味着公共基础设施有节约成本的作用,而在一些条件下节约成本等价于利润的提高。具体而言,他们发现,平均来说基础设施的短期回报很低,而长期回报很高,这意味着大多数国家从短期来看基础设施供给过多,而从长期视角看,基础设施又供给太少。然而,在样本的后一时期,他们发现,样本中的所有国家的长期投资不足的缺口不是已经不存在就是显著地缩小了。这些发现也与此前的国别研究结论基本一致。如 Berndt 和 Hansson(1992)对瑞典的研究发现,瑞典公共基础设施资本供给过度;Nadiri 和 Mamuneas(1996)对美国的研究则发现美国高速公路的投资不足在20世纪80年代末得到显著的缓解。另外,他们对美国基础设施回报率的估计显著地低于 Aschauer 的估计。他们发现1988年总的公共资本回报率是21.5%,这仅仅约是 Aschauer 的1/6。

在经验研究的同时,理论工作也重新有了实质性进展。在 Arrow 和 Kurz(1970)之后,Barro(1990)构建了一个包含政府公共开支的内生经济增长模型并讨论了实现最高增长率的所得税税率。与 Arrow 和 Kurz 的模型不同,Barro 假定直接进入总生产函数的是公共投资流量,而不是公共资本存量。在 Barro 看来,产出不仅与私人部门的物质资本水平有关,而且政府通过公共开支在基础设施、研究开发以及教育方面的投入也会对产出水平产生积极作用,所以他将税收支持的政府公共支出纳入到内生经济增长模型中。他所给出的结论有力地建立了生产型政府支出与经济增长之间的联系:

在柯布-道格拉斯生产函数下,政府活动能够弥补分散化储蓄的不足并推高稳态增长率。虽然 Barro 只是把基础设施支出看作是政府支出中的一个组成部分,但从中我们可以窥见基础设施在经济实现"内生"增长中的作用。

此后一些理论工作在更复杂的经济增长模型中探究了基础设施的作用(Holtz-Eakin and Schwartz,1994)。但是这些模型的共同问题是没有解释基础设施的具体作用。相反,通常是假设基础设施或公共资本是另一种单独的生产要素,并与私人物质资本一起直接进入总量生产函数。但这个问题还是被后续的研究提了出来。把基础设施更直接地放在内生经济增长理论框架下并讨论了其具体作用的工作是 Bougheas,Demetriades 和 Mamuneas (2000)完成的。作者把基础设施作为节约成本的技术引入了 Romer(1986) 的内生增长模型中。他们证明,基础设施能够促进职业化和长期经济增长,但基础设施对长期经济增长的作用是非单调的。具体而言,基础设施可视为一种能够降低中间投入品固定生产成本的技术,随着分工和中间投入品的数量的拓展,经济获得内生增长动力。但基础设施的投资需要减少用于生产最终物品的资源。因而,即使基础设施的积累可以通过职业化而促进经济增长,但是由于其所用资源的机会成本而对经济增长也起着抑制作用。这两种力量的权衡导致了最终物品投入到基础设施建设中的比重与经济的稳态增长率之间的关系是非单调性的。

他们的论文的实证部分提供了对理论模型推论的两方面证据支持。利用美国制造业普查的数据,作者的实证分析表明分工程度(用四位数制造企业的数量来衡量)与核心基础设施正相关,这与模型的结论一致。同样的结论在跨国研究中也被发现。使用世界银行公布的对基础设施的度量,他们在控制其他影响经济增长的重要因素并处理了内生性问题之后,发现基础设施与增长之间存在着稳健的非单调关系。

另外,众多文献的一个标准假设是公共基础设施通过中性的方式将平均生产(成本)函数向上(下)移动。然而,实际上至少有一些公共基础设施既不在私人部门企业的直接控制之下,也不能被私人劳动和资本要素方便地替代。这意味着这类基础设施资本不应该被作为生产函数的一个独立投入而直接进入生产函数并决定私人产出。对此,Delorme 等(1999)做了较为合理的处理。他们认为基础设施的作用并不在于可以成为与资本、劳动力并列的一种生产要素,而是在于基础设施减少了私人经济中的总的技术低效率。作者使用独特的随机前沿方法来构造总量生产函数以检验假说。方法是,先估计随机生产前沿的一阶差分形式,然后再用公共资本-劳动比率的变化率对其做单边残差回归。实证的结果显示,公共资本并不直接影响私人产出,而是能够降低私人部门的低效率,从而证实了他们的推论。这些结论的一个政策含义是,增加公共资本存量不能被用作反周期的政策工具以熨平私人产出的周期性以及就业的不足。相反,公共基础设施投资倒可以成为一个稳定性的政策以减少私人部门生产中的技术低效率。

总的来说,基础设施作为公共支出的一部分,在新古典经济学家看来,通常具有提高利率并挤出私人投资的效应。而对于由新凯恩斯主义和内生增长理论家所倡导的公共资本假说,基础设施对私人部门的产出、生产率以及资本形成有显著的正效应,也就是说,基础设施可能通过提升私人资本回报率而具有挤入私人投资并促进经济增长的效应。

从生产的概念出发,基础设施至少对总产出有三种效应。第一,基础设施作为可以度量的最终产品将直接增加产出。例如,油气、水和电力就包含在国民账户计算时的相应产业部门的构成中,而交通和电信则包含在服务部门。第二,作为中间投入品,基础设施间接地提升了所有其他投入品的生产率。土地、劳动和物质资本的生产率都将因基础设施投资方便了商品的流通和能源的供给而提升。第三,在新近发展起来的新增长理论中,基础设施的这些间接作用能够增加正的外部性,考虑到这种外部性,长期的经济增长将会因此而加速。

考虑到如何看待公共支出的作用涉及宏观经济学的根本立足点,分歧仍然激烈,不过基础设施对于成功的经济增长至关重要还是演变成了共识。当然,对于研究基础设施与经济增长关联的学者来说,必须回答的是,两者之间的显著正相关关系到底是说明基础设施提升了私人的产出还是私人产出的增加提升了对基础设施的需求。这个问题虽然被 Holtz－Eakin(1994)提及并强调,但是仍然很难回答,因为要发展出精确的方法来解决因果关系的方向是很困难的(Wang,2002)。不过,在后文介绍的文献中,不少学者通过联立方程估计较好地处理了内生性问题。

2. 有关中国的为数不多的经验研究

虽然,国外有关基础设施与经济增长的文献不在少数,但是基于中国的经验研究还十分贫乏。Démurger(2000)是少数的例外之一。这篇文献试图发现基础设施对中国日益扩大的地区差距的显著解释力。正如作者所指出的,中国地域宽广,由于区位和资源禀赋上的差别,即便是同样的政府发展政策也会带来极为不同的回报,因而,地区之间出现一定程度的差距是很自然的。为了弥补这些客观差异,基础设施对于帮助内陆地区接受沿海地区的辐射就显得极为重要。作者所用的样本涵盖了 1985—1998 年的面板数据。在中国目前的 31 个省(区、市)中(不含香港、澳门和台湾),海南省、青海省和西藏自治区数据不全,重庆市归入四川省,另外,考虑到省份面积对考察交通作用的可能影响,京津沪三大直辖市也没有进入样本。作者的基础设施包括交通和通信两项内容,都是存量概念(我们在下文将专门讨论基础设施的存量)。其中,交通包括公路、铁路和内陆航运(在回归时,是对这三者加总看每平方公里的公里数),通信用电话装机数度量。

Démurger在回归中控制了一系列Barro框架下的经济增长变量(许多变量对有关中国地区差距的研究中已经得到验证),并对所有的变量进行了三年的加权平均(对较近的年份给予较大的权重)。回归使用了固定效应和随机效应(虽然Hausman检验支持固定效应)。为了控制内生性并得到一致性估计,作者还使用了两阶段最小二乘法。实证结果发现交通和通信地区经济增长有着显著影响。通过对各省增长率的进一步分解,Démurger发现基础设施(尤其是交通)解释了东部地区成功和中西部地区落后中的相当大的部分,并且基础设施对地区差距的影响看上去还有强化的趋势。应该指出,这个结论与张军和金煜(2005)的发现并不一致。他们发现公路里程与地区经济增长有着显著的负相关。他们给出的解释是,虽然较高的公路里程意味着较高的基础设施水平,这有利于经济效率的提高,但另一个方面,较高的公路里程也可能代表省份面积广阔,如中西部地区的一些省份,这实际上可能提高运输成本,不利于经济发展。他们的结论表明,在省级层面上后者的作用似乎更显著。这种分歧表明基础设施的存量对经济增长的影响仍是一个有待深究的课题。

另外,为了考虑随着经济发展基础设施与增长可能出现的非线性关系,Démurger还对交通加上了平方项。结果呈现出了一个倒"U"形的曲线。作者指出,虽然落后省份能够从交通网络的数量扩张中获得好处,但是发达省份可能更应该采取提升现有基础设施质量和更新存量的策略。最后,作者认为,考察基础设施对经济增长的影响,还应该区分开放效应和拥挤效应。前者通过单位土地上的基础设施的密度可以解决,但是后者要考虑人口的密度。作者加入了人口密度和基础设施密度的交互项,但系数显著为负。这意味着,更发达的基础设施能够降低人口拥挤并促进经济增长。

除了以上这篇论文之外,我们注意到的最近一篇文献则考察了基础设施对中国农村经济发展的影响(Fan and Zhang,2004)。在研究中国农业快速增长的源泉时,最早的研究比较多地关注投入品和耕作制度变化的影响,其后也有文献又考虑了研发投入的影响。与研发投入相类似,政府在道路、电力、教育和其他公共品上的投资也可能是农业增长的重要动力。Fan 和 Zhang(2004)认为,忽视这个公共投资的因素,将会导致有偏估计。中国农业发展的一个重要特征是非农产业的发展,资本和技术固然可以解释其中的一部分,但是基础设施显然也是重要的解释维度。另一方面,中国的地区差距日益加剧,基础设施的地区差距好像是一个被大部分研究所忽视的因素。

利用新近得到的农业普查资料和其他的官方数据,Fan 和 Zhang 分别估计了中国农村中的农业和非农部门的生产函数,并分解出地区间生产率差异的源泉,特别估计了基础设施对地区间生产效率差异的解释程度。我们知道,农业普查资料(报告的是 1996 年的截面数据)与年度的统计年鉴有不少的差异。在农业普查资料中,只有 15 个省级行政区,即北京、天津、陕西、黑龙江、上海、江苏、浙江、福建、江西、山东、湖南、四川、西藏、山西和宁夏的县级数据。该文使用的基础设施数据涉及每千人拥有的乡镇公路里程、人均电力使用量和每千人的电话数。从普查资料提供的数据直观地来看,经济发展水平和基础设施的发展水平非常一致。除去京津沪三大直辖市(重庆市归入四川省)以外,基础设施东西部差异明显而巨大。另外,在教育水平和研发投入上农业普查资料也揭示了类似的地区分布特征。

作者用了联立方程组对农业部门的生产函数和非农部门的生产函数进行了联立估计,其中生产函数使用的是柯布-道格拉斯生产函数,同时在控制了土地、劳动力、灌溉、施肥、机械等变量之后,度量基础设施的变量都是统计显著的。在分解地区生产率差异的过程中,Fan 和 Zhang 解释的是各个省份劳动生产率与全国平均水平的差异。他们发现道路对东部农业地区的解释力远远小于通信,在农业生产部门道路的贡献甚至为负,在非农部门也几乎没有解释力。基础设施主要是通过通信渠道起作用的。其中在农业部门对东部地区的贡献为20%,在非农部门对东部地区劳动生产率的贡献为54%。从总的农业部门来看,基础设施解释了40%以上的地区劳动生产率的差异,但对西部地区则只能解释它的10%。应该指出,这些发现与 Démurger(2001)有较大差异,并且基础设施对中部地区的反常解释力以及巨大的残差项表明这项估计还很不完善。

骆许蓓(2004)应用静态比较均衡模型,着重讨论"需求拉动"对中国经济发展的作用。以省份 i 为例,根据重力模型,假设其对省份 j 的进口量与省份 j 的经济规模(以省份 j 的国民生产总值为衡量标准)成正比,与两省份间的运输成本成反比。进一步,两地间运输成本不仅取决于其实际距离,而且取决于其基础设施发达程度。一般而言,以交通网络密度(包括公路密度和铁路密度)作为衡量交通运输便利程度的标准,调整后的两地距离更能反映运输成本。据此,作者定义了省份 i 的国内调整需求。随后,作者以全国 28 个省份(排除海南省和西藏自治区,以及香港、澳门、台湾地区,重庆市并入四川省)1990—1998 年的面板数据,控制了人口规模和人口质量之后,发现外部需求(包括国内伙伴省份需求和国外需求)对沿海省份经济发展的促进作用强于对内陆省份的促进作用。

最后,作者模拟分析了各省提高 10 % 的交通运输网络密度对全国经济发展的影响以分析其对整体经济的拉动作用并进一步细分了交通分别对沿海地区、内陆地区和西部地区经济发展的影响。模拟数据分析结果表明,交通运输设施的改善对全国经济的促进作用主要集中于沿海省份本身。作者指出,基于中国沿海内陆间既有的发展差距,沿海省份相对于内陆省份持续的高速发展必将扩大地区发展的不平衡状况,对整体经济的长远、稳定、健康的发展容易造成不良影响。

此外,范九利和白暴力(2004a,2004b),以及范九利、白暴力和潘泉(2004)用中国全国总量数据和地区数据进行了基础设施与经济增长关联的一系列检验。他们所使用的基础设施包括如下五个部门或行业:电力、煤气及水的生产和供应业;交通运输、仓储及邮电通信业;地质勘察和水利管理业;城市市政公用设施(未含煤气、水的供应和生产,计入电力等行业);国家机关、政党机关和社会团体。农、林、牧、渔业、采掘业、制造业等 11 个部门被定义为非基础设施部门。限于存量数据的可得性,他们根据投资流量数据和永续盘存法分别构造物质资本和基础设施资本存量,并从总资本存量中扣除基础设施资本获得其他物质资本存量。通过建立一个二级三要素(基础设施资本、其他物质资本和劳动力)的 CES 生产函数,他们利用 20 世纪 80 年代以来的数据估计了有关生产要素对 GDP 的影响以及基础设施对其他生产要素的替代弹性。他们得到的实证结论是,与 Aschauer(1989)早期的研究结论相似,中国基础设施资本具有显著的增长推动效应,其产出弹性大约为 0.695,大于非基础设施资本和人力资本的产出弹性,并且,包含基础设施资本要素的生产函数表现出显著的规模报酬递增特征;基础设施对其他要素有很强的替代弹性。

不过,联系到我们对国外文献的回顾,他们的结论同样是"太好了而令人难以置信"。总而言之,由于忽略了内生性等许多重要问题,经验研究还需要进一步深入。另外,因为研究的薄弱,经济学家对过去20年来中国在基础设施投资、水平和地区分布上的变化等问题知道的还不够多。最近10年来,与印度、巴西和俄罗斯相比,中国毫无疑问大大地改善了其基础设施水平。但是,实现这个改善背后的机制是什么?是什么因素导致了基础设施投资的快速增长?这些问题需要我们去关注并研究基础设施投资的决定因素。

3. 基础设施投资决定的政治经济学

在评论Aschauer关于基础设施的高回报率时,Gramlich(1994)写道:"如果公共投资真的如此有利可图,那么私人部门不会叫嚷着要求公共部门通过税收或者发行债券去建造公路、铁路和下水道以便产生这样高的净回报吗?……然而,这样的压力还很少看到,即便计量的结果表明回报率非常之高。"实际上,虽然刺耳的叫嚷不多见,但是有很多研究的确已经发现证据表明存在一些较为安静的游说活动。更为重要的是,很多时候,政府在进行基础设施投资时,效率并不是唯一的考虑,基于公平甚至是政治方面的考虑往往更深远。

正像我们在前面提到的,由于内生性问题,近来的许多文献更多地使用了联立方程组,尤其是利用一个国家(地区)的面板数据的研究成了主流。[1]

---

[1] 就我们所掌握的文献而言,Duffy-Deno和Eberts(1991)是这方面较早的研究。他们考虑到了公共投资和个人收入的关联,并认为公共投资可以通过地区生产过程影响个人收入。同时他们认为,公共基础设施的水平取决于中位家庭效用函数中消费品的多少。因而,他们认为公共投资和个人收入应该被联立估计才对。他们用这两个方程联立起来对美国28个大城市1980—1984年的数据进行了回归。结果显示,公共投资以及公共资本存量对私人收入有正的影响,同时个人收入对公共投资也有正的影响。

在这些文献中,焦点有可能仍然是估计基础设施的产出弹性和回报率,但是基础设施的决定也是其一个重要的副产品。并且,有一些重要文献直接研究了基础设施投资的决策过程。

虽然有一些更早的文献[①],不过我们还是更愿意从 Cadot、Röller 和 Stephan(1999)开始,因为他们直接而全面地研究了基础设施投资的决策过程,并有力地影响了后续的研究工作的方向。在这项针对法国的研究中,Cadot 等人考虑的视角是,有大量沉没成本的企业对这个地区的基础设施水平有很大的利益关系,这些企业因此会比沉没成本较小的企业更有积极性去游说政府维护和更新基础设施。对此,有三个方面的理由。其一,有大量沉没成本的企业通常为远处的市场生产更多的产品并需要大量的原材料,因而对基础设施有更强烈的需求。其二,有大量沉没成本的企业通常总部设在巴黎,这样更方便游说。其三,大企业的集体行动的能力要大于许多小企业的集合。此外,从政府决策的角度,其中的机制可以看成在位的政府官员把基础设施卖给当地的游说者,游说者则通过在官员竞选活动中为其提供资金支持作为购买支付。另外一个影响基础设施决策的因素是政治属性。如果地方政府碰巧和国家政府执政党在政治倾向上一致的话,那么地方政府就能更有效地为选民代言,从而对基础设施的需求就更容易得到实现,基础设施投资就可能增加。

作者用两个指标来表示游说的效应。一个是每个地区大企业的数量,另

---

① 在分析公共投资决定的文献中,需要提到的有,Holtz‑Eakin 和 Rosen(1993)以及 Petchey(2000)等。但是这两个文献都是研究总投资支出决定的,与研究支出在地区间配置关联不大。另外,使用美国 1978—1988 年的数据,Crain and Oakley(1995)研究了政治制度和政治过程是如何影响公共资本和公共投资的。他们发现,诸如任期限制、公民的热情以及预算程序等是决定州公共资本存量和公共投资的重要因素。

一个更重要的指标是哑变量:当地方政府议会的多数派和国家执政党在政治倾向上一致的话(即同是左翼或者同是右翼)就等于1,否则为0。在基础设施方面,该文仅涉及交通基础设施,其中包括铁路、高速公路、水运基础设施。虽然机场建设的数据理应加入,但是由于数据可靠性问题作者并没有这样做。因为缺乏地区层面的存量指标,作者使用投资流量的数据用永续盘存法构造了存量数据。另外,为了减少误差,作者把原始流量数据追溯到了1975年。作为误差的验证,他们用估计出来的地区基础设施存量数据加总之后与国家总量数据相比较,发现两者的差别微小。文中使用的样本是1985－1991年法国22个地区中的21个地区(因数据质量问题而舍弃了一个地区)。

实证的结果显示,游说效应的两个变量都在统计意义上是显著的,并且系数很大,这意味着,游说活动的确是跨地区交通基础设施投资配置的重要决定因素。同时,即便是在控制了不同地区政策影响力的大小,或者强加了一个地区生产率水平收敛的外生假定之后,这项研究也没有发现什么证据表明对基础设施投资的效率考虑(即最大化基础设施支出的经济回报)是重要的决定因素。

不难想象,基础设施的投资与财政分权或者财政联邦制(fiscal federalism)有关。不过长期以来,关于财政联邦制对基础设施政策影响的文献基本上讨论的是基础设施在不同层级政府供给的最优原则。然而,正如Cadot、Röller和Stephan(1999)所指出的,现实中的基础设施的决策是否是基于这样的效率标准的考量仍然是一个悬而未决的问题。Kemmerling和Stephan(2002)采用Cadot、Röller和Stephan(1999)以及Crain和Oakley(1995)的方法将基础设施的生产率效应及其决定与财政联邦主义的政治经济学分析结合了起来,实证考察了决定基础设施投资的其他潜在决定因素并将它们与传统的效率主张相比较。

Kemmerling 和 Stephan 假定影响基础设施投资决策的因素有三个方面：一是议员为利益群体争取地方建设经费，从而影响基础设施投资决策，这与投资所在地企业的影响力有关；二是由于不同层级的政府的政治派系(affiliation)的异同而造成的基础设施投资的拨款在不同政府间的配置扭曲；三是由选民立场的摇摆而对投资拨款资金配置的扭曲。所有这些影响使得地方基础设施投资决策最终有可能显著偏离最大化社会福利所要求的最优配置结构。

例如，在德国，60%的公共基础设施是由地方政府而不是联邦政府或者州提供的。因而，该文使用的地区数据（实际上是城市数据）有足够的理由。德国市一级的基础设施投资由两部分组成：自主投资和对上级政府的拨款投资。自主投资出于市政府的决策，而拨款则主要由联邦政府决定。后一部分投资所占的比重越来越大，作者分别对这两部分投资的决定用联立方程方法进行了回归。具体而言，为了考察基础设施投资、政府拨款资金、地区制造业产出、政策和游说变量之间的关系，Kemmerling 和 Stephan 用 1980 年、1986 年和 1998 年德国 87 个城市的数据对三个方程进行了联立估计。首先是生产函数：

$$Q_{it} = f(t, K_{it}, L_{it}, G_{it}), \ i=1,\cdots,N, t=1,\cdots,T$$

其中，Q 是产出，t 是时间哑变量，K 是私人资本，L 是劳动力，G 是城市的基础设施存量。

其次是基础设施投资的决定方程。其中，上级拨款资金也同时进入方程，作者想检验的关系是，上级的拨款与城市政府自主投资之间的关系是互补的、替代的还是中性的呢？虽然拨款中的大部分是配套资金，但是拨款和地方政府投资之间并不一定就是正向的（互补的），因为，考虑到上级政府对项目的划拨资金,地方政府或许会减少自主投资。这样,每种关系都可能出现。第二个问题是,城市政府的基础设施支出也应该反映城市居民的偏好。比如,有更多车主的城市可能更多地投资于交通基础设施。第三个假设是要检验地方政府在基础设施上的支出对政府间的转移支付的增加更敏感还是对自己税收的增加更敏感。还有一个假设源于 Cadot、Röller 和 Stephan (1999),即检验制造业企业的数量对基础设施投资的决定,因为,制造业对基础设施有更大的需求,并可能有更大的游说能力。第五个决定基础设施投资的假设是,城市议会中的政府多数派的稳定性。如果地方政府想要收买地方"立场摇摆的投票人"(swing voters)的支持,那么市议会中多数派越小,则支出在基础设施上的投资越多。基础设施投资的第六个可能影响因素是,基础设施投资对当地产业预期生产率的效应。如果政治家的确在意基础设施项目的效率,那么就应该发现在基础设施项目的预期生产率效应和基础设施的实际支出之间有一个正向的关系。

最后是中央政府拨款分配函数的决定。第一个可能的影响因素是政府间资金的划拨是基于效率标准还是基于公平标准。相应的,作者在模型中用预期的基础设施项目的生产率效应作为效率标准,并加入了收入变量考察再分配即公平这个维度。政府官员配置拨款也可能完全出于自利的考虑,即上级政府官员配置拨款时最大化自己再次当选的概率。第二个影响拨款给地方政府进行基础设施建设的因素就是考察上下级政府的政党的派系差异。因为性质相同的政党至少能够节约上下级之间的谈判成本。再有一个假设是,考虑边际选票的价值。如果一个城市在选举中的地位更重要,则它将获得更多的拨款,也就是说,如果有大量的选民对两个政党都没有特别的倾向,那么他们就可能被拨款所收买。作者用上一次选举中两党在这一个城市中的得票数来考虑,如果两党所得的选票更加接近,则这个城市将从上级政府获得更多的拨款。最后,制造业企业的数量也是影响拨款的一个待定因素。

显然,同其他研究一样,Kemmerling 和 Stephan 的工作同时涉及基础设施的存量和流量。固定效应的面板分析发现:公共资本是地方产出的重要投入;一个城市议会中的多数与其上级政府的多数有相同的政党性质时,该城市获得更多的基础设施建设的拨款。边际投票者对城市选取有决定作用的城市既没有进行更多的基础设施投资也没有获得上级政府更多的投资拨款。相反,政府中的多数派越大,在基础设施上的支出越多。上级政府处于公平角度考虑的配置拨款也是重要的,然而,出于效率的考虑(把资金投到生产率最高的地方)显得相对次要。上级政府的拨款没有引致更多的自主投资,因而两者之间没有互补效应。地区之间在人均基础设施上并没有一个趋同的态势。

因而,地方利益集团的影响力确实是拨款在政府间配置的重要决定因素,这使得政策结果有可能显著地偏离最优情况。但是,利益集团的政治影响力因素并没有在法国(Cadot, Röller and Stephan, 1999)和美国明显地被发现。虽然政党的同一性有一定的解释力,但"立场摇摆的投票人"这种机制在实证中并不显著。这意味着拨款在更大程度上被州政府用作奖励它们的政治选民,而不是赢得选举的策略性工具。地方政府的稳定性与所获得拨款数额之间的正向关系更加支持了这一推论。最后,值得强调的是,许多研究公共资本生产率效应的文献把基础设施作为产出的一个内生因素,并忽视了基础设施政策形成过程中的政治经济学因素。然而,联立实证的结果表明两者是相互促进的。

下面我们来关注更直接地研究基础设施投资在地区间配置的文献。显然，政府在将基础设施投资在地区间分配的时候，通常比在其他方面有更大的决定权和自由度。因而，基础设施投资在地区间的配置更容易受到政府目标的左右。一般而言，政府可能遵循的标准是：基础设施投入所带来的联动效应，或者政府倾向于将基础设施投资到产出水平更低的地方以促进公平。这是基础设施投资决策中的效率与公平的决策。当然，政府对基础设施资金的配置很可能仅仅是出于政治上的考虑。这些标准之间显然通常并不一致，如果能够计算出各地方的生产率的话，以促进效率为目标的政府就应该把基础设施投资到效率最高的地方；而如果地方政府有平衡地区经济的目标，就应该把基础设施投资到较为稀缺的地方。这是传统经济学对政府目标的善意假定。可是，正像前面的文献所表明的，我们没有理由做这样的假设。那么，政府在决定基础设施的地区分布时到底对三者分别赋予怎样的权重呢？

  Castells 和 Albert(2005)的最近研究考察了公平和效率之间的权衡以及政治因素这三个维度在决定基础设施投资地区分布中的作用。该文献讨论了基础设施在地区间分布的决定，尤其是从政治过程加以阐释。他们通过可以观察的基础设施的配置来考察其背后的政治动机所起到的作用。Castells 等人从在各个地区进行基础设施投资的政治生产率(politic productivity)入手来考察政治动机，政治生产率高是指基础设施投资能够赢得"立场摇摆的投票人"的选票，帮助在位者再次当选或者获得晋升。[①] 为了考察这种政治上的考虑，作者假设了 CES 形式的社会福利函数来表示社会选择

---

① 可见，在不同的文献中，考虑政治过程的角度是不同的。Cadot 等(1999)是从商业集团游说的角度考虑政治因素在决定基础设施投资配置中的作用，Castells 和 Albert(2005)则认为政治家直接关注的是公众手中的选票。

规则：

$$W_t = (\sum_i N_{it} \Psi_{it} (Y_{it}/N_{it})^{\Phi})^{1/\Phi}$$

其中，Φ 表示对不公平的厌恶程度，其取值范围是 $(-\infty, 1]$。当其趋于负无穷时，政府实行完全公平的做法；而当它等于 1 时，政府只关心效率；中间状态是 Φ 取 0，即柯布-道格拉斯函数的形式。Ψ 可以因为地区的不同而不同，取决于各地区本身的特征。Ψ 参数反映了地方政府对公平效率权衡这个维度的偏离程度。因而，这个参数的大小是文章关注的重点。如前所述，这种偏离的大小的主要决定因素是，基于基础设施投资的政治生产率考虑的对投票的影响。因而，这个目标函数同时反映了政府在公平和效率之间的权衡以及出于政治因素而对这个权衡规则的偏离。作者假设了下面的生产函数：

$$Y_{it} = P_{it} F(K_{it}, L_{it}, T(X_{it}, Z_{it}))$$

其中，Y 是产出，P 是技术（希克斯中性的），K 是资本，L 是劳动力；T 是交通为一个地区内部提供的服务，而交通服务作用的大小取决于政府的基础设施的投入 Z 和交通工具的多寡 X；i 表示地区，t 表示时间。

在用西班牙的面板数据（1987－1996 年）所做的实证研究中，作者检验了决定基础设施投资分布的主要决定因素。文中的基础设施局限于交通基础设施，包括公路、铁路、港口和飞机场，涉及投资流量和资本存量两个方面。选择交通基础设施有两个理由：它几乎占据了西班牙统计账户中所包含的生产性基础设施的 70%，并且现有文献对西班牙生产函数的分析表明，交通基础设施对产出的作用最大。基于这样的理论框架，作者估计了两类不同的方程，一类针对总的交通投资，包括对公路、铁路、港口和机场的投资，另一类仅针对公路,公路占据了交通投资的一半以上。①

文章关键性的政治变量分为选票的生产率(electoral productivity)和党派支持(partisanship)两类。有待检验的假说是,政府将把投资分配给边际选票所得较高的选民。在文章中,作者假设一个地区的选票生产率由以下四个因素决定:一是该地区增加一张选票成为决定性选票的概率(在中央基础设施投资方程中由一个哑变量来表示,有关键性选民的地区取1;在地区基础设施投资方程中,该概率以地方政府中主要政党的比重与50%之差的绝对值衡量);赢得或者失去关键性选票的概率;参选率(参选人数占总人口的比重)以及对立场不坚定的投票人的影响程度(当产出改变时,选民改投选票的概率)。这四个变量依次以 g、r、t、f 表示,并做如下处理:

$$\ln\Psi_{ik}=\beta_j\ln(g_{ik}\times r_{ik}\times t_{ik}\times f_{ik})=\beta_j(\ln g_{ik}+\ln r_{ik}+\ln t_{ik}+\ln f_{ik})$$

第二类是党派支持变量,如果政治考虑是重要的,那么政党会把更多的资源配置给它们获得更多支持的地区。显然,这个可以用在位者从各个地方所得到的选票来度量。除此之外,作者还控制了地方政府的预算约束以及政党的左右性质等控制因素。为了克服内生性问题,计量技术上使用了广义矩方法(GMM),并用滞后的水平变量作为工具变量。

结果显示,无论是中央政府还是地方政府都希望在分配基础设施投资时去平衡公平和效率。地方政府似乎更加在意效率维度,虽然这个结果可能是因为在样本期间,西班牙的中央政府一致被左派政党掌控。而在地方,左派并没有完全控制地方政府。一些技术条件(比如,产出-车辆比,对基础设施

---

① 回归时的被解释变量有中央政府(或地方政府)进行的交通投资除以上一年的基础设施的存量;中央政府(或地方政府)进行的公路投资除以上一年的基础设施的存量。

的使用水平)同样影响交通基础设施的产出效应。然而,政府对公平与效率的权衡并不是故事的全部。在配置地区基础设施的投资过程中,选民规模也是重要的决策变量,并且政府在选票生产率更高的地区会进行更多的基础设施投资。这些结论与 Cadot、Röller 和 Stephan (1999)对法国的研究有不少相同之处,但是也有明显的区别。最大的区别在于西班牙的政府似乎更加关注公平和效率这些"正当"标准。

此外,有学者提供了对日本的一个经验研究。① 这项研究试图回答如下问题:公共资本是否增加私人部门的产出?诸如政治游说等因素是否影响公共基础设施投资的分布?如果政治因素的确影响公共资本投资的区位,那么哪些又是主要的因素?文章使用的联立方程组对涵盖日本 46 个县的面板数据进行了回归。回归方程包括生产函数、中央政府公共基础设施投资函数以及县政府公共基础设施的投资函数。② 样本期间为 1975—1995 年,并且每 5 年分成一个时段,总共有 5 个时段,这样整个样本数为 230 个。

文中的公共基础设施包括公路、港口、飞机场、堤岸以及水坝。铁路和发电厂被排除在外,因为在日本它们是由私人部门建造的。其中,公共资本存量的变量包括四个产业公共资本存量的总和:公路、港口和机场、农业(比如农业、林业和捕渔业的公共设备)以及土地的固定投资(比如大坝和堤岸)。国家层面和地区层面的基础设施存量的定义是一致的。数据来自相关的统计年鉴。流量用政府投资表示,国家和地方政府的投资分别也是上述四个方

---

① 此外,Kamada、Okuno 和 Futagami (1998)也研究了日本影响公共投资地区间配置的因素。他们用日本十个地区 1955—1986 年的数据做了研究。使用的解释变量有人口增长率、人均收入的增长率以及地区收入不平等指数等。他们发现,地区收入不平等是决定公共投资的一个重要因素。

② 方程设定与 Kemmerling 和 Stephan(2002)相似,详细内容省略。

面的投资总和。数据来自日本建设部的报告。

实证结果发现:(1)公共资本存量对生产率有稳定的促进作用;(2)公共投资和私人生产率之间的关系在中央政府和地区政府之间的关系是不同的,中央政府可能更倾向于效率导向的投资,而地区政府似乎更倾向于公平导向的投资;(3)公共投资和人均公共资本方面的结果正好相反,中央政府更考虑公平因素,而地方政府更在意效率导向;(4)国家和地区政府私人投资具有互补性;(5)关于游说因素,没有发现一致性的结论,不过,建筑行业的游说因素能显著地刺激中央政府的投资;(6)在中央政府层面未能发现清楚的政治因素对公共投资的作用,但是在地区政府的投资函数中,政治因素对投资有正的影响;(7)中央政府基础设施建设资金促进了地区政府的投资。

如前所述,针对发达国家的研究基本确认了基础设施能够开拓新的市场、降低私人部门生产的成本、节约交易费用并能促进竞争,对经济增长有重要意义。同时,在进行基础设施投资规模和区位分布的决策时,虽然各种因素交织在一起,但是不少研究还是发现政治因素常常导致投资偏离最优分配的结构。那么,发展中国家的情况是怎样的呢?虽然越来越多的证据表明对基础设施的公共投资对经济发展具有持续的重要性,但是越来越多的文献表明,在欠发达国家,基础设施投资并没有达到最优水平。在一篇长达84页的工作论文中,Randolph、Bogetic和Hefley(1996)使用1980－1986年涵盖27个低收入和中等收入国家的面板数据和时序数据研究了决定基础设施投资的各种因素。

他们的被解释变量是政府在交通和通信上的人均支出(用1980年美元计算),文中涉及大量决定政府基础设施投资的解释变量。一类是描述经济特征的变量,包括:(1)现有基础设施的存量。它对人均基础设施支出可能有两个方向相反的效应。一方面,由于基础设施支出的回报递减,因而,政府从中得到的好处会随之下降,从而会导致现在的支出减少。另一方面,较高的存量要求有后续的弥补折旧的支出,因而两者之间可能存在互补性。最终的结果需要计量检验。他们使用了两个存量指标:第一个指标是公路与铁路的总里程与人均 GDP(1980 年美元价值)的比重;第二个指标是用永续盘存法估计出来的总的资本存量(其中包括私人资本)。(2)人口密度。用每平方公里的人口表示。人口密度低要求更多的交通和通信的投入,然而,密度不高时,诸如下水道和医疗设施的投入可能并不需要,从而可以节约基础设施投资。最后,规模经济因素使得人口密度更大的国家会有一个更高的最优基础设施的水平。(3)城市化水平。如果基础设施供给的规模效应显著的话,那么,城市化水平越高,人均基础设施可能越低。但也可能有相反的效应,即基础设施投资可能会随着城市化程度的提升而上升。另外,考虑到通常存在的城市倾向,城市化程度高会提高人均基础设施的支出。(4)城乡结构。城乡之间的差异推动人口在城乡间转移,并影响政府增加城市的基础设施支出。另外,政府为了限制人口向城市的过快转移会通过增加基础设施投资来提升农业生产率,从而抑制农村人口的流出。这些都意味着城乡差距越大,基础设施支出水平应该越高。作者用城乡人口流动率(即城市人口增长率减去总的人口增长率)、农业人均 GDP、农业占 GDP 的比重这三个指标表示城乡结构的动态转换。(5)劳动参与率。该变量用劳动力人口除以总人口表示。公共基础设施支出会影响企业对劳动力的需求和每单位有效劳动的工资。劳动参与率和公共基础设施支出的关系取决于劳动和基础设施投资之间是互补关系还是替代关系。

其他反映经济结构的指标包括:(1)经济发展阶段。用人均实际 GDP 或者实际收入表示。基础设施通常都是正常品,而经济发展的升级也会提升基础设施投资的回报率,并且它和基础设施支出是正向关系。(2)国内财政平衡。(3)国际账户平衡。(4)对外部门的规模。用进出口占GDP比重衡量。在有些发展中国家关税是政府的重要财税来源,因而,对外部门大意味着政府有能力提供更多的基础设施。另外,基础设施能够提升国家竞争力,从而扩大出口。这样,对外部门应该与基础设施支出成正向关系。(5)贸易条件。(6)政府的债务规模。(7)制度。他们用公民实质性地参与政治的程度和公民能自由地表达观点两种自由来度量。但它们与基础设施支出的关系并不明确。一方面,较完善的制度降低了交易费用,从而增加了私人供给基础设施的可能性;另一方面,制度的完善促进了私人经济发展,从而增加了对基础设施的需求。出于世界银行的政策考虑,作者还考察了政府目标的指标,即减少贫困努力的影响。政府减少贫困的政策会增加基础设施支出,但是如果是通过健康、教育或增加社会的安全等方式减少贫困的话,则基础设施支出也可能是减少的。

他们的结论是:人均基础设施支出对经济发展阶段、城市化水平和劳动参与率最为敏感。他们的系数都很大。这三个因素中,劳动参与率对基础设施的支出水平的影响最大。用人均GDP衡量经济发展水平,则基础设施支出与之成正向关系。如果人均GDP用购买力平价进行比较的话,两者的关系是严格线性的。较高的城市化水平和劳动参与率与较低的人均基础设施支出相联系。对外部门的规模、城乡结构以及基础设施的存量水平也是人均基础设施支出的重要决定因素。对外部门越大,人均基础设施支出水平越大。城乡结构反映了人口转移的水平,它增加了人均基础设施水平。基础设施存量越大,人均基础设施支出越高。更高的人口密度与更低的基础设施支出相连。制度越完善,中央政府基础设施支出越大,但是,当基础设施水平较低时,基础设施支出会随着制度的完善而下降。预算赤字不影响中央政府的基础设施支出,但是却与预算支出有正向的关系。中央政府基础设施支出显著地与更外向的经济相关联,但是中央政府基础设施支出和外向的程度大小没有明显的关联。此外,中央政府反贫困的努力影响着它在基础设施支出上的规模。

也许我们还应该从更宽阔的视角考量基础设施的决定问题。毕竟,基础设施不仅仅是现代社会的专利。North 和 Thomas(1973)及之后的政治学家和经济学家的研究都发现,政府对不干预私人产权方面的承诺是一个国家长期经历资本投资的关键。正是从这个角度,Henisz(2002)使用 100 多个国家长达两个世纪的数据研究了基础设施投资的决定。这里的关键基础设施指的是电话装机数以及发电量的兆瓦。文章中使用的政治约束是指政策改变的可能性,即任何一个部门的偏好改变在多大程度上能够改变政府的政策,这可以用那些拥有否决权的政府部门的数目作为代理变量。

结果表明,政治环境是解释国家间关键基础设施投资差异的重要决定因素。这意味着,政治环境不仅在近代是重要的,在 19 世纪也是重要的。回归的结果显示,把制度环境加入回归模型之中,显著地改进了模型对下列事实的解释能力:为什么有的国家首次投资基础设施的时间比其他国家早?为什么基础设施投资会持续增长?

另外还有一组与发展中国家基础设施投资相关的文献。新近的一些研究发现,有时政府会主动地做一些事情,十分积极而且清廉地帮助私人部门提高生产率并进入国际市场,比如在东亚的韩国和中国台湾。这种政府在文献里被称为"发展型政府"(developmental states)。Evans(1992)认为,国家官员的职业化是政府成为"发展型政府"的必要条件。Evans发展了一些可供实证的指标,公务员考试的比重、报名者的通过率以及官员的平均任期。官员职业化可能有两个方面的影响:(1)它抑制了政府对经济发展的负面影响(限制寻租活动);(2)政府任期的延长以及职业化能够改善政府提供基础设施的激励,因为这样有助于仕途(career building)。一些作者实证检验了第一个方面,而Rauch(1995)主要研究了后一个方面。具体而言,他研究了美国在20世纪的前二十年政府支出中用于道路和供水这些受益周期比较长的支出的比重。

在作者构造的一个简单城市增长模型中,经济增长仅仅取决于城市政府的决策。投资于新的基础设施可吸引可贸易部门私人资本的投入并吸引劳动力迁移和就业,从而推动城市发展。假定利息和工资不变。城市官员可以从城市生产过程中在投入和产出两方面获得好处。投入方面的好处是指派工作和回扣,产出方面的好处是选民的满意度以及威望和权势的提升。假定政府当期的收入完全来自现有公共服务所收取的费用。需要研究的问题是,在能带来当期好处(警察、火灾防范)的支出和投资基础设施之间,政府怎样分配其收入呢?

美国在这个所谓的"进步时代"出现的三大变化包括:(1)文官制度的出现。城市公职人员必须要通过考试,这是官员职业化的核心。(2)委任制政府的出现(1901年),通常由五个接受委任的人取代市长、市议会以及其他被选举出的官员,他们每人在自己的权辖内同时具有行政权和立法权。(3)城市管理者政府的出现(1908年)。在这种体制下,城市管理者被城市议会指派并对其负责,总揽城市大权。显然,实行文官制度的政府和后两类政府是有重大区别的。在Rauch看来,"进步时代"为这三种制度的并驾齐驱提供了一个天然的试验田。

文中的基础设施变量是道路和饮用水以及下水道上的支出占总支出的比重。加入时间哑变量之后的城市固定效应模型的回归结果显示,实行文官制度的城市,其基础设施投资的比重要高于没有实行文官制度的城市,改革的结果提升了用于基础设施投资的比重,同时提升了城市经济的稳态增长率。后两种政府治理模式则完全反过来。这表明,政府任期时间越长,越有可能把更大比例的政府资源投入基础设施这样的项目中。

另外,决定政府进行周期长的基础设施投资的另一个因素是政府的时间偏好,或者是在评价项目时所采用的折旧率大小。Arrow 和 Lind(1970)认为,由于政府分散了公众的风险,因而政府应该采用一个较低的折旧率,这将导致其更多地投资于基础设施这种时间跨度大的项目。另一个解释是,政府所采用的折旧率反映了利益集团的偏好(Weingast,et al.,1981)。

与这组文献相对的一个政治学视角是考虑基础设施决定过程中的策略性考虑和行为。Glazer(1989)认为,与个人决策不同,理性的投票人在公共领域会更加偏好基础设施的投资并不是因为风险规避、利他主义、收入差距抑或是利益集团的影响,而是出于下面两种原因。① 首先是承诺效应。假设对于当期关键投票人来说,在当期进行持久的基础设施投资与在当期和下期分别进行两项短期投资(不形成固定资产)是无差异的,但是两项短期投资的成本要小于进行基础设施的投资。显然,当期投票人的最优选择是,在两期分别进行两项短期投资。然而,他预期如果本期选择短期投资,那么下期的

---

① Glazer(1989)的模型十分正式,这里的表述主要转引自 Crain 和 Oakley(1995)中的一个注释。

短期投资将可能被否决,这时,他在当期可能进行一个次优的选择:投资于基础设施,以避免最坏情况的出现,即下期不投资。

其次是效率效应。假设当期关键投票人在第一期对于进行基础设施投资还是短期投资是无差异的,而他预期如果在当期进行短期投资,则第二期投票人将选择继续进行一次短期投资。如果投资具有规模经济性质的话,即一次基础设施投资的成本小于两次短期投资的成本,那么,即便当期投票人认为当期进行基础设施投资是不经济的(成本大于收益),他也还是会进行偏向基础设施投资的选择。显然,承诺效应和效率效应会造成更多地投资于基础设施而不是短期的公共支出,并且,这种扭曲是由于公共选择中的策略行为导致的,不会成为个人理性决策的决策,因而是次优的。延续 Glazer(1989)的思路,Crain 和 Oakley(1995)考虑了策略性的财政政策,即当期的投票者考虑后来的投票者可能做出的选择,这也将影响政府的基础设施投资决策。

总而言之,与纠缠于基础设施的产出弹性、是否供给不足以及基础设施与经济增长因果方向的传统经济学研究文献相比,研究基础设施的决定因素显然意义更加丰富和重要。即便基础设施投资是内生于经济增长的,对于经济学家而言,重要的任务就是要解释这个"内生"过程是如何发生的。有关经济学和政治学的交叉研究的文献越来越关注这个"内生"过程,这些文献深信,基础设施的投资决策(包括更一般的经济政策的制定)应该从在位政府官员最大化其目标函数中来寻求解释。这就要求把政策的制定看作是一个内生变量而不是控制变量。实际上,经济学家面临的问题不是什么是应该要去做的,而是政府官员实际在做什么以及为什么要这么做。

四、中国的财政分权、政治管理和地方政府面临的激励

改革开放以来,尤其是20世纪90年代之后,中国的基础设施水平发生了翻天覆地的变化。交通运输、通信、能源供给和城市的基础设施等日新月异。基础设施水平的持续改善本身就是中国经济发展的一个重要内容,也是对增长的一个非常重要的测度。以交通为例,就在15年前,似乎还没有人敢于奢望今天的基础设施所达到的水平以及更新的速度。20世纪80年代,甚至到90年代初的时候,中国人出门旅行还必须依赖破旧不堪的火车,并要为购买火车票大伤脑筋。而今天,每天乘坐大巴来往于高速公路上的人数可以高达数百万。

为了更好地解释中国基础设施的改善缘由,我们需要研究基础设施投资的决定因素。从前文我们对现有文献的回顾中可以看出,基础设施投资的决定是一个需要联系到政治过程的问题,这大概是因为基础设施的性质决定了对它的投资决策多为政府做出并且与公共财政相连。因此,研究基础设施投资的决定,必须研究决策得以做出的制度激励和政府治理的模式。一句话,需要从政治经济学的视角寻找解释的线索。在本节,我们将讨论那些影响基础设施投资决策的体制环境和政府治理模式。

可是,必须指出的是,研究中国基础设施投资决定的政治经济学与现有文献对欧美国家的研究有一个显著的不同。对欧美发达国家而言,由于政治分权和财政分权的体制高度成熟和稳定,因而经验研究更多地关注公共财政资源向基础设施领域的分配如何受到选民或者党派行为的影响。这在我们前面对西方现有经验研究的文献回顾中体现得非常

明显。但是,对我们的研究而言,我们考察的是一个特定的转型经济,它经历了经济分权和财政分权的过程,但在政治上它又是高度集中的。另外,与现有的文献不同的是,在地方上,基础设施的投资决策似乎更多地与实现经济增长的目标而不是再分配问题联系在一起。因此,要深入讨论基础设施投资的决定因素,我们就必须从观察和解释财政分权体制下地方政府激励和政府行为入手。

首先我们从中央政府与地方政府之间的关系来描述一下自20世纪80年代初开始的财政分权是如何改变投资决策环境的。中国政府间财政体制的改革和演变大致可以描述为两个阶段。① 在第一阶段(1978—1993),行政分权型财政包干体制取代了1978以前的中央集权型统收统支体制;1994年之后则进一步实行了中央与地方政府的分税体制。值得注意的是,在分税制之后,中央的收入比重从1993年的22.0%上升到1994年的55.7%,而地方财政支出的比重则在财政包干和分税制改革期间一直处于稳步上升的状态,从1981年的45%上升到2004年的72.3%。从这个意义上讲,中国的地方政府已获得了不断增强的财政支配权力(陈诗一和张军,2006)。

在现有的经济学文献里,关于向地方政府的财政分权对经济增长的影响是正面的还是负面的,虽然也有不同的理论和证据,但总的来说,Tiebout(1956)的"公共支出理论"和Oates(1972)的"财政联邦主义理论"赢得了更多的认同,成为之后对财政分权问题进行经济学研究的基础性文献。Tiebout(1956)和Oates(1972)分别强调了政府间的竞争和地方政府的信息

---

① 胡书东(2001)对中国自20世纪50年代以来政府间财政制度和中央-地方关系的变迁做了系统的记录和分析。

优势对改善公共品的供给和提高经济效率的正面影响。而过去10年来,在研究"转轨经济"的文献里,财政联邦主义的思想再次受到重视,发展出了许多的理论和经验研究。这些研究强调财政分权对维护市场改革和改善效率的积极影响(例如 Qian and Weingast, 1997; Qian and Roland, 1998; Cao, Qian and Weingast, 1999 等)。

这些文献对本章关于基础设施投资决定因素的研究自然具有高度的关联。这些针对转型经济的财政分权或者财政联邦主义的模型在理论上认为,中央政府将更多的权力转移给地方政府,产生了类似于联邦制的地区分权制度,地方政府为了引进私人资本(包括外资)发展地方经济而展开激烈的相互竞争,会提高资金使用的成本,从而有助于预算约束的硬化,从而对经济增长产生正面的影响。在经验研究方面,Lin 和 Liu(2000)的实证研究支持了财政分权有利于经济增长的结论。张军和金煜(2005)通过省际面板数据的研究得出,在分权的财政体系下,地方政府的财政支出显著地提高了全要素生产率的增长率。陈诗一和张军(2006)还进一步研究发现,财政分权(特别是分税制)也显著改善了中国地方政府的财政支出的效率。[①]

但是,一些对俄罗斯经济转轨的经验研究却发现财政联邦主义的体制并没有产生类似于中国的经济绩效(Shleifer, 1997; Zhuravskaya, 2000)。Zhuravskaya(2000)把俄罗斯和中国的财政分权以及中央与地方政府间的关系进行了比较分析。作者发现,在中国,地方政府相对于上级政府在财权上

---

① 当然,也有一些经济学家的研究不支持财政联邦主义的结论。例如,Young(2000)和 Poncet(2002)的实证研究认为中国的财政分权实际上导致了不断的市场分割,总体上说并不利于国内统一市场的形成和增长效率的改善。陈抗等(2002)的研究认为中国的财政分权(尤其是1994年的分税制)使地方政府从"援助之手"变成了"掠夺之手"。

的独立性和地方政府提供公共物品的效率与激励之间存在正向关联。而在俄罗斯的财政分权体制下,地方政府的平均财政激励极其微弱,当地方政府的收入增加时,上级政府将削减对其的转移支付并降低其财政收入分享的比重。所以,俄罗斯的地方政府没有真正获得独立的财政地位。相反在中国,地方政府分享到的财政收入的比重比俄罗斯的情况高得多,财政上独立性更强。因而,在俄罗斯,财政的联邦主义安排事实上限制了私人工商企业的建立并抑制了地方政府对公共物品的有效供给激励。财政分权在某种程度上变成了阻碍市场的联邦主义(market-hampering federalism)。虽然该文中的公共物品指的是卫生和教育(分别用婴儿的死亡率和晚间上学的学生比例度量),没有直接涉及基础设施,但是,该文献清楚地揭示,政府之间的财政安排将对地方政府提供公共物品的行为产生重要影响。

Shleifer(1997)[①]在更早一些的研究里也对比了俄罗斯和波兰的经济转型的过程。他的研究也注意到了上下级政府间的财政关系和政治激励对解释转型和增长的重要性。他的研究发现,俄罗斯与波兰的经济绩效的反差主要是由政府治理(或者政府表现)的差异决定的。在俄罗斯,上下级政府之间没有发展出一套经济和政治的激励来促进地方政府的行为转型,从而没有改变地方政府阻碍地方经济发展的"掠夺性质"。而且,在讨论对地方官员的激励问题上,Shleifer认为俄罗斯与波兰的重要差别之一,是波兰更加系统地推行了选举制度,尤其是地方一级的官员都是由选举产生的。而在俄罗斯,选举的约束和激励作用都很弱。

可是,Shleifer(1997)对选举制度为地方官员制造的约束和激励的强调

---

① 该文收入在施莱弗和维什尼的著作《掠夺之手》的第11篇。

没有能够为解释中国和俄罗斯的地方政府的不同表现提供什么帮助。诚然，地方政府的官员是任命的还是在当地被选举出来的，对官员的行为具有不同的约束和激励效应。现实是，中国地方政府的官员是上级任命的而不是基层选举出来的。这是中国的政治体制决定的，而且这个体制在经济决策上实现了分权化在财政体制上推行了向下级政府的分权之后依然没有变化。与财政分权形成对照的是政治上的高度集中，党中央拥有任命地方官员的政治上的绝对权威。因此，对比俄罗斯和中国的政府官员的行为与表现，显然需要考虑政治集中的因素。事实上，Blanchard 和 Shleifer（2000）很快就意识到了这个问题。他们提出，中央是否保持政治上的集权对于解释为什么俄罗斯的财政分权导致地方政府的掠夺行为很重要。他们认为，中国的中央政府拥有绝对的权威并任命地方的官员，因而有能力奖励和惩罚地方官员的行为；而俄罗斯的民主不仅无法使中央政府贯彻其目标，也没有能力来影响地方政府的所作所为。

类似的，印度的财政分权和地方政府的作为与中国也形成了强烈的反差。著名的印度裔经济学家 Pranab Bardhan 教授在 2006 年发表的文章中写道，中国和印度都经历了相当程度的分权，但两个国家经历的分权的性质却大相径庭。在印度，分权采取了在地方上不断选举的形式，但至今向地方政府下放的真实的权威和征收收入的权力却微不足道。大部分地区的乡村和区选举出来的官员的真正角色是攫取来自上级资助项目（如就业项目或信贷项目）的好处。在很多邦，对穷人意义非凡的资源却通过官员与地方上有势力的人物之间的合谋被转移到了非目标人群。而在中国，地方上党政部门拥有实际的权威并分享当地的收入，从而驱动地方官员在地方的经济发展中担任领导的角色。与中国不同的是，在印度，当地的经济发展并未走上地方政府的议事日程(Bardhan,2006)。

在中国,由于地方官员是上级任命的而不是地方选举出来的,因此地方政府在获得了财政分权的好处的同时,又必须服从中央政府的权威和保持目标的一致。当中央政府确立了更快的经济发展目标的时候,自下而上的经济增长不仅符合财政分权体制下地方政府的利益,而且事实上成了上级政府奖罚地方政府官员的有效的考核指标。在中国的地方政府官员那里,一种被称为"政绩观"的概括非常流行,它反映了地方政府官员面临的政治激励与推动地方经济增长激励之间的完美兼容。①

与早期那些讨论中国经济增长的文献过于注重增长的投入要素不同,近年来的一些文献越来越重视"对政府的有效激励"的重要意义。哈佛大学的帕金斯教授在这个方面提供了一个很好的评论(帕金斯,2005)。他在《从历史和国际的视角看中国经济增长》一文中深入地讨论了中国问题。不过,他认为仅仅从跨国的角度通过讨论储蓄、积累、投入要素和地理禀赋等条件如何有利于中国的增长是弄不懂中国所实现的增长现象的。他在文章的结尾处这样写道:"跨国比较仅给我们提供了关于中国为什么在1978年以后加速增长这一问题的非常概括的描述。这些比较分析的基本结论是,中国做了在此之前其他经济成功的国家所做的事情。然而要真正地理解为什么中国做得这么好,我们就必须更加深入地研究中国所采取的具体政策以及这些政策达到的具体结果。这些成就中大部分来自于中国特有的经历,而不仅仅是其他国家的情形的复制。"在我们看来,中国的这个特有经历就是它独特的分权方式和政治管理模式所改变的对地方政府的有效激励。对经济学家而言,

---

① Li 和 Zhou(2005)对中国地方官员的"政绩"如何影响官员的晋升概率做了很好的实证研究。

"搞对政府的激励"是公共部门经济学文献的一个重要问题。[①] 与"后华盛顿共识"所主张的"把价格搞对"的信念和转型战略有所不同的是,在经济增长的目标上,中国式的财政分权无疑把对地方政府的激励搞对了头。

具体而言,对地方政府的激励改变来自于两个方面的原因。第一,中国所经历的政府多级财政分权和单一政治集中相结合的分权模式把公共部门的"多任务目标"治理变成了地方政府之间的简单的"标尺竞争"的机制[②],它以一个自上而下而不是自下而上的高度分权的结构制造了政府间"为增长而竞争"的发展共识和强大激励。中国的经济增长就是这个机制的产物。而对于地方政府而言,标尺竞争的重要策略就是为地方经济"招商引资",尤其是竞相吸引外商直接投资(FDI)(张晏和夏纪军,2005)。这就派生了对改善地方基础设施的来自竞争的激励。

第二,中国自上而下的政治管理模式推动了地方政府向"发展型"政府治理模式的转变。其中最重要的内容就是改革了公共部门的结构和管理、提高了政府部门的职业化水平、加速更新了政府的人力资本并坚持了垂直集中的政治管理体制和官员的任命制。我们前面提到,如果没有中央政府独特的政治集中管理体制和对地方政府官员的任命权,财政分权并不保证地方政府有充分的激励去推动经济发展和支持市场转型。中国的政治管理模式的优点就是有效地创造了地方政府官员的"政绩

---

① 与私人部门不同,因为多目标和多任务、绩效度量的难度以及代理人的异质性等组织特征,对政府部门的激励机制的研究近 20 年已成为经济学家一个非常活跃的研究领域。王永钦和丁菊红(2006)最近提供了一个关于公共部门的激励机制的文献综述。

② 在工业组织的文献里,所谓"标尺竞争"(yardstick competition)是指一个企业的竞争政策是通过观察其他企业的表现来选择的。在政治领域或者公共部门,标尺竞争是指,当上级政府可以用其他地方政府的作为和绩效来考核和评价一个地方政府的时候,地方政府之间就会形成相互模仿的竞赛。有关的文献可参考 Besley 和 Case(1995)。

观"和官位升迁的仕途目标。而如果没有大规模的政府官员的人力资本更新过程和公共部门向职业化的技术官员结构的转变,市场转型过程中的政府转型也难以想象。

在有关文献上,传统观点认为同级政府之间的横向竞争往往是分权能改善政府治理的重要原因。但 Treisman(2000)对有关财政分权能够有效规范政府行为的结论提出了挑战。作者认为分权可能对政府治理水平造成以下各种负面影响。在通常实行分权的大国中,中央政府很难监督低层政府,地方政府更容易受利益集权的影响,形成串谋;不同层级政府之间的垂直竞争使得政出多头,并竞相征税和抽租,并推诿提供公共服务的责任。从这个意义上讲,没有对政府系统本身的改革和转型,中国的财政分权体制的演变并不保障"把激励搞对"。

实际上,经济学家对转型经济的研究一直以来都集中于经济部门的改革和转型,时常忽视公共部门或政府自身的治理转型。为了实现政府向市场扶持型的转变(政府转型),从而支持和利用市场的作用,有效的公共部门和更新政府的人力资本是至关重要的。1996 年,正是因为介入并亲身观察了俄罗斯与东欧的经济转型过程,Shleifer 和 Vishny 才注意到了政府转型在经济转轨中的重要性。在《转轨中的政府》一文中,他们发现,俄罗斯和波兰经济转型和经济增长的最大差异是公共部门的效率和地方官员的激励不同。[①] 他们强调,"无论对经济还是对政治而言,如何更新过时的人力资本也许都是转轨的中心问题"(施莱弗和维什尼,2004)。

[①] 该文收入了他们编写的论文集(Shleifer and Vishny,1998)。参见其中文版《掠夺之手》(施莱弗和维什尼,2004)。

由于改革开放以来中国加速了党和政府官员（包括中央和地方）的人力资本的更新速度,中国较好地实现了地方政府转型和向职业化的技术官员结构的变迁。① 这是中国的地方政府比印度和俄罗斯的地方政府在市场"亲善化"和鼓励经济增长方面的作为表现出色的重要体制原因。②

而中国所经历的这个政府的转型在一定意义上对应了经济学文献里的所谓"发展型政府"的定义。干部人事制度职业化和行政管理职能的转型是政府治理转型的重要内容。我们在第三节讨论有关文献时提到,国家官僚的职业化是政府成为"发展型政府"的必要条件(Evans,1992)。官员的职业化对政府的治理和政府效率有两个方面的正面影响。一是它有助于抑制政府官员的寻租活动。二是官员的职业化也能够改善政府提供基础设施和其他公共品的激励,因为这样有助于官员的仕途(career building)。很显然,在中国,得益于政府官员人力资本的加速更新,地方政府行政管理的职业化和治理水平获得了迅速的提高。

总之,由于面临财政分权和垂直政治集中的双重激励,中国的地方政府被驱动的方向更多在于经济增长而不是收入的再分配。③ 因此,地方政府的支出在性质上往往有利于经济增长而不是妨碍经济增长。④ 事实上,一些研

---

① 在中国,尽快克服"左"的意识形态的束缚和破除旧体制的影响是邓小平推动的重要的思想解放运动和干部人事制度改革的重要内容。他提出了加快干部的年轻化和知识化的政治管理目标与战略工程。在中文文献里,陈东琪(2000)总结了改革以来中国的政府体制改革与提高政府行政效率的经验。

② Bardhan(2006)在最近的论文中也对中国和印度的政治制度和政府治理的差异做了对比的分析。

③ Haggard(1990)的研究发现,与民主制的政府不同,政治集权的政府往往不面临利益集团的压力或者再分配的压力。

④ 我们基于中国29个省市1987—2001年面板数据的计量回归发现,在控制住其他因素之后,政府的支出比重的增长对全要素生产率的增长有正面的影响(张军、金煜,2005;张军,2006b)。

究在比较东亚经济和拉美经济发展的经验时就发现,亚洲的政治治理模式导致了政府支出对经济增长的正向影响,而在其他经济里这个影响往往为负(Przeworski and Limongi,1993)。这意味着,中国的政治集中管理模式自20世纪80年代中期以来与财政分权体制的结合不仅创造了地方政府间的典型的"标尺竞争",而且推动了政府系统向发展型政府治理模式的转型。本章认为,这是理解中国近20年来基础设施水平得以持续和显著改善的重要线索。

五、改革开放以来中国物质基础设施水平的总体变化与区际差异

如图2-1所示,改革开放,特别是20世纪90年代以来,中国各地区基础设施的投资发展得非常迅速,这是经济高速增长的重要原因之一(Démurger,2001)。但在现有文献中,对中国各地区基础设施的发展状况进行过总体的描述和度量的文献极其稀少。原因可能是,基础设施存量的度量不能通过量纲不同的基础设施明细科目间的简单加总得到。在我们前面提到的那些为数不多的经验研究文献里,研究者多以公路铁路里程等少数或者单项指标来代表基础设施的存量水平,尽管这么做不能完全反映基础设施对经济增长和其他投资回报的实际影响,存在低估基础设施贡献的缺憾。本章中,我们首先从投资流量的角度来考察基础设施的变化模式,然后在描述基础设施水平的地区分布差异时,尝试使用"主成分分析"(PCA)方法。

众所周知,在改革开放以前的20年,中国政府偏向并选择了重工业化的经济发展战略,并且从20世纪60年代末开始强调省份的自给自足。这对中国的基础设施投资影响很大,尤其是交通运输的投资。为了配合重工业化,

2 中国为什么具有良好的基础设施

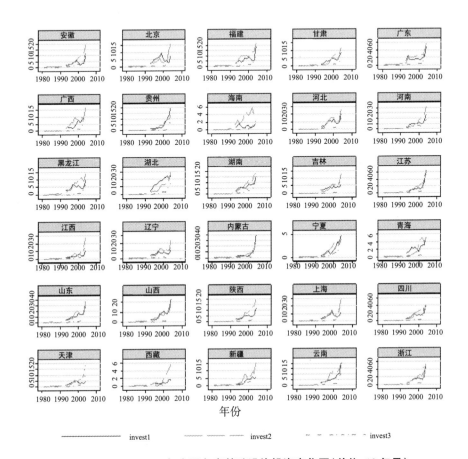

图 2-1 1981—2004 年中国各省基础设施投资变化图（单位：10 亿元）

注：invest1 指电力、煤气及水的生产和供应业投资；invest2 指交通运输仓储和邮电业投资；invest3 指水利、环境和公共设施管理业投资；重庆市 1997 年及以后的数据并入四川省。

铁路得到了格外的重视。铁路从 1952 年的 22 900 公里扩展到 1978 年的 48 600 公里，增加了一倍以上。即便如此，中国在那个阶段的交通基础设施仍然十分落后，而其他的基础设施的投资更是严重不足。从 80 年代实行经济分权和财政分权的改革开始，中国在能源和基础设施的投资得到了显著改善，但是在 20 世纪 80 年代交通和电信仍然只占固定资产投资的

10%,而能源部门占了20%左右。① 在这种情况下,交通的短缺和城市的拥挤日益严重。但是90年代中期实行中央和地方政府之间的"分税制"改革之后,基础设施投资似乎进入了繁荣时期,而且地区间的差距也开始明显地扩大。

首先,随着财政分权和中国经济体制的变革,基础设施投资模式经历了令人瞩目的变迁。更值得注意的是,各地区在这一变迁过程中表现出明显的地区分野,而基础设施投融资模式上的差异必然对基础设施的投资水平产生影响。在计划经济体制下,基础设施建设实行的是中央政府大一统的投融资体制,中央项目占据了绝对地位。随着财政分权体制的确立,地方政府开始逐渐获得地方基础设施的投资决策权,地方项目越来越多。如图2-2所示,经过十几年的演进,中央项目和地方项目在基建投资中的地位已经发生了明显的互换。

魏新亚(2002)对中国基础设施投资构成的地区差异做了一般性描述。中央项目的比例在1991年之前一直在50%以上,而到1999年仅占32.5%。这表明中国对基础设施建设的投入开始转入以地方投资为主的阶段。然而,东西部地区转变的程度是显著不同的。新疆、甘肃等经济欠发达省(自治区、直辖市),中央项目的比例普遍高于全国水平,新疆甚至在1998年达到了55.9%;而海南等沿海经济发达地区,中央项目的比例不到15%。这种差异意味着,在中央和地方明确划分事权和财权之后,中国的经济发达地区投资地方基础设施建设的积极性得到了充分调动。

其次,基础设施融资的方式出现了显著的变化和地区差异。除了国家预

---

① 详细参见 Démurger(2001)的论述。

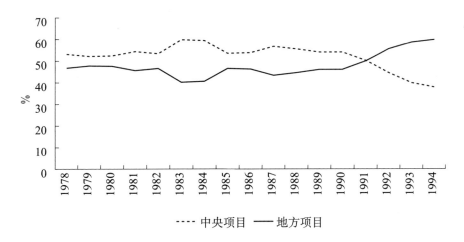

图 2-2　改革以来中国基本建设投资中中央和地方项目的比重变化

算内资金外,国内贷款、外资、自筹资金等开始在基础设施建设中发挥重要作用。但不同资金来源在总投资中所占的比例在不同地区却有着很大的差异。国家预算内资金已从1987年的32.6%迅速下降到现在的10%左右;外资比例从1987年的10.3%下降到1999年的9.0%,有不升反降的趋势;国内贷款受银行体制改革的影响,其比例近年来一直在23%—25%之间徘徊;相对而言,自筹和其他投资在近几年来一直占据了半壁江山。因为自筹和其他投资已经成为中国基础设施建设资金来源的中坚力量,而国家预算内资金、外资、国内贷款都只是基础设施投资资金的补充来源。这样一来,东部地区再次明显走在了前面就不足为怪了。最后,由于过去十多年来基础设施投融资模式的显著变化和地区上的差异,由过去的投资累积起来的基础设施的存量水平也就越来越具有地区差异。

在现有的文献里,李伯溪和刘德顺(1995)较早地度量和研究了中国基础设施存量水平的地区差异。同时,就我们掌握的资料而言,这也是到目前为止唯一一篇较详细考察中国地区基础设施存量的文献。文中所讨论的基础设施包括交通运输、邮电通信、能源供给、环境保护设备、学校教育设施、卫生保健设施和社会福利设施。其中因为数据缺乏,城市给/排水和文化娱乐设施没有涉及。

文章选取的存量指标丰富,具体包括:(1)交通运输,如铁路、公路、水运、航道。其中,铁路指标用铁路运营里程度量;公路用公路运营里程和民用汽车数来度量;水运用航道里程数、机动船艘数和港口码头泊位数度量;航运用职工人数度量。(2)邮电通信,如邮件、电话、电报、电传等。选用的原始数据有邮电局(所)数、邮运工具拥有量、载波电报机数、电话机数、传真机数。(3)能源供应选用的数据是工业部门电力消耗量、工业部门能源消耗量。(4)环境保护选用的数据有环保系统人员数、工业固体废物综合利用率、燃料燃烧废气排放经过消烟除尘的比例、废水处理回用量、废水处理总投资数。(5)学校教育,如高等教育人口比重、高等学校在校人数、中专(原文为中等专业)学校在校学生人数、中小学在校人数、高等学校数。(6)卫生保健,如卫生机构数目、床位数和卫生技术人员数。(7)社会福利保障,如老年人服务设施数、残疾人服务设施数、农村社会保障基金会数、农村社会保障基金会数。

为了加总这些指标的信息以供地区比较研究使用,他们从小类到大类层层向上计算。例如,他们分别计算出中国30个省(市、自治区)的铁路设施的存量水平之后,再与公路、水运、航空设施水平综合计算出交通运输设施的综合水平指标。而在计算出所有七大类基础设施水平的衡量指标后,再根据一定的公式计算出整个基础设施的综合水平衡量指标。根据这个方法,他们计算出了中国30个省(市、自治区)的基础设施水平并将计算结果标准化,其中数值最大的省份定为100,其他地区根据比例类推。

在上述七大类基础设施中,作者将交通运输、邮电通信和能源供给称为经济性公共基础设施,其指标称为经济性指标;而将另外四类基础设施(环保设施、卫生保健、文化教育、社会福利)归为社会性公共基础设施,其指标称为社会性指标;在将七大类基础设施作为一个整体考虑时,其指标称为综合指标。经济性指标的计算方法是取交通运输、邮电通信和能源供给三类指标的几何平均值;社会性指标的计算方法是取环保设施、卫生保健、文化教育、社会福利四类指标的几何平均值;综合指标的计算方法是取上述七类基础设施指标的几何平均值。

他们的研究结论表明,虽然各类基础设施的区域差异状况各不相同,但就整体而言,中国各地区间的基础设施存量差异巨大,东部地区的优势明显。其中,区域差异最大的基础设施是邮电通信、交通运输和教育。其均值分别是20.98、23.78和25.10,最大值与最小值的比例分别是16.26、15.13和7.63。另外,经济性指标与社会性指标相比,几乎在所有的省(市、自治区)都是后者大于前者(北京市除外),而且这两个指标的均值分别是27.15和48.82,离差系数分别是0.80和0.40。这说明经济性基础设施(交通、通信和供能)的区域差异比社会性基础设施(环保、教育、卫生、福利等)要大得多。

但是,他们的论文如此度量地区基础设施的存量在技术上至少存在两个较大的问题。首先,指标的选取过于随意庞杂,没有一个严格的选择定义和标准;其次,对指标的处理过于简单,各个指标之间没有权重之分,其最终得到的综合指标可能并不能最好地反映原始数据的信息。我们在本章将克服这些缺点以更好地度量基础设施的存量水平以及地区的差异模式。

首先,我们使用狭义的基础设施,即世界银行定义的"经济基础设施"的定义来衡量物质基础设施的存量水平。存量是静态指标,主要衡量全国或者各地区各年基础设施的现有水平,实际上反映了基础设施在过去的投资状况。考虑到数据的可得性,我们在本章主要选取了四大方面的指标:一是交通基础设施;二是能源基础设施;三是通信基础设施;四是城市基础设施。其中前三个指标是以其功能进行分类的,而最后一个指标则比较特殊,专指城市系统的基础设施,这主要是因为:第一,该指标在《中国统计年鉴》上是作为一个单独的项目报告的,可以得到十分明确的数据;第二,该项目中所包含的各个子指标都包含在世界银行的定义中。各项指标的具体说明如下:(1)交通基础设施,包括铁路营业里程(公里)、内河航道里程(公里)、等级路(公里),1985年起。(2)能源基础设施,包括电力消费量(亿千瓦/时),能源消费量(万吨标准煤),1985年起。(3)通信基础设施,包括邮政局所(处)、邮路总长度(公里)、长途电话(万次),1985年起。无线寻呼用户(万户)、移动电话用户(万户)、互联网人数(万人)、长途自动交换机容量(路端)、本地电话局用交换机容量(万门),1998年起;移动电话交换机容量(万户),2001年起;长途光缆线路长度(公里),长途微波线路长度(公里),1995年起。(4)城市基础设施,包括城市用水普及率(%)、城市燃气普及率(%)、每万人拥有公共交通车辆(标台)、人均拥有道路面积(平方米)、人均公共绿地面积(平方米)、每万人拥有公共厕所(座),1985年起。①

度量基础设施存量的各种指标有着不同的单位,我们无法简单地进行算术相加,而我们又希望得到一个综合指标来考察总体的变动模式。因此,我

---

① 所有的数据来源于《中国统计年鉴》和《中国能源统计年鉴》,其中,1993年能源消费量和电力消费量数据为1990年和1995年的平均值。

们在本节采用两种方式来观察基础设施水平的变动模式。首先,为了获得全国层面上基础设施水平的变动趋势,我们从本章选取的四大指标中分别选出一个代表性指标;其次,在每年加总各个省(区、市)的同一指标得到总量指标;最后把这个指标转换成指数系列。

具体而言,我们在交通、能源、邮电和城市公共设施中各选取了一个代表性的指标。分别为公路里程(万公里)、能源消费总量(标准万吨煤)、邮路总长度(公里)和人均拥有铺装道路面积(平方米)。为了观察随时间的变化趋势,我们把交通、能源、城市公共设施的加总数据转换成以1981年为基期的指数,而邮电则以1985年为基期。虽然个别年份存在数据缺失,但并不十分影响我们观察整体变化的趋势。另外,在处理人均拥有铺装道路面积(平方米)这个指标时,2002年之前和之后统计口径发生了变化。如2000年数据在《2001中国统计年鉴》中为9.1平方米,而在《2003中国统计年鉴》中为6.1平方米。这样,我们把2002年(7.9平方米)及2003年(9.3平方米)的数据依照2000年数据的比例(9.1/6.1)向前调整为11.8和13.9平方米,以保证数据口径统一。我们把这个处理的结果描述在图2-3中。

其次,为了观察基础设施存量水平在地区之间的变动差异,我们需要把本章定义的基础设施的所有指标信息都用来测算基础设施的存量值。但是因为这些指标有不同的单位,不能简单加总,我们在这里采用了"主成分分析法"(PCA)来克服这个加总的问题。首先我们认为各种指标 $X_1, \cdots, X_P$ 的线性组合 F 是能反映总体情况的综合指标,但线性组合有无穷多组,而如果我们使该组合的方差 $Var(F)$ 最大,线性组合 F 就会包含变量 $X_1, \cdots, X_P$ 最多的信息。对于基础设施存量而言,也就是要找到能够最大程度上反映其总体

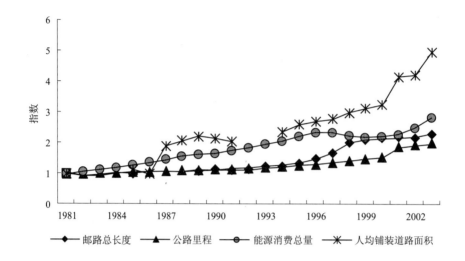

图 2-3 中国基础设施水平的变动模式(1981—2003 年)

资料来源:根据《中国统计年鉴》和《中国能源统计年鉴》的原始数据计算而得。

模式的线性组合。这样得到的 F 我们记为 F_1,然后我们再找 F_2,F_1 与 F_2 无关,以此类推,直到我们找到了一组综合变量 $F_1,F_2,\cdots,F_m$,其由大到小的特征值 $\lambda_1,\cdots,\lambda_m$ 占所有特征值之和 $\sum_{i=1}^{p}\lambda_i$ 的累计百分比大于或等于 95%。因为特征值占所有特征值之和的比重代表了解释整体指标的程度,所以累计百分比大等于 95% 表示这组综合变量 $F_1,F_2,\cdots,F_m$ 基本包含了原来变量的所有信息,我们称 F_1 为第一主成分,F_2 为第二主成分,……F_m 为第 m 主成分。① 把相应的特征值作为权重,我们得到 $E=\sum_{i=1}^{m}\lambda_i F_i$,这就是基础设施存量的主成分原始值。随着电信业在中国的迅速发展,我们从 1995 年开始逐

---

① 数学步骤为:$X=(x_1,\cdots,x_p)$,设 $F=a_1x_1+\cdots+a_px_p=a'X$,找到系数 $a(aa'=1)$,使 $\mathrm{Var}(F)$ 最大,即 $\mathrm{Var}(F)=\mathrm{Var}(a'X)=a'\mathrm{Var}(X)a=a'\Sigma a$ 最大。设 Σ 的特征根为 $\lambda_1\geqslant\lambda_2\geqslant\lambda_p>0$,对应的标准正交基为 $u_1,u_2,\cdots,u_p$。则 $\mathrm{Var}(F)=\lambda_1$,$a=u_1$,记 $F_1=u_1x$,F_2 与 F_1 无关,$F_2=u_2x$,以此类推。

步加入了反映移动通信和网络基础设施的指标,因此不同年份的主成分分析有不同的特征值向量和综合变量,其结果无法直接比较。现有不少文献用评分法进行跨期比较,如鲁明泓(2002)、杨永恒(2005)。① 但我们在这里把各省原始值相加,把它当成占全国基础设施存量的原始值,然后计算各省原始值占全国原始值的比重,我们称为权重法。我们之所以采用权重法,是因为评分法无法反映出最高省份的基础设施存量的跨期变化,因为评分法让它的各年份值都是100,而权重法则可以反映跨期变化。另外,权重法也可以和评分法有几乎一致的省际比较。② 在图2-4中,我们计算了1985、1988、1990、1993、1995、1998、2001、2003各年的主成分分析结果,并对东部、中部、西部三个地区做了比较。

从图2-4可以看出,东部基础设施存量至20世纪90年代中期呈现不断上升的趋势,之后在高位徘徊。西部在90年代中期前基础设施存量所占比重一直下降,之后略有上升。而中部所占份额基本的趋势是温和但持续的下降。接下来我们再来分析具体省份的变化。如表2-2所示,1988—2003年,基础设施存量水平在全国所占比重增加的省份按增加大小依次有北京、广东、天津、浙江、福建、海南、辽宁、上海以及西部地区的宁夏、青海和新疆,东部的江苏和山东的比重几乎没变化(虽然1988—1998年的比重有一定程度的提高)。

---

① 评分法的原理是,将每年的原始最高值定为100分,最低为0分,其他按(原始分值－最低值)×100/(最高值－最低值)来计算得分。

② 权重法也有个缺点,如果原始值为负值,则权重法不适用。采用评分法的话,两个省之间的相对值为(原始分值 i－最低值)/(原始分值 j－最低值),而采用权重法则为原始分值 i/原始分值 j。一般而言,最低值/原始值 i 或 j,其比值越小,两种方法的结果相差越小。在我们的数据中,宁夏为原始值最小的省份,几乎所有其他省份的原始值都是其5倍以上。

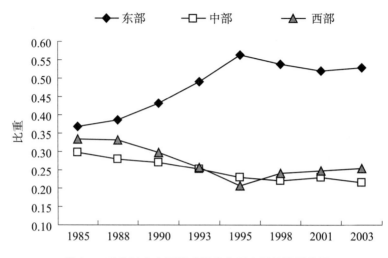

图 2-4　改革以来中国基础设施存量水平的地区差异

资料来源：作者的计算数据。

表 2-2　中国各省市基础设施存量占全国的比重及排名（PCA 方法）

省市	1988 年		1993 年		1998 年		2003 年	
	比重(%)	排名	比重(%)	排名	比重(%)	排名	比重(%)	排名
北京	1.42	25	2.26	23	2.87	16	4.73	6
天津	1.04	26	1.09	27	1.50	24	1.39	26
河北	3.57	12	3.75	12	3.31	12	2.78	17
山西	2.92	20	2.49	20	2.45	21	2.31	21
内蒙古	3.46	14	2.62	19	2.12	23	1.91	23
辽宁	3.31	18	4.75	6	5.18	5	3.94	7
吉林	2.70	22	2.40	21	2.67	18	1.83	24
黑龙江	3.67	9	3.84	10	3.07	14	2.81	16
上海	3.45	16	3.81	11	3.67	10	3.55	10
江苏	5.86	2	6.41	3	6.19	4	5.81	3
浙江	3.58	11	4.36	7	4.92	6	5.24	4

续表

省市	1988年		1993年		1998年		2003年	
	比重(%)	排名	比重(%)	排名	比重(%)	排名	比重(%)	排名
安徽	3.57	12	3.19	15	2.52	19	3.51	11
福建	2.72	21	3.74	13	4.29	7	3.71	8
江西	3.45	16	2.74	18	2.49	20	2.95	14
山东	5.08	5	5.73	4	6.26	3	4.89	5
河南	3.72	8	3.95	9	3.91	8	3.59	9
湖北	4.98	6	4.34	8	3.48	11	3.05	13
湖南	5.83	3	4.84	5	3.90	9	3.49	12
广东	5.13	4	8.93	1	12.16	1	14.12	1
广西	3.46	14	2.77	17	2.90	15	2.73	18
海南	0.71	27	1.66	26	1.07	27	0.85	27
四川	9.60	1	6.90	2	6.53	2	7.47	2
贵州	2.45	23	1.81	25	1.45	25	2.08	22
云南	4.51	7	3.48	14	3.27	13	2.91	15
陕西	3.62	10	3.03	16	2.35	22	2.73	19
甘肃	2.95	19	2.39	22	1.40	26	1.68	25
青海	0.66	28	0.50	28	0.65	28	0.73	28
宁夏	0.39	29	0.35	29	0.60	29	0.54	29
新疆	2.19	24	1.87	24	2.83	17	2.68	20

注：本表不含香港、澳门和台湾的数据，重庆市的数据归入四川省；如果无特别说明，本书其他图表中的数据均符合此情况。

资料来源：作者的计算数据。

对各省基础设施存量占全国比重进行排名可以更清楚地观察到变化的模式。我们发现，在1988年，传统的人口和面积大省排名居前，四川省排第一位[①]，边疆省份也排名比较靠前（如云南、黑龙江）。20世纪90年代初期开

---

① 由于1997年重庆才成为直辖市，之前的四川省存量包括重庆市，为了数据口径的一致和便于比较，我们把1997年之后重庆市的数据并入四川省。

始,沿海省份基础设施增长加快,广东省一举成为比重最大的省份。各省市排名的格局大致在 90 年代初期之后逐步形成。

根据表 2-2 的排名和比重值,我们把中国各省基础设施的变动模式分为以下几种组类:(1)上升组类。如北京、辽宁、上海、浙江、福建、广东、天津。这些地方都是沿海地区。从 90 年代初期开始,由于开放政策等因素,地方政府大力改善了基础设施,使得这些地区超越了许多原来排名靠前的省份。(2)下降组类。如河北、山西、内蒙古、吉林、黑龙江、湖北、湖南、云南、海南。这些大多是中部和东北省份。也许这些地方的政府缺少向东部那样大力改善基础设施的动力与激励。这只是猜测,是否如此,需要我们在后文专门研究。而海南在 20 世纪 90 年代中期房地产泡沫和投资热潮消退后,基础设施的改善相比其他沿海省份相对滞后。(3)稳定组类。比重和排名基本上没有很大变化。如江苏、河南、广西、宁夏。(4)先下降后上升组类。如安徽、江西、四川、贵州、陕西、甘肃、新疆、青海。可以看出,大多数西部省份呈现先下降后上升的趋势,直接的原因应该是中央政府在 1998 年提出了"西部大开发战略",并对西部基础设施投资给予了资金上更多的优惠条件和直接投资,导致西部省份基础设施投资的加速形成,显著改善了当地的基础设施水平。

六、标尺竞争、政府治理与基础设施投资的决定

(一)解释的理论依据

从上一节我们提供的对中国基础设施水平变化的基本描述中可以发现,第一,中国的基础设施的建设水平在改革开放之后经历了显著的加速增长。

第二,基础设施存量的水平在以东、中、西为划分的地区之间存在着相对比重的显著差别。这反映了影响基础设施投资的主要因素在不同时间对不同地区发生的影响变化。从表 2-2 可以看出,东部地区的大部分省份在 20 世纪 90 年代之后基础设施的增长加快了,其相对排名迅速上升。当然,即使是相对排名不变或者下降的省份,其基础设施的绝对水平也是持续改善的。

毫无疑问,要更好地理解中国基础设施水平的增长和变化模式,我们必须考虑 20 年来中国政府间管理体制的变化以及由此改变的地方政府官员面临的激励约束和行为模型的变化。本章的第四节为我们提供了一个更好地理解这种激励体制变化的基本制度框架。在那里我们强调指出,为了更有效地驱动地方政府的投资行为和"标尺竞争",中国在保留了高度集中的政治管理体制的条件下加快了财政分权和地方政府治理水平的改善进程。因此,可以说,财政分权以来地方政府持续改善当地基础设施和城市建设的激励是由地方政府"为增长而竞争"的独特分权体制激励内生出来的。根据现有的相关文献和我们在第四节对分权体制变革特征的基本分析,我们在本章强调影响基础设施投资的三个变量:

(1)地方政府开展"标尺竞争"的主要途径是开放和吸引外商直接投资(FDI),而提供和改善当地的基础设施是地方政府"招商引资"的竞争手段。我们在已有的研究文献中发现,通过越权减免税和提供优良的基础设施来招商引资(主要是 FDI)是地方政府间竞争的主要途径和策略(张晏和夏纪军,2005;张军等,2004)。张晏和傅勇(2006)最近对中国财政分权体制下地方政府的支出结构的经验研究也发现,由于地方政府为经济增长而相互竞争,过多的财政预算支出被用在基本建设上而不是教育、卫生和其他社会服务项目上。

在本章中，我们使用地方实际利用的 FDI 多少来间接衡量政府间的"标尺竞争"的程度。这是因为地方政府的标尺竞争集中体现在吸引外资的主导战略上。当然，税收竞争也是地方政府在吸引外商直接投资上的竞争手段。有的研究就是用税收竞争来刻画地方政府在竞争上的努力程度，这是因为通过越权减免税和提供优良的基础设施招商引资（主要是 FDI）是地方政府间竞争的主要途径（张晏和夏纪军，2005；张军，2006）。用各地区对外商投资企业的相对税率作为竞争的代理变量。众所周知，外商投资企业长期以来享受着超国民待遇，所负担的实际税率与名义税率差别很大。但是因为数据上的种种残缺[①]，我们在这里主要用各省实际吸收的 FDI 作为度量地方竞争力度的代理变量。

（2）政府的治理转型。"好的政府"在当地提供良好的社会和市场秩序，有助于当地私人和外资企业的成长和经济的发展，而后者增加对基础设施等公共品的需求，而"好的政府"会对这种需求做出敏感的反应。在已有的文献里，对政府治理水平的度量通常都把基础设施和其他公共服务的供给水平以及对腐败的治理（如反腐败）作为衡量政府治理水平好坏的一个指标。这并不是偶然的。政府的治理水平或者政府的质量自然影响着政府公共支出的结构和提供公共品的效率。

我们承认，衡量政府治理水平或政府质量的指标非常复杂。在现有的研究文献上，PLSV[②]（1999）是较早度量政府治理的经济学家。但是在跨国研

[①] 我们注意到，在现有的文献里，张晏和傅勇（2007）仅用了 1994 之后的这一数据。事实上，提供其原始数据的《中国税务年鉴》是从 1992 年才开始记录这些数据的。因此我们无法获得 1988 年以后外商投资企业的实际赋税水平的省级数据。

[②] 指的是四位联袂发表一系列重要论文的经济学家：R. La Porta, F. Lopez‑de‑Silanes, Andrei Shleifer 和 R. Vishny。

究中,大部分对政府治理水平的度量应用了复杂的指标体系。例如,PLSV发展了以下五组指标。世界银行研究院(World Bank Institute,WBI)的国际项目主任丹尼尔·卡夫曼领导的一个研究小组在所发布的全球的政府治理报告中度量政府治理时所使用的变量达数百个。这些度量指标都包含了政府提供的公共品的质量和基础设施的水平等。这是典型地用政府治理的结果反过来度量政府作为的做法。这样的度量服务于特定的研究目的。它假设所谓"好的政府"就是更清廉的、不被私人部门俘获的、能提供更好的公共服务和基础设施的政府以及能克服官僚主义或办事效率更高的政府。我们当然可以用许多"好"的指标来度量"好的政府"。这样做的一个潜在的问题是,这些被选择用来度量政府治理水平的诸多指标之间可能存在着因果关系。比如,一个政府是否更愿意投资于基础设施投资,就可能受到政府的官员是否有更明确的仕途目标(或者政绩观)的影响,也会受到腐败的机会以及政府治理腐败的决心与承诺大小的影响。因此,我们关心的问题是,假如一个政府比另一个政府在职能和人力资源上更有效率,或者一个政府比另一个政府更廉洁,那么这是否意味着前者将比后者更可能投资于基础设施呢?至少对于基础设施投资而言,对前一个问题的回答也许是肯定的,但对后一个问题的回答则并不肯定。这就牵涉到官员的腐败机会到底如何影响对基础设施投资的问题。我们对两种效应尝试进行了分离。一方面,政府效率的提高应当会促进基础设施投资;另一方面,反腐败力度的加强会抑制一些有更多腐败机会的基础设施投资。当然,政府治理的改善也能在一定程度上起到反腐败的效果,但在计量方程中,这就是所谓的多重共线性问题,并不影响系数的有偏性。

(3)官员腐败的机会。在前面我们对现有研究文献所做的评述中提到,经验表明,政府官员"腐败"或者"设租"的机会大小在政府提供的公共品中是不同的。在公共部门,相对于投资人力资本(如基础教育、公共卫生等)或者其他社会公共服务,在物质基础设施和城市建设上的投资活动更容易给潜在的竞标人创造"寻租"和政府官员腐败的机会。值得指出的是,官员的腐败或者政府官员的受贿行为并不一定与政府的作为相悖。我们不能排除这样的可能性,即地方政府在考虑公共支出时也可能会将贿赂的机会考虑在内。很明显,相对于教育、医疗等支出而言,政府进行基础设施投资更有可能获得额外的个人好处。因而,政府对基础设施投资的支出决策往往会与腐败的发生频率更多地联系在一起。Mauro(1998)对其他国家的经验实证研究也发现,腐败对政府用于教育支出的比重有显著为负的影响。他发现,由于从不同支出中获取贿赂的难易程度不同,腐败能够显著地降低政府公共支出中用于教育的比重,原因是教育支出并不像其他的领域那样容易滋生腐败。同时 Mauro 也发现,腐败程度越高,政府支出在交通等基本建设投资上的比重越大。

Tanzi 和 Davoodi(1997)也认为,经济学家通常支持政府进行公共投资以促进经济增长,政府官员却可能出于不同的目的。实际上,严重的腐败经常与大型项目的投资相联系。政府官员对于新建道路、桥梁、港口这些容易识别的基础设施投资有很高的积极性,并倾向于人为地扩大这些项目的规模、增加其复杂程度;却对于运营和维护那些先期建设的设施并不愿意做合理规模的投入,因为由此获得的政绩并不显著。运用类似 Mauro 提出的腐败指标,Tanzi 和 Davoodi 的跨国研究发现,腐败的程度越高,政府公共投资的规模越大,但是基础设施的质量、运营和维护的支出越小。这项研究相当有力地揭示了腐败在基础设施投资中所起到的扭曲作用。

(二) 计量模型、变量说明与结果报告

计量模型的设定重点是为了检验地方政府为吸引 FDI 而展开的竞争、地方政府的治理改善(如提高政府的职业化水平、治理腐败)以及官员腐败的机会对基础设施投资的影响。正如 Rauch(1995)指出的那样,基础设施的投资有显著的长期特征,它的工程周期至少有计划准备期和建设期两部分,通常情况下都超过一年。基础设施投资的持续性使得政府很难在未完成旧工程之前开始新工程。处理这种持续性的计量方法是在方程中加入基础设施投资的滞后项作为解释变量。考虑到这个特征,这里我们参考 Rauch 的标准模型,把基本的计量方程设定如下:

$$y_{i,t} - y_{i,t-1} = \alpha_0 y_{i,t-1} + \beta' X_{i,t} + \eta_i + \varepsilon_{i,t} \tag{2-1}$$

在式中,y 是人均实际基础设施投资的对数值,两期对数值相减,等式的左边就代表人均实际基础设施投资的增长率;X 代表除了 y 的滞后值以外的其他解释变量集,是省别效应,是误差项;下标 i 和 t 各自代表省份和时间。对(2-1)式进行差分,从而消除省别效应,我们就得到:

$$(y_{i,t} - y_{i,t-1}) - (y_{i,t-1} - y_{i,t-2}) = \alpha_0(y_{i,t-1} - y_{i,t-2}) + \beta'(X_{i,t} - X_{i,t-1}) + (\varepsilon_{i,t} - \varepsilon_{i,t-1}) \tag{2-2}$$

在(2-2)式中,我们需要控制滞后的人均基础设施投资变量潜在的内生性问题,固定效应估计和随机效应估计在此时得出的结果都会是有偏的,因为滞后解释变量$(y_{i,t-1}, y_{i,t-2})$会与误差项$(\varepsilon_{i,t} - \varepsilon_{i,t-1})$相关。另外,我们所关注的外商直接投资等解释变量也可能是内生的,这些都需要我们利用工具变量进行处理。基于对这些问题的考虑,我们在本章采用 GMM(广义矩)方法,该方法可以比较好地克服上述问题。在本章中,我们运用了两种 GMM

面板估计,分别是差分 GMM 估计和系统 GMM 估计,它们都是用解释变量的滞后期观测值作为工具变量。

差分 GMM 估计由 Arellano 和 Bond(1991)提出,在经济增长的研究中被广泛地使用,如 Easterly(1997)。它先对回归方程进行差分((2-2)式),消除由于未观测到的省别效应造成的遗漏变量偏误,然后对右端的变量(原回归式的差分值)进行工具替代以消除由于联立偏误造成的潜在的参数不一致性。但是,滞后期的水平变量作为差分变量的工具变量可能不是很有效(如果两者相关性不大或者差分变量值接近于 0),这就导致了弱工具变量问题,会造成有限样本的偏误、系数很不精确甚至影响渐近性。Bond(2002)用蒙特卡罗模拟显示,在中小样本中,差分 GMM 估计带来的工具变量的弱性质会产生有偏的系数。[①] 因此,我们在这里也同时使用了系统 GMM 估计(Arellano and Bover,1995;Blundell and Bond,1998)来增强差分估计中的工具变量的有效性,通过增加原始水平值的回归方程((2-1)式)来弥补仅仅回归差分方程的不足和解决弱工具变量问题。

系统 GMM 相对于差分 GMM 估计在有效性和一致性上都有了很大的改进,所以我们认为系统 GMM 估计结果应当是最优的。另外,Bond(2002)认为,GMM 估计的一致性取决于工具变量的有效性,两个识别检验是必要的。第一,Sargan 过度识别检验,它检验工具变量的有效性;第二,差分误差项序列相关检验,是否一阶序列相关,而二阶序列不相关。

计量模型的数据为面板数据,大部分数据来自复旦大学中国经济研究中

[①] 在他的文章中,他对 100、250、500 三种观测数量进行了蒙特卡罗模拟,结论显示 100 和 250 的观测值在差分 GMM 情形下会造成有偏,而我们样本的观测数在差分 GMM 情况下为 281,系统 GMM 为 341。

心数据库。我们的数据涵盖中国29省(西藏自治区和重庆市除外),时间跨度为1988—2001年。我们的被解释变量是人均基础设施投资增长率。基础设施投资所选取的指标为电力、煤气及水的生产和供应业;交通运输仓储和邮电业;水利、环境和公共设施管理业的基本建设投资。其中水利、环境和公共设施管理业在2002年以前的统计指标为地质勘探和水利管理。Prud'homme(2004)以提供的服务的种类划分的基础设施包括交通、供水、水处理、灌溉、垃圾处理、供热、电信服务和能源,我们选取的这三个基础设施投资指标能涵盖这些方面。数据均来自《中国统计年鉴》《中国工业经济统计年鉴》,经过各地区固定资产投资价格指数平减,由于统计年鉴中只有1991年以后的指数,因此我们利用了张军等(2004)计算的分省固定资产投资的价格指数。

基于前面的讨论,我们选取了以下出现在 X 中的主要解释变量:人均基础设施投资期初值($loginfinvpc\_1$)、人均外商直接投资($logrfdipc$)、政府职业化水平($logdmexpp$)、官员腐败的指标($anticorrpp$)以及人均城乡储蓄存款($loglocalsavpc$)和人均实际GDP($logrgdppc$),log表示进行了对数化处理,pc表示人均化处理。其中关键的解释变量包括:(1)人均外商直接投资;(2)地方政府的治理水平,以及(3)官员腐败的机会。

关于人均外商直接投资,我们先用各年人民币对美元的平均汇价(中间价)进行折算,再用美国GDP平减指数作为价格指数。相似的处理方法可见魏后凯(2002)。如前文所说,吸引外商直接投资(FDI)是地方政府竞争的主导策略。地方政府改善基础设施条件的重要激励是为了更好地吸引外资落户。外资的落户又对地方的基础设施产生更多的需求。外商直接投资与基础设施的这种双向影响关系在许多研究中都有阐述,是影响基础设施投资的重要因素。在图 2-5 中,我们基于 29 个省(重庆和西藏除外)1988—2001 年的面板数据进行的简单统计分析也能发现,一个地方的人均 FDI 的水平与该地区人均基础设施的投资水平之间存在显著的正向关系。

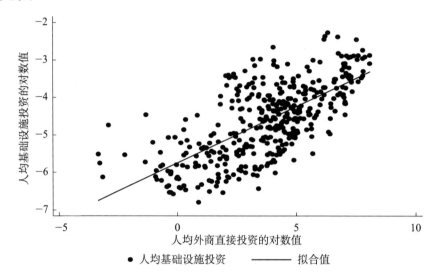

图 2-5　人均实际基础设施投资与人均实际 FDI 的相关性

关于地方政府的治理水平以及官员腐败的机会我们需要做一些说明。由于数据的可得性约束,我们对这两个变量的选取不得不做一定的妥协。在这种情况下,我们从现有的统计资料中择取了地方政府的行政管理费支出并把它单位化(除以公职人员的数量)来衡量地方政府治理的水平,因为我们认为行政管理支出的增长大体反映了政府机构和职能部门的发展与治理能力的改善。如图 2-6 所示,我们发现,建立在 29 个省 1988—2001 年的面板数据的基础上,公职人员平均的行政管理费支出与人均实际基础设施投资之间有着高度的正相关关系。

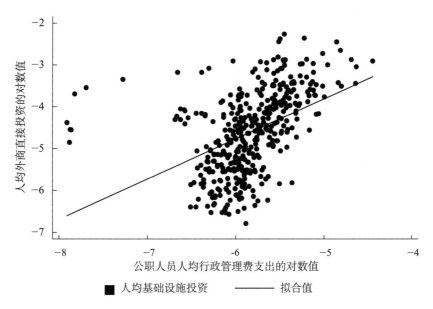

图 2-6　人均实际基础设施投资与公职人员人均行政管理费支出的相关性

另外,因为数据的可得性问题,我们也难以获得关于按地方划分的官员腐败的数量或比重的数据。虽然"清廉国际"(IT)提供了度量中国的"清廉指数",但迄今为止尚未在文献里出现过对中国地方政府治理水平的系统研究和度量,更没有合成为面板数据的任何可能性。但是,我们有幸发现了一些资料,从中可以获得各地方政府官员贪污贿赂案件立案数的时序数据。

具体而言,我们用单位公职人员的行政管理费支出来度量政府治理水平。但行政管理费用不包括公安检察司法支出,这是因为公检法支出对基础设施投资的影响不容易确定。一方面它与反腐败密切关联从而存在抑制效应;另一方面它又必然对政府治理水平的改善有正的效应。在计量上把它排除在外也有利于降低多重共线性问题。因此,此处的行政管理费支出不包括公检法支出是合理的。数据来源于《新中国五十年统计资料汇编》和《中国财政年鉴》①，公职人员数量来自《中国统计年鉴》，我们用了中国 GDP 平减指数来消除价格趋势。Rauch(1995)使用政府职业化程度数据来度量政府治理水平，并得出其对基础设施投资有显著影响。

关于官员腐败的指标，我们在现有的统计资料中没有办法获得官员腐败的分省面板数据，可是我们获得了地方政府官员贪污贿赂案件立案数的分省数据。根据我们前面的讨论可知，如果官员的腐败机会对基础设施投资可能有正面的影响的话，那么，政府治理腐败的诚意和力度自然有助于减少官员腐败发生的概率，因为反腐败的惩治措施提高了官员腐败的成本。因此，对于基础设施投资的激励来说，腐败的影响就可以从反腐败的影响中间接识别出来。考虑到中国的地方政府在治理腐败的力度上存在的差异，我们期望这种差异会影响地方基础设施投资在增长上的差异。

我们用"每万公职人员贪污贿赂案件立案数"来度量个省的反腐败力度。是否较高水平的人均立案数代表反腐败力度较大抑或是该地区腐败程度较高呢？我们认为是前者。谢平和陆磊(2005)发表的中国金融腐败指数显示，各地区高低顺序为：西部(5.85)、华南(5.79)、华北(5.74)、华中(5.32)、华东(5.00)、东北(4.45)。这个结论和我们对数据的解读很吻合。例如，根据我们的数据，华南的广东、海南、广西三省人均立案数较低，反腐败力度应该理解为较小，与谢平和陆磊(2005)度量的华南金融腐败程度较高的结论比较吻合。华东和东北人均立案数最高，对应的金融腐败程度也较低。另外，"清廉国际"关于中国 1988－1992 年的清廉指数比 1992 年以后要高，说明这段时

---

① 事实上，《新中国五十年统计资料汇编》提供的行政管理费用中也不包括公检法支出，甚至无公检法支出的记录。《中国财政年鉴》则把两者分别统计，但仅仅统计了 1992 年以后的数据。因此，数据上缺失较多也使得我们无法在行政管理费支出中涵盖公检法支出。

期反腐败力度较大。① 而我们的数据也显示,这段时期全国各省人均立案数在各年中最高。因此,我们可以认为,人均立案数可以部分地表征地方政府对官员腐败的治理力度。

对于该数据我们还要做以下的说明:首先,贪污贿赂案件立案数数据来自《中国检察年鉴》(1989—2003)中的分省《人民检察院年度工作报告》。公职人员数量来自《中国统计年鉴》各年中"分行业职工数"项。两种数据相除即得每万公职人员贪污贿赂案件立案数。其次,1997年分省《人民检察院年度工作报告》中,大多省份只报告五年(1993—1997年)的经济案件总的立案数。虽然我们有五年中前四年的数据,但倒推后得到的数据与前四年数据相比差异较大,使得倒推得出的1997年数据不可信赖,因此我们的数据中未包括该年数据。最后,某些省在有些年份仅提供总经济案件立案数,而没有具体的贪污贿赂案件数。这时假设在相近年份贪污贿赂案件数占总经济案件立案的比重基本保持不变,这时我们可以用当年经济案件立案总量乘以相近年份贪污贿赂案件数占总经济案件立案的比重来推算出当年的贪污贿赂案件数。在总的观测值中,按此方法推算出来的观测值只占15%。

除了以上三个关键的解释变量之外,我们还在回归中置入了其他一些变量,如人均基础设施投资期初值、人均城乡储蓄存款和人均实际GDP。人均基础设施投资期初值是上一年的基础设施投资额。该变量考察是否存在落后地区对发达地区在基础设施投资上的追赶效应。放入人均城乡储蓄存款

---

① 1992年之后,中国的清廉指数出现下降的趋势,而1992年之后的时期中国基础设施的投资开始了加速增长。看起来两者之间的关系并不是偶然的。

是为了考察各省拥有的金融资源是否对基础设施投资有显著的影响。数据均来自《中国统计年鉴》。我们用了中国 GDP 平减指数来消除价格趋势。而人均实际 GDP 度量人均收入,为了检验是否基础设施投资存在收入效应(收入低的地方收到更多的国家转移支付,从而有更多的投资)。运用该指标的研究有 Kemmerling 和 Stephan(2002)。我们同样使用了中国的 GDP 平减指数来消除人均 GDP 中的价格趋势。

最后,在回归中我们还加入了四个年份虚拟变量($Dummy$ 89、$Dummy$ 90、$Dummy$ 93、$Dummy$ 94)。这些变量分别在当年取值为 1,其他年份取值为 0。$Dummy$ 89、$Dummy$ 90 用来控制 1989 年上半年的政治风波对于基础设施投资的负面作用。$Dummy$ 93 用来考察 1993 年的经济过热是否带来了更高速度的基础设施投资。考虑到基础设施投资过热的时滞效应,我们也加入了 $Dummy$ 94。[①] 同时加入的还有 $Dummy$ 99,这个变量在 1999 年之前取 1,之后年份取 0,因为该年是西部大开发开始的第一年,也是东亚金融危机之后对中国产生滞后影响的时期,看看对基础设施投资是否有正的还是负的冲击效应。

估计结果报告在表 2-3 中。其中第 1 列包括所有的解释变量的系统 GMM 估计,人均实际 GDP 和人均城乡储蓄两个变量都不显著。[②] 在第 2 列中,我们除去了不显著的变量重新进行系统 GMM 估计。第 3 列、第 4 列与第 2 列做比较对照,第 3 列为差分 GMM 估计,第 4 列为工具变量随机效应

---

① 从统计上看,全国总量水平的基本建设投资的增长率 1993 年和 1994 年达到了顶峰,分别为 53.2% 和 39.5%,1995 年才回落到低于 15% 的水平。
② 我们用了两个变量中的任何一个放入方程中,发现系数仍然不显著,且不改变其他变量结果。

估计。从估计结果中可以看出,各种估计方法的系数符号都是一致的,这很符合我们的理论解释。但最优的估计方法显然是系统 GMM 方法,它得出的结果最优,核心变量系数均显著,且通过了 Sargan 检验和差分方程中的误差项本身一阶序列相关,二阶序列不相关的原假设。差分 GMM 方法在反腐败这个指标上不显著,这是由于前面所述的原因,反腐败指标变化程度小,滞后变量做差分变量的工具变量不是很有效;更为致命的是,Sargan 检验不能通过,这说明它拒绝了工具变量与误差项不相关的原假设,没有很好地解决内生性问题。IVRE 方法在人均行政费支出变量上不显著,且反腐败指标没有系统 GMM 方法显著。这些说明了我们采用的系统 GMM 估计方法较好地解决了内生性问题和估计的有效性问题。下面我们就根据第 2 列的回归结果做几点解释。

表 2-3　估计基础设施投资的决定因素(被解释变量:基础设施投资增长率)

	(1)SYS-GMM	(2) SYS-GMM	(3)DIF-GMM[2]	(4) IVRE[3]
基础设施投资期初值对数/$loginfinvpc\_1$	−0.140 *** 0.039 4[1]	−0.119 *** 0.030 4	−0.465 *** 0.064 9	−0.107 *** 0.038 0
人均外商直接投资对数/$logrfdipc$	0.034 9 ** 0.016 1	0.039 5 *** 0.012 4	0.099 6 *** 0.024 1	0.037 2 ** 0.016 7
单位公职人员行政费支出对数/$logdmexpp$	0.100 ** 0.052	0.093 2 * 0.049 6[4]	0.304 ** 0.104	0.064 9 0.057 6
单位公职人员贪污贿赂立案/$anticorrpp$	−0.002 7 ** 0.001 3	−0.003 *** 0.001 2	−0.000 8 0.001 9	−0.003 2 ** 0.001 4
人均实际 GDP 对数/$logrgdppc$	−0.058 0 0.100			

续表

	(1)SYS-GMM	(2)SYS-GMM	(3)DIF-GMM[(2)]	(4)IVRE[(3)]
人均城乡储蓄/ $loglocalsavpc$	0.083 1 0.079 4			
$Dummy$ 1989	−0.018 1 0.083 7	−0.032 3 0.082 6	−0.056 7 0.087 3	
$Dummy$ 1990	0.008 1 0.078 6	0.007 2 0.078 6	−0.020 3 0.079 6	0.006 4 0.085 0
$Dummy$ 1993	0.164** 0.0711	0.157** 0.070 9	0.090 6 0.064 7	0.163** 0.074 2
$Dummy$ 1994	0.124* 0.071 0	0.119* 0.070 4	0.092 1 0.064 4	0.125* 0.073 5*
$Dummy$ 1999	−0.069 3 0.059 7	−0.056 2 0.058 2	−0.147** 0.069 9	−0.050 9 0.062 8
常数项	0.318 0.709	0.128 0.328		0.034 1* 0.388
Sargan 检验值	0.175	0.194	0.000	
差分误差项 $\varepsilon_{i,t}-\varepsilon_{i,t-1}$ 的 一阶序列相关检验 二阶序列相关检验 观测值	0.000 0.989 341	0.000 0.972 341	0.000 0.902 281	310

注:(1)系数下方的值是标准误,***表示在1%水平上显著,**表示在5%水平上显著,*表示在10%水平上显著。(2)在GMM估计中,我们仅指定单位公职人员贪污贿赂立案数和虚拟变量为外生变量,其他变量我们均考虑作为内生变量以控制内生性问题。(3) Hausman 检验 P 值为 0.11,没有拒绝 IVFE 与 IVRE 的系数没有系统性差异的原假设,所以我们采纳 IVRE,报告其结果。这里对基础设施投资、外商直接投资和行政管理费支出的滞后一期做工具变量。(4)单位公职人员贪污贿赂立案数的 P 值,在第1列中为 0.046,在第2列中为 0.06,差异很小。

第一基础设施投资具有显著的追赶效应（catch-up effect），四种估计方法都在1%的显著水平上显示了这一点。原来基础设施投资较少的地区（西部、中部）投资增长率超过了东部。这意味着中西部的地方政府很重视基础设施投资，这也从另一个角度说明西部大开发等措施是有效的。

第二，外商直接投资对基础设施投资的拉动是显著为正的，这验证了我们的现象观察和理论假说，现有的基础设施能一定程度上吸引外商直接投资。而外商投资企业进入后，他们将政府的基础设施建设作为是否继续追加投资的重要考虑因素之一。这就促使投资地政府履行承诺不断地改善当地的基础设施，以便留住原有的企业和进一步吸引更多外资企业进入，这是一种互相推动的良性循环。

第三，我们发现，公职人员的人均行政费用支出显著正向地影响了对基础设施的投资。Evans(1992)认为政府机构的职业化水平是一国成为"发展型"政府的必要条件。Rauch和Evans(2000)指出，引入公务员制度、提高公务员工资、内部提升都是提高政府职业化水平和政府效率的方式。公职人员行政费用支出的上升增加了公务员工资和福利，并在一定程度上提高了政府的职业化水平，"发展型"政府乐于建设更多的基础设施以促进经济增长。

第四，反腐败指标对基础设施投资的影响为负，这说明反腐败力度的提高，在边际上会减少对基础设施的投资。Tanzi和Davoodi(1998)的跨国实证研究表明，腐败对基础设施投资有正的影响，他们将其解释为基础设施投资很容易被有寻租权力的官员操控。Mauro(1998)也指出，腐败官员会对容易获取贿赂的公共投资项目支出更多，并认为基础设施投资比教育等公共支出更容易寻租。Tanzi和Davoodi(1998)进一步分析认为，腐败会减少对原有基础设施的维护费用，并且会使基础设施投资的质量下降，使得基础设施投资工程支出金额上升,并可能使腐败成本计入基础投资额中。因此,从这个意义上说,反腐败力度的加强也可能抑制一些腐败机会驱动的基础设施投资,总体上对基础设施也可能有正面效应。这个问题比较复杂,需要做进一步的研究。

第五,我们发现,所有虚拟变量的符号都符合我们的预期,这表明这些虚拟变量能控制那些宏观波动的影响。当然,只有1993年和1994年的虚拟变量在统计上是显著的,其余虚拟变量的回归系数不显著,但在系数符号上仍然符合经济逻辑。

七、结论

在经济发展的研究文献里,基础设施对经济增长的贡献一直被给予关注。如何测度基础设施对经济增长或生产率的边际贡献一直吸引着经济学家的目光。但是,另一个值得关注和研究的经济学问题是,基础设施作为有显著溢出效应的公共品,什么因素决定或者影响着对它的持续投资。为什么有的政府比另外一些政府在基础设施的建设上更有作为?对这些问题的思考自然需要把我们的注意力转移到政府和政治治理方面上来。在大部分西方国家里,由于建设和更新基础设施的投资和融资涉及政府的公共财政、政府间的财政关系,涉及民主政治的性质、约束政府行为的复杂政治体制和选民行为,因此在现有的文献里,这样的研究常常就变成了典型的实证政治经济学研究。

基于现有的研究文献,我们以中国的经验为案例,试图对过去二十多年以来中国的物质基础设施的变化做出描述并给出解释。从现有文献上来说,中国在改革开放以来的经验在不同程度上包含着现有的发展经济学文献里所涉及的几乎所有的信息。这不仅是因为中国在 20 世纪 80 年代就实行了政府间的财政体制的改革和放权与分权的尝试，而且也因为中国的政治模式和政府治理在这一期间发生着有趣的变革。中国有 31 个省级政府（下有将近 3000 个县级政府），这样一个样本的规模可以让我们利用中国的数据来从事那些需要在国家间进行的研究。中国现有的统计资料及其质量基本上保证了我们研究所需。与跨国研究相比，本研究的不足在于那些涉及政府和政治的定性概念的定量化数据库的积累和建设还非常落后。这往往阻碍了一些有价值的基础研究工作。

即使依然存在着数据的残缺和其他技术性的问题，许多研究还是可以基于中国的省份数据展开。本章充分地利用了现有的数据资料，试图弥补在经济学文献里对改革开放以来中国的基础设施水平的变动及其投资决定的研究不足。我们的研究可以得出的基本结论包括：

（1）改革开放以来，尤其是 20 世纪 90 年代之后，中国的基础设施水平和对基础设施的投资模式发生了巨大的变化，地方政府在基础设施的投资上扮演着非常重要的角色。我们的研究表明，没有分权和对地方政府正确的激励，很难想象中国今天能够获得如此良好的基础设施水平。毫无疑问，良好的基础设施支撑了中国的直接生产性投资和经济增长。

（2）过去 20 年来，中国基础设施的水平表现出沿海与内地之间的显著落差，尤其是中部地区的相对"落后"地位除了在 90 年代上半期之外，基本上没有改变的趋势。这可能是因为西部一直得到中央政府的转移支付和基本建设投资的支持，而改革开放使东部更好地进入了基础设施建设与经济增长的良性互动。但我们在研究中发现，基础设施投资具有显著的"追赶效应"。只要中西部地区的政府继续作为,这个相对差距会逐步缩小。

(3)在控制了经济发展水平、金融深化以及其他因素之后,地方政府之间在"招商引资"上的竞争和政府治理的转型是解释中国基础设施投资决定的重要因素,这意味着分权、开放、政府体制的改革与政府职业化水平的提高对政府致力于建设和改善基础设施是至关重要的。这个结论不仅符合了现有经济学文献对其他经济或跨国研究的发现,而且对于其他转型经济和发展中的经济具有参考价值。

(4)一般认为,由于基础设施投资比政府提供教育等其他社会服务可能包含着更大的官员腐败机会,因此在现有的研究文献里,政府官员的腐败程度往往与基础设施的投资表现出正相关的关系。本章的研究发现,我们使用的反腐败指标对基础设施投资的边际影响为负,这说明政府反腐败力度的提高,在边际上会减少对基础设施的投资,这意味着官员的腐败机会对基础设施(比如交通和城市建设)的投资增长有促进作用。不过,考虑到反腐败可能对提高基础设施的建设质量有积极正面的影响,所以这个结论的含义应该需要我们进一步斟酌和研究。

参考文献:

Aaron, H. J. 1990. Discussion of D. A. Aschauer,. Why is Infrastructure Important? . In A. H. Munnell (Ed.), *Is There a Shortfall in Public Capital Investment*? Federal Reserve Bank of Boston, Conference Series No. 34: 51 - 63.

Acemoglu, D. , S. Johnson, and J. A. Robinson. 2001. The Colonial

Origins of Comparative Development: An Empirical Investigation. *American Economic Review*,91(5): 1369 – 1401.

Acemoglu,D. ,S. Johnson,and J. A. Robinson. 2002. Reversal of Fortune: Geography and Development in the Making of the Modern World Income Distribution. *Quarterly Journal of Economics*,117(4): 1231 – 1294.

Arellano M. and S. Bond. 1991. Some Tests of Specification for Panel Data: Monte Carlo Evidence and An Application to Employment Equations. *Review of Economic Studies*,58:277 – 297.

Arrow,K. J. and Kurz Mordecai. 1970. *Public Investment, the Rate of Return and Optimal Fiscal Policy*. Baltimore: Johns Hopkins University Press.

Aschauer,D. A. 1989(a). Does Public Capital Crowd out Private Capital? *Journal of Monetary Economics*,24: 178 – 235.

Aschauer,D. A. 1989(b). Is Public Expenditure Productive? *Journal of Monetary Economics*,23: 177 – 200.

Aschauer,D. A. 1989(c). Public Investment and Productivity Growth in the Group of Seven. *Economic Perspectives*. Federal Reserve Bank of Chicago,13: 17 – 25.

Aschauer,D. A. 1995. Infrastructure and Macroeconomic Performance: Direct and Indirect Effects. In *The OECD jobs study: Investment, Productivity and Employment*,85 – 101,OECD,Paris.

Bardhan,P. 2006. Awakening Giants,Feet of Clay: A Comparative Assessment of the Rise of China and India. paper presented at International

Conference on the Dragon and the Elephant: China and India's Economic Reforms, July 1 – 2, 2006, Shanghai, China.

Barro, R. J. 1990. Government Spending in a Simple Model of Endogenous Growth. *Journal of Political Economy*, 98: 103 – 25.

Barro, R. J. 1991. Economic Growth in a Cross Section of Countries. *Quarterly Journal of Economics*, 106(2): 407 – 43.

Barro, R. J. 2000. Inequality and Growth in a Panel of Countries. *Journal of Economic Growth*, 5: 5 – 32.

Besley, T. and A. Case. 1995. Incumbent Behavior: Vote – Seeking, Tax – Setting, and Yardstick Competition. *American Economic Review*, 85: 25 – 45.

Blanchard, O. and A. Shleifer. 2000. Federalism with and without Political Centralization: China versus Russia. Working Paper 7616, NBER.

Blundell R. and S. Bond. 1998. Initial Conditions and Moments Restrictions in Dynamic Panel Data Models, *Journal of Econometrics*, 87: 115 – 143.

Bond. 2002. Dynamic Panel Data Models: a Guide to Micro Data Methods and Practice. *Portuguese Economic Journal*, 1: 141 – 162.

Bougheas, S., P. O. Demetriades, and T. P. Mamuneas. 2000. Infrastructure, Specialization, and Economic Growth. *Canadian Journal of Economics*, 33(2): 506 – 522.

Cadot, O., R. Lars – Hendrik., and A. Stephan. 1999. A Political Economy Model of Infrastructure Allocation: An Empirical Assessment. Discussion Paper 2336, CEPR, London.

Castells, A., S. Albert. 2005. The Regional Allocation of Infrastructure Investment: The Role of Equity, Efficiency and Political Factors. *European Economic Review*, 49(5): 1165–1205.

Davoodi, H., Zou H. 1998. Fiscal Decentralization and Economic Growth: A Cross-country Study. *Journal of Urban Economics*, 43: 244–257.

Delorme, C. D. Jr, Herbert G. Thompson. Jr. and Ronald S. Warren. Jr. 1999. Public Infrastructure and Private Productivity: A Stochastic-Frontier Approach. *Journal of Macroeconomics*, Summer, 21(3): 563–576.

Demetriades, P. O. and T. P. Mamuneas. 2000. Intertemporal Output and Employment Effects of Public Infrastructure Capital: Evidence from 12 OECD Economies. *Economic Journal*, 465: 187–712.

Duffy-Deno K. T. and Eberts R. W. 1991. Public Infrastructure and Regional Economic Development: A Simultaneous Equations Approach, *Journal of Urban Economics*, 30: 329–340.

Démurger, S. 2001. Infrastructure Development and Economic Growth: An Explanation for Regional Disparities in China? *Journal of Comparative Economics*, 29: 95–117.

Easterly, W. and R. Levine. 1997. Africa's Growth Tragedy: Policies and Ethnic Divisions. *Quarterly Journal of Economics*, 112: 1203–1250.

Evans, P. B. The State as Problem and as Solution: Predation, Embedded Autonomy and Structural Change. In: Haggard, Stephan and Robert R. Kaufman (eds), *The Politics of Economic Adjustment. International Constraints, Distributive Conflicts, and the State*. New Jersey: Princeton University Press,1992.

Fan, S., and Zhang, X. 2004. Infrastructure and Regional Economic Development in Rural China, *China Economic Review*, 15(2):203-214.

Fumitoshi M. and Tomoyasu Tanaka. 2005. Productivity Effects and Determinants of Public Infrastructure Investment. Discussion paper, 2005.35, Kobe University.

Glaeser, Edward L., Rafael La Porta, Florencio Lopez-de-Silanes, and Andrei Shleifer. 2004. Do Institutions Cause Growth? NBER Working Paper 10568, http://www.nber.org/papers/w10568

Gramlich, E. M. Infrastructure Investment: A Review Essay, *Journal of Economic Literature*, 32(3):1176-1196.

Henisz, W. J. 2002. The Institutional Environment of Infrastructure Investment, *Industrial and Corporate Change*, 11 (2):355-389.

Holtz-Eakin, D. and H. Rosen. 1993. Municipal Construction Spending: An Empirical Examination. *Economics and Politics*, 5:61-84.

Holtz-Eakin, D. 1994. Public-sector Capital and the Productivity Puzzle. *The Review of Economics and Statistics*, 76:12-21.

Justin YifuLin, and Zhiqiang Liu. 2000. Fiscal Decentralization and Economic Growth in China, *Economic Development and Cultural Change*. 49 (1):1-21.

Justman, M. 1995. Infrastructure, Growth and the Two Dimensions of Industrial Policy. *Review of Economic Studies*, 62(1):131-157.

KamadaK., OkunoN. and Futagami R., 1998. Decisions on Regional

Allocation of Public Investment: The Case of Japan, Applied Economics Letters, *Taylor and Francis Journals*, 5(8):503-506.

Kaufmann, Daniel, Aart Kraay and Massimo Mastruzzi. 2003. Governance Matters III: Updated Governance Indicators for 1996 - 02. Working Paper Draft for comments. Washington, D. C. : World Bank.

Kaufmann, Daniel, Aart Kraay and Pablo Zoido - Lobatón. 2002. Governance Matters II: Updated Governance Indicators for 2000 - 01. Working Paper No. 2772. World Bank Policy Research Department.

Kaufmann, Daniel, Kraay, Aart, and Massimo Mastruzzi. 2005. Governance Matters IV: Governance Indicators for 1996 - 2004. Working Paper Draft for comments. Washington, D. C. , World Bank.

Kemmerling, A. and A. Stephan. 2002. The Contribution of Local Public Infrastructure to Private Productivity and Its Political Economy: Evidence from a Panel of Large German Cities. *Public Choice*, 113(3-4): 403-424.

La Porta, R. , Lopez - De - Silanes, F. , Shleifer, A. , Vishny, R. 1999. The Quality of Government. *Journal of Law, Economics and Organization*, 15 (1): 1113-1155.

Li, Hongbin and Li - An Zhou. 2005. Political Turnover and Economic Performance: Incentive Role of Personnel Control in China. *Journal of Public Economics*, 89: 1743-1762.

Mauro. 1998. Corruption and the Composition of Government Expenditure. *Journal of Public Economics*, 69: 263-279.

Munnell, A. H. 1990. Why has Productivity Growth Declined? Productivity and Public Investment. *New England Economic Review*, Jan./Feb.: 3-22.

Munnell, A. H. 1992. Policy Watch: Infrastructure Investment and Economic Growth. *Journal of Economic Perspectives*, 6: 189-198.

Murphy, Shleifer, and Vishny. 1989. Income Distribution, Market Size and Industrialization, *Quarterly Journal of Economics*, August.

Oates, W. E. 1972. *Fiscal Federalism*. NY: Harcourt Brace Jovanovich.

Petchey, O. L. 2000. Species Diversity, Species Extinction, and Ecosystem Function, *Nature*, 155: 696-702.

Przeworski, A. and L. Fernando. 1993. Political Regiems and Economic Growth. *Journal of Economic Perspectives*, 7(3): 51-69.

Qian, Y., and B. R. Weingast. 1997. Federalism as a Commitment to Preserving Market Incentives, *Journal of Economic Perspectives*, 11(4): 83-92.

Qian, Y., and G. Roland. 1998. Federalism and the Soft Budget Constraint, *American Economic Review*, 88(5), 1143-1162.

Rauch, J. E. and P. B. Evans. 2000. Bureaucratic Structure and Bureaucratic Performance in Less Developed Countries. *Journal of Public Economics*, 75: 49-71.

Rauch, J. E. 1995. Bureaucracy, Infrastructure, and Economic Growth: Evidence from US Cities during the Progressive Era. *American Economic*

Review,85(4): 968-979.

Romer, Paul. 1986. Increasing Returns and Long-run Growth. *Journal of Political Economy*, 94(5):1002-1037.

Rosenstien-Rodan, P. N. 1943. Problems of Industrialization of Eastern and South-Eastern Europe. *Economic Journal*, 53(210/211):202-211.

Rémy Prud'homme. 2004. Infrastructure and Development. Paper prepared for the ABCDE (Annual Bank Conference on Development Economics), May 3-5.

Shleifer, A. 1997. Government in Transition, *European Economic Review*, 41:385-410.

Susan Randolph Zeljko Bogetic Dennis Hefley. 1996. Determinants of Public Expenditure on Infrastructure Transportation and Communication. policy research working paper, October.

Tanzi and Davoodi. 1997. Corruption, Public Investment, and Growth. IMF Working Paper, Washington D. C.

Tanzi and Davoodi. 1998. Roads to Nowhere: How Corruption in Public Investment Hurts Growth. IMF Working Paper, Washington D. C.

Tiebout, C. 1956. A Pure Theory of Local Expenditures. *Journal of Political Economy*, 64 (5): 416-424.

Treisman, D. 2000. Decentralization and the Quality of Government. Working Paper, University of California, Los Angeles.

Vijaya G. D. , C. Saltzman and L. R. Klein. 1999. Infrastructure and Productivity: a Nonlinear Approach. *Journal of Econometrics*, 92:47-74.

Vishny, Robert W. and Shleifer, A. 1997. A Survey of Corporate Governance. *Journal of Finance*, 52(2): 737-783.

Wang, Eric C., 2002. Public Infrastructure and Economic Growth: a New Approach Applied to East Asian Economies. *Journal of Policy Modeling*, 24: 411-435.

Weingast, B., K. Shepsle, and C. Johnsen. 1981. The Political Economy of Benefits and Costs: a Neoclassical Approach to Distributive Politics. *Journal of Dolitical Economy*, 89(4): 642-664.

Wylie, P. J. 1996. Infrastructure and Canadian Economic Growth 1946-1991. *Canadian Journal of Economics*, 29, Special Issue: Part 1, S350-S355.

Young, Alwyn. 2000. The Razor's Edge: Distortions and Incremental Reform in the People's Republic of China, Quarterly *Journal of Economics*, 115: 1091-1135.

Zhuravskaya, E. V. 2000. Incentives to Provide Local Public Goods: Fiscal Federalism, Russian Style. *Journal of Public Economics*, 76: 337-68.

Poncet Sandra:《中国市场正在走向"非一体化"？——中国国内和国际市场一体化程度的比较分析》,《世界经济文汇》,2002年第1期。

〔美〕艾伯特·赫希曼,1991,《经济发展战略》,北京:经济科学出版社。

〔美〕安德烈·施莱弗、罗伯特·维什尼,2004,《掠夺之手》,北京:中信出版社。

〔美〕罗斯托,1988,《从起飞进入持续增长的经济学》,四川:四川人民出版社。

〔美〕纳克斯,1966,《不发达国家的资本形成问题》,北京:商务印书馆。

〔美〕亚当·斯密,1974,《国民财富的性质和原因的研究》,北京:商务印书馆。

陈东琪,2000,"论政府高效行政与政府体制改革",《财贸经济》第3期。

陈抗、Hillman,Arye L.、顾清扬,2002,"财政集权与地方政府行为变化——从援助之手到攫取之手",《经济学(季刊)》第2卷第1期。

陈诗一、张军,2006,"财政分权改善了中国地方政府的支出效率了吗?——来自1978—2004年省级证据",复旦大学中国社会主义市场经济研究中心,打印稿。

邓淑莲,2003,《中国基础设施的公共政策》,上海:上海财经大学出版社。

范九力、白暴力,2004,"基础设施资本对经济增长的影像——二级三要素CES生产函数法估计",《经济研究》第4期。

胡书东,2001,《经济发展中的中央与地方关系》,上海:上海人民出版社和上海三联书店。

骆许蓓,2004,"基础设施投资分布与西部地区经济发展——论交通运输枢纽的作用",《世界经济文汇》第2期。

世界银行,1994,《1994年世界发展报告》,北京:中国财政经济出版社。

唐建新、杨军,2003,《基础设施与经济发展:理论与政策》,武汉:武汉大学出版社。

王永钦、丁菊红,2006,"公共部门内部的激励机制:一个文献述评",复旦大学中国经济研究中心,打印稿。

魏后凯,2002,"外商直接投资对中国区域经济增长的影响",《经济研究》第4期,19-26。

谢平、陆磊,2005,《中国金融腐败的经济学分析》,北京:中信出版社。

张军,2006a,"中国的信贷增长为对经济增长影响不显著?",《学术月刊》第 7 期。

张军,2006b,"印度和中国增长的政治经济学",《北大商业评论》第 22 期。

张军、金煜,2005,"中国的金融深化与生产率关联的再检测:1987—2001",《经济研究》第 11 期。

张军、吴桂英和张吉鹏,2004,"中国省际物质资本存量估计:1952—2000",《经济研究》第 10 期。

张晏、夏纪军,2005,"税收竞争理论评介——兼对我国地方政府减免税竞争行为的分析",《经济学动态》第 2 期。

3

官员任期、异地交流与经济增长[①]

一、引言

改革开放以来中国的经济增长表现为一个分散化的和自下而上的过程(Qian and Xu,1993；Naughton,1994)。这意味着它的政治体制和政府组织内存在着对增长的非常正面的激励模式。过去十多年来让经济学家兴趣不减的问题是：中国地方政府官员推动经济增长的激励究竟来自何处？

其实，即使在主流经济学的文献里，强调经济增长中的政府质量或治理(governance)效率的重要性的文献也越来越受到关注(例如，La Porta, et al.,1999)。20世纪90年代以来，经济增长和转型的跨国经验学开始注重政治组织、政府治理、法律秩序等制度因素对于解释国家间经济绩效差异的重要性(例如，Barro,1990；Acemoglu, et al.,2001)。Li(1998)也把国家的官员治理的效率和质量视为影响经济发展的一个更根本的因素。而 Shleifer(1997)在比较了转型后的俄罗斯和波兰的经济表现之后，也格外看重政府体

[①] 发表于《经济研究》2007 年 第 11 期。

制的转型在经济转型中的中心地位。①

近年来,那些试图揭开中国经济增长谜团的经济学家(包括政治学家)逐步发展了两个侧重有所不同的理论解释。一种解释强调政府间的财政分权(所谓"有中国特色的财政联邦主义")对维护市场改革和推动地方经济增长的重要性(例如,Qian and Weingast,1997;Blanchard and Shleifer,2001),而另一种解释则力图回答在中国政府官员致力于经济增长的激励来自何处(例如,Li and Zhou,2005;周黎安,2007)。根据后一种解释,中国地方官员之间围绕 GDP 增长而进行的竞争是理解政府激励与增长的关键线索。地方竞争可以将关心仕途的地方政府官员置于强大的激励之下。

这些理论对于我们理解中国的经济增长无疑是重要的。而且,正如一些经济学家指出的那样,在中国,财政上的高度分权体制需要与官员治理的中国模式相结合才能更好地解释地方政府官员的作为和中国的经济业绩(Zhuravskaya,2000;Blanchard and Shleifer,2001;Bardhan,2006)。② 例如,Blanchard 和 Shleifer(2001)认为,中国共产党拥有绝对的权威并继续任

---

① 俄罗斯战略研究中心主席米哈伊尔·德米提也夫(2006)指出,在20世纪90年代,公共行政改革在俄罗斯只是一个优先度较低的议题。虽然当时进行了一些公共行政方面最紧迫的变革,主要包括"权贵阶层"控制体系的废除及预算和货币当局的改革,但是改革却使得地方政府改进其绩效和效率的激励减弱了。行政管理上零敲碎打的改革未能取得任何重大进展,公共行政的效率整体上急剧恶化了。到20世纪90年代末,低效的公共行政体制成了俄罗斯经济成功转轨的主要制度障碍。2000年普京当选总统后才进行了公共行政改革。这些改革包括政府行为的所有主要方面,比如公共管理、财政、联邦和地方政府的组织结构等。地方长官的直接选举制度被废止,由中央任命体系取代。

② Pranab Bardhan 教授在最近的文章中写道,中国和印度都经历了相当程度的分权,但两个国家经历的分权的性质却大相径庭。在印度,分权采取了在地方上不断选举的形式,但至今向地方政府下放的真实的权威和征收收入的权力却微不足道。大部分地区的乡村和区所选举出来的官员的真正角色是攫取来自上级资助项目(如就业项目或信贷项目)的好处。在很多地方,对穷人意义非凡的资源却通过官员与地方上有势力的人物之间的合谋被转移到了非目标人群。而在中国,地方上党政部门拥有实际的权威并分享当地的收入,从而驱动地方官员在地方的经济发展中担任领导的角色。与中国不同的是,在印度,当地的经济发展并未走上地方政府的议事日程(Bardhan,2006)。

命地方的官员,因而有能力奖励和惩罚地方官员的行为;而俄罗斯功能紊乱的民主体制不仅无法使中央政府有力贯彻其目标,也没有能力来影响地方政府的所作所为。

但是,在现有的文献里,对中国官员治理(中国所谓的"干部人事制度")的经验研究并不多见。对于一个由中央保持政治集中和绝对权威的体制来说,人们通常只是先验地假定这是一个没有效率的治理结构,而缺乏对这个治理体制的更多了解。近年来随着数据的不断改进,考察中国经济增长中的政治影响和官员治理成为可能。Li 和 Zhou(2005)是现有文献里较早地考察中国的官员晋升和相对绩效考核机制的研究文献。他们的研究发现,中国地方官员的相对绩效的确对官员的晋升概率有显著的正影响。这个研究帮助解释了中国地方官员面临的推动增长的激励部分地来自于官员晋升的目标。

无疑,官员对晋升机会的追求以及晋升职位是中国干部人事制度运行中非常重要的一个环节。但是与西方的政治不同的是,在中国,为了保障干部人事制度有条不紊地运作和克服治理的障碍,"上级"扮演着格外重要的角色。它担当着对下级官员的遴选、考核、监督、任期以及调动等职能。在一个官员等级分明的结构里,处于最上级的"中央"则掌握着对高级官员(在中国称为"省部级")的控制与治理。

Huang(2002)对 1978 年以来的中国官员治理体制有过一个研究。他发现,在中国,中央对地方官员的治理通常包含着显性和隐性两个方面。显性治理往往通过可度量的经济发展的指标(如当地的 GDP 增长率、吸引落户的 FDI 等)体系来实现,而防止官员腐败和不忠等难以监控的事项则更多地依赖隐性治理。中央对同时管理多个行业、部门和地区的高级官员,比如省(市)委书记或省(市)长,则更多地依赖隐性治理。根据他的分析,隐性治理的手段包括兼任中央政治局委员、中央直接任命、任期控制以及异地任职等。

  我们认为,从制度建设的角度来看,对中国的干部人事制度和治理模式产生深远影响的是1982年建立的官员退休制度以及1990年建立起来的高级官员异地任职制度(官方文件称之为"官员交流",为了不引起概念上的歧义,我们在本章仍使用"交流"一词)。实行官员强制退休制度实际上限制了高级官员的任期,而实行官员异地交流制度不仅客观上限制了官员在同一地方的任期,而且被认为有助于克服地方官员的惰性,减少腐败,有助于改善政策和政府的效率,而且也无疑强化了中央对官员任免的决定权(例如,浦兴祖,1999;Huang,2002)。

  由于地方官员的权力、对经济政策的影响以及施政经验等因素都将最终影响当地的经济发展业绩,因此,有必要在大样本的条件下考察一下官员的任期限制和异地交流是否实质性地影响了地方的经济增长,以及是如何影响的?任期的长短重要吗?官员的异地交流是积极地还是消极地影响经济的业绩?这些因素的影响力在地区之间有差别吗?

  本章利用1978—2004年在各省(西藏自治区除外)任职的省(直辖市、自治区)委书记和省长(包括直辖市市长、自治区主席)的详细信息以及省级经济增长的数据库,从经验上证实,在中国的官员治理体制下,官员的任期限制和异地交流制度对经济增长有相当正面的影响。我们的研究发现,即使在中国也存在着官员任期与经济增长关系的倒"U"形特征,也就是说,官员在任时间的长短对辖区内的经济增长的影响是非线性的。我们的研究还发现,官员的异地交流对经济增长也有积极的影响,但这个影响在地区之间(尤其是东西部之间)存在着明显的差异,在东部的影响大于西部。

  本章的结构安排如下:在第二节,我们对改革以来中国的官员治理体制和有关文献做了一个简单的回顾。第三节提供了我们对数据来源和对不同观察值样本形成的具体说明。基本计量模型的设定、回归结果以及对回归结果的讨论安排在了第四节。在第五节,我们还讨论了更复杂的情况,并且为了控制可能的内生性问题,我们使用了工具变量法并对不同的样本进行了回归以增强我们结论的稳健性。第六节是本章的结论。

二、中国官员治理制度的改革与文献回顾

毫无疑问,中国的干部人事制度是如何运作的,中央如何治理其党政官员,是一个非常复杂的现象,在中国被称为"干部人事制度"。政治学家对它的了解多于经济学家。介绍和讨论中国的干部人事制度与官员治理制度不是本章的目的。本节着重介绍改革以来中国高级官员的任期限制与异地调动在制度上是怎么形成的,并对现有的研究文献做一个简单回顾。

1978年改革开放以来,中国官员治理制度虽然总体上延续了毛泽东时代的基本框架和体制特征,但这一体制也随着经济的改革开放在不断地进行着改革和变化。20世纪80年代以来,有两项"干部人事制度"的改革举措对建立形成今天的限制官员的任期和异地交流的制度起了决定的作用。①

首先就是1982年年初中央颁布的《中共中央关于建立老干部退休制度的决定》。这是对改革的领导人邓小平提出改进干部的任期制度和选拔干部的"四化"(革命化、年轻化、知识化、专业化)方针的一个正式接

---

① 实际上,中国的官员任期制度和异地交流制度的形成过程是相互联系着的。中央颁布的多项干部人事制度改革的文件文本都同时提及"任期"和"交流"这两个关键词便可以作为佐证。

纳与落实。根据这个决定,通过设立中央顾问委员会、提高退休干部待遇等方式妥善安置了大量在岗的革命老干部,官员队伍很快实现了"年轻化"和"知识化"的目标。这种在政治上大幅度更新人力资本的做法部分地保障了中国经济体制转型的成功。① 这次的干部人事制度改革同时也形成了省部级干部65岁"退居二线"的惯例,这个惯例也就在客观上和事实上限制了高级官员的任期,增强了中央对高级官员的控制能力。在任命省级官员时,各省党委书记(省长)经中央提名后由省级党委(省人大)选举产生,目前实行等额选举。所以,强制退休制度的建立使得中央在高级官员的任免上有了完整的决定权。毫无疑问,中央的人事任免权对地方官员的激励具有重要的影响。

其次是官员的异地交流制度的形成。邓小平早在20世纪80年代初就倡导高级干部的异地交流制度,但这个想法在当时并没有真正得到落实。② 尤其是,1983年10月《中共中央组织部关于建立省部级后备干部制度的意见》的实施,更是鼓励了大部分省份从本省提拔的年轻后备干部中选任官员。直至1990年7月中共中央颁布《中共中央关于实行党和国家机关领导干部交流制度的决定》之后,官员异地交流才被正式制度化。

这个决定指出,中央党和国家机关各部委、各省、自治区、直辖市的省部级领导干部,可以在中央与地方之间进行交流,也可以在不同地区之间进行交流,还可以在中央各部门之间进行交流,尤其要注意从经济比较发达的地

---

① 在《转轨中的政府》一文中,Shleifer(1997)对俄罗斯和东欧转型经验进行了比较和讨论后也发现,"无论是对经济还是对政治而言,如何更新过时的人力资本也许都是转轨的中心问题"。
② 根据我们获得的资料发现,1962年中共八届十中全会也曾通过《中央关于有计划有步骤地交流各级党政主要领导干部的决定》。但是由于"文化大革命"的爆发,该决定没有真正被执行。

区交流一部分领导干部到经济相对落后的地区任职。在我们收集的1978—2004年302个省(市)委书记和省(市)长的样本里,我们根据官员的任职简历来确定他(她)在该地的任职是否属于异地交流。① 从地区分布来看,东部地区的任职官员②属于异地交流的比例为44.7%,而中西部地区为47.9%。图3-1显示,由于特殊的原因,跨省交流的省级官员在20世纪80年代经历了持续下降的局面,而1990年之后随着异地交流制度的建立开始出现持续增长趋势。③

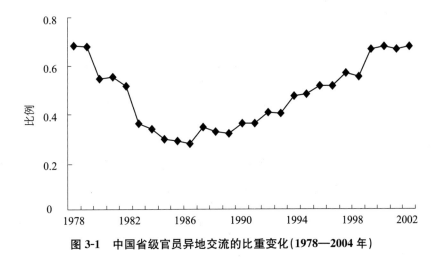

图3-1 中国省级官员异地交流的比重变化(1978—2004年)

---

① 在本章,我们把从中央和外省(市)调入的省(市)委书记和省(市)长或者自治区主席定义为异地交流的官员。如一官员先被调入一个地方任副职超过一届才转任正职,他(她)就不算入交流干部;如官员被调入其他地方锻炼,但期间很短,且在五年内又回原地工作,我们也没有将其作为交流干部计算。

② 西部地区包括的省(市)有陕西、甘肃、青海、宁夏、新疆、四川、重庆、云南、内蒙古、贵州、广西、西藏;中部地区包括的省(市)有山西、吉林、黑龙江、安徽、江西、河南、湖北、湖南;东部地区包括的省(市)有辽宁、北京、天津、河北、山东、江苏、上海、浙江、福建、广东、海南。

③ 由于数据口径上的原因,该图需要我们谨慎解读。在1983年废除干部职务终身制以前,高级官员异地交流的比例也比较高,但这主要是因为"文化大革命"后很多官员集中复出并被分配到各省担任职务的缘故。许耀桐(2004)提到,老干部复出使得职位安排过多,加上年龄老化等问题,使得中央不得不在1982年进行机构改革和考虑老干部退休制度。各省市随之开始多从本地提拔年轻干部,异地交流的比例开始下降。20世纪90年代实行官员异地交流制度之后,官员异地交流的比例又开始上升。

在我们搜索到的研究中国党政的大量文献中,没有找到针对官员任期限制的有关研究文献,但大多数研究党政的文献对官员的异地交流制度都给予了充分的肯定。例如,陈云(1986)以及陈绪群和赵立群(1996)就认为这样的制度能阻止宗派主义,也使地方官员能更好地执行中央的方针政策,在一定程度上防止腐败;官员异地交流为官员提供了一个新的环境,摆脱因循守旧和人际关系的束缚,有利于领导干部工作思想和工作方法的不断更新,能改善官员的工作动力。有的学者强调,官员异地交流能使地方官员更有动力加强跨地、跨部门合作。东部地区的官员到西部任职能引入东部经济发展的经验(浦兴祖,1999;刘本义,1998)。Huang(2002)还认为,被异地交流的官员能向中央传递当地的全新信息,因为前任可能会向中央隐瞒当地的不利信息,而继任者可能会逐步了解实际情况,有利于中央解决信息不完全的问题。

当然,也有对官员异地交流持怀疑态度的观点(例如,顾万勇,2006)。这些观点一般认为,官员的异地交流很可能造成官员行为的短期化。比如,官员往往把交流到另一个地区任职看成是过渡性任期。另外,被异地交流的官员在到任初期可能因为不熟悉当地的环境而难以提高工作效率,这些都可能会对当地的经济增长产生不利的影响。[1] 不过,这些党政研究的文献只是论述性的,不是研究性的,没有提供给我们任何经验性的证据。

在文献里我们没有找到更多的信息和研究文献来帮助回答如何决定被异地交流的官员、哪些因素是决定性的、出于什么目的、交流至何处等问题。

---

[1] 邓小平曾指出,一个干部在一个地方待久了,"有好处,也有缺点。天天在一起,都习惯了,有些事情不容易察觉,有些事情就麻痹了,该提的问题、该批评的问题也就马虎了,新的感觉也就比较少了"(《邓小平文选》第1卷第321页)。

中央在1990年、1999年和2006年颁布的干部异地交流制度的文件给出的异地交流的理由只是：推行干部交流是优化领导班子结构，提高领导干部的素质和能力，加强党风廉政建设等。在确定交流对象时并没有强调要按能力筛选被异地交流的官员，而是强调工作需要、锻炼能力以及出于回避等因素。[①] 我们的经验观察是，除了大多数按照制度每年正常进行官员的异地交流之外，也存在策略性的和出于政治考虑的官员异地调动与异地任职。对于这样的情况显然包含着非常复杂的政治过程。本章没有足够的信息来对此进行区分。因此，总的来说，我们在本章把官员的异地交流处理为"外生变量"。

在西方的经济研究文献里，要找到研究官员任期制度对经济增长影响的文献并不难，但很少有讨论官员交流的文献。大多数已有的文献主要是讨论官员的任期限制对其执政行为的影响。Rogoff(1990)建立了一个理论模型，在这个模型里，他发现如果存在连任的可能，那么在任官员就会试图用财政变量发送其能力的信号和建立声誉，以增加连任的机会。如果实施任期的限制，不再可能连任，那么官员的这种行为就会改变，从而产生道德风险问题：在任者不再从连任中获得利益的话，那么他就只关注自己当前的利益，做出有悖于选民利益的行为。

Besley和Case(1995)分析了1950—1996年间美国州长的行为，从经验上检验了Rogoff(1990)的政治声誉模型。想继续执政的官员必须充分考虑选民的利益以再次当选。他们的发现是，当州长面临任期限制时，税收会显著上升。他们还考察了任期限制对州的经济增长是否有负面的影响。结果

[①] 见人民网(www.people.com.cn)。

显示,任期限制对州的人均收入有显著为负的影响。不过,他们在结论中指出,任期限制看似对经济发展有不良影响,但任期限制能减少政治中的自保行为,长期任职的官员可能通过积聚威权政治以致最后摧毁选举规则的效率。于是任期限制的引入长期来说可能是有利的。Johnson 和 Crain(2004)用了48个民主国家的跨国数据研究了任期限制对政府财政绩效的影响。他们发现,一届任期制的国家,其政府支出比两届任期制度或无任期限制的国家增长得更快。Drazen(2000)和 Economides 等(2003)都发现,由于选举结果的不确定性,使得当前政府不会把当前政策的负面效应完全内部化。而 Buchanan 和 Congleton(1994)则发现,如果官员认为他们会留任,那么他们就倾向于偏离选民的偏好。Garcia-Vega 等(2005)建立的模型认为任职期限与经济发展的关系是非线性的。

由于政治体制上的原因,研究官员交流对经济发展的英文文献屈指可数。在大多数西方国家里,地方是分选区的,候选人只在本选区范围内参选地方领导人,不存在中央政府将其交流到其他地区任职的问题。我们仅发现的 Abbink(2004)对德国的研究针对的是联邦政府公职人员的部门交流制度。这是一篇实验经济学的论文。在德国联邦政府中,政府职员交流是预防腐败的公共管理手段之一。为了研究这个政策的效果,他做了一个实验,把潜在的行贿者和官员进行随机重新配对,并将结果与原先固定不变的配对进行比较。得到的结论是:公职人员交流后能显著地减少贿赂程度和无效决策的频率。

与西方政治体制下的官员任期制度根本不同的是,中国的官员任期制度相对而言比较隐性和不稳定,因为官员在任期内可以被异地交流或者晋升到更高的职位上去。这就使得中国官员的任期时间往往是连续的正数,而西方国家官员的任期大都是非连续的整数。这样一来,地方官员面临的激励与西方国家的官员也就有很不同的地方。中国的地方官员会为晋升而努力。这就使得中国可能比西方体制下存在任期限制上的更强的激励制度。正是这个高能激励推动着中国"自下而上"的经济增长。但是,中国官员的任期制度中也存在一些与西方选举体制不同的问题。在西方选举体制下,业绩不佳的官员难以再当选,在中国,政绩好坏虽然会显著影响官员的晋升概率,但并不决定官员是否会在当地连任(类似西方体制下的"再当选")或终止当地的任期。所以,它虽然有奖"优"的激励,但却没有罚"劣"的激励。①

从中央对地方官员的任免经验来看,政绩好的官员被晋升的概率高,绩效一般的官员则可以继续留任。中途被撤换的官员并不是因为政绩不佳。在未获晋升而被撤换的高级官员中,除了年龄和健康原因离职以外,大多数官员是因为腐败而被免职的。另外也有因本地出现重大事件而被撤换的。因此,如果中国的官员接近65岁的年龄限制和在当地任职已满一届,那么他(她)希望晋升的激励就显著衰退,其行为模式会发生改变。由于这个原因,基于我们的数据,图3-2所显示的中国省级官员的任期长短与经济增长的关系也就呈现微弱的非线性性质。②

---

① 事实上,这个问题在后面的计量回归中已经得到验证。由于留任了经济业绩一般的官员,使得 IV 法回归中的在任年数(tenure)的系数比 OLS 回归的系数小,即存在向下偏误。
② 图3-2的纵坐标为各省 GDP 的相对增长率,它是各省的 GDP 增长率减去相应年份的全国GDP 的增长率。这个做法类似于去均值,其目的主要是控制 GDP 增长率中存在的周期性年度效应。

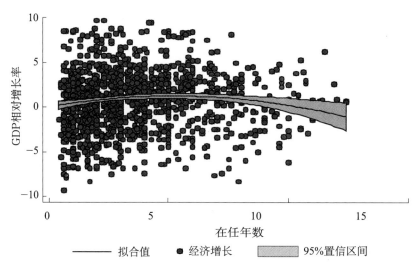

图 3-2 官员在任年数与经济增长的关系

三、数据与样本形成

我们的数据库包括了 1978—2004 年在中国省级党政层面任职的省(自治区和直辖市)委书记和省长(自治区主席和直辖市市长)[①]的个人和任职经历的详细信息(包括个人简历和任职与职务变动的经历)。2002 年中共第十六次全国代表大会后就任的省级党政正职官员因任职时间较短而未加入。所有这些官员的数据来源于《中共第一届至十五届中央委员》一书和人民网(www.people.com.cn)。有关经济增长方面的数据来自复旦大学中国经济研究中心的数据库。我们的数据涵盖了 30 个省、直辖市、自治区(不包括西藏自治区)。

---

① 本章以后出现的"官员"或者"干部"均仅指省级党政正职,即省(自治区和直辖市)委书记和省长(自治区主席和直辖市市长)。除特殊情况外,后文出现的"省"均包含了直辖市和自治区在内。

表 3-1 给出了基本变量的统计描述。表 3-1 显示出,在我们的数据中,按照官员的人数来统计,我们可以获得的观察值为 302 个,如果展开为逐年数据则为 1 413 个观察值。逐年观察值的计算从 1978 年开始,到 2004 年为止。但海南和重庆分别从 1988 年和 1997 年开始计算,这是因为海南是 1988 年建省的,而重庆是 1997 年建立为直辖市的。在一些省份,书记和省长是在 2003 年或以后就任的,因为观察值的时间过短,我们没有纳入样本。这样,我们的样本共包括了 30 个省(直辖市、自治区)和 26 年的时间,每个省(直辖市、自治区)分别有书记和省长(市长和主席)两位,逐年样本观察值为 1 560 (=30×26×2),扣除海南省和重庆市建立前的年数以及 2003 年后就任的官员,有效观察值实际为 1 413 个,为混合横截面数据。

表 3-1 变量及统计描述

变量	观察值	均值	标准差	最小值	最大值
在任年数/tenure	1 413	3.532	2.393	0.4	12.4
本省籍贯/birthplace	1 413	0.322	0.467	0	1
交流干部/rotation	1 413	0.475	0.499	0	1
在任时年龄/age	1 413	59.252	5.376	42	75
中央背景/central background	1 413	0.223	0.416	0	1
教育程度/education	1 413	0.581	0.494	0	1
各省实际 GDP 增长率/pgdp	1 413	10.273	4.612	−9.1	40.2
各省人均实际 GDP 期初值/rpgdppc	1 413	1 265.999 2	1 273.485	144	11 132.22
干部任职年数/tenureyear	302	4.774	2.526	0.5	12.4
干部就任年龄/initialage	302	57.597	5.859	42	73
干部任职时实际 GDP 加权增长率/pwgdp	302	10.070	2.973	0.25	21.9

我们已经说过,在表3-1里,我们把总共11个变量的样本根据年和官员分割成了两个分样本。前8个变量是按照逐年的方式来获得观察值的。逐年观察值把书记、省长在某省的工作时间进行年度展开,即假如某官员在该省工作 N 年,就有 N 个观察值。对于每个省,每年都有书记和省长的各自观察值(书记兼任省长的情况除外,我们另做计算)。再比如,"交流干部"(虚拟变量)的观察值1 413是这样获得的:在每一年,上任的官员如果属于异地交流的,那么在他的任期内,"交流干部"变量的值就取1;如果上任的属于非异地交流的官员,那么"交流干部"变量的值就取0,然后各自逐年累加,就获得了该变量的全部观察值。"本省籍贯"(虚拟变量)的观察值的获得方法也是如此。

表3-1中的最后三个变量是按照每个官员的方式获得观察值的(共302个)。比如,302个官员就有302个"任职时间"(tenure year)的观察值。任职时间是指该官员在同一省同一级职位上从上任至离任的年数。但是如果我们把302个官员展开到1978—2004年期间的逐年数据中,那么每个官员就有多个年份的观察值。如果逐年来分割样本的话,那么对每个官员而言,在任年数(tenure)就表示该官员从上任至观察值当年在同一省同一级职位上的工作年数。举例来说,逐年分割样本的话,那么,假如一位官员1991年年初开始任职,那么在1991年年底,他的"在任年数"为1年,1992年年底为2年。假如他工作到1995年年底离职,那么在1995年年底,他的"在任年数"就计算为5年。而当我们按照每个官员来分割样本时,该官员的"任职时间"就是5年(1991—1995年)。

我们以年度和官员两个维度分割样本的原因是,我们希望从两个视角来观察和考察官员在任年数的长短对当地经济增长的影响。首先对于逐年获得的样本来说,我们可以把"在任年数"的样本切割成在任年数小于5年和大于5年两个子样本,进一步考察官员任期的长短是否对经济增长有不同的影响。例如,一位官员的任职时间超过了5年,这时该官员的逐年观察值(在任年数为1年、2年、……6年、7年)就被分割成了两段,在任年数1到5年的逐年观察值被分配至"在任年数小于5年"的样本中,而在任年数大于5年的逐年观察值则被分配至"在任年数大于5年"的子样本中。

第二个维度是按照每个官员来分割样本。这样我们可以获得"任职时间"大于5年和小于5年的两类官员的样本。假如该官员的任职时间小于5年,附属于他的观察值被分配至"任职时间小于5年"的子样本中;同理,假如一位官员的任职时间大于5年,那么附属于他的观察值都被分配至"任职时间大于5年"的子样本中。

以上两个角度都是把每个分样本分割成为两个子样本。以年度来分割样本时,"在任年数"变量获得的观察值就只考虑了任期的长短,不考虑具体的官员。其优点是比较直观。而按照每个官员来分割分样本时,那么,官员的"任职时间"变量形成的就只是每个官员的任职长短的样本。其优点是样本的观察值具有连续性,因为针对每个官员的观察值都被归类于同一个分样本中了。当然,我们这样分割样本的另外一个考虑是为了增加计量结果的稳健性。①

我们逐年计算获得的"在任年数"的样本是官员在同一省份、同一级别职位的任职时间,这意味着在该样本数据中,在同一省份先任省(市)长后任书

---

① 我们注意到,在 Li 和 Zhou (2005)对中国地方官员的晋升激励的经验研究里,他们只是按照年度来形成 1978—1995 年的省部级官员的样本观察值(864 个观察值)。

记的官员，我们合并计算了他的任职时间。举例如下：某某曾先后任某市市长和市委书记。在我们计算形成样本观察值中，我们把他的市长和市委书记的任职时间合并起来了。即如果1991年任市长，1994年任书记，那么在任年数从1991年开始计算，在1994年他转任书记时，我们并没有从头开始计算他的任职年数，而是继续按1991年开始算，那么1994年就算在任第4年了。而任职时间也是从1991年计算到2002年。① 我们这么做的考虑是，对于担任省(市)长几年后再升任省(市)委书记的官员，其施政理念和政策导向相对于不同的人来说应该具有较大的延续性。当然，在中国，书记的政治权力通常要比省(市)长大，但对当地经济的影响则并不确定，可能会存在不同的影响。我们在本章对稳健性的讨论中考虑了这种复杂的情况，但并不改变我们的结果。

总之，我们的数据包括了两类分样本的观察值：逐年观察值和逐位官员观察值。逐年观察值数据的优点是样本大，回归结果较稳健，并且可以控制期初的禀赋效应。因此我们在回归中首选该样本数据，之后我们再使用每位官员的观察值数据进行回归，并且可以参照逐年数据的结果进行稳健性的检验。

四、模型设定与回归结果

Besley和Case(2003)对"政体与政策选择"研究领域内的相关文献进行了综述，同时归纳了一系列的实证研究的方法和技术。本章的经验研究与他

---

① 如果异地交流的官员先任省长后转任书记，那么我们在计算"交流干部"的观察值时，比较合理的做法是从他(她)担任省长时开始计算。

们提出的"政体与政策选择"的实证框架相匹配,因此采用他们的框架并运用经济增长文献中常用的动态估计方法,即在回归变量中加入被解释变量的期初值,这样能控制各地经济发展背后存在的初始禀赋效应,相同的处理方式还可以在 Levine 等(2000)和 Besley 等(2005)中找到。我们使用的计量方程是:

$$y_{i,t} - y_{i,t-1} = \alpha_0 y_{i,t-1} + \beta' X_{i,t} + \eta_s + \omega_t + \varepsilon_{i,t} \tag{3-1}$$

或者

$$g_{i,t} = \alpha_0 y_{i,t-1} + \beta' X_{i,t} + \eta_s + \omega_t + \varepsilon_{i,t} \tag{3-2}$$

y 是实际 GDP 的对数值,两期对数值相减,(3-1)式的左边就代表 GDP 的增长率,于是就有了(3-2)式。X 代表除 y 的期初值以外的解释变量,η 是省别固定效应,ω 是年度效应,ε 是误差项,下标 i 和 t 各自代表观察数据元和时间,s 代表官员所任职的省份。我们将分别对数据做时期分段、在任时间长短和分地区的横截面回归。基于我们先前的讨论,我们首先使用逐年观察值数据的样本来做回归检验。

(一)时期分段

为了更清晰地考察官员的任期长短和异地交流制度对地方经济增长可能产生的影响,我们把全部样本数据在时间上分为 1990 年之前和之后两段分别进行回归。以 1990 年为分界点的基本依据是,1990 年中央颁布了《中共中央关于实行党和国家机关领导干部交流制度的决定》,它将高级官员的异地交流制度化了。由于异地交流制度的实施,官员的任期长短也会发生相应的一些变化。

我们为(3-2)式中的 X 选取了以下的核心解释变量:在任年数(tenure)表示官员从上任至观察值当年年底的年数并随着在任时间的增加而上升;在

任年数的平方(*tenuresq*);交流干部(*rotation*)。在现有的文献里,Levitt(1996)、Jones 和 Olken(2005)都发现并指出,官员的个人特性对于解释经济增长有显著的意义,所以我们利用样本中所获得的中国官员的个人信息在方程中也加入了其他一些刻画官员个性的变量和虚拟变量:本省籍贯(birthplace),如官员籍贯在任职省份就取 1,否则取 0;中央背景(central background),如该官员曾经在中央党政机关和国家部委工作过则取值为 1,否则为 0,官员的中央工作背景可能为地方省份争取到更多的资源和政策;教育程度(education),学历为大专或以上者取值为 1,否则为 0。$y_{i,t-1}$ 为人均实际 GDP 期初对数值(lrpgdppc),我们用它来测量各地经济发展水平的差异。由于《中国统计年鉴》中只有各省人均 GDP 的当年统计值,因此我们用中国的 GDP 平减指数来消除人均 GDP 中的价格趋势从而得到人均实际 GDP 值。

关于"在任年数"的数据构造,我们需要再做说明。样本中大部分官员是在某年的期中就任的,所以我们对该变量取了小数。对于在年中就任的官员,如果是上半年就任的,我们就从该年计算在任年数。如果下半年就任,我们从次年开始计算。同理,如果上半年离职,我们计算的在任年数到上年期末终止,对于下半年离职的,我们计算的在任年数到本年期末终止。

关于"交流干部"的变量,我们是这样定义的:如果省(市)委书记、省(市)长属于中央或者外省调入的,则赋值为 1,若从本省直接升任,则为 0。我们在处理数据时,谨慎对待了以下两种复杂的情况:第一,观察值中有些书记和省长是调入该省之后先任副省长或副书记,经过短为几个月、长为几年的过渡期之后才升任正职。我们处理时把过渡期在一届任期内(即 5 年以下)的定义为属于交流干部,赋值为 1,否则为 0。第二,某官员原来长期在该省(市)工作,后来到其他省份任职后又调回原省(市),这里我们也做如下设定:

在外地交流五年以上而返回本省(市)的界定为属于交流干部,赋值为 1,否则为 0。的确,官员离开本省(市)时间较长的,同时也获得了其他地方的工作经验,因此,他们调回本省(市)任职应该作为交流干部处理较为合理。

η 是省别固定效应。我们在回归中控制了各省的固定效应。大量利用中国省级面板数据从事中国经济研究的文献基本上都只是控制地区固定效应[1],但我们这里加入了省别虚拟变量来控制更细微的固定效应(有类似做法的文献包括 Pande,2003;Besley,et al.,2005)。这样的处理使得结果更稳健,缺点是虚拟变量增加太多会影响核心变量的显著性。不过,我们的逐年观察值数据超过 1 000 个,足够大,所以我们在本章考虑加入省别固定效应虚拟变量进行估计,并以北京市为基准省份。

表 3-2 报告了使用逐年观察值数据的回归结果。所有的回归中我们都加入了控制年度效应和省别效应的虚拟变量。由于年度和省别虚拟变量较多,我们没有将结果报告出来。为了控制可能存在的异方差,我们在计量结果中报告了异方差稳健标准误。

表 3-2 逐年样本数据的 OLS 回归

	(1) 1978—2004 年	(2) 1978—1990 年	(3) 1991—2004 年
在任年数 /tenure	0.393*** 0.117	0.596*** 0.257	0.124 0.113
在任年数平方 /tenuresq	−0.039 6*** 0.010 8	−0.060 4** 0.029 6	−0.012 3 0.010 0

---

[1] 这是因为许多实证数据只有几百个观察值,如果对每个省都控制固定效应,那么回归式子中的自由度将大幅度下降。如果整体观察值不多,那么自由度的大幅度下降对结果的显著性会有较大的影响。

续表

	（1） 1978—2004 年	（2） 1978—1990 年	（3） 1991—2004 年
本省籍贯 /birthplace	0.158 0.256	0.050 1 0.399	0.755** 0.310
交流干部 /rotation	−0.077 1 0.245	−0.250 0.396	0.660** 0.297
中央背景 /central	−0.174 0.269	0.146 0.422	0.211 0.344
教育程度 /education	−0.118 0.221	0.136 0.351	0.171 0.242
人均实际 GDP 期初对数值 /lrpgdppc	−3.282*** .727	−10.85*** 1.948	−8.476*** 1.997
常数项	36.729*** 5.210	88.670*** 13.653	86.148*** 17.841
观察值	1413	652	761
R 平方	0.509	0.524	0.589

注：所有回归均加入了控制年度效应的虚拟变量和控制省别固定效应的虚拟变量。系数下方的值是异方差稳健标准误，***表示在 1% 水平上显著，**表示在 5% 水平上显著，*表示在 10% 水平上显著。

表 3-2 的第 1 列为 1978—2004 年全部样本数据的回归结果，第 2 列和第 3 列分别为 1978—1990 年、1991—2004 年的子样本的回归结果。在表3-2 中，第 1 列与先前我们所期望的符号相符，"在任年数"的系数为正，且在 1% 水平下显著；"在任年数平方"的系数为负，同样非常显著，说明官员任期过短会造成短视性的行为，而官员的任期过长则可能导致其目标函数的改变，影响经济增长。因此，官员的任期对经济增长的影响是非线性的（验证了图 3-2 的结果）。而且从表 3-2 的第 1 列我们还可以计算出官员任期对经济增长的影响

由正面转为负面的临界值,它为 4.96 年,这几乎就是一届的任期。

表 3-2 的第 2 和第 3 列分时段的回归结果没有改变"在任年数"及其平方的系数的符号和显著性,也呈现非线性关系,而且可以计算出的在任年数的临界值分别为 4.93 年和 5.04 年。此外,第 3 列与第 1、第 2 列对比我们可以发现,在任年数对经济增长的影响在 1991 年以后减弱了。1991 年以后虽然也呈现非线性关系,但不像全部样本和 1991 年之前的样本的回归结果那么显著了。

"本省籍贯"的系数在第 1 列和第 2 列均不显著,只在第 3 列(1991 年后)的样本中显著为正。在第 1 列与第 2 列,"交流干部"的系数都接近于 0 且不显著,只有在第 3 列(即 1991 年后)的子样本中表现为显著异于 0,异地交流的官员比本地官员对 GDP 增长率的贡献约多 0.66%,可见官员的异地交流制度正式推行后,官员异地交流制度对经济增长还是发挥了明显的作用。在表 3-2 的回归中,"中央背景""教育程度"等控制变量都居于零值附近,且都不显著。在所有结果中,人均实际 GDP 期初对数值的系数都显著为负,说明 GDP 的增长表现出显著的地区收敛效应。

(二)在任时间

前面我们提到,到异地任职的交流官员在短期内可能需要调整状态、了解当地的情况以及适应新的环境与人际关系,因此他们在当地任职的时间长短可能会对当地的经济增长有不同的影响。因此,在这里我们分别对在任年数(tenure)短于(长于)4 年和 5 年的观察值进行回归。进行这样的时间分割是因为从上面分时期的回归中我们可以看出,4 年至 5 年是官员的在任年数对经济增长的边际效应由正转负的临界值。我们取两个分割点是为了便于判断结论是否稳健并进行计量结果间的比较。从前面的图 3-2 可以得知,官员的在任年数短于(长于)4 年和 5 年的时候,其对经济增长的影响是线性为正的,因此,我们在回归方程中就不再加入在任年数的平方项;同理,因为长于 4 年和 5 年的在任年数对经济增长的影响是线性为负的,所以回归中也不再加入在任年数的平方项。

表 3-3 报告了我们的回归结果。该结果总体上与表 3-2 的结果具有一致性。首先,"在任年数"的系数和表 3-2 的结果基本是一致的。对于全时期(1978—2004 年)的样本,在任年数小于 5 年的,其系数显著为正,而大于 5 年的却显著为负。这说明,在任年数对经济增长的边际效应随在任年数的增加而呈现由正到负的影响转变,表现为倒"U"形的曲线。与表 3-2 一样,在任年数的系数在 1991 年之后的样本中仍不显著。这说明,1991 年之后,其他因素变得更重要了。这至少可以从"本省籍贯"和"交流干部"的系数变化中得到部分证实。"本省籍贯"和"交流干部"的系数基本上都是在 1991 年之后才变成显著的。这说明,在 1991 年之后,官员的异地交流对地方经济增长开始有了正面的影响。而与此同时,从本地区提拔年轻干部的做法(本省籍贯)也对地方经济有非常正面的影响。从经验上看,"长三角"地区在这个方面尤其突出。

在表 3-3 中我们还注意到,1991—2004 年,用 $tenure \leqslant 5$ 的样本回归出的交流干部的系数(第 3 列)小于 $tenure > 5$ 的系数(第 4 列),而且显著性水平均在 10% 以内;同样,在第 5 列与第 6 列,对于 $tenure \leqslant 4$ 和 $tenure > 4$ 的样本,我们回归出来的结果与第 3 和第 4 列是一致的。因此,总体来看,我们可以认为在任年数($tenure$)>4(或>5)年的时候,官员的异地交流对当地经济增长的正面影响要比在任年数($tenure$)$\leqslant 4$(或者$\leqslant 5$)时更大。这个结果意味着,官员的异地交流是有适应和调整成本的。而且,如果官员预期到被交流到新的职位只是一个短期的和过渡性的"跳板",那么他对地方经济的发展就未必有实质性的投入。

表 3-3 不同在任年数的回归结果

	(1) 在任年数≤5 1978—2004年	(2) 在任年数>5 1978—2004年	(3) 在任年数≤5 1991—2004年	(4) 在任年数>5 1991—2004年	(5) 在任年数≤4 1991—2004年	(6) 在任年数>4 1991—2004年
在任年数/tenure	0.196*** 0.078 5	−0.242*** 0.089 5	0.071 0 0.082 6	−0.118 0.083 8	0.120 0.116	−0.106 0.068 0
本省籍贯/birthplace	0.071 6 0.301	0.186 0.589	0.533 0.397	10.042* 0.595	0.680* 0.410	0.820*** 0.488
是否属于交流干部/rotation	−0.092 8 0.277	0.346 0.558	0.689** 0.352	0.943* 0.528	0.709* 0.400	0.750* 0.399
中央背景/central background	−0.090 4 0.361	−0.321 0.544	−0.037 8 0.456	0.789 0.546	0.191 0.505	0.316 0.388
教育程度/education	0.003 6 0.267	0.127 0.392	0.222 0.316	0.473 0.354	−0.383 0.353	0.488 0.308
人均实际GDP期初对数值/lrpgdppc	−3.182*** 0.838	−5.897*** 1.765	−9.663*** 3.071	−7.513*** 2.015	−9.127** 3.453	−7.036*** 2.124
常数项	36.226*** 6.000	53.290*** 14.130	91.203*** 24.141	54.973*** 16.868	87.038*** 27.086	63.368*** 17.055
观察值	1101	312	536	225	453	308
R 平方	0.506	0.699	0.599	0.757	0.475	0.581

注：所有回归均加入了控制年度效应的虚拟变量和控制省别固定效应的虚拟变量。系数下方的值是异方差稳健标准误，*** 表示在1%水平上显著，** 表示在5%水平上显著，* 表示在10%水平上显著。

(三)地区差异

我们接下来继续考察官员的任期和异地交流对经济发展是否存在地区之间的差异。地区的划分参照了王小鲁和樊纲(2004)的方法,把样本划分为东部、中部和西部。① 由于中西部地区内部差异较小并且合并后增加了观察值,我们在此仅考察和比较东部地区与中西部地区可能存在的差异。表 3-4 报告了我们的回归结果。在表 3-4 中,"在任年数"的系数在东部地区比中西部地区大,而且统计上显著。这说明东部地区的官员在任期内比中西部地区的官员对经济增长所产生的正面作用更大一些。不过,与前面我们的发现一样,每个地区内的官员任期长短仍然表现出了对经济增长的显著的非线性效应,即依然存在着最佳的在任年数。

"交流干部"的系数在全时段样本中均不显著。在 1991 年之后的样本中,由于加入了省际虚拟变量,并且数据观察值不够多,导致虽然东部的"交流干部"的系数仍然大于中西部,但系数都不显著。实际上,从统计上看,中西部地区接受的异地交流官员并不少。我们已经提到,在我们的样本中,东部地区接受的"交流干部"比例为 44.7%,中西部地区为 47.9%。一些经济落后的省份(如贵州、青海等),书记和省长多数是由其他省份调入。但从我们的计量结果中可以看出,异地交流的官员在中西部地区发挥的作用不及东部地区,而且在回归中我们已经控制了期初的收入禀赋效应和省级固定效应,因此,这一结果也许就应该从影响交流官员发挥作用的当地体制环境来谨慎解释了。在表 3-4 中,"本省籍贯"变量的

---

① 东部定义为北京、天津、河北、辽宁、上海、山东、江苏、浙江、福建、广东和海南 11 个省(市);中部地区包括河南、山西、安徽、江西、黑龙江、吉林、湖北、湖南等 8 个省;西部地区包括内蒙古、广西、四川、重庆、贵州、云南、陕西、甘肃、青海、宁夏、新疆等 11 个省(区、市)。

系数在1991年以后显著为正,而且东部地区也大于中西部地区。这样的结果可能与各省内部自己提拔的官员所具有的成长条件和背景有关。最典型的例子是,江苏、浙江等"长三角"省份的官员很多都出自本省,与西部地区相比,这些地区的自然地理、人文和经济等条件对本地区官员的成长有较大的影响。

表3-4 分地区的回归结果

	(1) 东部 1978—2004年	(2) 中西部 1978—2004年	(3) 东部 1991—2004年	(4) 中西部 1991—2004年
在任年数/tenure	0.499** 0.199	0.309** 0.140	0.402* 0.230	0.175* 0.106
在任年数平方/ tenuresq	−0.046 1** 0.019 7	−0.027 8** 0.012 8	−0.037 8* 0.020 4	−0.013 7 0.009 9
本省籍贯/birthplace	0.148 0.367	0.303 0.319	0.892 0.624	0.741** 0.332
交流干部/ rotation	−0.362 0.360	0.248 0.313	0.653 0.598	0.408 0.258
中央背景/ central background	0.151 0.360	−0.159 0.368	0.688 0.688	−0.113 0.227
教育程度/education	−0.040 4 355	0.003 6 0.265	−0.165 0.531	−0.200 0.260
人均实际GDP 期初对数值/lrpgdppc	−2.394*** 0.907	−6.383*** 1.426	−2.516 2.169	−10.73*** 1.627
常数项	15.708*** 3.649	16.770*** 3.228	28.370 17.004	68.702*** 9.666
观察值	264	497	264	497
R平方	0.529	0.452	0.616	0.567

注:所有回归均加入了控制年度效应的虚拟变量和控制省别固定效应的虚拟变量。系数下方的值是异方差稳健标准误,***表示在1%水平上显著,**表示在5%水平上显著,*表示在10%水平上显著。

五、稳健性检验

(一)工具变量

上一部分的OLS计量结果实际上假设了所有变量都是外生的。不过,基于稳健性的考虑,我们可以考虑尽可能地放松这个假设。对于"交流干部"变量,在本章第二节我们已经提到,没有更多的信息和研究文献能帮助我们弄清楚中央是如何决定哪些官员应被异地交流。但是我们倾向于认为,经济增长的业绩虽然会显著地影响官员的晋升概率,但似乎并不决定该官员是否应该被异地交流,并且我们有理由相信中央在选拔和决定异地交流的干部时也没有以官员自身的能力高低作为最主要的标准。[①] 所以我们更倾向于把该变量看成是外生的变量。

但是对于"在任年数"的变量来说就可能不同了。一个可能性是,官员的经济业绩或者说"政绩"表现会反过来正面地影响其在任年数的长短,即两者之间可能存在双向正效应。Besley 和 Persson(2006)的研究认为,任期限制会间接产生"选择效应",理性的选民倾向于选择业绩和表现高于平均水平的官员。在中国我们似乎也没有理由排除存在这个现象的可能性。所以我们暂时还不能忽视经济增长的业绩对官员在任年数可能产生的反向为正的

---

① 当然,正如我们在本章第二节讨论到的那样,这个问题应该主要是一个政治问题,因而非常复杂。假如中央选拔异地交流官员时有能力偏好的话,那将意味着被选拔的交流官员的能力要相对高于留在原省任职的官员。这样,在我们的计量回归中,"交流干部"变量实际上就衡量了官员的能力。按上述逻辑,从东部地区或中央部委被交流到西部的官员的能力就应该对西部经济发展有显著影响,但我们没有找到证据来支持这个推论。中央颁布的关于干部交流制度的文件中强调的仅是:推行干部交流是优化领导班子结构,提高领导干部的素质和能力,加强党风廉政建设等。在确定交流对象时没有强调要按能力筛选,而是强调工作需要、锻炼能力以及出于回避等因素。

影响。

为了解决这个可能的内生性的问题,首先我们要找出经济业绩对官员在任年数明显没有影响的情形。除了中央对少数民族地区的官员任期有任满两届的规定(这显然是外生的)之外,我们还考虑到的情形主要包括:第一,由于健康原因或者由于贪污受贿等原因而终止任期导致在任年数较短的;第二,因年龄限制而在任时间较短的;第三,因为政绩突出得到职位晋升而导致在任年数较短的。① 综合上述情况,我们可以认为如果官员的在任年数较短(例如 tenure≤5),任职省份的经济增长业绩应该对其在任年数没有什么明显的影响,在这种情况下我们就可以把在任年数(tenure)看成外生变量。

而对于在任年数较长的情形,前期的经济业绩表现对在任年数的影响就比较复杂了:官员可能由于任省(市)长时的经济业绩表现优秀而升任该省(市)的书记,从而延长了在任年数;官员也有可能因为经济业绩一般而未得到晋升机会,但未到退休年龄而继续留任,从而也延长了在任年数。因此,我们暂且考虑,当在任年数大于一届(tenure>5)的时候,变量外生性的假设便不再可靠,就需要寻找工具变量来解决这个内生性的问题。

由于中国实行官员 65 岁强制退休的制度,从而使得我们在这里可以考虑用官员在任时的年龄(age)作为在任年数(tenure)的工具变量。工具变量的第一个要求是,它要与被工具代理的变量在任年数相关,且相关性越大,估计越有效。官员的年龄不仅随着在任年数的上升而逐年增加,而

---

① Li 和 Zhou(2005)对中国官员晋升机制的研究证明了政绩好的官员更容易获得晋升的机会,从而可能减少政绩表现突出的官员在我们的样本中的"在任年数"的观察值。

且接近或超过65岁这个强制退休年龄的限制时,年龄会"外生性地"阻止在任年数的继续上升。表3-1显示,在我们的样本中,官员任职时的年龄均值为57.59岁,其中,最年轻的42岁,年龄最大的为73岁。较年轻的官员离开65岁退休年龄限制较远,在任时间长于年长官员的可能性大。官员如果55岁开始任职至64岁,那么他的年龄(age)和在任年数(tenure)的样本集就是(56,1),(57,2),…,(64,9)。而较接近65岁的官员,较易受强制退休年龄的限制,如60岁开始上任至64岁退休,那么他的样本集就为(61,1),(62,2),…,(64,4)。

图3-3在坐标分别为年龄(age)和在任年数(tenure)的象限里描绘出了每个官员的年龄、在任年数的样本集的分布。由于每个官员的样本集都是一条斜线,到达65岁左右终止,那么所有这些斜线堆放在一起就形成了一个三角形。但是如果官员比较年轻而不太受强制退休制度的约束,那么官员的(年龄,在任年数)样本集的最终分布则呈现菱形。图3-4是我们使用样本中就任时年龄小于55岁的所有官员(可以看成几乎不受强制退休制度的约束)的(年龄,在任年数)样本集做出的散点图。我们用 tenure 对 age 做回归,发现 age 的系数在1%水平下非常显著。图3-3和图3-4的拟合线的斜率分别是0.097和0.438。图3-3的斜率小于图3-4的原因是,由于强制退休制度,age 越接近65,越抑制 tenure 的上升。在 tenure>5 时,由于此时官员的年龄更接近65岁,强制退休制度的约束便起作用了,这是 age 对 tenure 的外生性影响的源泉。

工具变量的第二个要求是 age 不能直接影响经济的业绩,而且还要与误差项不相关。为了检验官员的年龄是否直接影响经济增长的业绩,我们尝试在表3-2和表3-3的回归方程中加入了年龄(age)变量,结果回归出的 age 的

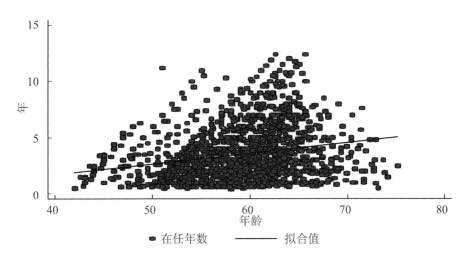

图 3-3　官员的在任年数与年龄(存在 65 岁年龄限制)

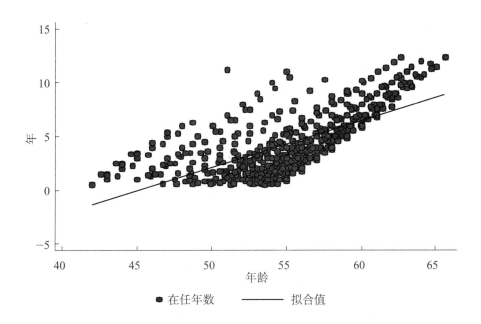

图 3-4　官员的在任年数与年龄(不存在 65 岁年龄限制)

系数始终不显著。这是因为在我们控制了在任年数(tenure)之后，age 实际上是通过在任年数对 GDP 增长率产生正面影响的，这对于保障 age 不直接影响经济业绩的要求是重要的。① 出于篇幅的考虑，我们在这里没有报告这个回归结果，也没有在表 3-2 和表 3-3 的报告中加入年龄(age)变量的回归系数，主要是为了在后面与表 3-5 和表 3-6 比较。表 3-5 和表 3-6 中的变量 age 是用来做工具变量的。如果我们在表 3-2 和表 3-3 中加入了 age，那么与表 3-5 和表 3-6 就不是同一个方程了，这样就无法进行 OLS 和 IV 的回归结果比较了。

表 3-5 工具变量法(IV)的回归结果

	(1)IV 在任年数>5 1991—2004 年	(2)IV 在任年数>4 1991—2004 年	(3)IV 1991—2004 年
在任年数/tenure	0.070 2 0.283	0.033 0 0.173	0.506 0.379
在任年数平方/tenuresq			−0.051 7 0.035 2
本省籍贯/birthplace	1.074* 0.612	0.805* 0.493	0.755** 0.317
交流干部/rotation	1.223* 0.686	0.936** 0.447	0.532* 0.292
中央背景/central background	0.793 556	0.330 0.388	0.241 0.339
教育程度/education	0.614 0.415	0.588* 0.333	−0.216 0.243

---

① Acemoglu 等(2001)在做稳健性检验时，把可能影响被解释变量的相应变量加入方程中，然后检验核心解释变量的系数是否会发生显著变化。如果没有发生显著变化，那么就认为这些后加入的变量对被解释变量没有直接的影响。与此类似，我们在回归中也发现，与之前不放入 age 的回归结果相比，核心变量的系数和显著性几乎没有变化。因此我们认为 age 对 GDP 增长率没有显著影响。

续表

	(1)IV 在任年数>5 1991—2004 年	(2)IV 在任年数>4 1991—2004 年	(3)IV 1991—2004 年
人均实际GDP期初对数值/lrpgdppc	−5.284*** 1.918	−7.087*** 2.153	−8.333*** 2.019
常数项	52.779*** 17.471	62.550*** 17.219	86.545*** 18.189
观察值	225	308	761
一阶F统计值	3.40	4.67	10.89

注：所有回归均加入了控制年度效应的虚拟变量和控制省别固定效应的虚拟变量。系数下方的值是异方差稳健标准误，***表示在1%水平上显著，**表示在5%水平上显著，*表示在10%水平上显著。

表3-6 逐个官员样本的回归

	(1)逐个官员观察值	(2)IV 任职年数>5
在任年数/tenure	0.493** 0.240	0.364 0.411
在任年数平方/tenuresq	−0.034 7* 0.018 6	
本省籍贯/birthplace	0.249 0.349	0.127 0.536
交流干部/rotation	0.406 0.311	1.259** 0.570
中央背景/central background	−0.254 0.375	0.063 4 0.439
教育程度/education	0.246 0.290	−0.202 0.382
全国GDP增长率加权平均/nwgdp	0.876*** 0.088 7	0.515*** 0.167***

续表

	（1）逐个官员观察值	（2）IV 任职年数＞5
常数项	12.235 9.936	51.968 17.797
观察值	302	113
R 平方	225	308
一阶 F 统计值	4.70	8.60

注：所有回归均加入了控制年度效应的虚拟变量和控制省别固定效应的虚拟变量。系数下方的值是异方差稳健标准误，＊＊＊表示在1％水平上显著，＊＊表示在5％水平上显著，＊表示在10％水平上显著。

那么 age 是否与方程中的误差项（如官员的能力等难以观察的变量）相关呢？很显然，年龄与能力并不完全是等价的和对应的。与 Jones 和 Olken（2005）的研究一样，我们也不认为官员就任时的年龄与官员能力等误差项中不可观测的变量之间存在相关性。[①] 这样的话，age 与内生变量相关，但与误差项不相关，符合作为工具变量的基本条件。

在表 3-2 和表 3-3 中我们还注意到，由于对 1978—2004 年的全部样本进行回归时，一些核心解释变量均不显著，因此我们这里只对 1991 年以后的样本做回归。表 3-5 报告了我们用官员在任时的年龄作为"在任年数"的工具变量的回归（2SLS）结果。其中，第 1 列为使用在任年数大于 5 年的样本进行的回归结果。我们发现，在任年数的系数由之前 OLS 回归时（见表 3-3）为负变为正了，但不显著。原因可能是我们选择的工具变量与内生变量之间的相关性存在一些问题，也可能与样本大小有关。我们发现，虽然 age 对 ten-

---

① 我们注意到，Jones 和 Olken（2005）在一篇考察国家领导人更替与经济增长关系的实证文章中，在没有控制能力的情形下也把领导人的年龄看作与误差项不相关的外生变量。

ure 回归的显著水平是在 1‰ 以内，但一阶 F 统计量(3.40)并不大，可能明显影响了回归方程中各变量的标准误(使之变大)从而使得变量的系数不显著(Wooldridge,2002)。另外，因为业绩一般的官员更可能留任继而又会影响到后期的经济增长，因此，前面表 3-3 的 OLS 的回归结果可能存在向下的偏误。① 使用工具变量之后，我们发现"在任年数"的系数比之前 OLS 回归时更大了，这说明官员在任年数较长的时候，其对经济增长的实际负面影响没有 OLS 结果中显示的那么大。

在表 3-5 中，"交流干部"变量的系数显著为正，且比表 3-3 的 OLS 回归中"在任年数"大于 5 年($tenure>5$)的系数略大，更大于 OLS 回归中"在任年数"小于 5 年($tenure\leqslant 5$)的系数。这说明官员的异地交流对经济增长的影响随着在任年数的增加而上升。② 在第 2 列，我们使用了"在任年数"大于 4 年的子样本进行了回归，我们发现"在任年数"的系数为负且不显著，但它的 t 统计量变大了，"交流干部"变量的系数的显著性也上升了，处于 5‰ 的显著水平，这都与观察值增加后一阶 F 统计值上升为 4.67 有很大关系。我们再

---

① 一般而言，官员的前期经济业绩对后期经济业绩的影响系数(β_2)应当为正。在西方国家，选民总是希望选择业绩好和能力强的官员连任，见 Banks 和 Sundaram (1998)的讨论。在中国，许多前期业绩好的官员更可能在任职期间被晋升到别的职位从而提前终止任期，而前期业绩一般的官员更可能留任。在我们的 302 个官员的样本中，有 134 人次的官员获得晋升，其中包括 62 人次属于省(市)长晋升为该省(市)书记。换句话说，在中国至少有一半的前期业绩好的官员获得了晋升机会从而终止了当前的任期。因此，在中国，前经济业绩与在任年数($tenure$)之间的相关性符号可正可负。而我们的计量结果显示了在中国两者的相关性似乎为负，即 $\delta<0$。根据计量经济学原理 $E(\tilde{\beta}_1)=\beta_1+\beta_2\delta$，由于 $\beta_2\delta<0$，那么 $E(\tilde{\beta}_1)<\beta_1$，系数估计量的期望值小于系数总体值，即存在向下偏误。

② 请注意，表 3-5 只报告了 IV 法的最终结果。在第一阶段用工具变量对"在任年数"($tenure$)回归时，除工具变量 age 之外，还纳入了"交流干部"和"本省籍贯"等变量。因此在计算"交流干部"对经济增长的最终影响时，我们要合并两个阶段的影响。例如，在表 3-5 的第 1 列，在回归的第一阶段，"交流干部"对"在任年数"的影响系数为 -1.167，而"在任年数"对 GDP 增长率的影响系数为 0.070 2，因此，"在任年数"对经济增长的最终影响应为 $(-1.167)\times(0.070\ 2)+1.223=1.141$。同理，表 3-5 中"交流干部"对 GDP 增长率的最终影响经计算应为 0.902。

把第 2 列"交流干部"变量的系数与表 3 中的第 5 列（$tenure \leqslant 4$）的相应系数进行比较，发现前者远大于后者。

在表 3-5 的第 3 列，我们进行了另外一种形式的工具变量回归估计。在那里，我们假设在任年数总是外生的，不管在任年数的长短。一旦我们把在任年数的各时段都考虑进去，我们就要在方程中增加在任年数的平方项，然后我们同样也用在任时的年龄（age）做在任年数（$tenure$）的工具变量，也就是说，我们把 age 和其他外生变量对 $tenure$ 回归后的拟合值及其平方用来作为 $tenure$ 及其平方的工具变量进行回归。[①] 回归结果见表 3-5 的第 3 列。第 3 列的结果显示，"在任年数"（$tenure$）对经济增长的影响仍然呈现非线性关系并且其系数接近 10% 的显著水平。"交流干部"（$rotation$）变量的系数仍然为正且显著。因此，工具变量法强化了我们先前的结论：官员的任期对经济增长的影响呈现出先加强后减弱的倒"U"形的变化模式，而官员的异地交流制度在任职的前期发挥的作用不如后期那么大。

(二) 采用官员观察值样本的结果

按逐个官员观察值样本做横截面数据回归是为了检验逐年数据样本的回归结果的稳健性。这个样本不对每个官员进行逐年观察，而是观察每个官员的整个任期以及任期内的经济业绩表现。我们用每个官员的观察值数据来考察官员任职期的长短对经济增长的影响。在这里我们计算官员在任期间加权的 GDP 增长率作为被解释变量。由于官员任职的时间大都不是完整统计年，在计算 GDP 加权增长率的时候，如果精确到月份则会使得加权变得

[①] 这样的处理增加了观察值的数量，age 与 $tenure$ 的相关性更显著。另外，原来我们把 $tenure \leqslant 4(5)$ 时的 $tenure$ 当作外生变量，现在也看成内生变量并进行工具变量法回归，这种处理使得结果更加稳健。

复杂化,因此我们做了如下设定:如官员在上半年就任,那么该年的 GDP 增长率计入该官员在任期间的加权增长率中,而如果官员下半年开始任职,则从下一年开始计算加权增长率。同理,如果官员的任期在上半年结束,我们的加权年份只到前一年,假如下半年结束,我们就计算到当年。

为了控制地区效应,我们在回归中仍然用东部地区虚拟变量。但我们很难用时间虚拟变量来控制年度效应,这是因为我们的观察值是每个官员,而不是逐年数据,每个官员的任职期与其他干部可能很不相同。我们用官员任职期间相应的全国 GDP 加权增长率来控制年度效应,因为经济的周期震荡会体现在全国 GDP 的增长率中。回归中我们没有加入人均 GDP 的期初值,这是因为每个官员的任职时间并不重合,加入人均 GDP 期初值没有经济含义。根据以上的讨论,我们的计量方程设定如下:

$$g_i = \alpha g_{i,n} + \beta' X_{i,t} + \eta_s + \varepsilon_{i,t} \tag{3-3}$$

g_i 为每个官员任职时期内所在省(市)的 GDP 加权平均增长率,$g_{i,n}$ 是相应时期的全国 GDP 加权平均增长率,解释变量向量 X 中包含的核心解释变量与以前一样,只是"在任年数"现在改为"任职时间",它不随时间推移而改变。回归使用了逐个官员的观察值数据。表 3-6 的第 1 列给出了 OLS 回归的结果。我们看到,官员的任职时间长短与经济增长之间仍然存在非常显著的非线性关系(水平值系数为正,其平方系数为负)。"本省籍贯"变量的系数不显著;交流干部的系数(0.406)为较大的正值,但也不甚显著。这和逐个官员的观察值只有 302 个而同时我们又控制了 30 个省份的省别效应有关。

在表 3-6 的第 2 列,我们对任职年数大于 5 年的子样本进行工具变量估计(2SLS),发现交流干部变量的系数显著为正,且远大于第 1 列中该变量的系数,这是很难得的,这与一阶 F 统计值较大有关,为 8.60。这说明了 OLS

回归存在向下偏误,这更加强了我们的结论,即官员的异地交流制度对经济增长有非常正面的影响。

(三)进一步的讨论

我们也许想进一步知道,省(市)长升任同一省(市)的书记后,他(她)的权力更大了,是否对当地经济有更大的影响。如果有,那么我们就不能简单地把省(市)长和省(市)委书记的任期同等对待,简单相加。在我们的研究过程中,我们设定了一个虚拟变量来处理这个可能性的存在,即把这种省内的职位变动设为1,其余情况设为0。全样本的OLS和IV回归法的计量结果显示,该虚拟变量的显著性水平远远大于10%,而回归式中的其余变量的系数和显著性几乎没有变化。

另外,书记和省(市)长是否由于实际上的权力大小不同而对当地的经济有显著不同的影响呢?我们也做了一个回归检验,方程中也设定了一个虚拟变量,书记赋值为1,省长为0,结果仍然是该变量的系数不大且不显著,其他变量的系数变化很小。所以,我们更加确信我们在本章对官员样本的数据处理方法是可以接受的。①

为了进一步检验我们的结果的稳健性,我们曾经在表3-3和表3-5中均放松了任职年数分割时点为5年的合理假设,因为我们也许不能完全排除这样一种稀有的情况,官员是在两届党代会之间上任的,那么在下一届党代会时,中央可能在他(她)任期不满5年时就因为其政绩表现而决定是否晋升、异地交流或者留任。因此,我们在研究过程中也曾设定分割时点为3年,然

---

① 由于篇幅所限且计量结果并没有实质性变化,回归结果在本书未予列表报告,有兴趣的读者可以向作者索取。

3 官员任期、异地交流与经济增长

后继续做了工具变量回归,并且同表3-5一样,把样本也分为东部和中西部地区。随着样本大小的改变,变量系数有所变化。然而,变量的显著性水平并没有变化,不影响我们先前使用工具变量法的回归结果。所以,把5年以上的观察值样本扩大到3年以上进行工具变量法回归,更大程度地解决了可能存在的内生性问题,增强了回归结果的稳健性。①

我们上述的计量结果的确也显示出,在都是异地交流干部的属性下,本省籍的官员总体上比非本省籍官员的经济业绩高一些,特别是对于东部地区的官员而言。而在籍贯属性相同的情况下,异地交流的官员比非交流官员的经济业绩更高一些,对于1991年以后的东部地区而言表现得更突出。

我们也许会好奇地问一下,属于异地交流的非本省籍官员与未异地交流的本省籍官员之间,谁对该省的经济发展的贡献更大一些呢?我们对本省籍官员和异地交流的官员进行进一步分析后发现,工具变量回归显示,东部本省籍官员和异地交流的官员对当地经济发展的影响几乎相同。有些还存在异地交流的官员比本省籍官员贡献更大的情况(例如,表3-5第1、2列和表3-6的结果所示),这可能真的印证了中国的那句老话"流水不腐,户枢不蠹"。

在研究中,我们还对中西部地区省级官员的逐年数据进行了更深入的分析,我们在回归中进一步加入了是否有东部工作经历这个虚拟变量。② 表3-7的第1列报告的回归结果显示,"东部工作经历"(eastwork)变量的系数为负,但不显著。而在第2列,我们把样本缩小到1990年以后,"东部工作经

---

① 对在任年数大于3年(tenure>3)的全时期样本回归结果显示,与表3-5类似,在任年数(tenure)的系数接近于0且不显著,交流干部(rotation)的系数值均下降,但显著性水平仍在5%。我们进一步把样本分割为东部和中西部地区再回归时,结果仍然是东部地区的交流干部(rotation)系数大且非常显著,中西部的系数小且不显著。

② 我们的样本数据显示,有东部省份工作经历的官员占全部官员样本的25%。"

历"的系数为负且变得非常显著了。第3列给出的是对在任年数5年以上的观察值所做的工具变量估计,"东部工作经历"的系数还为负,但不显著。第2列和第3列的结果似乎可以间接说明,1991年以后从东部交流到中西部工作的省级官员似乎"水土不服",这的确是中央的高级官员异地交流制度需要加以研究解决的问题。

表3-7　中西部官员样本的回归

	(1) 1978—2004年	(2) 1991—2004年	(2)IV 1991—2004年
在任年数/tenure	0.311** 0.139	0.153 0.106	−0.085 4 0.543
在任年数平方/tenuresq	−0.027 9** 0.012 8	−0.011 0 0.010 1	
本省籍贯/birthplace	0.325 0.331	0.876*** 0.327	10.212** 0.681
交流干部/rotation	0.244 0.327	0.570** 0.254	0.583 10.060
教育程度/education	−0.0211 0.265	−0.165 0.250	0.257 0.633
东部工作经历/eastwork	−0.124 0.268	−0.790*** 0.209	−0.218 0.588
人均实际GDP期初对数值/lrpgdppc	−6.355*** 1.431	−10.65*** 1.616	−13.78*** 3.449
常数项	44.884*** 7.746	68.131*** 9.603	89.187*** 22.110
观察值	921	497	154
R平方	0.443	0.577	
一阶F统计值			3.53

注:所有回归均加入了控制年度效应的虚拟变量和控制省别固定效应的虚拟变量。系数下方的值是异方差稳健标准误差,*** 表示在1%水平上显著,** 表示在5%水平上显著,* 表示在10%水平上显著。

六、结论

1978年以来中国政治与政府体制的重要变化之一是中央对高级官员的治理制度推行的改革。对中国的干部人事制度和治理模式产生深远影响的是1982年建立起来的官员退休制度以及1990年建立起来的高级官员异地任职制度。之后,限制高级官员的任期的退休制度和鼓励异地交流的制度已成为惯例。很容易理解,实行官员强制退休制度实际上等于限制了高级官员的任期时间。与此同时,实行官员异地交流制度不仅客观上也限制了官员在同一地方的任期长短,而且在大量的中国党政研究文献里,官员的异地交流一直被认为有助于克服地方官员的惰性,减少腐败,有助于改善政策和政府的效率,当然也会强化中央对官员任免的决定权威。

我们在本章利用1978—2004年在各省(西藏除外)任职的省(直辖市、自治区)委书记和省长(包括直辖市市长、自治区主席)的详细信息以及省级经济增长的数据库,系统地考察了中央对省级高级官员的任期限制和跨省交流是否以及如何影响地方的经济业绩。研究从经验上证实,官员的任期限制和异地交流制度总体上对经济增长有相当正面的推动作用。而且这个结论具有比较好的稳健性。

我们的研究一致性地发现,在中国,官员任期与经济增长的关系呈现出倒"U"形的特征。通常这个现象多会在西方选举体制下出现。这说明,在中国,官员的任期时间长短也会显著影响其施政行为和策略。如果官员在某一职位任职时间过长或者面临年龄限制而即将终结任期,就会改变目标函数和决策方式,弱化激励水平。限制或缩短任期在一定程度上有助于扭转这个目标变化的问题。但另一方面,如果官员预期的任职时间仅是短暂的或者过渡性的,那么他(她)就会短视,不做长期规划。我们的研究发现,对中央政府来说,能将高级官员的任职时间维持在 5 年(或者一届)左右,似乎是最佳策略。

我们的研究还发现,官员的异地交流对经济增长也有积极的影响,但这个影响在地区之间(尤其是东、西部之间)存在着明显的差异,在东部的影响大于西部。我们需要进一步研究产生这个地区差异的原因。近年来,东部地区的高级官员被"交流"到中、西部地区任职的越来越多,他们是否能充分有效地发挥作用？什么因素影响了他们的业绩表现？这些问题都值得我们继续加以实证研究。我们在本章的开始曾经说过,由于客观上我们没有办法识别正常的官员异地交流和非正常的异地调动之间的区别,因此,假设东部地区被"交流"到西部的官员当中有一部分包含着非正常异地调动因素(即带有更多的策略性考虑)的话,那么,我们对官员异地交流在地区之间可能出现的不同影响就需要谨慎解读了。

参考文献:

Abbink, Klaus. 2004. Staff Rotation as an Anti-corruption Policy: an Experimental Study. *European Journal of Political Economy*, 20: 887-906.

Acemoglu, D., S. Johnson, and J. Robinson. 2001. The Colonial Origins of Comparative Development: An Empirical Investigation. *American Economic Review*, 91(5): 1369-1401.

Banks, J. S., and R. K. Sundaram. 1998. Optimal Retention in Agency Problems. *Journal of Economic Theory*, 82(2): 293-331.

Bardhan, P. 2006. Awakening Giants, Feet of Clay: a Comparative Assessment of the Rise of China and India. paper presented at International Conference on the Dragon and the Elephant: China and India's Economic Reforms, July 1 – 2, Shanghai, China.

Barro, R. J. 1990. Government Spending in a Simple Model of Endogenous Growth. *Journal of Political Economy*, 98: 103 – 125.

Barro, R. J. 1991. Economic Growth in a Cross Section of Countries. *The Quarterly Journal of Economics*, 106(2): 407 – 443.

Besley, T., and A. Case. 1995. Does Electoral Accountability Affect Economic Policy Choice? Evidence from Gubernatorial Term Limits. *The Quarterly Journal of Economics*, 110(3): 769 – 798.

Besley, T., and A. Case. 2003. Political Institutions and Policy Choices: Evidence from the United States. *Journal of Economic Literature*, 41(1): 7 – 73.

Besley, T., and T. Persson. 2006. Economic Approaches to Political Institutions. forthcoming in Durlauf, S. and L. Blume (eds.), *New Palgrave Dictionary of Economics*, 2nd Edition. London: McMillan.

Besley, T., T. Persson, and D. Sturm. 2005. Political Competition and Economic Performance: Theory and Evidence from the United States. NBER Working Paper No. 11484.

Blanchard, O., and A. Shleifer. 2001. Federalism with and without Political Centralization: China versus Russia. IMF Staff Papers 48: 171 – 179.

Buchanan, J., and R. Congleton. 1994. The Incumbency Dilemma and Rent Extraction by Legislators. *Public Choice*, 79:47-60.

Drazen, A. 2000. *Political Economy in Macroeconomics*. New Jersey: Princeton University Press.

Economides, G., A. Philippopoulos, and S. Price. 2003. How Elections Affect Fiscal Policy and Growth: Revising the Mechanism. *European Journal of Political Economy*, 19:777-792.

Garcia-Vega, Maria, and Jose A. Herce. 2005. Does Tenure in Office Affect Regional Growth? The Case of Spanish Regions. unpublished paper.

Huang, Yasheng. 2002. Managing Chinese Bureaucrats: An Institutional Economics Perspective. *Political Studies*, 50:61-79.

Johnson, Joseph M., and Crain, W. Mark. 2004. Effects of Term Limits on Fiscal Performance: Evidence from Democratic Nations. *Public Choice*, 119:73-90.

Jones, Benjamin F., and Benjamin A. Olken. 2005. Do Leaders Matter? National Leadership and Growth Since World War II. *The Quarterly Journal of Economics*, 120:835-864.

La Porta, R., F. Lopez-De-Silanes, A. Shleifer, and R. Vishny. 1999. The Quality of Government. *Journal of Law, Economics and Organization*, 15(1):1113-1155.

Levine, R., N. Loayza and T. Beck. 2000. Financial Intermediation and Growth: Causality and Causes. *Journal of Monetary Economics*, 46(1):31-

77.

Levitt, Steven D. 1996. How Do Senators Vote? Disentangling the Role of Voter Preferences, Party Affiliation, and Senate Ideology. *American Economic Review*, 86:425 - 41.

Li, D. 1998. Changing Incentives of the Chinese Bureaucracy. *American Economic Review*, 88(2): 393 - 397.

Li, Hongbin and Li - An Zhou. 2005. Political Turnover and Economic Performance: Incentive Role of Personnel Control in China. *Journal of Public Economics*, 89: 1743 - 1762.

Naughton, B. 1994. Chinese Institutional Innovation and Privatization from Below. *American Economic Review*, 84(2):266 - 270.

Pande, Rohini. 2003. Can Mandated Political Representation Increase Policy Influence for Disadvantaged Minorities? Theory and Evidence from India. *American Economic Review*, 93(4):1132 - 1151.

Qian, Y., and B. R. Weingast. 1997. Federalism as a Commitment to Preserving Market Incentives. *Journal of Economic Perspectives*, 11(4): 83 - 92.

Qian, Y., and C. Xu. 1993. Why China's Economic Reform Differ: The M - Form Hierarchy and Entry/Expansion of the Non - State Sector. *Economics of Transition*, 1(2):135 - 170.

Rogoff, Kenneth. 1990. Equilibrium Political Budget Cycles. American Economic Review, 80:21 - 36.

Shleifer, A. 1997. Government in Transition, *European Economic Review*, 41: 385 – 410.

Wooldridge, Jeffery. 2002. *Introductory Econometrics* (2ed). California: South – Western College Pub.

Zhuravskaya, E. V. 2000. Incentives to Provide Local Public Goods: Fiscal Federalism, Russian Style. *Journal of Public Economics*, 76: 337 – 368.

陈绪群、赵立群，1996，"试论实行领导干部交流制度的理论依据"，《党建研究》第 3 期。

陈云，1986，"干部交流制度很好"，《党的组织工作文选选编》，北京：中共中央党校出版社。

德米提也夫，2006，"公共行政改革的俄罗斯教训"，《财经》第 161 期。

邓小平，2004，《邓小平文选》，第 1 卷，北京：人民出版社。

顾万勇，2006，"警惕干部交流的四个误区"，《组织人事学研究》第 5 期。

李稻葵，2002，"官僚体制的改革理论"，《比较》第 7 辑。

刘本义，1998，"党政领导干部的交流与探索"，《组织人事学研究》第 3 期。

浦兴祖，1999，《当代中国政治制度》，上海：复旦大学出版社。

人民网，"中共中央关于实行党和国家机关领导干部交流制度的决定（1990），党政领导干部交流工作暂行规定（1999），党政领导干部交流工作规定（2006）"，www.people.com.cn

沈学明、郑建英（主编），2001，《中共第一届至十五届中央委员》，北京：中央文献出版社。

王小鲁、樊纲,2004,"中国地区差距的变动趋势和影响因素",《经济研究》第1期。

许耀桐,2004,"中国行政体制改革的发展与启示",载《中国国情与制度创新》,北京:华夏出版社。

周黎安,2007,"中国地方官员的治理:政治锦标赛模式研究",打印稿。

4

税收竞争、税收执法与企业避税①

一、导论

由于某些生产要素的流动性较强,如资本、劳动力等,相同层级的地方政府为了最大化本地的财政收入,会在财政支出和财政收入两个维度展开竞争,以吸引这些流动性要素的流入,其中收入维度的竞争则表现在提供富有吸引力的税收政策,即税收竞争(Oates,1972)。这种竞争会对地方政府的税收政策产生一种向下的压力,最终的实际税率是一个远低于最优税率的纳什均衡,因而也是一种"竞次"(race to bottom)的竞争(Wilson,1986;Zodrow and Mieszkowski,1986)。在实际的操作中,地方政府往往采用两种手段进行税收竞争,一种手段是直接降低法定税率,另一种手段则是降低对税法的执法程度(tax enforcement),如主动放松税收审计和税收督查力度。由于第二种方法更为隐蔽,也更难被上级政府监督,因此在实际中更常被地方政府采用(Cremer and Gahvari,1997)。税收执法力度的下降会导致企业避税和逃税

---

① 发表于《经济研究》2013 年第 9 期。

行为的增加。① 由于避税被发现的概率下降,企业避税的机会成本随之下降,避税的收益增加,因此会诱发更多的企业避税(Dubin et al.,1990;Slemrod et al.,2001)。

早在1972年,Allingham和Sandmo就在理论上确立了税收执法与避税之间的联系,他们将Becker(1968)的犯罪经济学机制引入到避税研究中(简称A-S模型),认为避税和犯罪一样是边际收益和边际成本之间的权衡,避税的边际成本取决于税务征管机构对税法执行的力度。但是税收执法与企业避税的实证研究一直没有进展,主要的障碍是无法准确度量②和识别企业面临的税收执法力度(Desai et al.,2007)。现有文献上最常见的方法是直接采用税收审计的数据,如基于美国TCMP项目(tax compliance measurement program)的研究,由于只能获得地区加总层面的审计数据,这种税收执法力度可能反映了本地区对法律的遵从,其外生性受到质疑(Slemrod,2007)。其次是采用实验室实验或者随机干预的田野实验的数据,例如美国田纳西州在1995年和丹麦在2007年分别随机抽取一部分纳税人寄送审计威胁的信件,这些实验都发现税收执法力度是影响避税的重要因素(Slemrod et al.,2001;Kleven et al.,2011)。但实验数据还只是针对个人避税,无法扩展到企业避税。最后是采用间接的度量指标,如Desai等(2007)利用普京当选总统来度量俄罗斯税收执法力度的增强,国内学者则尝试采用税收努力程度、税收查补、税务局人员配备、税务稽查等指标(王剑锋,2008;曾亚敏和张俊

---

① 避税和逃税的主要区别在于合法性,这种界定在理论上是非常清晰的,不过在实证研究中,由于合法性的模糊,这两个概念经常是交替使用的(Slemrod and Yitzhaki,2002)。遵循已有文献,本章并不区分避税和逃税。

② 由于税务机构一般不对税务审计进行详细记载,因而难以获得企业层面上的税收执法力度数据(Kleven et al.,2011)。

生,2009;周黎安等,2011;吕伟和李明辉,2012),不过这些研究都是基于地区加总层面的,指标本身依然面临了Slemrod所指的内生性难题。

中国在2002年实施的所得税分享改革为我们提供了识别税收执法力度的契机。这次改革将企业所得税由地方税转变为中央—地方共享税,同时对征管范围实施"一刀切"的政策,规定在2002年之前成立的企业还保留在地税局管理,而所有新成立的企业必须在国税局缴纳所得税,其中,地税局由地方政府负责管理,直接受到地方税收竞争的影响,而国家税务局则由中央统一垂直管理,理论上与地方政府没有关联,两个税务机构由于不同的税收激励产生了差异化的税收执法力度。由于国税局和地税局征管的是同一个税种,两者对企业所得税的征收力度则反映了税收执法力度的差异,与税种本身的差异无关。并且,两个机构税收执法力度的差异是由税收竞争导致的,与企业成立时间没有关联,因此也不存在内生性问题。

基于2003—2007年中国17万家制造业企业的微观数据,利用断点回归设计的方法,在控制了企业规模、年龄、贷款能力、核算差异、地区财政赤字等因素之后,我们发现相对于所得税分享改革之后成立的企业,即由国税局征收所得税的企业,之前成立的企业(地税局征管所得税)的避税更加严重。并且,我们还发现流动性越强的企业避税也更严重,不可贸易的服务业完全不受影响。而在制造业内部,不同所有制类型的企业也存在差异,其中,私营企业的所得税避税最严重,而私营企业恰恰是地方政府税收竞争最激烈的企业类型。这些结论通过了一系列的稳健性检验。

本章其他部分安排如下:第二部分是制度背景和理论假说;第三部分是方法和数据;第四部分是实证分析和稳健性检验;第五部分为结论和政策含义。

二、制度背景和理论假说

始自 Tiebout(1956)和 Oates(1972)的一系列研究表明,不同国家和同一国家不同地方政府之间为了竞争流动性生产要素和税基,会在区域公共品提供和资源使用成本方面分别展开支出竞争和税收竞争。中国也存在广泛的税收竞争(Qian and Roland,1998;李永友和沈坤荣,2008),为了尽可能多地吸引资本的流入,地方政府在招商引资的同时给予了非常优惠的税收政策。但是中国的税收立法权是高度集权和统一的,中央政府几乎垄断了所有税种的立法权、解释权、修订权,地方政府并不具有调整法定税率的权力。不仅如此,税收减免和可扣除项目也由中央统一管理,因而地方政府只能通过降低税收执法力度的方式来为企业减税(郭杰和李涛,2009)。在 2004 年审计署对企业纳税的审计报告中,地方政府对税法的执行不力是企业大范围避税的主要原因,如擅自扩大优惠政策的执行范围、变通政策违规减免税等。[①]

为了防范地方税收竞争侵蚀中央税源,在 1994 年实施的分税制改革中,中央政府特意将原有的税务局分设为国家税务局和地方税务局,国家税务局不仅仅征收中央税,如关税等,还负责征收中央与地方的共享税,如增值税;地方税务局只负责征收地方税,如地方企业所得税、营业税等。并且为了减少地方政府对国税局的干预,国税局实行的是垂直管理模式,国税局系统在机构、人员编制、经费、领导干部职务等方面采取"下管一级"的原则。其中,

---

① 参见审计署审计报告 2004 年第 4 号:《788 户企业税收征管情况审计调查结果》。

地方各级国家税务局正、副局长由上一级国家税务局直接任免①；但地方税务局的管理权限则划归地方政府，其机构设置、人员编制和管理体制等都由地方政府负责。② 国税局与地方政府之间不存在直属管理关系，因此受到地方政府的干预较少。此外，两个税务机构的公务员招录程序也能说明两者之间的区别。国家税务总局以及各省、市、县国税局的公务员统一通过"国考"选拔，而各省地税局的公务员招录则与省内其他政府直属机构相同。因而税收竞争仅能影响地税局的税收执法力度（Ma，1997），国税局向上负责的模式则强化了其税收执法力度。

2002年以前，除中央企业和外资企业所得税外，其他企业所得税都由地税局负责征收，地税局征收的企业所得税占全部所得税的60%以上。与增值税不同的是，在所得税的征收过程中，由于不健全的会计制度和严重的信息不对称，所得税的征收完全依赖于地方政府的税收执法，但因为税收执法无法观测到，因此地方政府的减税行为很难被国家税务总局稽查，地方政府可随意操控所得税的减免幅度来吸引资本的流入。③ 2002年，中央政府将原本属于地方税的企业所得税划为中央—地方共享税，即所得税分享改革。这次改革有两个主要的原因，其一，中国在1999年提出了"西部大开发"战略，旨在通过国家的行政力量促进西部地区的经济发展，其中就包括增加对西部省份的财政转移支付，这要求中央财政有新增的财源；其二，中央政府意识到地方政府的税收竞争导致大量的所得税流失，因此才将所得税的征管权限由地税局转移

---

① 在国家税务总局的官方网站上，可以找到很多有关人事任免的信息，http://www.chinatax.gov.cn/n8136506/n8136593/n8137585/n8138637/index.html。

② 参见《国务院办公厅转发国家税务总局关于组建在各地的直属税务机构和地方税务局实施意见的通知》，（国办发〔1993〕87号）。

③ 常见的减税手段有违规给企业认定高新技术企业资格、违规减税、征管不力，甚至先征后返等。

到国税局,而不是通过提高其他税种的分享比例来增加中央财源。①

按照分税制的税收分开征收原则,当所得税由地方税变为共享税时,理论上也应该从地税局征管转移到国税局征管。不过在1994年分设国税局和地税局时,中央政府有意保持两个系统之间的独立性,两个税务系统之间衔接非常困难②,因此不得不做出"一刀切"的政策,规定在2002年之前成立的老企业还保留在原始的税收登记机构,但自2002年1月1日起新成立的企业,全部由国税局负责征管。这种政策使得几乎相同的企业,仅仅由于其成立时间的差异,在随后的企业经营中享受了不同的税收政策,例如在2003年的私营企业中,如果该企业是在改革之前成立,则其所得税征管机构依然是地税局,还可以继续享受相应的税收优惠,但如果是改革之后成立,则必须到国税局缴纳所得税,因此也无法享受地方政府给予的所得税优惠。③

所得税分享改革还促使地方政府更倾向于使用税收执法力度的手段开展税收竞争。在2000年之前,先征后返也是地方政府常用的手段,不过国务院在2000年发文强制取消了地方自行制定的"先征后返"。④ 一些研究也发现该政策确实取得了实际效果,企业的实际税负随着取消"先征后返"有明显的上升(吴联生和李辰,2007)。当企业所得税由地方税变更为共享税时,地方政府如果采取先征后返的方式,则不仅要返还地方分享的40%的所得税,

---

① 例如,中央财政可以将增值税的分享比例由75%提高至85%以上,同样可以获得等额的新增财政收入。
② 这一点从最近的"营改增"过程中也可以看出,在"营改增"试点之前,国地税之间的纳税人信息并不共享,将原本由地税局征管的营业税改为国税局征管的增值税时,两个系统也面临同样的衔接困难,见 http://magazine.caijing.com.cn/2012-12-30/112401294.html。
③ 参见《国家税务总局关于所得税收入分享体制改革后税收征管范围的通知》,(国税发[2002]8号)。
④ 参见《关于纠正地方自行制定税收先征后返政策的通知》,(国发[2000]2号)。

还要额外承担中央分享的 60%,反之,如果是放松税收执法减征所得税,地方却只需承担其中 40% 的税收损失,因此对地方政府而言,调整税收执法力度的成本远小于先征后返。考虑到调整税收执法力度相比先征后返更难被国税总局稽查,前者自然成为税收竞争的常用手段。[1] 此外,在我们的研究期间内,中国的所得税税法保持了一致性,这排除了税率与税收执法力度的联动反应。

由于新成立的企业全部由国税局征管,随着时间的推移,国税局征管的企业数逐渐超过地税局。在我们的样本中,国税局 1998 年仅征管了全部企业数的 19%,到 2007 年上升至 58%。从图 4-1 可以看出,国税局征管的企业数自 2002 年开始迅速上升,到 2005 年超过地税局的企业数。而由于老企业的兼并、破产等,地税局征管的企业数自 2005 年开始负增长,其中下降最快的是地方国企和集体企业。[2] 国税局新增的企业类型中,私营企业增长最迅速,2002 年国税局征管的私营企业占其全部企业数的 3%,到 2007 年已经接近 50%。与国税局征管的企业数相比,其征收的所得税收入的增长更快。在 1995 年由国税局征收的所得税占全部所得税收入的 36.6%,2008 年这一比重已上升至 72.7%,远远超过企业数的比重。

所得税分享改革为我们识别税收执法提供了机遇。理论上,那些在所得税改革前后成立的企业没有本质上的差异,仅仅是由于老企业在地税局缴纳所得税,而新企业在国税局缴纳所得税,并且地税局的税收执法会受到税收

---

[1] 当然,这不排除实际操作中仍然存在先征后返的形式,不过这只会导致本章的估计存在低估风险,反而更加强化本章的结论。

[2] 非国有企业的减少还有另外一个原因,即经营不善,其销售产值没有达到 500 万元,因此退出了统计局的统计范围。同样的原因,地税局征管的企业数 2003—2004 年有小幅度的增加,也是因为部分企业的销售产值首次超过 500 万元。

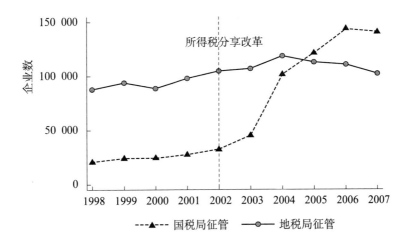

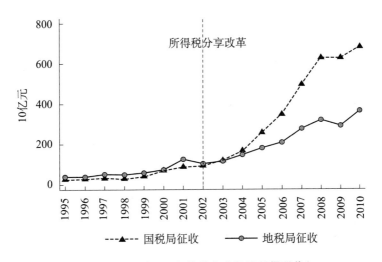

图 4-1　国税局和地税局征管的企业数及所得税收入

竞争的影响,而国税局则相对独立,进而使得老企业相对于新企业的避税更为严重。因而,如果仅仅是因为成立时间在 2002 年前后的差异导致企业避税的差异,那么这种差异就是国税局和地税局不同的税收执法力度造成的。本章的识别策略与 Saez 等(2012)的研究类似,他们利用希腊的政策作为自然实验。希腊在1992年10月份通过了一项改革,规定所有自1993年新进入工作岗位的工人面临更高的缴税限额,因此对于那些月工资达到或者超过初始限额(2 432欧元)的工人,其边际税率会由于进入工作市场先于或者后于1993年1月1日而产生一个断点(cutoff)。与此类似的是,本章研究的避税在企业早于或者晚于2002年1月1日成立时也产生了一个断点。

三、方法和数据

(一) 避税的测度方法

避税是隐蔽的,所有针对避税的研究都很难对其进行直接测度,而只能采用间接方式。常见的度量企业避税的指标有两类:实际税率(effective tax rate)和账面—应税收入差异(book-tax difference)。实际税率是企业的税收支出除以税前收入,企业避税越多会导致实际税率越低。账面—应税收入差异背后的逻辑是,账面收入是面向企业股东的,因此更加真实,而应税收入是面向税务机构的,两者差距越大,反映企业避税越多(Desai,2005;Desai and Dharmapala,2006)。但是,当样本企业是非上市企业时,账面收入是无法获得的,因此也不能直接采用账面—应税收入法。这里我们借鉴Cai和Liu(2009)的处理方法,首先利用国民收入核算的收入法计算账面收入的替代指标:推算利润(imputed profit)。

$$PRO_{it} = 工业增加值 - 利息 - 劳动者报酬 - 折旧 - 间接税$$
$$= Y_{it} - MED_{it} - FC_{it} - WAGE_{it} - DEP_{it} - VAT_{it} \quad (4\text{-}1)$$

其中PRO是推算利润,Y是工业产出,MED、FC、$WAGE$、DEP、VAT分别是中间投入、财务费用、工资总额、当期折旧和增值税。公式(4-1)背后的逻辑是企业在账面上会通过两种方式进行避税：一是低报收入，因而工业产出比销售收入更能代表真实水平；二是虚报费用，特别是管理费用，因而这里只列出一些难以虚报的投入和费用。不过这里的推算利润并不等于真实利润，因而也不能直接用来做真实利润的代理变量，但理论上两者应该是正相关的，即

$$\pi_{it} = \eta_{it} + PRO_{it} + \theta_{it} \tag{4-2}$$

这里 π_{it} 为企业的真实利润，η_{it} 是一个未知参数，反映了每个企业使用国民收入核算和会计准则两种不同核算方法计算利润的固有差异，如对折旧的处理等，可能大于 0，也可能小于 0。θ_{it} 是期望值为 0 的随机扰动项。假设企业的报告利润是 RPRO，则报告利润与企业真实利润之间会存在如下关系：

$$RPRO_{it} = d_{it}\pi_{it} + e_{it} + \zeta_{it} \tag{4-3}$$

$0 < d_{it} < 1$ 代表企业避税的程度，d_{it} 越小，代表企业越是低报了自己的利润，企业避税越严重，$e_{it} < 0$，ζ_{it} 是均值为 0 的随机扰动项。我们把(4-1)式、(4-2)式代入(4-3)式，得到企业报告利润与推算利润之间的关系：

$$RPRO_{it} = d_{it}PRO_{it} + d_{it}\eta_{it} + e_{it} + \varepsilon_{it} \tag{4-4}$$

d_{it} 的大小反映了企业推算利润 PRO 与报告利润 RPRO 之间的趋近程度（或敏感度），因此企业避税越严重，推算利润与报告利润之间的敏感度越低，d_{it} 的值越小，$\varepsilon_{it} = d_{it}\theta_{it} + \zeta_{it}$ 是误差项。(4-4)式的逻辑与账面—应税收入法是一致的，其中推算利润相当于账面收入，报告利润相当于应税收入。所有影响企业避税的因素都反映在 d_{it} 里面，如企业成立时间、企业自身特征、所在行业等。

（二）数据介绍

本章所使用的数据来自于国家统计局的"中国制造业企业数据库"（1998—2009 年)，该数据库具有较高的真实性、可信度和代表性，是目前可

获得的最大的中国企业数据库,近年来被广泛应用于生产率、贸易等领域的研究。① 出于本章研究的需要,我们对数据做了如下处理:

首先,我们按照 Brandt 等(2012)的做法将 11 年的截面数据合并为一个面板数据集,依据所调查企业的法人代码、企业名称、地址、电话号码等信息对不同年份间的企业进行识别,再进行组合。②

其次,我们对数据进行了基本的清理,删除缺少关键变量的观察值,这些关键变量包括企业的总资产、雇员的数量、工业总产出、报告利润以及企业的开业年份等;删除明显不符合逻辑关系的观察值,如企业总产值为负、企业的各项投入为负(包括职工人数、中间投入、固定资产原值和固定资产净值)、总资产小于企业固定资产净值、总资产小于企业流动资产、固定资产累计折旧小于当期折旧;删除销售额明显小于 500 万元的企业,如固定资产原值小于 100 万元、总资产小于 100 万元、职工人数小于 30 等;删除了上下各 0.5% 分位数的样本。

再次,我们还删除了成立时间在 1949 年之前的企业数据③和报告利润大于推算利润的企业数据。④

最后,本章将样本年份限定在 2003—2007 年的 5 年时间,从 2003 年开始是因为企业所得税登记机构转变是自 2002 年才开始的,到 2007 年截止是因为中国在 2008 年实施了新的企业所得税税法。这样,经过处理之后的样

---

① 例如,Hsieh 和 Klenow(2009)、Brandt 等(2012)等利用该数据库计算了中国企业的生产率;Song 等(2011)研究了金融歧视导致了企业储蓄率上升等,见聂辉华等(2012)的综述。

② 简单来说,首先基于企业的法人代码将相同的企业匹配起来,没有匹配上的再用企业的名称来匹配,法人代码和企业名称都没有匹配上的再用企业的法人代表及地区代码、行业代码来匹配,仍然没有匹配上的最后再用企业的建厂时间、电话号码、所在街道地址和主要产品来匹配。

③ 主要原因是这部分企业很多是记录错误,如有的企业成立时间数据为 310 年的,并且 1949 年之前成立的企业仅占全部企业数的 0.52%。

④ 在随后的回归中,我们也曾不剔除这部分样本,发现结果没有差异。

本包含733 023个观测值,为来自323 230家企业的数据。由于企业在不同年份的销售额会达到或者低于500万元,且不同年份的企业数并不相同,因而这是一个非平衡的面板数据(如图4-2所示)。

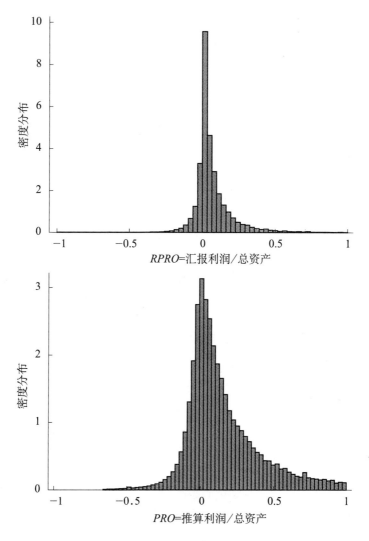

图 4-2 汇报利润和推算利润的分布图

企业的报告利润直接取自数据条目中的利润总额,并用企业的资产总额进行标准化处理①,得到变量 RPRO。同时,根据(4-1)式中的推算利润核算方法计算出每个企业的推算利润,同样用资产总额进行标准化处理,得到变量 PRO。从图 4-2 中两个变量的分布图来看,大部分企业的报告利润集中于 0 左右,但是其向左和向右的递减都太过于剧烈,这不符合正常的经济现实,而企业推算利润的分布更加接近于正态分布,说明推算利润更加接近真实情况。这两个图的对比说明大部分企业都存在一定的利润低报现象。值得重点说明的是,虽然我国的税法规定了多种税收减免条件,一部分企业的实际缴纳所得税会由于合规的税收减免而比真实的税率低,但恰恰是因为这些税收减免是合规的,企业不会更改其汇报利润,因而这里的利润低报由主观避税和不合规的税收减免两部分组成。

四、实证分析及稳健性检验

我们在公式(4-4)的基础上进行拓展,采用如下的计量模型进行回归:

$$RPRO_{it} = (\beta_0 + \beta_1 NTB_i + \sum_{j=2} \beta_j X_{it}^j) PRO_{it} + \alpha_1 NTB_i + \sum_{j=2} \alpha_j X_{it}^j + \mu_i + \varepsilon_{it}$$

(4-5)

其中 NTB 是企业税收征管机构的虚拟变量,在国税局缴纳所得税(2002 年之后成立)的企业赋值 1,在地税局(2002 年之前成立)的为 0;β_1 度量的是税收执法力度对企业避税的影响,如果实证上发现 β_1 显著大于 0,则

---

① 用资产来标准化逃税的方法,在现有的文献中是一种常用的方法,如 Cai 和 Liu(2009)、Desai 和 Dharmapala(2006)。

说明国税局征管的企业相比地税局的企业,其报告利润与推算利润之间的差距更小,即国税局的企业避税更少;μ是企业层面的固定效应,控制一些影响企业报告利润的固有特征;X是控制变量,包含企业规模、成立时间长短、获取贷款的能力、两种核算方法的差异、企业实际所得税率以及地区的财政赤字水平(Cai and Liu,2009;马光荣和李力行,2012)。

(一)税收执法对企业避税的影响

为了研究税收执法对企业避税的影响,最直接的方法是采用 OLS 回归对上式进行估计,不过在国税局和地税局登记的企业的成立时间是有系统性差异的,2002 年之后的企业与之前的企业可能有本质的区别,即使我们在 OLS 回归中发现国税局征管的企业避税更少,也很难判断是企业本身的原因还是税务机构的因素。例如,新成立的企业更可能从事回报高的行业,等等。而盈利能力更高会使得推算利润与报告利润更接近,如果这一猜测被证实,那对本章的结论是致命的打击。除了行业因素外,另一个导致企业异质性的因素是企业的改制和转型,中国在 20 世纪 90 年代对国有企业进行了大规模的私有化,一些盈利能力较差的中小型企业被直接出售给市场,转变为私有企业,不过这种改制的过程都有一些附加条款,如要保留原有的职工规模、保留基本的员工福利等,因此这些企业虽然转型为私有企业,但其经营成本高于非改制企业,这也会导致新企业比老企业的盈利能力更高。并且企业改制基本在 2000 年完成,与所得税分享改革的时间比较靠近,因此这种异质性也可能对实证研究造成干扰。

为了尽量避免企业异质性对结果的干扰,我们以断点回归为基准模型,在断点回归的设计中,时间窗口越小,企业的异质性越少,结论也更可靠。表 4-1 的回归(1)至(4),我们不断地缩小时间窗口,并且由于中央企业与外资企业一直在国税局缴税,因此所有回归中均剔除了央企和外资企业。其中第一个回归比较的是1949年至2001年年底成立的企业与2002年年初至2007年成立的企业,前者由地税局征管,后者由国税局征管,我们可以看出由国税局征管的企业避税更少,将企业由地税局变更为国税局征管,会使得企业避税显著降低27%。① 在所有的回归中,控制变量及其交互项的估计都比较稳健,企业规模越大避税越少,贷款能力越大的企业的避税越少,成立时间越长的企业避税越少,实际税负越高的企业避税越多,财政赤字越大的地区的企业避税也越多。

表 4-1　断点回归估计结果

变量名	(1) 1949—2001 VS 2002—2007	(2) 2000—2001 VS 2002—2003	(3) 2001 VS 2002	(4) 2001.07-12 VS 2002.01-06	(5) 2001.07-09 VS 2002.04-06
PRO	0.089* (0.051)	−0.037 (4 360.9)	−0.123 (0.207)	−0.354 (17 716)	0.115 (0.580)
NTB	0.030*** (0.002)	0.005* (0.003)	0.002 (0.004)	−0.000 4 (0.007)	−0.031** (0.014)
PRO×NTB	0.024*** (0.001)	0.026*** (0.002)	0.011*** (0.002)	0.015*** (0.003)	0.019*** (0.004)
企业规模×PRO	0.002*** (0.001)	0.003*** (0.001)	0.005*** (0.001)	0.003 (0.002)	0.001 (0.003)
核算差异×PRO	0.147*** (0.005)	0.136*** (0.009)	0.128*** (0.012)	0.109*** (0.019)	0.099*** (0.027)

---

① 0.024/0.089=27%。

续表

变量名	(1) 1949—2001 VS 2002—2007	(2) 2000—2001 VS 2002—2003	(3) 2001 VS 2002	(4) 2001.07-12 VS 2002.01-06	(5) 2001.07-09 VS 2002.04-06
贷款能力×PRO	0.504*** (0.013)	0.380*** (0.022)	0.426*** (0.032)	0.511*** (0.048)	0.582*** (0.064)
企业年龄×PRO	0.021*** (0.001)	0.061*** (0.002)	0.072*** (0.003)	0.090*** (0.004)	0.089*** (0.006)
实际税负×PRO	−0.069*** (0.002)	−0.065*** (0.004)	−0.065*** (0.005)	−0.053*** (0.007)	−0.076*** (0.009)
财政赤字×PRO	−0.103*** (0.003)	−0.091*** (0.005)	−0.073*** (0.007)	−0.618*** (0.01)	−0.062*** (0.014)
Within R^2	0.3000	0.273	0.253	0.192	0.162
观察值	580 802	212 458	108 715	53 094	29 077
样本控制	非外资/央企	非外资/央企	非外资/央企	非外资/央企	非外资/央企
行业特征	是	是	是	是	是

注：***、**、*分别表示1%、5%和10%显著性水平。所有的回归均通过Hausman的固定效应检验。所有回归均为2003—2007年份样本，并剔除了推算利润小于报告利润的样本。出于节约篇幅的考虑，我们没有报告控制变量水平项、行业的虚拟变量及其交互项的系数。

第二个回归进一步缩小时间窗口，仅比较了所得税分享改革前后两年成立的企业，此时的时间窗口比第一个回归有大幅度缩小，但可以看出各系数的估计几乎没有变化，为了避免重复，这里不再解释。第三个回归继续缩小时间窗口，仅比较2001年和2002年成立的企业之间的差异，此时 NTB 的交互项依然非常显著，不过系数有所下降，说明在不考虑企业异质性时存在高估的风险，并且我们发现 NTB 的水平项在前两个回归中显著为正，这是因为税法对新成立的企业(国税局征管)有税收优惠政策,但是第三个回归中该系数变得不再显著,说明此时企业在税收优惠政策方面也不存在系统性差异。第四个回归仅比较2001年后半年和2002年前半年成立的企业,此时系数的估计结果与第三个回归类似,不过企业规模的交互项变得不再显著,这说明当仅包含所得税改革前后半年的企业样本时,企业在规模方面的异质性更小。

不过缩小时间窗口有一个潜在的威胁:企业自选择,即如果企业预期到2002年的所得税分享改革会强化税收执法力度,加重企业的实际税负,那些原本准备在2002年之后成立的企业会提前到2001年,以便到地税局缴纳企业所得税,从而享受到地方税收竞争的好处,特别是如果盈利弱的企业的反应更大的话,那么企业的自选择效应就会产生虚假回归。所得税分享改革正式提出来是在2001年10月17日,然后经过为期两个多月的讨论和调研,于2002年1月1日迅速推开,企业有一定的时间做出策略性反应。我们发现2001年最后一个月成立的企业数(4 909)明显高于前后两年,因此不能排除企业在成立时间上的自选择。为了稳妥起见,我们在表4-1第五个回归中剔除了2001年后三个月和2002年前三个月成立的企业,发现结果与第四个回归非常接近,国税局征管的企业相比地税局的企业,其推算利润与报告利润之间的相关系数显著高出0.019。

理论上来说,在地税局登记的企业之所以能够更多避税,是因为地方政府间竞争流动性的要素,因而并不是所有在地税局登记的企业都能够享受到地方政府的照顾,只有那些流动性足够强的企业才能够享受地方政府的减免税政策,因此企业的流动性与企业避税应该是正相关的。为此,我们在表4-1的基础之上,将非外资、非央企的企业细分为地方国企、集体企业、混合企业和私营企业四种类型①,地方国企和集体企业属于地方政府和地方机构所有。由于受到地方政府的直接管理,这些企业很难流动到其他省份,因而这类企业不受税收竞争的影响,地方政府缺乏对其减税的动机,这些企业不管是由地税局来征管还是由国税局征管,其税收执法力度没有系统性差异,因此我们发现在表 4-2 的第一个回归和第二个回归中,税收征管的虚拟变量的交互项并不显著。地方政府间互相竞争的是那些流动性强的企业,如混合企业和私营企业,这类企业的经营目标是利润最大化,因此对地方政府的税收政策极其敏感。在 2002 年之前成立的企业可以利用其自由流动的特征与地方政府进行讨价还价,但是所得税分享改革剥离了 2002 年之后成立的企业与地方政府之间的关联,因此这类企业受到的影响也是最大的。例如表 4-2 第四个回归表明,2002 年之后新成立的私营企业由于在国税局缴纳所得税,其报告利润与推算利润之间的敏感度比在地税局登记的企业(2002 年前成立)要高出 0.029,这一效应远大于其他类型的企业。②

表 4-2 区分所有制后的回归结果

变量名	(1) 地方国企	(2) 集体企业	(3) 混合企业	(4) 私营企业
PRO	0.272*** (0.087)	0.193 (0.381)	−0.012 (0.012)	−0.065*** (0.009)

---

① 我们这里依据企业注册类型来区分所有制,另外一种方法是企业的实收资本,这两种方法有一定的差异(聂辉华等,2012),理论上后一种方法更加接近于企业的真实所有制类型,但是我国的税务征管方法依据的是初始的登记注册类型,这意味着即使后来由于企业重组等方式导致了企业类型的变化,但其税务登记机构不发生变化。参见《国家税务总局关于所得税收入分享体制改革后税收征管范围的补充通知》(国税发〔2003〕76号)。

② 表 4-2 中第四个回归 PRO 的水平项的系数为负,不过 PRO 和 RPO 的相关性要将水平项的系数与所有交互项的系数相加,水平项本身为负不表示两者就是负相关的关系。

续表

变量名	(1) 地方国企	(2) 集体企业	(3) 混合企业	(4) 私营企业
NTB	0.018** (0.009)	0.054*** (0.012)	0.024*** (0.004)	0.030*** (0.002)
$NTB \times PRO$	−0.001 (0.010)	−0.005 (0.008)	0.019*** (0.004)	0.029*** (0.002)
Within R^2 观察值	0.11 31 072	0.22 44 500	0.16 149 216	0.22 360 956

注：***、**、*分别表示1％、5％和10％显著性水平。所有的回归均通过Hausman的固定效应检验；所有回归均为2003—2007年样本，并剔除了推算利润小于报告利润的样本；企业成立时间均为1949年之后，所有的回归均控制了行业特征。出于节约篇幅的考虑，我们没有报告控制变量、行业的虚拟变量和交互项的系数。

(二)稳健性检验

虽然我们在前面的回归中基本证实了税收执法对企业避税的影响，但是还存在一些其他的机制和可能的解释与我们的结论冲突。下面我们通过一系列的检验来排除这些因素的干扰。

1. 产业间差异

地税局的税收执法力度除了在所有制方面有差异外，还应该体现在产业层面上。地税局和国税局同样都受税收增收计划指导，都有激励和压力增加税收收入，不过地税局针对制造业和服务业的策略是不同的。制造业的流动性比较强，加强税收执法会导致资本外流；反之，服务业的流动性一般较差，特别是不可贸易的服务业，其产出依赖于本地的市场需求，因此这些企业几乎没有流动性。2002年的所得税分享改革同样覆盖了服务业，其征管机构也是根据企业成立时间分开管理，如果国税局和地税局的税收执法力度的差异是由税收竞争引起的，由于不可贸易的服务业不属于税收竞争的范畴，那么我们应该观察到无论哪个机构来征收服务业的所得税,其执法力度均不存在显著差异。

不过,中国工业企业数据库并没有服务业的统计,我们这里采用 2008 年国家第二次经济普查的数据,此次经济普查涵盖了几乎所有的企事业单位,既包括制造业,也包括餐饮、住宿、金融、运输等类型的服务业企业。考虑到服务业内部的流动性差异,我们选取了流动性较小的住宿和餐饮业,为了避免所有制的差异,这里仅包含了私有企业,并按照表 4-1 的断点回归思路进行估计。从表 4-3 可以看出,服务业断点回归的结果与制造业完全不同,PRO 与 NTB 的交互项要么不显著,要么为负,这说明服务业企业无论是由国税局征管还是地税局征管,其避税行为并没有显著的差异。

表 4-3 服务业的断点回归估计结果

变量名	(1) 1949—2001 VS 2002—2007	(2) 2000—2001 VS 2002—2003	(3) 2001.07-12 VS 2002.01-06	(4) 2001.07-09 VS 2002.04-06
PRO	0.321*** (0.010)	0.222*** (0.055)	0.323*** (0.008)	0.065*** (0.001)
NTB	33.18 (23.04)	57.04 (56.97)	−18.44 (25.61)	248.8*** (88.02)
$PRO \times NTB$	0.002 (0.006)	0.018 (0.014)	−0.041*** (0.013)	−0.040** (0.020)
Within R^2	0.656	0.660	0.287	0.267
观察值	29 006	17 522	11 259	6 300
样本控制	私企	私企	私企	私企
行业特征	是	是	是	是

注:***、**、* 分别表示 1%、5% 和 10% 显著性水平。所有的回归均通过 Hausman 的固定效应检验;所有回归均为 2003—2007 年样本,并剔除了推算利润小于报告利润的样本。出于节约篇幅的考虑,我们没有报告控制变量、行业的虚拟变量和其交互项的系数。

2. 干扰政策

企业所得税的征管规则是以成立时间作为划分标准的,但是如果2002年还有其他政策冲击,并导致该年前后成立企业有系统性差异,例如中国在2001年12月正式加入WTO组织,此后中国的对外贸易发展迅速,如果2002年之后成立的企业更倾向于出口贸易,同时出口贸易的企业的避税更困难(因为海关记录更完整),那么我们在前面看到的企业税收征管机构的交互项的系数反映的就是WTO政策的影响,而不是税收执法的作用。为了排除这种可能性,我们在表4-4的第一个回归中以上海的私有企业为样本,因为1994年分税制改革中,上海是全国唯一一个没有分设国税局和地税局的地方,虽然上海在市级层面有国税局和地税局,但两个系统一直是合署办公,特别是上海国税局局长还兼任了上海地税局局长。同时,上海在区级以下的行政地区还维持了1994年之前的混合的税务系统。2002年的改革虽然规定新企业在国税局缴税,但对上海地区的企业而言,改革前后都是到同一个税务局缴税,因此改革对企业的行为也没有直接影响,能够用来验证是否存在其他干扰政策的影响。实证结果发现交互项不显著,这说明没有其他政策使得2002年前后成立企业的避税有显著差异,我们在实证上观察到的效应是不同征管机构的税收执法的影响。

表4-4 稳健性检验:干扰政策、随机效果与测量误差

变量名	(1)	(2)	(3)
PRO	−0.015 (0.026)	0.816 (1 771)	
NTB	−0.014* (0.008)		0.006*** (0.000 3)
PRO×NTB	−0.008 (0.007)		

续表

变量名	(1)	(2)	(3)
Open 01		0.069***	
		(0.002)	
PRO×Open 01		−0.019***	
		(0.002)	
Within R^2	0.105	0.269	0.137
观察值	32 625	361 674	870 297
开业时间	1949年后	1949—2001	1949年后
样本控制	上海私企	非外资/央企	非外资/央企
行业特征	是	是	是

注：***、**、*分别表示1%、5%和10%显著性水平。所有的回归均通过Hausman的固定效应检验；所有回归均为2003—2007年样本，并剔除了推算利润小于报告利润的样本；第3列回归因变量为企业应交所得税占总资产的比值。由于篇幅限制，表中未报告控制变量、行业虚拟变量及其与PRO交互项的系数。

3. 随机效果

我们怀疑2002年虚拟变量的显著性没有任何意义，即这种结果在任何一年都存在，其背后的原因可能是税务机构对新成立企业的会计制度有更高的要求，这会使得任何一年成立的企业与之前成立的企业都有差异，而这种差异与地方政府的行为也没有关联。为了排除这种影响，我们采用了虚假试验(falsification test)的方法。我们以2001年作为假想的政策冲击，来考察是否那些在2001年之后和之前成立的企业也存在差异，如果我们在实证上发现了显著的正向效果，则说明我们前面的回归没有意义。不过为了分离虚假试验和所得税改革的影响，我们在表4-4中的第二个回归中仅包含了1949—2001年成立的企业样本，结果发现交互项的系数显著为负[①]，这说明

[①] 对系数为负的一个合理解释是，中国的税法对新企业往往有所得税优惠条款，因而越是晚成立的企业，其推算利润与报告利润之间的差距应该越大。

第四部分的结果不是由于常规性的随机因素导致的。

4. 测量误差

我们所采用的方法依赖于企业会相对真实地报告工业产出,但如果企业像低报销售收入一样低报工业产出,那么前面的推算利润就存在严重的测量误差,并构成内生性的一个主要来源(Wooldridge,2002)。表4-4中的第三个回归以实际税率(effective tax rate,ETR)作为因变量。实际税率也是度量企业避税的常用指标,不过为了剔除企业低报工业产出的影响,我们以企业应缴所得税对总资产进行标准化来表示实际税率。结果显示,国税局征管的企业的实际税率更大,这说明国税局的税收执法力度要高于地税局,因此测量误差没有对本章的基本结论产生致命打击。

5. 税收超收

与分税制改革的思路类似,为了保证地方的所得税收入不下降,2002年的所得税分享改革也制定了税收返还政策,其返还标准是以各地方2001年的所得税收入为基数的。此次改革从公布到实行有两个多月的时间,地方政府有一定的策略性反应的时间。2001年的后两个月中,所得税超收了一倍多。[①] 对地方企业来说,税收超收相当于提前征收所得税,因此2002年之后的所得税负担会相应减少,这使得地税局的企业看上去比国税局的企业的避税更多。为了规避税收超收对结果的干扰,我们分年份地进行估计,理由是地税局在2001年的税收超收只会影响到邻近年份,如2002年或者2003年[②],而年份越往后,税收超收的影响越小。因此,如果我们在后续的年份仍

---

① 《国务院办公厅转发财政部关于2001年11月和12月上中旬地方企业所得税增长情况报告的紧急通知》(国办发〔2002〕1号)。

② 2001年全年地方的企业所得税总和为1 685.58亿元,相比2000年增长了60%。

然能观察到避税差异的存在,则基本可以排除税收超收的因素对本章结论的影响。我们将估计的年份效应画在图4-3中,图中各点数值是我们分年份估计出的 β_1 系数。可以看出自2004年开始,国税局和地税局征管的企业在避税程度上开始有显著差异,并且直到2007年,这种差异仍然在1‰的显著性水平下存在,这就说明两者的差异并不是税收超收带来的。

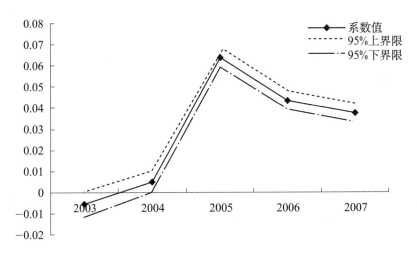

图4-3 各年份税收执法对企业避税的影响

五、结论及政策含义

本章运用2003—2007年中国工业企业微观数据,基于国民收入核算法和会计准则的差异度量了企业的避税,考察了中国2002年实施的企业所得税分享改革对于企业避税行为的影响。结果表明,在所得税分享改革后,由国税局征管的企业(2002年后成立)比地税局征管的企业(2002年前成立)更少地进行避税。这一结果验证了有关地方政府间税收竞争对于企业避税行为产生影响的理论。该理论表明,为了争夺流动性税基,缺乏法定税率制定权的地方政府之间会在税收执法力度方面展开竞次竞争,地方政府间不断降低的税收执法力度会在事实上增加企业的避税。因而,本章的结果也从经验上为证明中国地方政府间存在的税收竞争行为提供了有力证据。

此外,本章结果还表明,相比于地方国有企业和集体企业,私营企业和混合所有制企业对政策冲击的反应更敏感,受影响程度也最大;流动性较差的服务业几乎没有受到影响。这也说明了地方政府税收竞争的主要对象是流动性强的税基。随后进行的稳健性检验对模型识别过程中的漏洞和可能的替代假说进行了排除,这些检验表明,本章的结论是非常稳健的,我们所观察到的国税局和地税局征管的企业所表现出的差异,其背后的作用机制恰好是地方政府间的税收竞争。并且,一系列的稳健性检验也排除了企业异质性的作用,因而本章发现的避税效应纯粹是由于地税局的税收执法不力导致的,而与企业自身特征没有关系。

因此,从本章衍生的结论也非常直观,对于流动性的税种应该交由中央一级政府负责征收,这一方面可以最大化税收收入,缩小名义税率和实际税率的差异,减少企业的避税,特别是减少不同类型企业间的不正当竞争,降低税收竞争对资源配置效率的扭曲;另一方面还可以避免政府间的竞次竞争,使得中央财政可以通过税收转移的方式来保障地方的财政收入。

参考文献:

Becker, Gary S. 1968. Crime and Punishment: an Economic Approach. *Journal of Political Economy*, 76 (2): 169 - 217.

Brandt, Loren, Johannes Van Biesebroeck, Yifan Zhang. 2012. Creative Accounting or Creative Destruction? Firm-level Productivity Growth in Chinese Manufacturing. *Journal of Development Economics*, 97 (2): 339-351.

Cai, H. and Q. Liu. 2009. Competition and Corporate Tax Avoidance: Evidence from Chinese Industrial Firms. *Economic Journal*, 119(537): 764-795.

Cremer, H. and F. Gahvari. 1997. Tax Competition and Tax Evasion. *Nordic Journal of Political Economy*, 93(11): 89-104.

Desai, M., A. Dyck and L. Zingales. 2007. Theft and Taxes. *Journal of Financial Economics*, 84(3): 591-623.

Desai, M. and D. Dharmapala. 2006. Corporate Tax Avoidance and High Powered Incentives. *Journal of Financial Economics*, 79 (1): 145-179.

Desai, M. 2005. The Degradation of Reported Corporate Profit. *Journal of Economic Perspectives*, 19(1): 171-192.

Dubin, J. A., M. J. Graetz and L. L. Wilde. 1990. The Effect of Audit Rates on the Federal Individual Income Tax, 1977-1986. *National Tax Journal*, 43(4): 395-409.

Fisman, R. and S. J. Wei. 2004. Tax Rates and Tax Evasion: Evidence from "Missing Imports" in China. *Journal of Political Economy*, 112(2): 471-496.

Hsieh, Chang-Tai and Peter J. Klenow. 2009. Misallocation and Manufacturing TFP in China and India. *Quarterly Journal of Economics*,

124(4):1403-1448.

Kleven, Henrik J., Martin B. Knudsen, Claus T. Kreiner, Søren Pedersen, and Emmanuel Saez. 2011. Unwilling or Unable to Cheat? Evidence from a Randomized Tax Audit Experiment in Denmark. *Econometrica*, 79(3): 651-692.

Ma, Jun. 1997. *Intergovernmental Relations and Economic Management in China*. England: Macmillan Press.

Oates, W. 1972. *Fiscal Federalism*. New York: Harcourt Brace Jovanovich.

Qian, Yingyi and Gérard Roland. 1998. Federalism and the Soft Budget Constraint. *American Economic Review*, 88(5):1143-1162.

Saez, E., M. Matsaganis, P. Tsakloglou. 2012. Earnings Determination and Taxes: Evidence from a Cohort-Based Payroll Tax Reform in Greece. *Quarterly Journal of Economics*, 127(1):493-533.

Slemrod J. 2007. Cheating Ourselves: The Economics of Tax Evasion. *Journal of Economic Perspectives*, 21(1):25-48.

Slemrod, J., M. Blumenthal and C. W. Christian. 2001. Taxpayer Response to an Increased Probability of Audit: Evidence from a Controlled Experiment in Minnesota. *Journal of Public Economics*, 79(3):455-483.

Slemrod, J. and S. Yitzhaki. 2002. Tax Avoidance, Evasion, and Administration. In A. J. Auerbach and M. Feldstein(Ed.), *Handbook of Public Economics*, 3:1423-1470, North Holland.

Song, Z., K. Storesletten and F. Zilibotti. 2011. Growing Like China. *American Economic Review*, 101(1):202-241.

Tiebout, Charles. 1956. A Pure Theory of Local Expenditure. *Journal of Political Economy*, 64(5):416-424.

Wilson, J. D. 1986. A Theory of Interregional Tax Competition. *Journal of Urban economics*, 19(3):296-315.

Wooldridge, Jeffrey. 2002. *Introductory Econometrics: A Modern Approach*. CA: South-Western College Publisher.

Zodrow, G. and P. Mieszkowski. 1986. Pigeou, Tiebout, Property Taxation and the Underprovision of Local Public Goods. *Journal of Urban economics*, 19(3):356-370.

郭杰、李涛，2009，"中国地方政府间税收竞争研究——基于中国省级面板数据的经验证据"，《管理世界》第11期。

李永友、沈坤荣，2008，"辖区间竞争、策略性财政政策与FDI增长绩效的区域特征"，《经济研究》第5期。

吕冰洋、郭庆旺，2011，"中国税收高速增长的源泉：税收能力和税收努力框架下的解释"，《中国社会科学》第3期。

吕伟、李明辉，2012，"高管激励、监管风险与公司税负—基于制造业上市公司的实证研究"，《山西财经大学学报》第5期。

马光荣、李力行，2012，"政府规模、地方治理与逃税"，《世界经济》第6期。

聂辉华、江艇、杨汝岱，2012，"中国工业企业数据库的使用现状和潜在问题"，《世界经济》第5期。

王剑锋，2008，"中央集权型税收高增长路径理论与实证分析"，《管理世界》第 7 期。

吴联生、李辰,2007,"'先征后返'、公司税负与税收政策的有效性",《中国社会科学》第 4 期。

曾亚敏、张俊生,2009,"税收征管能够发挥公司治理功用吗?",《管理世界》第 3 期。

周黎安、刘冲、厉行,2011,"税收努力、征税机构与税收增长之谜",《经济学(季刊)》第 11 卷第 1 期。

5

出口退税政策与中国加工贸易的发展[①]

一、引言

改革开放以来,中国的对外贸易经历了飞速的发展,其中,出口贸易增长更为迅速,1978—2010年出口贸易年均增长16.36%,在2001年加入WTO之后,出口贸易的年均增速更是高达23%,远远超过同期GDP的增速。[②] 对外贸易的发展使中国逐步由一个相对封闭的经济体发展成为全球最大的贸易出口国,出口贸易也成为推动中国经济增长的重要动力。从微观上看,中国的企业也有明显的"出口偏好",其出口占世界出口的份额从2000年的2.23%上升至2005年的4.06%,年均增速高达16.41%(姚洋,2008)。

按照Melitz(2003)的开拓性研究,出口企业和非出口企业之间存在系统性的生产率异质性,有两个方面的原因使得出口企业的生产率高于非出口企业:"自我选择效应"(self-selection)和"出口学习效应"(learning by exporting)。其中,前者是指出口企业参与国际市场需要负担额外的沉没成本,如

[①] 发表于《世界经济》2014年第4期。
[②] 整理自历年《中国统计年鉴》。

市场开拓、信息收集以及与当地政府合作等,后者是指出口企业从国际市场获得了更多的知识和技术外溢,以及庞大的规模经济等。Melitz(2003)的理论预测得到了大多数国家经验事实的支撑,如美国、德国、日本等发达国家(Bernard and Jensen,2004;Arnold and Hussinger,2005;Tomiura,2007),以及斯洛文尼亚和智利等发展中国家(Loecker,2007;Kasahara and Rodrigue,2008)。最近一些研究开始关注中国出口企业的生产率水平,却得出完全相反的结论,中国出口企业的TFP水平远远低于非出口企业,并且出口量越多的企业效率差距越大,该现象与既有理论和其他国家的特征事实相悖,被文献冠之为中国出口企业的"生产率之谜"(李春顶,2010;张杰等,2009;Lu,2010;Yu,2011)。

关于上述生产率之谜的解释有很多,其中一个主要解释就是这种低生产率主要体现在加工贸易,而一般贸易基本符合Melitz的假说,由于中国的加工贸易企业整体效率水平较低,再加上加工贸易在中国的贸易中占有一半以上的份额,使得加总后的出口企业生产率水平反而比非出口企业更低,或者说是加工贸易拉低了中国出口企业的生产率水平(李春顶,2010;Dai et al.,2011;Yu和Tian,2012)。但是这些文献没有解释的是,为何中国的出口要依赖于加工贸易?此外,加工贸易不仅生产率水平偏低,而且使得中国的出口产品价格远低于国内价格(盛丹和王永进,2012)。这些明显的劣势说明在出口政策上对加工贸易有倾斜性的照顾。但是到底是什么制度设计使得中国的加工贸易能够获得长期稳定的发展?

为数不多的几份研究考察了中国加工贸易繁荣的原因。一些学者认为,中国金融市场的所有制歧视导致了出口企业更加依赖加工贸易(Manova and Yu,2012),但实际上几乎所有的加工贸易都是由外资控制的,很少有民营的加工贸易企业,而众所周知外资企业较少面临信贷资源的约束,因此金融抑制并不是加工贸易兴起的主要原因。此外,考虑到从事加工贸易的外资企业大部分来自中国港澳台地区,一些研究认为中国政府大力鼓励加工贸易的原因是为了维系这些地区的繁荣与稳定(卢荻,2010)。而事实上中国的这些地区多年来以金融业和博彩业作为产业支柱,转口贸易对本地经济的促进也有限,因而这种说法也过于牵强。

我们在本章发现中国的出口退税政策是加工贸易占比过高的重要原因。中国针对加工贸易和一般贸易制定了完全不同的出口退税政策,其中一般贸易企业的出口增值税是"先征后返",并且退税的比例一般都低于征收的比例。而加工贸易实行的是"不征不退",即在进口中间品和出口产成品两个环节都不征收增值税,这一方面使得加工贸易的实际税率低于一般贸易,另一方面也保证了加工贸易不受国家出口退税政策调整的影响。本章以 2004 年 1 月 1 日国家下调部分机电产品出口退税率作为自然实验,估计出口退税政策对不同贸易方式的差异化影响。倍差法(difference‑in‑difference,DID)估计结果表明,出口退税率的下调对于出口产品的增长率有显著的抑制作用,但是这种作用主要是由一般贸易导致的;从系数的大小来看,一般贸易出口受到的影响要大于进料加工贸易,而来料加工贸易则基本没有受到影响。此外,由于倍差法对于控制组产品的选取较为敏感,我们还调整控制组以及政策窗口进行稳健性检验,结论依然非常稳健。自 20 世纪 90 年代开始,出于减少贸易摩擦和财政负担的目的,中国不断下调各类商品的出口退税率,综合退税率由实施出口退税政策之初的 17% 逐步下降至 2008 年金融危机前的不到10%[1],本章则证实了出口退税率的下调在一定程度上抬高了加工贸易在整个出口贸易中的比重。

现有研究中国出口退税政策对于贸易影响的文献主要聚焦于退税政策的有效性,即产品出口增速与实际退税率水平之间是否存在显著的正向关系,国家的调控政策是否达到或在多大程度上达到了预期的效果。微观数据的可得性与研究方法的改进使得此类研究的精确性有了很大提高(王孝松等,2010;白重恩等,2011)。相比之下,本章的贡献主要体现在进一步区分了出口退税政策效应在不同贸易方式之间的差别。这种区分带来了两个好处:一是从更微观的角度揭示了出口退税政策的作用机制和范围,对于政策调控效果的改善具有指导意义;二是提供了一个解释中国加工贸易繁荣的良好视角,从而也是对有关解释中国出口企业"生产率悖论"文献的一个推进。

本章其他部分安排如下:第二部分是文献回顾和中国出口退税政策背景介绍;第三部分是经验分析方法和数据说明;第四部分为经验分析结果;第五部分为稳健性检验;最后是本章结论。

二、文献回顾和制度背景

(一)文献回顾

自1993年以来,加工贸易出口额占中国出口总额的份额就一直稳居50%以上,到2012年这一数字为51.6%。加工贸易的盛行增加了人们深入

---

[1] 根据2009年国务院发展研究中心隆国强研究员的总结,1994—2008年共进行了三轮大范围的出口退税率调整,调整结束时的综合退税率分别为8.29%、15.0%和9.8%。全文见网址:http://finance.sina.com.cn/g/20090610/13566329753.shtml。

理解中国贸易结构的难度,使得从简单统计数据得出的一些结论不再可靠。例如,最近的一些研究开始反思加工贸易与中美贸易顺差的关系,由于中国的出口中包含了大量的进口品,且这一现象在加工贸易中更常见,如果考虑这种情况,中国事实上的对美贸易顺差远比人们所看到的要小,大概只占到目前的60%左右(Koopman et al.,2012)。而按照世界贸易组织前总干事拉米的说法,在考虑实际出口附加值的情况下,2268亿美元的中国对美贸易顺差会减半。① 同样,中国出口产品的高技术复杂度(sophistication)也曾引发了关于中国产业结构升级的讨论(Rodrik,2006)。而近期的研究表明,中国技术密集型的出口产品主要集中在加工贸易领域,一般贸易出口产品的技术复杂度仍然是较低的,中国仍然只是一个"世界工厂"而已(唐东波,2012)。可见,在忽视加工贸易的情况下,我们可能会得出有偏或者完全错误的结论。

加工贸易中的出口退税政策的导向十分明显,但有关出口退税政策对于出口贸易影响的理论文献并不多。Chao等(2001,2006)通过一般均衡分析发现,对于进口中间品实行退税能够提高相应出口加工企业的出口量;马捷和李飞(2008)通过构建多市场的寡头模型,发现当企业实行产品竞争时,出口退税能够增加出口量。更多的文献是从经验角度来研究出口退税的政策效果。Chao等(2001)通过将出口退税纳入长期均衡的出口需求方程,发现中国政府在1985—1998年实行的出口退税政策显著地促进了出口的增长;陈平和黄健梅(2003)运用协整的方法考察了1985年以来中国出口退税政策的效果,其结论表明,中国出口退税政策通过有效汇率水平对出口盈利产生显著影响,从而使退税政策在短期和长期都对中国的出口增长起到了重要的

---

① 讲话原文见 http//:www.tradenet.com/news_2010-12-20/51550.html。

促进作用;Chen 等(2006)同样利用 1985—2002 年的宏观数据,运用 Spearman 序相关度检验发现了出口退税政策对于出口量的促进作用;此外,同样运用宏观数据进行分析并得到相似结论的文献还包括万莹(2007)、谢建国和陈莉莉(2008)以及白胜玲和崔霞(2009)。这些研究丰富了我们对退税政策的理解,但仍然存在一些明显的问题:首先,由于宏观数据的时序较短,数据样本过少进而难以保证回归结果的无偏性和稳健性;其次,在构造出口回归方程时,由于出口的决定因素十分复杂,很可能因为遗漏变量而无法确保回归结果的因果性;最后,反向作用机制的存在(如出口量的增加导致出口退税额的增加)也使得上述研究的逻辑受到质疑。

最近有两个研究在一定程度上弥补了上述文献的不足。王孝松等(2010)首次采用微观产品层面数据研究了出口退税政策的政策效果。他们采用倍差法进行分析,避免了以往研究中的遗漏变量问题,发现出口退税率的提高显著增加了中国对美纺织品出口的增长率。白重恩等(2011)同样运用倍差法检验了出口退税率的下调对于出口产品增长率的影响,结果发现出口退税的政策效果在不同产品之间存在差异,对贸易摩擦产品的出口影响显著,而对于资源型产品的出口则不存在显著影响。这两个研究的方法和结论都比较类似,但是都没有考察不同贸易方式的差异,并且,按照中国的出口退税政策,不同贸易方式对应的是完全不同的退税政策。因此,本章将在以往文献的基础之上研究出口退税在不同贸易方式之间的结构效应。

(二) 制度背景

中国的出口贸易主要由两种贸易方式构成:一般贸易(ordinary trade)和加工贸易(processing trade),其中一般贸易就是常规的对外贸易,加工贸易则具有"两头在外"的特征,即原材料和产品市场都在国外,本国提供的仅是生产能力。加工贸易又可细分为来料加工和进料加工,其中来料加工是指进口料件由境外企业提供,经营企业不需要付汇进口,按照境外企业的要求进行加工或者装配,只收取加工费,制成品由境外企业销售的经营活动。而进料加工是指进口料件由经营企业付汇进口,制成品由经营企业外销出口的经营活动。在 20 世纪 80 年代,欧美国家增加了对日本和中国台湾地区的贸易壁垒,导致这些地区的加工贸易向中国内地转移,而同期中国的"试错法"改革策略也恰好与加工贸易"两头在外"的特征吻合,这是中国加工贸易在 20 世纪 80 年代后大量出现,并主要来自于中国台湾和亚洲"四小龙"的重要原因(Chiang and Bernard,2010)。

加工贸易是典型的产业内贸易形式,是跨国公司充分利用各国要素禀赋优势,特别是劳动力资源优势的贸易手段。相比于一般贸易,加工贸易对于东道国的工业技术水平和资本等稀缺要素要求较低,因而对急于打开贸易局面,而自身又处于工业发展初期的国家来说是一个良好的选择。在自身产品质量不足以参与国际竞争的情况下,通过引进加工贸易的形式,一方面有利于解决国内的劳动力就业问题,另一方面有利于迅速打开对外开放的局面,增加外汇收入。中国在 1979 年之后由多个部门相继出台了多项针对加工贸易的优惠政策,这些优惠政策的出台对于促进加工贸易在中国的开展起到了极大的推动作用。图 5-1 显示了自 20 世纪 90 年代以来加工贸易出口额及其占出口总额比重的走势。从图 5-1 中可以清晰地看出,自 1993 年加工贸易出口额首次超过一般贸易出口额之后,加工贸易就长期在中国的出口贸易中占据着主导地位。

一直以来,中国在税收政策方面对加工贸易实行倾斜,而增值税征收的优惠是其中的重要一环。中国税法规定,以加工贸易形式进口的料件在进口

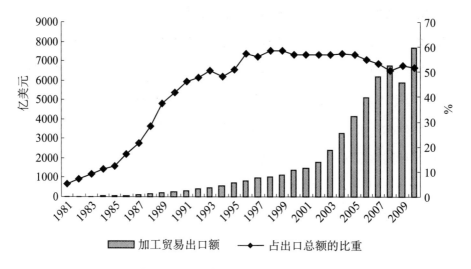

图 5-1 中国加工贸易出口额及其占比（1981—2010 年）

资料来源：《中国贸易外经统计年鉴》(1981—1010)。

时免征增值税，并且在原材料完成加工之后进行出口时同样免征增值税；反映在出口退税方面，对于完全采用进口料件进行加工的"来料加工贸易"实行增值税"不征不退"的政策，而对于部分使用进口料件的"进料加工贸易"则只对国内原材料部分实行退税，整个进口料件的部分可以在销项税中进行扣减。这就意味着，出口退税率的调整，对于不同贸易方式的企业出口影响是不一样的，"不征不退"的政策使得来料加工贸易不受出口退税率调整的任何影响，而进料料件部分在销项中的扣减，则降低了进料加工贸易的核算基数，因而相比于一般贸易，其受退税率调整的影响也相对较小。

出于鼓励一般贸易出口的目的，中国采取了出口退税的方式，即首先全额征收国内环节增值税，如果企业生产的产品是出口到国际市场，那么海关会对其国内增值税进行部分返还。这种"先征后返"的方式有利于国家根据出口形势采取相机抉择的政策，例如在宏观经济不景气时，可以提高出口退税率,鼓励企业出口,利用国际市场来消化国内的产品库存;反之为了节能减排的目标,也可以结构性地下调高能耗产品的出口退税率,以此来减少国内的环境污染。如表5-1所示,1995—2010年中国共对出口退税进行了7次大范围的调整,特别是在1998年和2008年两次金融危机期间,大幅度上调出口退税率鼓励企业增加出口,以此来应对国际市场需求的不足。而在两次金融危机期间,则结构性地下调部分原材料产品和高能耗产品的出口退税率。

表5-1 中国出口退税率历年调整

调整时间	针对的行业或产品类别	调整方向
1995年7月	农产品、煤炭、工业产品	下调 (2%—4%)
1998—1999年	纺织原料及制品、化工原料、煤炭、钢材、水泥、船舶、食糖、铝、锌、铅、机械设备、电子仪表	上调 (金融危机)
2004年	原油及其制品、木材、稀金属、食用分类、分割肉类;此外,除规定保持退税率不变的商品外,凡当时出口退税率为17%和15%的货物,其出口退税率一律调低到13%;凡当时征税率和退税率均为13%的货物,其出口退税率一律调低到11%	取消或下调 (2%—5%)
2005年	部分"高污染、高耗能、资源性"产品,钢材、纺织品等易引起贸易摩擦的商品。	取消或下调 (2%—5%)
	重大技术装备、计算机、生物医药产品。	上调 (2%—4%)
2007年	濒危动植物、原油及其制成品、肥料染料等化工制品、部分船舶和有色金属加工品;部分化学品、橡胶、皮革、毛皮制品,部分钢材产品和贱金属产品,家具、钟表、玩具等杂项制品,共涉及2381项商品。	取消或下调 (2%—6%)
2008—2009年	部分纺织品、服装、竹制品、塑料制品和家具,部分机电产品,部分钢铁产品和水产品。	上调 (金融危机)
2010年	部分钢材、塑料橡胶和化工产品,部分有色金属加工产品,共涉及406项产品。	取消

资料来源:《进出口税收文件汇编》,国家税务总局,2011年7月。

但是这些退税政策的调整并不会影响加工贸易,理论上讲,出口产品只有在事先被征收增值税的情况下才会受到出口退税率下调的影响,而加工贸易是"不征不退",因此出口退税政策对两种贸易方式的影响也是不同的。按照现有税法的规定,当出口退税率下调1%时,就相当于一般贸易产品出口成本增加1%点;与此相反,对于几乎全部使用进口料件的来料加工企业,则基本不会受到出口退税率下调的影响,对于部分使用国产料件的进料加工企业则只需承担国产料件部分的征退税率差额负担,出口退税率下调对其产品出口的影响就要小于一般贸易,并且这种影响随着进口原材料份额的增大而减小。

三、研究设计

(一) 识别方法

出口退税率调整一般都只涉及部分产品,因此,为了更加准确地反映出中国出口退税制度对于加工贸易的影响,本章选择在中国出口贸易中份额最高的机电产品[①]作为分析的对象。机电产品在中国的出口贸易中占据重要的地位,根据海关统计资料,2012 年机电产品的出口总额达到 11 794 亿美元,占全年进出口总额的比例接近 58%。事实上,如图 5-2 所示,自 2003 年以来,机电产品的出口额占出口总额的比重就一直在 50% 以上,是中国产品出口大军中的绝对主力。这一现象在加工贸易领域则尤为明显,海关统计数据显示,机电产品加工贸易出口额占加工贸易出口总额的比重,无论是进口

---

① 海关商品编码中第 16—18 大类商品,具体以商务部和海关总署发布的《机电产品出口目录》为准,不同年份之间存在小幅变动。

端还是出口端均超过70%。① 本章选取的政策冲击是2004年1月财政部和国家税务总局将部分机电产品的出口退税率从17%和15%相应下调至13%和11%。这样处理的好处是：首先，此次调整的前后15个月内没有出现对此类产品的再次调整，由于政策冲击的效应需要有一定的时间跨度才会出现，因此较长的时间跨度有利于我们观察到政策的效应；其次，这次的调整没有涵盖到所有的小类，出于对高新技术产品的鼓励和保护，部分产品的出口退税率保持了不变，这就为我们运用倍差法分析出口退税率下调对于出口贸易的影响提供了良好的自然实验机会。

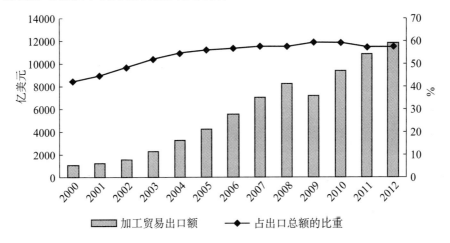

图 5-2　机电产品出口额占出口总额的比重(2000—2012年)

资料来源：《中国海关统计年鉴》(2000—2010)。

此次税率的调整对机电类产品产生了重要影响，图5-3中显示了两组产品的增长趋势，一组是此次税率调整范围内的机电产品，另一组则是范围之外的机电产品，可以看出在税率调整之前，两种组别的机电产品都保

---

① 根据历年《中国海关统计年鉴》进行计算。

持了几乎完全相同的增长趋势,同比增长率都在30%左右,而在政策实施之后,税率调整范围内的机电产品的增长趋势受到了明显的抑制,范围之外的机电产品则保持了快速的增长,两组产品在政策之后表现出明显的差异。

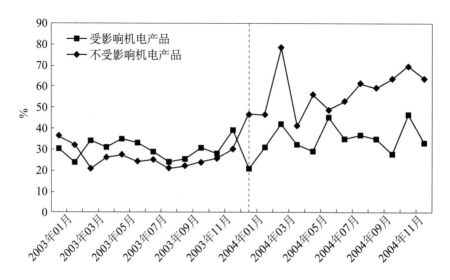

图 5-3 受政策影响和不受政策影响机电产品的出口增长率趋势

图 5-3 显示出两组产品在政策之前有相同的增长趋势,因此倍差法非常适用。近年来,倍差法被广泛地用于各类公共政策的评估分析中,为解决传统分析中所经常面临的内生性问题提供了良好选择,该方法借鉴了自然科学实验中的一般原理,通过比较处理组和控制组之间的差异来评估政策效果,即假设在一个群体中,有一些个体受到了某项政策的影响,而另外一些个体没有受到该政策的影响,那么,受到影响的个体就构成处理组(treatment group),而没有受到影响的个体则构成相应的对照组(control group),再比较处理组和对照组在政策实施前后差异的变化就构成了该政策所产生的净

影响。按照倍差法的基本思想和设计方法,我们采用如下方程(5-1)估计出口退税率变动对出口的影响:

$$G_{it} = \beta_0 + \beta_1 T_t + \beta_2 M_i + \beta_3 (T_t \times M_i) + \beta_4 X_{it} + \varepsilon_{it} \tag{5-1}$$

其中,i 表示商品种类,t 表示时间。按照文献中的通常做法,由于出口退税率的下调不太可能逆转出口高速增长的态势,而只能起到抑制增长率的作用(王孝松等,2010;白重恩等,2011),因此本章的被解释变量 G_{it} 表示出口产品的增长率。M_i 和 T_t 分别为处理组和时间的虚拟变量,如果某种商品属于处理组,即属于出口退税率下调的产品类别,则 M_i 取值为1,反之,M_i 则取值为0;在出口退税率下调之前,时间虚拟变量 T_t 取值为0,之后则取值为1,以本章为例,出口退税在2004年1月1日起下调,在此之后的月份,T_t 均取值为1,而之前的月份则全部取0。此外,为了消除出口的季节性变化和不同产品之间出口增长率的差异,我们在 X_{it} 中还控制了月份和产品类别的虚拟变量。(5-1)式中,ε_{it} 为残差项。

从模型(5-1)中可以看出,对于对照组而言,退税率降低之后,其出口增长率的变化为 β_1。而对于处理组,退税率降低之后出口增长率的变化为 $\beta_1 + \beta_3$。因此,β_3 是出口退税率变动对于商品出口增长率的净影响,也是我们最感兴趣的系数。按照前述的分析,在对一般贸易和进料加工贸易出口增长率进行回归时,β_3 应该显著为负,说明出口退税率的下调对该类商品的出口增长率有负向作用,并且后者的系数要小于前者。而在对来料加工贸易出口增长率进行回归时,β_3 应该是不显著的。

我们还可以将处理组与对照组之间的平均效应分解到政策变动一年内每个月的月份效应,即:

$$G_{it} = \beta_0 + \beta_1 T_t + \beta_2 M_i + \sum_{j=0401}^{0412} \beta_j (T_j \times M_i) + \beta_4 X_{it} + \varepsilon_{it} \qquad (5\text{-}2)$$

(二) 数据处理

本章所使用的产品出口数据来自于 2000—2006 年中国海关统计数据库。海关数据库统计的是出入关境的所有交易,范围涵盖 7 000 多种中国海关商品协调代码 8 分位(HS8)的出口商品。统计项目包括企业的基本信息(名称、地址、所有权等)、商品信息(品种、数量、价格等)、来源或目的国、企业性质、运输方式、出入海关关名等。此外,在该数据库中还清楚地列明了每一条进出口交易的贸易方式,涉及一般贸易、进料加工贸易、来料加工装配贸易等 14 种不同贸易方式。[①]

基于数据库中 HS8 分位的细分产品月度数据,在同一个产品代码下,我们按照每笔出口产品所注明的出口贸易方式,将同一种产品的月度出口额按照一般贸易、进料加工贸易和来料加工装配贸易分别进行加总,然后在此基础上,计算出每一种产品每种贸易方式与上年同期的同比增长率,作为本章的被解释变量。同时,为了减少异常值对于回归结果的干扰,我们删除了同比增长率大于 50 的数据。在基本回归中,我们将时间的跨度选定在政策变动(2004 年 1 月 1 日)前后 15 个月的数据,同时将同属第 16—18 大类商品中其他退税率未调整的产品[②]作为模型的对照组(对照组 1),此时的样本总量

[①] 其余 11 种分别是保税仓库进出境货物、保税区仓储转口货物、边境小额贸易、补偿贸易、出料加工贸易、对外承包工程出口货物、国家间和国际组织无偿援助和赠送的物资、寄售和代销贸易、易货贸易、租赁贸易和其他,这 11 中贸易方式占出口总额的比重为 0.9% 左右。

[②] 下列商品编码的产品保持出口退税率的不变(包括 2 分位、4 分位和 8 分位):88;8901—8902、8904、8905—8906、8907、8708、8456—8460、8462、8425—8430、9018—9020、8601—8606、8454—8455、8534? 84082010—84089010、84089092—84089093、87012000—87079090、87161000—87169000、84099191—84099199、84099991—84099999、84671100—84678900、84743100—84748090、84791021—84791090、90221200—90221400。

为 14 145,包含的产品种类为 879 种。在文章的稳健性检验部分,为了避免产品异质性对使用倍差法结果的影响,我们将考察范围限制在第 16 大类商品中 2 分位商品编码为 84 的一个小类(即机械器具类产品),以考察结果的稳健性。

表 5-2 是变量的描述性统计,总体来看,中国的出口贸易在加入 WTO 后维持着较高的增长势头,平均的月同比增长率为 35% 左右。同时,不同产品类别也存在差异,相比其他类商品,对照组的机电产品出口增长率更高,我们将在回归中控制此类产品类别差异。从贸易方式的维度来看,一般贸易和进料加工贸易增长率相对较高,而来料加工贸易则相对增长缓慢,这在一定程度上是中国贸易和产业结构逐步升级的结果。

表 5-2 变量描述统计

出口同比增长率	全部样本	处理组	对照组
月度贸易总额	0.353 (0.581) [14 145]	0.345 (0.581) [13 224]	0.483 (0.581) [921]
一般贸易	0.543 (0.776) [14 145]	0.532 (0.771) [13 224]	0.711 (0.832) [921]
进料加工贸易	0.484 (1.101) [14 145]	0.481 (1.09) [13 224]	0.534 (1.246) [921]
来料加工装配贸易	0.247 (1.116) [14 145]	0.242 (1.11) [13 224]	0.322 (1.233) [921]

注:小括号内为标准差,中括号内为样本数。

四、回归结果及分析

(一) 总量效应

遵循已有文献的经验,我们首先检验出口退税率的调整对相应产品的影响大小。表 5-3 列出了本章运用"倍差法"对模型(5-1)进行分析的基本结果,在不考虑其他影响因素的情况下,回归(5-1)的结果表明,相比于出口退税率保持不变的产品种类,退税率下调显著降低了相应产品的出口增长率,4个百分点的退税率下调使出口增长率下降约 23%。这一结论与现有大部分的经验文献保持一致,表明中国的出口退税政策确实能在一定程度上实现对产品出口的调节与控制。进一步的,为了减少一些不可观测变量对于估计系数的影响,在随后的回归(5-2)—(5-4)中,我们逐步控制了产品类别、月份以及年份的固定效应。结果表明,控制变量的加入并未对本章的基本结论产生影响,交互项的系数仍然在 1% 水平下显著为负,系数也基本稳定在 23% 左右。

此外,我们还发现处理组的虚拟变量 M 并不显著,这实际上也说明国家在调整出口退税率时,其参考的标准不是以往的增速,因此被调整和未调整的两组产品的增长趋势没有显著差异;同时,时间趋势在前三个回归中都非常显著,说明外部需求因素影响了政策出台之后的出口增速,这一发现与图 5-3 所呈现的趋势是一致的。

表 5-3 基本回归结果

解释变量	(1)	(2)	(3)	(4)
M	−0.001 16 (0.056 2)	0.008 21 (0.060 8)	0.008 12 (0.060 8)	0.0130 (0.060 2)

续表

解释变量	(1)	(2)	(3)	(4)
T	0.194*** (0.034 8)	0.194*** (0.034 8)	0.131*** (0.035 9)	0.024 4 (0.045 5)
$T \times M$	−0.230*** (0.035 9)	−0.231*** (0.035 9)	−0.232*** (0.035 9)	−0.234*** (0.035 7)
常数项	0.386*** (0.053 8)	0.246 (0.218)	0.490** (0.249)	0.379* (0.217)
类别固定效应	否	是	是	是
月份固定效应	否	否	是	是
年份固定效应	否	否	否	是
Within R^2	0.005 8	0.012 3	0.013 9	0.023 8
观测值	14 145	14 145	14 145	14 145

注：括号内为标准误，***表示在1%水平上显著，**表示在5%水平上显著，*表示在10%水平上显著。下表同。

考虑到单个月份增长率可能受到一些未观测效应的影响，而时期内的平均增长率则可以较好地反映出口退税政策对于产品出口的"净"影响，本章进一步以产品若干月份内的平均增长率作为被解释变量考察出口退税政策的效果。表5-4给出了处理组和控制组商品在政策变动前后3—7个月内平均出口增长率的回归结果。以3个月为例，我们计算了各种产品在政策出台（2004年1月1日）前三个月（2、3、4月）和后三个月（5、6、7月）内的平均增长率，运用(5-1)式进行回归。结果表明，相比于控制组商品，退税率的下降显著降低了处理组商品的平均出口增长率。随后，我们又分别对各种商品在前后4到7个月内的平均增长率进行了回归，交互项的系数均显著为负，估计系数范围在13%—26%之间。这进一步证实了前文的结论。

表 5-4 平均增长率

解释变量	前后 3 月	前后 4 月	前后 5 月	前后 6 月	前后 7 月
M	−0.081 4 (0.088 4)	−0.090 6 (0.084 2)	−0.092 2 (0.076 2)	−0.107 (0.071 4)	−0.078 7 (0.067 4)
T	0.162*** (0.042 0)	0.124*** (0.033 3)	0.149*** (0.028 9)	0.147*** (0.027 5)	0.119*** (0.026 4)
$T \times M$	−0.261*** (0.041 4)	−0.188*** (0.032 0)	−0.206*** (0.027 1)	−0.178*** (0.025 3)	−0.161*** (0.023 7)
常数项	0.385 (0.330)	0.421 (0.334)	0.736 (0.537)	1.163** (0.509)	0.346 (0.302)
类别固定效应	是	是	是	是	是
月份固定效应	是	是	是	是	是
年份固定效应	是	是	是	是	是
Within R^2	0.044 8	0.026 3	0.024 2	0.015 0	0.011 3
观测值	7 065	6 038	5 024	4 007	2 972

注：括号内为标准误，*** 表示在 1% 水平上显著，** 表示在 5% 水平上显著。

(二) 加工贸易与一般贸易的区别

基于总体的分析证实了中国出口退税政策的有效性，但却掩盖了一个重要的事实，那就是并不是所有的贸易都会受出口退税政策的调控影响，这是由中国对于加工贸易的税收优惠政策所决定的。差异化退税政策的一个重要后果，就是使得加工贸易能够在很大程度上规避出口退税调控政策的影响。

我们将各种产品的出口额按照贸易方式分为一般贸易、进料加工贸易和来料加工贸易三种，分别考察不同贸易方式的产品出口增长率受出口退税率下降的影响程度。表 5-5 给出了区分不同贸易方式的回归结果，从前 4 列回归交互项的系数来看，一般贸易和进料加工贸易方式的交互项系数在各列中均显著为负，表明退税率的下调对这两类贸易方式的出口增长率有明显的抑制作用。同时，从系数的大小来看，进料加工贸易的系数在两种情况下均低于一般贸易的系数，其中一般贸易增速下降了 28%，进料加工贸易增速下降了16%。这一结果印证了前文的分析,即由于受到进口料件免征增值税的影响,相对于一般贸易形式,进料加工贸易受到出口退税率调整的影响相对较小,并且这一相对幅度与进料加工贸易中使用的进口料件比例成反比关系。此外,第5和第6列的回归结果给本章的理论分析提供了更为直接的证据。与预期的一样,来料加工贸易形式的产品出口增长率基本不受到出口退税率的影响,各项系数均不显著。将表5-5和表5-3的回归结果进行对比,则说明表5-3中交互项的显著性主要是因为一般贸易和进料加工贸易导致的,而与来料加工贸易无关,因此区分贸易方式是至关重要的。

表5-5 区分不同贸易方式回归结果

解释变量	一般贸易		进料加工贸易		来料加工贸易	
	(1)	(2)	(3)	(4)	(5)	(6)
M	−0.016 0 (0.065 3)	−0.031 0 (0.070 0)	0.130 (0.094 9)	0.101 (0.101)	−0.063 6 (0.103)	−0.012 2 (0.110)
T	0.194*** (0.049 2)	0.194*** (0.049 2)	0.135* (0.071 2)	0.136* (0.071 2)	−0.011 9 (0.068 6)	−0.011 8 (0.068 6)
$T \times M$	−0.286*** (0.050 8)	−0.287*** (0.050 8)	−0.164** (0.073 5)	−0.164** (0.073 5)	−0.010 2 (0.070 9)	−0.010 2 (0.070 9)
常数项	0.635*** (0.062 7)	0.590** (0.287)	0.049 0 (0.091 2)	0.360 (0.348)	0.567*** (0.098 4)	0.761* (0.389)
类别固定效应	否	是	否	是	否	是
月份固定效应	否	是	否	是	否	是
年份固定效应	否	是	否	是	否	是
Within R^2	0.002 9	0.093 6	0.028 3	0.095 8	0.011 3	0.045 4
观测值	14 145	14 145	14 145	14 145	14 145	14 145

注:*** 表示在1%水平上显著,** 表示在5%水平上显著,* 表示在10%水平上显著。在1%的显著性水平下,一般贸易系数在各月份均显著,来料加工贸易各月份系数均不显著,而进料加工贸易系数则在政策变动5个月后逐渐显著。

为了更好地将出口退税政策的效应在时间上的差异进行区分,我们按照模型(5-2)将表5-5的平均效应分解到政策发生后的每个月,图5-4画出了回归后各个月份交互项系数值的走势图,从中可以看出,虽然前期的曲线波动很大,但在政策发生7个月以后各趋势线逐渐趋于稳定。同时可以看到,一般贸易和进料加工贸易对于出口退税率下调都有明显的负向反应,并且一般贸易的反应程度在后期逐渐要大于进料加工贸易。而对于来料加工贸易,前期曲线有较大的波动,但方向并不明显,后期的反应则逐渐减弱并趋于零。这基本符合前文的结论,表明来料加工贸易并不在出口退税政策的影响范围之内。这是由中国对于加工贸易的优惠政策以及不同贸易方式中国产料件的使用比例所共同决定的。

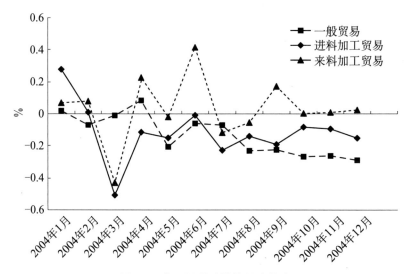

图5-4　出口退税政策的月度效应

为了更严格地剔除产品类别之间的异质性,我们进一步将样本范围控制在退税率调整的产品类别(2分位海关编码第85章)之内,即考察同一类商品的一般贸易和加工贸易形式在面对出口退税率下调时,两者的出口增长率是否存在显著的区别。此时的类别变量表示的不再是退税率下调与否,而是同类商品中一般贸易和加工贸易的区别,一般贸易为1,加工贸易则为0。回归结果如表5-6所示,我们看到,交互项的系数在不同控制变量的情形下都显著为负,说明即使是同一类的商品,在面对出口退税率的下调时,其一般贸易形式的商品出口受影响程度要远大于加工贸易形式的商品出口,前者的增长率相对后者显著下降了6.5%。这一结果强烈印证了本章前面的结论,即中国的出口退税政策效果存在贸易方式之间的区别,相比于加工贸易,一般贸易受到的影响更大。

表5-6 同类商品一般贸易与加工贸易的对比

解释变量	(1)	(2)	(3)
M	0.234*** (0.020 9)	0.234*** (0.020 9)	0.234*** (0.020 9)
T	−0.026 8* (0.014 8)	0.094 0* (0.049 7)	0.240*** (0.022 1)
$T \times M$	−0.065 4*** (0.025 3)	−0.065 4*** (0.025 2)	−0.065 4*** (0.025 2)
常数项	0.340*** (0.012 2)	0.360*** (0.036 1)	0.360*** (0.036 1)
月份固定效应	否	是	是
年份固定效应	否	否	是
Within R^2	0.044 5	0.079 1	0.119
观测值	24 945	24 945	24 945

注:***表示在1%水平上显著,**表示在5%水平上显著,*表示在10%水平上显著。

五、稳健性检验

(一) 共同趋势的考察

在实际运用倍差法进行研究的过程中,一个重要的前提条件就是组别之间存在相同的变化趋势,这样双重差分的结果才是我们所期望的政策效果,否则研究发现就可能含有其他冲击的影响。从图 5-3 可以看到,在出口退税率下调之前,虽然平均增长率的曲线存在一定的波动,但变化的趋势基本上是平行的。换句话说,在不存在政策影响的前提下,处理组和控制组商品之间的增长差异并没有随时间而产生显著的变化。

进一步的,我们采用反事实的方法对两组之间的共同趋势进行检验,即在实际政策(2004 年 1 月)发生的前后各选择一个时点(2003 年 9 月和 2004 年 9 月),假想该时点也发生了政策冲击,进而估计假想政策的效果。如果该假想政策的系数显著,那么就说明处理组和对照组没有共同的时间趋势,反之亦然。检验结果如表 5-7 所示,其中第一至第三个回归对应的是实际政策前的反事实检验,可以看出此时的一般贸易、进料加工和来料加工的交互项均不显著,这说明处理组和参照组之间在时间趋势上没有明显的差异。第四至第六个回归对应的是政策干预之后的反事实检验,三种贸易方式的交互项同样不显著,这说明我们在表 5-5 中看到的交互项的系数可以完全归结于 2004 年 1 月份调整出口退税率的作用。

表 5-7 稳健性检验一:反事实

虚拟观测点	2003 年 9 月			2004 年 9 月		
解释变量	一般贸易	进料加工	来料加工	一般贸易	进料加工	来料加工
M	−0.038 (0.085)	0.259 7* (0.135 4)	0.058 2 (0.145 1)	−0.401*** (0.087)	−0.215 5 (0.137 1)	0.114 6 (0.145 5)
T	0.006 (0.075)	0.048 4 (0.105 1)	−0.027 6 (0.101 4)	−0.023 7 (0.066 4)	−0.055 3 (0.097 7)	0.039 (0.088 7)
$T \times M$	0.051 (0.077)	−0.074 8 (0.108 5)	0.071 7 (0.104 7)	−0.002 7 (0.068 7)	0.086 1 (0.101 2)	−0.106 6 (0.091 8)

续表

虚拟观测点	2003年9月			2004年9月		
解释变量	一般贸易	进料加工	来料加工	一般贸易	进料加工	来料加工
常数项	0.627*** (0.082)	−0.607 6 (0.570 5)	−1.338 4** (0.566 9)	1.145 7*** (0.296 5)	0.000 5 (0.650 3)	−0.012 1 (0.501 2)
类别固定效应	是	是	是	是	是	是
月份固定效应	是	是	是	是	是	是
年份固定效应	是	是	是	是	是	是
Within R^2	0.009 1	0.022 8	0.017	0.039 4	0.009 2	0.008 9
观测值	5 656	5 656	5 656	5 852	5 852	5 852

注：*** 表示在1%水平上显著，** 表示在5%水平上显著，* 表示在10%水平上显著。

不过，由于不能穷尽所有的虚拟情形，上述反事实的方法对于共同趋势的检验也存在一定的局限性。另外一个可行的办法是严格控制商品的范围，将处理组和控制组限定在同一小类商品之内，在最大程度上避免产品异质性对于回归结果的影响。在表5-8的回归中，我们将商品范围限定在2分位编码为84的目录下，考察出口退税率的下调对于处理组和控制组的影响。回归结果表明，即使将商品范围限定在很小的范围内，本章基本回归中得出的结论仍然存在。除了来料加工贸易外，交互项的系数在其余各列中均显著为负，表明出口退税率的下调对于处理组商品的出口增长率有显著的负向影响。同时，系数大小表明，在区分贸易方式的情况下，退税率的下调对于一般贸易商品的影响仍然大于以进料加工贸易方式出口的商品。

表5-8 稳健性检验二：缩小商品范围

解释变量	所有商品	一般贸易	进料加工贸易	来料加工贸易
M	0.099 2 (0.079 8)	0.051 3 (0.091 1)	0.301** (0.148)	0.109 (0.151)
T	0.010 0 (0.081 8)	0.001 60 (0.111)	−0.045 7 (0.175)	−0.296* (0.173)

续表

解释变量	所有商品	一般贸易	进料加工贸易	来料加工贸易
$T \times M$	−0.265***	−0.276***	−0.228*	−0.016 7
	(0.063 2)	(0.085 5)	(0.135)	(0.133)
常数项	0.456***	0.689***	−0.002 97	0.603***
	(0.085 0)	(0.101)	(0.164)	(0.165)
类别固定效应	是	是	是	是
月份固定效应	是	是	是	是
年份固定效应	是	是	是	是
Within R^2	0.020 4	0.019 1	0.017 7	0.008 6
观测值	4 639	4 639	4 639	4 639

注：*** 表示在 1% 水平上显著，** 表示在 5% 水平上显著，* 表示在 10% 水平上显著。

(二) 窗宽范围的调整

在运用倍差法分析的过程中，由于政策冲击带来的影响在不同的时间会有不同的表现，以及存在政策反应时滞的问题，因此政策前后窗口期的设定也会对结果产生一定的影响。在表 5-9 给出的回归结果中，我们对基本回归中的窗宽范围做出了不同的调整。区别于基本回归中前后 15 个月的窗口期，我们重新设定三个窗口期，分别是政策变动前后的 8 个月、10 个月和 12 个月，以此来捕捉政策效果在时间上的变化幅度。

从回归结果可以看出，当考察的窗口期在基准回归的附近改变时，无论是 8 个月、10 个月还是 12 个月，基本回归的结论仍然显著存在。无论是一般贸易还是进料加工贸易，其交互项系数仍显著为负。同时，系数的大小仍然显示，退税率下调对于一般贸易的影响显著大于进料加工贸易，不过由于厂商的生产和出口行为存在一定的时间滞后性，因此在政策实施后的 12 个月的效应要大于前 8 个月。而无论窗口期如何调整，对于来料加工贸易而言，出口退税率的下调并不存在显著的影响，无论是前 8 个月，还是 12 个月，厂商的出口都没有变化。

5 出口退税政策与中国加工贸易的发展

表 5-9 稳健性检验三：调整窗宽

窗宽期	8个月			10个月			12个月		
解释变量	一般贸易	进料加工	来料加工	一般贸易	进料加工	来料加工	一般贸易	进料加工	来料加工
M	−0.062 6 (0.084 8)	0.084 6 (0.119)	−0.131 (0.134)	−0.051 5 (0.077 6)	0.075 4 (0.109)	−0.024 5 (0.124)	−0.047 0 (0.072 5)	0.098 9 (0.107)	−0.002 50 (0.115)
T	0.126** (0.061 1)	0.167* (0.087 8)	−0.041 5 (0.084 8)	0.162*** (0.055 2)	0.161** (0.079 8)	−0.012 3 (0.077 2)	0.206*** (0.051 9)	0.179** (0.075 6)	−0.013 3 (0.072 6)
$T \times M$	−0.205*** (0.063 1)	−0.190** (0.090 7)	0.047 2 (0.087 6)	−0.236*** (0.057 0)	−0.196** (0.082 5)	0.000 575 (0.079 7)	−0.290*** (0.053 6)	−0.185** (0.078 1)	0.016 8 (0.075 0)
常数项	0.440 (0.400)	−0.607 (0.559)	0.651 (0.512)	0.481 (0.347)	−0.655 (0.489)	1.814*** (0.544)	0.650** (0.270)	0.343 (0.401)	1.611*** (0.501)
类别固定效应	是	是	是	是	是	是	是	是	是
月份固定效应	是	是	是	是	是	是	是	是	是
年份固定效应	是	是	是	是	是	是	是	是	是
Within R^2	0.116	0.086 4	0.016 8	0.077 6	0.047 4	0.014 6	0.078 9	0.035 7	0.014 3
观测值	8 060	8 060	8 060	10 162	10 162	10 162	11 976	11 976	11 976

注：括号内为标准误，*** 表示在1%水平上显著，** 表示在5%水平上显著，* 表示在10%水平上显著。

六、结论

中国作为贸易大国,对于出口退税政策的使用十分频繁,出口退税政策已经成为一项非常重要的贸易调控手段。但面对一个复杂的贸易体系,出口退税政策的影响除了量化效应外,其对贸易结构的影响也是不可忽视的。为了鼓励加工贸易的发展,中国在出口退税方面针对加工贸易设计了特殊的政策,其中针对完全采用进料加工的贸易采用"不征不退",对部分进料的加工贸易按照一定的税率返还国内增值税,对一般贸易则采用"先征后退"的方式。由于征和退是非对称的,因此国家很容易通过调节退税率来实施特定的贸易目标。但是在文献上,由于数据的缺乏,从定量角度研究出口退税政策效果的文献并不多,而且研究视角也主要集中在退税政策对于出口的促进或抑制作用,并没有区分退税政策的结构效应。

本章在现有文献的基础上,运用高度细分的贸易数据和倍差法,考察了出口退税率对于出口产品增长率的影响,并且进一步区分了这种影响在不同贸易方式之间的差异。研究结果表明,出口退税率的下调对于受影响的处理组商品出口增长率有明显的抑制作用,同时,在将贸易方式分为一般贸易、进料加工贸易和来料加工装配贸易三种方式的情况下,我们发现出口退税率的变动对于一般贸易产品出口的影响要显著大于进料加工贸易的产品出口,前者增速的下降幅度为28%,后者为17%,而对于来料加工装配贸易的产品,出口退税率的变动则基本没有影响。

加工贸易一直在中国的贸易总额占据着重要份额,甚至一度超越一般贸易成为中国贸易的主要形式,除了国家特有的扶持政策以外,本章的结论表明,近年来中国出口退税率的连续、大范围的下调也在一定程度上加大了一般贸易的相对出口成本,间接起到了鼓励加工贸易的作用。加工贸易的增加一方面造成了中国出口企业的"生产率悖论",即出口企业的生产率水平低于非出口企业,另一方面也使得中国的出口品价格低于内销价格,造成价格的"倒挂"现象。更进一步的,由于"两头在外"的特点,过高的加工贸易比重还会加大中国整体贸易受国际市场影响的风险。尽管退税政策不是影响加工贸易比重的唯一因素,但在加工贸易已经占据中国贸易半壁江山的现实情况下,我们认为更为中性和无偏的新型出口退税政策体制应成为国家现实的考虑。具体来讲,在加工贸易中,进料加工贸易占据着绝对的份额,如果能够取消进口中间品相对于国产中间品的税收优惠措施,那么中国的出口退税政策将更为平衡。同时,这种进口中间品国内替代率水平的提高,还会增强加工贸易的产业辐射能力,起到优化国内产业结构的作用,进而有利于中国经济的长期增长。

参考文献:

Arnold, J. M. and Hussinger, K. 2005. Export Behavior and Firm Productivity in German Manufacturing: a Firm - level Analysis. *Review of Economics*, 141(2): 119 - 243.

Bernard, A. B. and Jensen, J. B. 2004. Entry, Expansion, and Intensity in the US Export Boom, 1987 - 1992. *Review of International Economics*, 12(4): 662 - 675.

Chao, C. C., Yu, E. S. and Yu, W. 2006. China's Import Duty Drawback and VAT Rebate Policies: A General Equilibrium Analysis. *China Economic Review*, 17(4):432–448.

Chao, C., Chou, W. and Yu, E. 2001. Export Duty Rebates and Export Performance: Theory and China's Experience. *Journal of Comparative Economics*, 29(2):314–326.

Chen, C. H., Mai, C. C. and Yu, H. C.. 2006. The Effect of Export Tax Rebates on Export Performance: Theory and Evidence from China. *China Economic Review*, 17(2):226–235.

Chiang, M. H. and Bernard G. 2010. Foreign Factors in Taiwan's Economic Transformation. *Journal of the Asia Pacific Economy*, 15(2):148–165.

Dai, M., Maitra, M. and Yu, M. 2011. Unexceptional Exporter Performance in China: the Role of Processing Trade. SSRN working paper.

Kasahara, H. and Rodrigue, J. 2008. Does the Use of Imported Intermediates Increase Productivity? Plant-level Evidence. *Journal of Development Economics*, 87(1):106–118.

Koopman, R., Wang, Z. and Wei, S. J.. 2012. Estimating Domestic Content in Exports When Processing Trade is Pervasive. *Journal of Development Economics*, 99(1):178–189.

Loecker, J. D. 2007. Do Exports Generate Higher Productivity? Evidence from Slovenia. *Journal of International Economics*, 73(1):69–98.

Lu, D. 2007. Exceptional Exporter Performance Evidence from Chinese Manufacturing Firms. Working Paper, University of Chicago.

Manova, K. and Yu, Z. H. 2012. Firms and Credit Constraint Along the

Value-added Chain: Processing Trade in China. NBER Working Paper, No. 18561.

Melitz, M. J. 2003. The Impact of Trade on Intra-Industry Reallocations and Aggregate Industry Productivity. *Econometrica*, 71(6): 1695–1725.

Rodrik, D.. 2006. What's So Special About China's Exports? *China and World Economy*, 14(5): 1–19.

Tomiura, E. 2007. Foreign Outsourcing Exporting, and FDI: A productivity Comparison at the Firm Level. *Journal of International Economics*, 72(1): 113–127.

Yu, M. and Tian, W. 2012. China's Firm-level Processing Trade: Trends, Characteristics, and Productivity. CCER Working Paper Series, No. E2012002.

Yu, M. 2011. Processing Trade, Tariff Reductions, and Firm Productivity: Evidence from Chinese Firms. SSRN working paper.

白胜玲、崔霞,2009,"出口退税对我国出口贸易的影响:基于主要贸易国的实证分析",《税务研究》第9期。

白重恩、王鑫、钟笑寒,2011,"出口退税政策调整对中国出口影响的实证分析",《经济学(季刊)》第3期。

陈平、黄健梅,2003,"中国出口退税效应分析:理论与实证",《管理世界》第12期。

李春顶,2010,"中国出口企业是否存在(生产率悖论)",《世界经济》第7期。

卢荻,2010,"世界发展危机与中国模式",《政治经济学评论》第4期。

马捷、李飞,2008,"出口退税是一项稳健的贸易政策吗?",《经济研究》第4期。

盛丹、王永进,2012,"中国企业低价出口之谜",《管理世界》第5期。

唐东波,2012,"中国的贸易开发、产业升级与就业结构研究",复旦大学博士学位论文。

万莹,2007,"中国出口退税政策绩效的实证分析",《经济评论》第4期。

王孝松、李坤望、包群、谢申祥,2010,"出口退税的政策效果评估:来自中国纺织品对美出口的经验证据",《世界经济》第4期。

谢建国、陈莉莉,2008,"出口退税与中国工业制成品出口:一个基于长期均衡的经验分析",《世界经济》第5期。

姚洋,2008,"中国本土企业出口竞争优势和技术变迁分析",《世界经济》第3期。

张杰、李勇、刘志彪,2009,"出口促进中国企业生产率提高吗?——来自中国本土制造业企业的经验证据:1999—2003",《管理世界》第12期。

6

中国地方政府竞争、预算软约束与扩张偏向的财政行为①

一、引言

在过去的十年中,国际经济学界越来越关注宏观调控经验中的财政政策行为。出人意料的是,研究发现,很多发展中国家的财政政策竟然是顺周期的(Gavin and Perotti,1997;Talvi and Vegh,2005;Catão and Sutton,2002;Kaminski et al.,2004),这与传统的智慧不符。根据凯恩斯主义理论,一国政府应该实施反周期性财政政策,否则会导致宏观经济不稳定;而根据新古典主义理论,一国政府应该实施政府支出和税率不变的政策。因此,大多数经济学家都同意这样的看法,即顺周期性财政政策将对一国的宏观经济稳定有害。然而,一国政府为什么会采用这种不利于宏观稳定的顺周期的财政政策?最新的研究认为,除金融约束外,最根本的因素还是在于一国的政治制度和政府治理体制(Tornell and Lane,1999;Talvi and Vegh,2005;Woo,2005;Alesina、Campante and Tabellini,2008)。②

---

① 发表于《经济研究》2009年第12期。
② 详见方红生(2009)的理论和经验研究综述。

中国的现实情况是怎样的呢？方红生和张军（2009）首次对这个问题进行了较有创新性的研究。其创新性主要表现为两点。第一点是方法上的。他们发现现有文献中关于顺周期性的两阶段研究方法只会给出两种研究结论，要么认为一国或地区实施的是一种顺周期性财政政策，要么认为一国或地区实施的是一种反周期性财政政策，除此之外，没有第三种政策。而一阶段方法尽管可以克服上述局限，但是在考察政策行为的决定因素方面会遇到麻烦。因此，他们完全抛弃了现有的研究方法。第二点是理论上的。根据现有文献和中国的现实特征，他们提出了一个解释中国地方政府扩张偏向的财政政策的假说，认为中国地方政府扩张偏向的政策就是中国式分权的治理模式和缺乏良好的制度约束互动的一个可以解释的结果。

本章试图对以上两点做出改进。第一点，在方法上，我们承认有权衡和取舍，但是现有的一阶段方法在对一些因素进行控制的基础上可以很好地估计出政府在不同经济周期阶段上的反应函数，而方红生和张军（2009）关于"扩张偏向的政策"的研究结论或许是一阶段方法中控制因素的影响所致，并不是政府对经济周期的直接反应。因此，从试图揭示事实的角度看，我们更偏好一阶段方法。实际上，最新的几篇实证研究文献都采用的是这种方法（Andersen and Nielsen, 2007; Jaimovich and Panizza, 2007; Hercowitz and Strawczynski, 2004），但是这些文献在他们的文章中根本没有被提及，或许正是这种重要的遗漏导致他们最终放弃了一阶段方法。有意思的是，即使我们采用了最新实证文献中的"标准"做法，中国地方政府依然采用的是"扩张偏向的政策"。其中"标准"做法具有两个主要特征，一是在计量方程中引入了"繁荣"（boom）和"衰退"（recession）两个周期性指标，考察政策的反应是否具有非对称性;二是采用工具变量法和(或)系统广义矩方法对内生性进行处理。第二点,在理论上,我们认为中国地方政府"扩张偏向的政策"是中国式分权的治理模式和预算软约束相互作用的一个可以解释的结果。我们认为"中国式分权的治理模式"主要解决了中国地方政府有激励实施"扩张偏向的政策"的问题,但是要使这种政策变成现实,还需要解决一个"融资"问题,特别在经济发生衰退的时候。大多数发展中国家为什么在经济衰退时期实行顺周期性财政政策? 其中的一个重要原因可能还是受到金融的约束。中国地方政府为什么可以在经济衰退时期实施扩张偏向的政策? 一个重要的原因自然是中国地方政府解决了"金融约束"的问题。平新乔(2006)就曾给出一个中国地方政府"预算内软约束"和"预算外基本无约束"的著名论断。陈抗等(2002)曾提出"攫取之手"的概念,他们认为预算外收入和制度外收入基本上反映了"攫取之手"的行为。我们认为正是这种"攫取之手"解决了"金融约束"的问题,从而导致中国地方政府"预算软约束"。

除以上两点改进外,在检验理论假说部分,除采用以税收为基础构造的政府竞争指标(傅勇、张晏,2007)外,我们还构造了一个以土地出让均价为基础的政府竞争指标,以此增强理论检验的稳健性。

本章的结构安排如下:在第二部分,基于最新的实证研究文献,我们采用1994—2004年度的中国省级面板数据估计中国地方政府的周期性政策反应函数。计量结果显示,无论是基于全部政府支出,还是基于分类支出,中国地方政府都实行的是一种在衰退期比繁荣期更为积极的"扩张偏向的政策"。第三部分是理论假说及其检验部分。理论假说是对第二部分所发现的"扩张偏向的政策"进行理论解释,我们认为中国地方政府"扩张偏向的政策"就是中国式分权的治理模式和预算软约束相互作用的一个可以解释的结果。随后,我们采用两个政府竞争指标对其进行检验。计量结果显示,我们的理论假说被证实。最后是结论与政策含义。

二、中国地方政府的周期性政策反应函数估计

(一) 计量模型设定

为了更好地揭示出中国地方政府的周期性政策反应函数,我们采用了最新实证研究文献中的一阶段计量模型设定方法,该设定可以估计出政府对不同周期阶段所做出的非对称性反应。参考 Alesina、Campante 和 Tabellini (2008),Jaimovich 和 Panizza(2007),Hercowitz 和 Strawczynski(2004)以及 Andersen 和 Nielsen(2007)的做法,我们将计量模型设定如下:

$$\Delta F_{it}=\alpha F_{it-1}+\beta_1 Gap_{it}\times Boom_{it}+\beta_2 Gap_{it}\times Recession_{it}+\gamma X_{it}+u_i+\varepsilon_{it} \quad (6-1)$$

其中 F_{it} 是一个财政政策指标,遵循方红生和张军(2009),我们用政府支出/GDP 表示。除此之外,我们还考察政府支出结构中的主要类型,如基本建设支出、行政管理费支出和科教文卫支出。Gap_{it} 是经济周期指标,是产出缺口的简称。这里的产出缺口的估计方法同方红生和张军(2009)。$Boom_{it}$ 表示经济繁荣,具体的定义是,如果 $Gap_{it}>0$,则 $Boom_{it}=1$;否则等于 0。$Recession_{it}$ 表示经济衰退,具体的定义是,如果 $Gap_{it}<0$,则 $Recession_{it}=1$;否则等于 0。X_{it} 是其他控制变量。遵循 Alesina、Campante 和 Tabellini(2008)及 Jaimovich 和 Panizza(2007),我们将外部冲击包含在控制变量中。考虑到外部冲击数据在中国很难获取,作为尝试,我们用杨灿明和孙群力(2008)的贸易依存度的条件标准差作为替代性指标。在控制变量中,我们还加入了四个

年度虚拟变量(Year1998、Year1999、Year2002 和 Year2003)用于控制样本期间较为重要事件的影响。这些变量分别在当年取值为 1,其他年份取值为 0。Year1998 和 Year1999 用来控制亚洲金融危机的影响。Year2002 和 Year2003 用来考察在 2002 年实施并于 2003 年调整的具有适度集权效果的所得税分享改革的影响。u_i 是省别效应,ε_{it} 是误差项。

除外部冲击的数据来源于杨灿明、孙群力(2008)的提供[①]外,这里其他变量所依赖的基础性数据都来源于《新中国五十五年统计资料汇编》。

(二) 估计方法

在上面提到的四篇最新的实证文献中,只有 Andersen 和 Nielsen(2007)将(6-1)式看成是一个动态面板数据模型并用系统广义矩方法对其进行估计。我们知道,对于时间跨度相对于截面数较小的动态面板数据模型而言,采用动态面板数据处理技术是一个非常好的选择(Roodman,2006)。截至目前,有两种处理技术,一种是差分广义矩估计法,另一种是系统广义矩方法。早前,差分广义矩估计法(first-differenced GMM,简称 DIF-GMM)被广泛用来处理动态面板数据模型中的严重内生性问题。DIF-GMM 的基本思路是先对(6-1)式进行一阶差分以去掉固定效应的影响,然后用一组滞后的解释变量作为差分方程中相应变量的工具变量(Arellano and Bond,1991)。然而,Blundell 和 Bond(1998)的进一步研究认为,DIF-GMM 估计量较易受弱工具变量的影响而产生向下的大的有限样本偏差。为了克服这一问题,Blundell 和 Bond(1998)提出了系统广义矩方法(System GMM,简称 SYS-GMM)。SYS-GMM 估计量结合了差分方程和水平方程,此外还增加了一

[①] 感谢两位作者慷慨提供数据资料,让我们有了这个尝试的机会。

组滞后的差分变量作为水平方程相应变量的工具。相对来说，SYS-GMM估计量具有更好的有限样本性质。

在理论层面，GMM估计量（DIF-GMM 和 SYS-GMM）的一致性关键取决于各项假设条件是否满足，这需要进行两个检验，第一个是通过 Hansen 过度识别约束检验对所使用的工具变量的有效性进行检验，此检验的原假设是所使用的工具变量与误差项是不相关的；第二个是通过 Arellano-Bond 的自相关检验方法对差分方程的随机误差项的二阶序列相关进行检验，其原假设是一阶差分方程的随机误差项中不存在二阶序列相关。如果不能拒绝上述检验的原假设则意味着工具变量有效和模型设定正确。

在操作层面，对于 GMM 估计结果是否有效可行，Bond 等（2002）给出了一种简单的检验方法，即如果 GMM 估计值介于固定效应估计值和混合 OLS 估计值之间，则 GMM 估计是可靠有效的。这是因为混合 OLS 估计通常会导致向上偏误的滞后项系数，而在时间跨度较短的面板数据中，采用固定效应估计则会产生一个严重向下偏误的滞后项系数。

除此之外，在操作层面，我们还应尽可能地满足一个拇指规则，即工具变量数不超过截面数。Roodman（2006）指出太多的工具变量数可能过度拟合内生变量而不能去掉内生部分。具有讽刺意味的是，过多的工具变量还可能弱化上面的 Hansen 过度识别约束检验。

（三）计量结果分析

1. 全部政府支出

我们利用 1994—2004 年度的 27 个省份（区、市）的面板数据（除西藏、重庆、四川和海南外）和三种方法对（6-1）式进行估计，估计结果见表 6-1。根据前面估计方法的讨论,我们认为,表 6-1 第(3)列 SYS - GMM 估计结果是稳健且可靠的。理由是:(1) Hansen test 不能拒绝工具变量有效的原假设;(2) AR(2) 检验不能拒绝一阶差分方程的随机误差项中不存在二阶序列相关的原假设;(3)滞后项的估计值介于第(1)列 OLS 估计值和第(2)列 FE 估计值之间;(4)工具变量数(22)小于截面数(27)。因此,下面我们将根据第(3)列对计量结果进行分析。

表 6-1 中国地方政府的周期性政策反应函数估计(1994—2004 年)

	(1)	(2)	(3)
被解释变量		$\Delta TEXP$	
估计方法	OLS	FE	SYS - GMM
$TEXP\_1$	0.029***	−0.080***	−0.023***
	(106.15)	(28.86)	(61.55)
$Gap \times Boom$	−0.172**	0.087	0.249*
	(−2.09)	(0.75)	(1.78)
$Gap \times Recession$	−0.762***	−1.074***	−1.663***
	(−6.48)	(−6.96)	(−4.27)
$Year1998$	0.738***	0.757***	1.046***
	(3.12)	(2.95)	(4.57)
$Year1999$	0.609***	0.777***	0.887***
	(2.52)	(2.95)	(5.80)
$Year2002$	−0.829***	−0.548*	−1.289***
	(−2.94)	(−1.84)	(−4.70)
$Year2003$	−1.586***	−0.840***	−1.020***
	(−6.03)	(−2.62)	(−3.11)

续表

	(1)	(2)	(3)
AR(1)	—	—	0.002
AR(2)	—	—	0.103
Hansen Test	—	—	0.366
观察值	270	270	270
工具变量数	—	—	22

注:(1)括号中的数值为 t 统计量;(2)*** 表示在1%水平上显著,** 表示在5%水平上显著,* 表示在10%水平上显著;(3) TEXP_1, Gap×Boom 和 Gap×Recession 都是内生变量,其余都是外生变量;(4)TEXP 表示全部政府支出占GDP的比重;(5)为了满足工具变量数不大于截面数及工具变量的有效性,对于内生变量我们使用了滞后两期并用了collapse,对于因变量的一阶滞后我们用了滞后三期。

首先,计量结果显示,在控制其他变量的影响之后,中国地方政府在衰退期采取的是反周期性财政政策,即实际 GDP 每低于潜在 GDP 一个百分点,中国地方政府的政府支出占 GDP 的比重将会平均增加约1.7个百分点。[①] 而在繁荣期则采取的是顺周期性财政政策,即实际 GDP 每高于潜在 GDP 一个百分点,中国地方政府的政府支出占 GDP 的比重将会平均增加约0.25个百分点。[②] 这意味着中国地方政府采取的是一种在衰退期比繁荣期更为积极的"扩张偏向的财政政策"。

其次,其他控制变量的符号也与我们的直觉一致。亚洲金融危机对政策的影响高度显著,1998年和1999年分别使中国地方政府的政府支出占 GDP 的比重平均增加约1.05个百分点和0.89个百分点。在2002年实施并于2003年调整的具有适度集权效果的所得税分享改革对政策的影响也高度显著,2002年和2003年分别使中国地方政府的政府支出占 GDP 的比重平均减少约1.29个百分点和1.02个百分点。

---

① 在1%显著性水平上显著。
② 在10%显著性水平上显著。

最后,考虑到篇幅的限制,我们并没有报告控制外部冲击后的结果。实际上,我们的计量结果显示,外部冲击变量高度不显著①。我们的解释可能是下面三个原因的结合:一是控制亚洲金融危机影响的年度虚拟变量本身就可被看成是对外部冲击的一种控制;二是外部冲击可能主要通过影响经济周期间接地影响政府的政策;三是杨灿明、孙群力(2008)的贸易依存度的条件标准差可能还无法很好地刻画外部冲击的程度。

下面是分地区考察中国地方政府的周期性政策反应函数。考虑到动态面板数据处理技术要求时间跨度小于截面数,因此,我们并没有用分地区数据分别估计(6-1)式而是采用虚拟变量法一并估计三大地区的政策反应函数。②估计结果见表 6-2。同理,我们认为,表 6-2 第(3)列 SYS-GMM 估计结果是稳健且可靠的。③ 首先,计量结果显示,东部和中部地区都明显采用的是在衰退期比繁荣期更为积极的"扩张偏向的财政政策",即在衰退期采用的是反周期性财政政策和在繁荣期采用的是顺周期性财政政策,但强度有所不同。具体地说,在东部,实际 GDP 每低于潜在 GDP 一个百分点,东部地方政府的政府支出占 GDP 的比重将会平均增加约 1.3 个百分点,而实际 GDP 每高于潜在 GDP 一个百分点,东部地方政府的政府支出占 GDP 的比重将会平均增加约 0.32 个百分点。在中部,实际 GDP 每低于潜在 GDP 一个百分

---

① 除此之外,即使控制了外部冲击,我们前面关于中国地方政府的"扩张偏向的财政政策"的研究结论仍然成立。

② Andersen 和 Nielsen(2007)也用了这种方法。

③ 理由是:(1)Hansen Test 不能拒绝工具变量有效的原假设;(2)AR(2) 检验在 5% 显著性水平上不能拒绝一阶差分方程的随机误差项中不存在二阶序列相关的原假设;(3)滞后项的估计值介于第(1)列 OLS 估计值和第(2)列 FE 估计值之间;(4)相对于截面数(27),工具变量数(30)并没有过大。我们认为 5% 显著性水平是可以接受的,Mackiewicz(2006)就曾在 5% 显著性水平上讨论过工具变量有效性的问题。其实通过增大工具数是不难实现 AR(2)值变大的。但是,我们还是尽可能地满足 Roodman(2006)工具数不大于截面数的建议。

点,中部地方政府的政府支出占 GDP 的比重将会平均增加约 1.75 个百分点,而实际 GDP 每高于潜在 GDP 一个百分点,中部地方政府的政府支出占 GDP 的比重将会平均增加约 0.53 个百分点。这也意味着与东部相比,中部地区采用的是更为积极的"扩张偏向的财政政策"。

表 6-2　中国地方政府的周期性政策反应函数估计(1994—2004 年):分地区考察

	(1)	(2)	(3)
被解释变量	$\Delta TEXP$		
估计方法	OLS	FE	SYS-GMM
$TEXP\_1$	0.018***	−0.109***	−0.035***
	(98.79)	(29.17)	(48.63)
$Gap \times Boom \times East$	−0.048	0.010	0.320**
	(−0.48)	(0.07)	(2.30)
$Gap \times Recession \times East$	−0.500***	−0.529***	−1.298***
	(−3.53)	(−2.66)	(−4.54)
$Gap \times Boom \times Central$	−0.070	0.052	0.527**
	(−0.61)	(0.30)	(2.15)
$Gap \times Recession \times Central$	−0.638***	−0.802***	−1.753***
	(−3.98)	(−3.31)	(−3.59)
$Gap \times Boom \times West$	−0.268*	0.197*	0.168
	(−1.84)	(1.11)	(0.82)
$Gap \times Recession \times West$	−1.369***	−1.927***	−2.179***
	(−7.79)	(−8.98)	(−3.09)
$Year1998$	0.814***	0.704***	1.099***
	(3.56)	(2.91)	(4.70)
$Year1999$	0.716***	0.768***	0.994***
	(3.05)	(3.11)	(6.02)
$Year2002$	−0.733***	−0.390	−1.180***
	(−2.70)	(−1.39)	(−4.45)
$Year2003$	−1.430***	−0.716**	−0.848**
	(−5.52)	(−2.38)	(−2.12)

续表

	(1)	(2)	(3)
AR(1)	—	—	0.007
AR(2)	—	—	0.085
Hansen Test	—	—	0.603
观察值	270	270	270
工具变量数	—	—	30

注:(1)括号中的数值是 t 统计量;(2)***表示在1%水平上显著,**表示在5%水平上显著,*表示在10%水平上显著;(3) F_1,$Gap\times Boom\times East$、$Gap\times Recession\times East$、$Gap\times Boom\times Central$、$Gap\times Recession\times Central$、$Gap\times Boom\times West$ 和 $Gap\times Recession\times West$ 都是内生变量,其余都是外生变量;(4)如果某个省份属于某个地区,则代表该地区的虚拟变量为1,否则为0;(5) $TEXP$ 表示全部政府支出占GDP的比重;(6)为了满足工具变量数不大于截面数及工具变量的有效性,对于内生变量我们使用了滞后两期并用了collapse,对于因变量的一阶滞后我们用了滞后三期。

其次,计量结果显示,与其他地区相比,西部地区在繁荣期并没有明显采用顺周期性财政政策,而采用的是中性政策。① 不过,与其他地区相比,西部地区在衰退期则采取的是更为积极的反周期性财政政策。具体来说,实际GDP每低于潜在GDP一个百分点,西部地方政府的政府支出占GDP的比重将会平均增加约2.18个百分点。

最后,其他控制变量的符号也与我们的直觉一致。分析同表6-1。

2. 分解政府支出

遵循国外现有研究的做法,我们也对全部政府支出进行分解。基于中国支出的功能分类和中国学者的通常做法,我们主要考察基本建设支出、行政管理费支出和科教文卫支出三类。计量结果分别见表6-3、表6-4和表6-5。

---

① 系数为正但不显著。

表 6-3 中国地方政府的周期性政策反应函数估计(1994—2004 年):基本建设支出

	(1)	(2)	(3)
被解释变量	ΔINF		
估计方法	OLS	FE	SYS-GMM
INF_1	−0.07***	−0.23***	−0.18***
	(32.34)	(18.39)	(34.57)
$Gap \times Boom$	−0.09*	−0.01	0.12**
	(−1.74)	(−0.26)	(2.22)
$Gap \times Recession$	−0.24***	−0.31***	−0.70***
	(−3.40)	(−4.05)	(−3.09)
AR(1)	—	—	0.007
AR(2)	—	—	0.085
Hansen Test	—	—	0.603
观察值	270	270	270
工具变量数	—	—	30

注:(1)括号中的数值是 t 统计量;(2) *** 表示在 1% 水平上显著, ** 表示在 5% 水平上显著, * 表示在 10% 水平上显著;(3) INF_1, $Gap \times Boom$ 和 $Gap \times Recession$ 都是内生变量,其余都是外生变量;(4) INF 表示基本建设支出占 GDP 的比重;(5)未列的外生变量是表 6-1 中的年度虚拟变量;(6)为了满足工具变量数不大于截面数及工具变量的有效性,对于内生变量我们使用了滞后两期并用了 collapse,对于因变量的一阶滞后我们用了滞后三期。

计量结果显示,三大类支出与全部政府支出一样都表现为"扩张偏向的财政政策"。在三大类支出中,在衰退期,政府基本建设支出扩张的程度最大,其次是科教文卫支出,最低是行政管理费支出;而在繁荣期,政府行政管理费支出扩张的程度最大,其次是基本建设支出,最低是科教文卫支出。有意思的是,无论在哪种情形下,基本建设支出扩张的程度都大于科教文卫支出的,这与傅勇、张晏(2007)的发现非常相似。他们发现,在中国式分权的治理模式下,中国政府支出结构偏向于基本建设支出而不是科教文卫支出。

表6-4 中国地方政府的周期性政策反应函数估计(1994—2004年):行政管理费支出

	(1)	(2)	(3)
被解释变量	ΔADM		
估计方法	OLS	FE	SYS-GMM
ADM_1	−0.08***	−0.45***	−0.17***
	(32.34)	(10.01)	(19.81)
$Gap \times Boom$	−0.04	−0.01	0.13**
	(−1.60)	(−0.27)	(2.68)
$Gap \times Recession$	−0.02	−0.03	−0.27***
	(−0.72)	(−0.75)	(−5.64)
AR(1)	—	—	0.086
AR(2)	—	—	0.17
Hansen Test	—	—	0.067
观察值	270	270	270
工具变量数	—	—	22

注:(1)括号中的数值是 t 统计量;(2)***表示在1%水平上显著,**表示在5%水平上显著,*表示在10%水平上显著;(3) ADM_1, $Gap \times Boom$ 和 $Gap \times Recession$ 都是内生变量,其余都是外生变量;(4) ADM 表示行政管理费支出占GDP的比重;(5)未列的外生变量是表6-1中的年度虚拟变量;(6)为了满足工具变量数不大于截面数及工具变量的有效性,对于内生变量我们使用了滞后两期并用了collapse,对于因变量的一阶滞后我们用了滞后三期。

表6-5 中国地方政府的周期性政策反应函数估计(1994—2004年):科教文卫支出

	(1)	(2)	(3)
被解释变量	$\Delta SECH$		
估计方法	OLS	FE	SYS-GMM
$SECH\_1$	−0.004***	−0.26***	−0.05***
	(57.16)	(15.69)	(40.37)
$Gap \times Boom$	−0.04	0.04	0.04
	(−1.52)	(1.24)	(1.00)
$Gap \times Recession$	−0.15***	−0.23***	−0.34***
	(−4.22)	(−5.93)	(−4.37)

续表

	(1)	(2)	(3)
AR(1)	—	—	0.122
AR(2)	—	—	0.350
Hansen Test	—	—	0.071
观察值	270	270	270
工具变量数	—	—	22

注:(1)括号中的数值是 t 统计量;(2)＊＊＊表示在1%水平上显著,＊＊表示在5%水平上显著,＊表示在10%水平上显著;(3) $SECH\_1$, $Gap \times Boom$ 和 $Gap \times Recession$ 都是内生变量,其余都是外生变量;(4) $SECH$ 表示科教文卫支出占GDP的比重;(5)未列的外生变量是表6-1中的年度虚拟变量;(6)为了满足工具变量数不大于截面数及工具变量的有效性,对于内生变量我们使用了滞后两期并用了 collapse,对于因变量的一阶滞后我们用了滞后三期。

三、理论假说及其检验

(一) 理论假说

前面对中国地方政府的周期性政策反应函数的估计说明,中国地方政府采取的是一种"扩张偏向的财政政策"。方红生、张军(2009)认为中国地方政府的这一政策行为就是中国式分权的治理模式和缺乏良好的制度约束互动的一个可以解释的结果。本章试图对此做出改进,我们认为中国地方政府"扩张偏向的财政政策"是中国式分权的治理模式和预算软约束相互作用的一个可以解释的结果。与方红生、张军(2009)假说中的"缺乏良好的制度约束"相比,我们所引入的"预算软约束"这一概念更"直接"地捕捉了政策行为的实际发生过程。具体来说,我们认为"中国式分权的治理模式"主要解决了中国地方政府有激励实施"扩张偏向的政策"的问题,但是要使这种政策变成现实,还需要解决一个"融资"问题,特别是在经济发生衰退的时候。大多数发展中国家为什么在经济衰退时期实行顺周期性财政政策？其中的一个重要原因可能还是受到金融的约束。中国地方政府为什么可以在经济衰退时期实施扩张偏向的政策？一个重要的原因自然是中国地方政府解决了"金融约束"的问题。平新乔(2006)指出了中国地方政府"预算内软约束"和"预算外基本无约束"的著名论断。陈抗等(2002)认为预算外收入和制度外收入基本上反映了"攫取之手"的行为。如前文所述我们认为正是这种"攫取之手"解决了"金融约束"的问题,从而导致中国地方政府"预算软约束"。正因如此,我们认为,只有引入"预算软约束"这一概念才能更好地解释中国地方政府的"扩张偏向的财政政策"。实际上,在最近的一篇综述中,方红生(2009)就曾给出过金融约束理论可以增强其他新政治经济学理论对衰退期政策行为的解释力这一观点,而我们的假说则是从另一个角度体现了这一观点。

进一步的,由于中国式分权的治理模式对中国地方政府影响的一个重要渠道是政府竞争(张军等,2007;周黎安,2007;傅勇、张晏,2007),而政府竞争的努力程度越高,就越会形成扩张偏向的财政政策。因此,我们可以将前面的假说具体化为,中国地方政府"扩张偏向的财政政策"就是中国地方政府竞争与"预算软约束"相互作用的一个可以解释的结果。

(二) 理论检验

遵循现有的一阶段方法,为了检验上述理论假说,我们只需要将解释变量与式(6-1)中衡量经济周期阶段的变量进行交互就可以了。计量经济学告诉我们,交互项数目越多,就越有可能导致高度共线性的产生。事实上,在我们下面的计量过程中都发现在一个计量方程中不能同时放入两个交互项,否则就会出现高度共线性。① 这也从另一个侧面说明,一阶段方法在考察政策行为的决定因素方面还存在技术上的缺陷。因此下面在我们的所有计量报告中只出现一个交互项。

1. 基于税收竞争构造的政府竞争指标的检验

表6-6考察了政府竞争在决定政府财政行为方面的作用。不难发现,表6-6第(3)列 SYS-GMM 估计结果是稳健且可靠的。②计量结果显示,中国地方政府的周期性政策反应力度取决于中国地方政府竞争的强度。政府竞争的强度越大,中国地方政府实施扩张偏向的财政政策的力度也就会越大,这一点在经济衰退期表现得尤为明显。这很符合我们的理论假说中对政府竞争的强调。

表6-6 中国地方政府的周期性政策反应力度取决于中国地方政府竞争的强度

被解释变量	(1)	(2)	(3)
	$\Delta TEXP$		
估计方法	OLS	FE	SYS-GMM
$TEXP\_1$	0.026*** (74.53)	−0.068*** (29.10)	−0.028*** (57.77)
$Gap \times Boom \times Tcompetition$	−0.187*** (−3.07)	−0.026 (−0.34)	0.233* (1.92)
$Gap \times Recession \times Tcompetition$	−0.430*** (−5.33)	−0.617*** (−6.14)	−1.347*** (−4.23)

---

① 交互项之间的相关系数都显著高于共线性存在的门槛值0.7(Lind et al.,2002)。

② 理由是:(1)Hansen Test 不能拒绝工具变量有效的原假设;(2)AR(2)检验在5%显著性水平上不能拒绝一阶差分方程的随机误差项中不存在二阶序列相关的原假设;(3)滞后项的估计值介于第(1)列 OLS 估计值和第(2)列 FE 估计值之间;(4)工具变量数(26)小于截面数(27)。我们认为5%显著性水平是可以接受的,Mackiewicz(2006)就曾在5%显著性水平上讨论过工具变量有效性的问题。其实通过增大工具数是不难实现 AR(2)值变大的。但是,我们还是尽可能地满足 Roodman (2006)工具数不大于截面数的建议。

	(1)	(2)	(3)
AR(1)	—	—	0.003
AR(2)	—	—	0.063
Hansen Test	—	—	0.270
观察值	270	270	270
工具变量数	—	—	26

续表

注：(1)括号中的数值是 t 统计量；(2)＊＊＊表示在1%水平上显著，＊＊表示在5%水平上显著，＊表示在10%水平上显著；(3)表中所列的变量都是内生变量，其余未列的都是外生变量。未列的外生变量是表6-1中的年度虚拟变量；(4)$Tcompetition$ 表示以税收竞争为基础构造的政府竞争指标，构造方法和数据来源于傅勇、张晏(2007)；(5)$TEXP$ 表示全部政府支出占GDP的比重；(6)为了满足工具变量数不大于截面数及工具变量的有效性，对于内生变量我们使用了滞后两期并用了collapse，对于因变量的一阶滞后我们用了滞后一期。

表6-7考察了预算软约束在决定政府财政行为方面的作用。根据假说中的讨论，我们可以用"攫取之手"衡量政府的预算软约束的程度。但是考虑到体制外收入很难获得，我们仅用政府预算外收入/GDP度量政府"攫取之手"的程度(Grab)，即预算软约束的程度。① 不难发现，表6-7第(3)列SYS－GMM估计结果是稳健且可靠的。② 计量结果显示，中国地方政府的周期性政策反应力度取决于中国地方政府预算软约束的程度。预算软约束的程度越大，中国地方政府实施扩张偏向的财政政策的力度也就会越大，这一点在经济衰退期表现得尤为明显。这很符合我们的理论假说中对预算软约束的强调。

---

① 政府预算外收入数据来自各年《中国财政年鉴》。
② 理由是：(1)Hansen Test不能拒绝工具变量有效的原假设；(2)AR(2)检验不能拒绝一阶差分方程的随机误差项中不存在二阶序列相关的原假设；(3)滞后项的估计值介于第(1)列OLS估计值和第(2)列FE估计值之间；(4)工具变量数(22)小于截面数(27)。

表 6-7　中国地方政府的周期性政策反应力度取决于预算软约束的程度

	(1)	(2)	(3)
被解释变量	$\Delta TEXP$		
估计方法	OLS	FE	SYS-GMM
$TEXP\_1$	0.030***	−0.069***	−0.018***
	(115.11)	(30.21)	(65.89)
$Gap \times Boom \times Grab$	−0.041**	−0.010	0.071*
	(−2.16)	(−0.38)	(1.80)
$Gap \times Recession \times Grab$	−0.167***	−0.214***	−0.407***
	(−6.03)	(−6.02)	(−3.31)
AR(1)	—	—	0.002
AR(2)	—	—	0.104
Hansen Test	—	—	0.204
观察值	270	270	270
工具变量数	—	—	22

注:(1)括号中的数值是 t 统计量;(2)*** 表示在 1% 水平上显著,** 表示在 5% 水平上显著, * 表示在 10% 水平上显著;(3)表中所列的变量都是内生变量,其余未列的都是外生变量。未列的外生变量是表 6-1 中的年度虚拟变量;(4)$TEXP$ 表示全部政府支出占 GDP 的比重;(5)为了满足工具变量数不大于截面数及工具变量的有效性,对于内生变量我们使用了滞后两期并用了 collapse,对于因变量的一阶滞后我们用了滞后三期。

表 6-8 考察了政府竞争和预算软约束在决定政府财政行为方面的作用。不难发现,表 6-8 第(3)列 SYS-GMM 估计结果是稳健且可靠的。[①] 计量结果显示,中国地方政府的周期性政策反应力度取决于中国地方政府竞争和预算软约束相互作用的程度。相互作用的程度越大,中国地方政府实施扩张偏向的财政政策的力度也就会越大,这一点在经济衰退期同样表现得尤为明

---

① 理由是:(1)Hansen Test 不能拒绝工具变量有效的原假设;(2)AR(2) 检验在 5% 显著性水平上不能拒绝一阶差分方程的随机误差项中不存在二阶序列相关的原假设;(3)滞后项的估计值介于第(1)列 OLS 估计值和第(2)列 FE 估计值之间;(4)工具变量数(26)小于截面数(27)。

显。这表明我们的理论假说得到了很好的验证。

表 6-8 中国地方政府的周期性政策反应力度取决于政府竞争和预算软约束相互作用的程度

	(1)	(2)	(3)
被解释变量	$\Delta TEXP$		
估计方法	OLS	FE	SYS-GMM
$TEXP\_1$	0.034***	-0.069***	-0.042***
	(121.52)	(30.21)	(42.07)
$Gap \times Boom \times Tcompetition \times Grab$	-0.038***	-0.017	0.090*
	(-2.68)	(-0.89)	(1.97)
$Gap \times Recession \times Tcompetition \times Grab$	-0.123***	-0.156***	-0.411***
	(-5.90)	(-6.02)	(-3.89)
AR(1)	—	—	0.002
AR(2)	—	—	0.063
Hansen Test	—	—	0.380
观察值	270	270	270
工具变量数	—	—	26

注:(1)括号中的数值是 t 统计量;(2)***表示在1%水平上显著,**表示在5%水平上显著,*表示在10%水平上显著;(3)表中所列的变量都是内生变量,其余未列的都是外生变量。未列的外生变量是表 6-1 中的年度虚拟变量;(4)$TEXP$ 表示全部政府支出占 GDP 的比重;(5)为了满足工具变量数不大于截面数及工具变量的有效性,对于内生变量我们使用了滞后两期并用了 collapse,对于因变量的一阶滞后我们用了滞后一期。

2. 基于土地均价构造的政府竞争指标

在中国式分权的治理模式下,政府竞争的一个重要方面就是为了吸引内外资而展开的低价协议出让土地的竞争(陶然等,2007)。遗憾的是,在现有的统计资料中我们并不能找到我们样本期间的协议出让价的面板数据。但是在《中国国土资源统计年鉴(2007)》中,我们不仅发现了 1999—2006 年国有土地招牌挂出让面积占出让总面积比重变化的数据(见图

6-1),而且我们还发现了2003—2006年国有土地招牌挂出让宗数占出让总宗数比重变化的数据(见图6-2)。图6-1和图6-2表明中国国有土地的出让方式中行政协议方式是主体,而市场化的方式仅仅是辅助,这意味着中国地方政府可以较容易地对辖区内的国有土地的出让均价实行控制。在我们的样本期内更是如此。此外,在《中国国土资源年鉴》和《中国国土资源统计年鉴》中,除1994年和1997年外,我们找到了样本期间内的土地出让总收入和土地出让总面积的面板数据。因此,我们可以构造一个以土地出让均价为基础的政府竞争指标。但考虑到不同地区土地出让均价有着非常大的差异(见图6-3),我们分三大地区构造政府竞争指标。具体来说,先构造每一地区每一年的土地出让均价,然后再用该均价除以地区内当年每个省份的土地出让均价就可得到相应省份的政府竞争指标(Lcompetition)。该值越大,某个省份某年的政府竞争的努力程度就越大。最后将所有地区的政府竞争指标的数据汇总就可得到一个以土地出让均价为基础的政府竞争指标的面板数据。

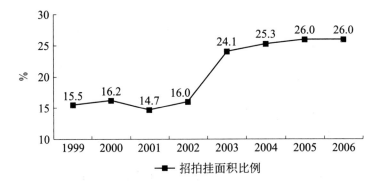

图6-1　1999—2006年国有土地招牌挂出让面积占出让总面积比重的变化图

资料来源:中国国土资源统计年鉴(2007)。

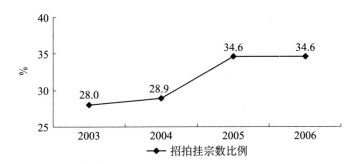

图 6-2 2003—2006 年国有土地招牌挂出让宗数占出让总宗数比重的变化图

资料来源:中国国土资源统计年鉴(2007)。

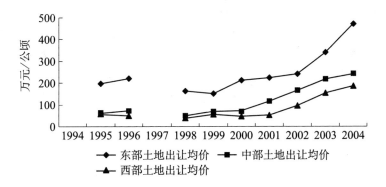

图 6-3 1994—2004 年间中国三大地区国有土地出让均价变化图

表 6-9 是对政府竞争作用的稳健性考察。不难发现,表 6-9 第(3)列 SYS-GMM 估计结果是稳健且可靠的。[①] 计量结果显示,在衰退期,中国地方政府政策反应力度取决于中国地方政府竞争的强度。政府竞争的强度越大,中国地方政府实施反周期性的财政政策的力度也就会越大。但在繁荣期,政府竞争的影响不显著。

---

① 理由是:(1)Hansen Test 不能拒绝工具变量有效的原假设;(2)AR(2) 检验不能拒绝一阶差分方程的随机误差项中不存在二阶序列相关的原假设;(3)滞后项的估计值介于第(1)列 OLS 估计值和第(2)列 FE 估计值之间;(4)工具变量数(23)小于截面数(27)。

表6-10是对政府竞争和预算软约束相互作用的稳健性考察。不难发现,表6-10第(3)列SYS-GMM估计结果是稳健且可靠的。[①] 计量结果显示,在衰退期,中国地方政府政策反应力度取决于中国地方政府竞争和预算软约束相互作用的强度。相互作用的强度越大,中国地方政府实施反周期性的财政政策的力度也就会越大。但在繁荣期,相互作用的影响并不显著,这可能是由于当前所构造的指标还无法很好地刻画真实的政府竞争程度所致。

表6-9 中国地方政府的周期性政策反应力度取决于
中国地方政府竞争的强度:稳健性考察

被解释变量	(1)	(2)	(3)
	$\Delta TEXP$		
估计方法	OLS	FE	SYS-GMM
$TEXP\_1$	0.038***	−0.063***	0.028***
	(110.73)	(26.23)	(61.81)
$Gap \times Boom \times Lcompetition$	−0.126***	−0.081	−0.134
	(−2.66)	(−1.33)	(−1.41)
$Gap \times Recession \times Lcompetition$	−0.305***	−0.346***	−0.721***
	(−4.61)	(−4.20)	(−4.17)
AR(1)	—	—	0.002
AR(2)	—	—	0.138
Hansen Test	—	—	0.321
观察值	243	243	243
工具变量数	—	—	23

注:(1)括号中的数值是t统计量;(2)***表示在1%水平上显著,**表示在5%水平上显著,*表示在10%水平上显著;(3)表中所列的变量都是内生变量,其余未列的都是外生变量。未列的外生变量是表6-1中的年度虚拟变量;(4)$TEXP$表示全部政府支出占GDP的比重;(5)为了满足工具变量数不大于截面数及工具变量的有效性,对于内生变量我们使用了滞后两期并用了collapse,对于因变量的一阶滞后我们用了滞后一期。

[①] 理由是:(1)Hansen Test不能拒绝工具变量有效的原假设;(2)AR(2)检验不能拒绝一阶差分方程的随机误差项中不存在二阶序列相关的原假设;(3)滞后项的估计值介于第(1)列OLS估计值和第(2)列FE估计值之间;(4)工具变量数(23)小于截面数(27)。

表 6-10 中国地方政府的周期性政策反应力度取决于政府竞争和预算软约束相互作用的程度：稳健性考察

	(1)	(2)	(3)
被解释变量	$\Delta TEXP$		
估计方法	OLS	FE	SYS-GMM
$TEXP\_1$	0.034***	-0.073***	0.008***
	(111.68)	(26.54)	(58.55)
$Gap \times Boom \times Lcompetition \times Grab$	-0.033**	-0.025	-0.013
	(-2.40)	(-1.47)	(-0.40)
$Gap \times Recession \times Lcompetition \times Grab$	-0.098***	-0.107***	-0.253***
	(-5.11)	(-4.63)	(-3.78)
AR(1)	—	—	0.002
AR(2)	—	—	0.115
Hansen Test	—	—	0.203
观察值	243	243	243
工具变量数	—	—	23

注：(1)括号中的数值是 t 统计量；(2)***表示在1%水平上显著，**表示在5%水平上显著，*表示在10%水平上显著；(3)表中所列的变量都是内生变量，其余未列的都是外生变量。未列的外生变量是表 6-1 中的年度虚拟变量；(4)$TEXP$ 表示全部政府支出占 GDP 的比重；(5)为了满足工具变量数不大于截面数及工具变量的有效性，对于内生变量我们使用了滞后两期并用了 collapse，对于因变量的一阶滞后我们用了滞后一期。

四、结论与政策建议

基于最新的实证研究文献，本章使用中国 1994—2004 年度 27 个省份的面板数据和系统广义矩方法估计了中国地方政府的周期性政策反应函数。估计结果表明，在衰退期，中国地方政府执行的是非常积极的反周期性财政政策，即实际 GDP 每低于潜在 GDP 一个百分点，中国地方政府的政府支出占 GDP 的比重将会平均增加约 1.7 个百分点，而在繁荣期，中国地方政府执行的是顺周期性财政政策，即实际 GDP 每高于潜在 GDP 一个百分点，中国地方政府的政府支出占GDP的比重将会平均增加约0.25个百分点。除此之外,我们还估计了三大地区的周期性政策反应函数。估计结果表明,东部和中部地区都明显采用的是在衰退期比繁荣期更为积极的"扩张偏向的财政政策",但强度有别。具体地说,在东部,实际GDP每低于潜在GDP 1个百分点,东部地方政府的政府支出占GDP的比重将会平均增加约1.3个百分点,而实际GDP每高于潜在GDP 1个百分点,东部地方政府的政府支出占GDP的比重将会平均增加约0.32个百分点。在中部,实际GDP每低于潜在GDP 1个百分点,中部地方政府的政府支出占GDP的比重将会平均增加约1.75个百分点,而实际GDP每高于潜在GDP 1个百分点,中部地方政府的政府支出占GDP的比重将会平均增加约0.53个百分点。这也意味着与东部相比,中部地区政府采用的是更为积极的"扩张偏向的财政政策"。不过,与其他地区相比,西部地区政府在繁荣期并没有明显采用顺周期性财政政策而采用的是中性政策,但在衰退期则采取的是更为积极的反周期性财政政策。具体地说,实际GDP每低于潜在GDP 1个百分点,西部地方政府的政府支出占GDP的比重将会平均增加约2.18个百分点。然后,基于现有文献和中国的现实,我们对"中国扩张偏向的财政政策"提供了一种理论解释,我们认为"中国扩张偏向的财政政策"就是中国式分权的治理模式和预算软约束相互作用的一个可以解释的结果。最后,我们利用两个政府竞争指标证实了上述假说。

  本章的政策含义有以下几点。第一,中国式分权治理模式是一把"双刃剑",即对于治理经济衰退非常有效,但一旦经济处于繁荣时期,中国地方政府将不可避免地成为经济不稳定的加速器。因此,如何让中国地方政府在经济繁荣时期也有助于宏观经济的稳定是关键。我们认为方红生、张军(2009)

的建议是一个不错的选择,即要将中国式分权治理模式中以 GDP 为主的政绩考核机制调整为以经济稳定优先并兼顾民意的政府考核机制。第二,我们的研究结果表明,中国式分权的治理模式之所以可以有效地治理经济衰退问题,实际上还得益于中国的财政体制安排给予了中国地方政府"攫取之手"的行动空间。在当前的金融体制下,如没有这个行动空间,中国地方政府很难很好地解决"金融约束的问题"。但是,中国的财政体制安排却有着太多的问题(平新乔,2006;陈抗等,2002)。从本章的角度看,中国地方政府积极的反周期性财政政策的成功实施可能是以中国民间的消费需求和投资需求的下降为代价的。显然,这不是我们愿意看到的结果。因此,如何在合理规范预算外收入的征收和管理的同时又能解决经济衰退期下的中国地方政府所面临的"金融约束的问题"是另一个关键。我们认为,中国地方政府在经济繁荣时期进行储蓄并配合在经济衰退期发行地方债是一个可行的政策选择。第三,无论是基于全部政府支出,还是基于分类支出,我们所估计的中国地方政府的政策反应函数都是"扩张偏向的财政政策",这提醒我们要务必关注中国地方政府的财政政策的可持续性问题。为确保财政政策的可持续性,我们认为,除调整政府考核机制外(即第一点),中央政府还要设计出一个可确保中国地方政府在经济繁荣时的财政盈余得到储蓄的财政安排。Hagen 和 Harden(1995)及 Eichengreen 等(1996)就曾建议一个国家应设立一个如同独立的中央银行这样的独立的"国家财政委员会"(national fiscal council)机构以便抵制外界的政治压力,我们不妨对其进行参考借鉴。除此之外,构造制度约束(即制度检查、公共决策过程的制衡和良好质量的政府制度)也是实现一国财政纪律和财政健康的重要保证(Woo,2005)。

参考文献：

Alesina A. , F. R. Campante and G. Tabellini. 2008. Why is Fiscal Policy Often Procyclical? . *Journal of the European Economic Association* , 6 (5):1006 - 1036.

Andersen A. L. and L. H. W. Nielsen. 2007. Fiscal Transparency and Procyclical Fiscal Policy. Working Paper, Department of Economics , University of Copenhagen.

Arellano M. and S. Bond. 1991. Some Tests of Specification for Panel Data: Monte Carlo Evidence and an Application to Employment Equations. *Review of Economic Studies* ,58:277 - 297.

Blundell R. and S. Bond. 1998. Initial conditions and moments restrictions in dynamic panel data models. *Journal of Econometrics* ,87:115 - 143.

Bond S. 2002. Dynamic Panel Data Models: A Guide to Micro Data Methods and Practice. Working Paper 09/02, Institute for Fiscal Studies, London.

Catão L. and B. Sutton. 2002. Sovereign Defaults: The Role of Volatility. IMF Working Papers 02/149, International Monetary Fund.

Eichengreen, B. et al. . 1996. Reforming Fiscal Institutions in Latin America: the Case for a National Fiscal Council. Mimeo, Inter - American Development Bank.

Gavin M. and R. Perotti. 1997. Fiscal Policy in Latin America. In Bernanke, Ben and Rotemberg, Julio (Ed.), *NBER Macroeconomics Annual*, Cambridge, MA: MIT Press.

Hagen V. and I. Harden. 1995. Budget Processes and Commitment to Fiscal Discipline. *European Economic Review*, 39:771-779.

Hercowitz Z. and M. Strawczynski. 2004. Cyclical Ratcheting in Government Spending. *The Review of Economics and Statistics*, 86(1):353-361.

Jaimovich Dany and Ugo Panizza. 2007. Procyclicality or Reverse Causality?. RES Working Papers 1029, Inter-American Development Bank.

Kaminski G., C. Reinhart and C. Vegh. 2004. When it Rains it Pours: Procyclical Capital Flows and Macroeconomic Policies. In Mark Gertler and Kenneth Rogoff (Eds), *NBER Macroeconomic Annual*, Cambridge, MA: MIT Press.

Lind A., W. Marchal and R. Mason. 2002. *Statistical Techniques in Business and Economics*. Irwin: MaGraw-Hill.

Mackiewicz M.. 2006. The Cyclical Behavior of Fiscal Surpluses in the OECD Countries—A Panel Study. Working paper.

Roodman D.. 2006. How to Do xtabond2: An Introduction to "Difference" and "System" GMM in Stata. Working Paper 103.

Talvi E. and C. Vegh. 2005. Tax Base Variability and Procyclicality of Fiscal Policy. *Journal of Development Economics*, 78:156-190.

Tornell A. and P. R. Lane. 1999. The Voractiy Effect. *American Economic Review*, 89:22-46.

Woo J.. 2005. The Behavior of Fiscal Policy: Cyclicality and Discretionary Fiscal Decisions. Working paper.

陈抗、Arye L. Hillman、顾清扬,2002,"财政集权与地方政府行为变化——从援助之手到攫取之手",《经济学(季刊)》第 2 卷第 1 期。

方红生,2009,"顺周期性财政政策研究进展",《经济学动态》第 1 期。

方红生、张军,2009,"中国地方政府扩张偏向的财政行为:观察与解释",《经济学(季刊)》第 8 卷第 3 期。

傅勇、张晏,2007,"中国式分权与财政支出结构偏向:为增长而竞争的代价",《管理世界》第 3 期。

平新乔,2006,"中国地方预算体制的绩效评估及指标设计",工作论文 No. C2006018. 北大中国经济研究中心。

陶然、袁飞、曹广忠,2007,"区域竞争、土地出让与地方财政效应:基于 1999—2003 年中国地级城市面板数据的分析",《世界经济》第 10 期。

杨灿明、孙群力,2008,"外部风险对中国地方政府规模的影响",《经济研究》第 9 期。

张军、高远、傅勇、张弘,2007,"中国为什么拥有了良好的基础设施?",《经济研究》第 3 期。

周黎安,2007,"中国地方官员的晋升锦标赛模式研究",《经济研究》第 7 期。

7

攫取之手、援助之手与中国税收超 GDP 增长①

一、引言

20世纪80年代中期以来,中国税收占GDP比重的时间变动模式呈现为一条"U"形曲线(见图7-1)。有趣的是,该比重由降反升的转折点恰好是在中国分税制改革后的第二年。分税制改革无疑为我们理解中国税收超GDP增长现象提供了一条非常有价值的线索。目前,围绕这条线索进行研究的学者大体可分成四派,第一派学者强调税收征管效率的提升对于中国税收超GDP增长的重要作用(贾康等,2002;高培勇,2006;周黎安等,2011);第二派学者强调稳定性的分权契约关系对于税收征管效率的正向激励(崔兴芳等,2006;吕冰洋、郭庆旺,2011);第三派学者强调中央征收集权程度的提高是导致税收征管效率提高,进而是税收超GDP增长的根源(王剑锋,2008);第四派学者则强调不是稳定的分权契约关系,而是以动态变化的税收集权为特征的分税制改革对于税收征管效率和发展高税行业具有正向激励效应(即新税收集权假说)(曹广忠等,2007;陶然等,2009;汤玉刚、苑程浩,2010;Su

---

① 发表于《经济研究》2013年第3期。

et al.,2012;张军,2012;Zhang,2012)。① 由此,我们不难看出,后三派都在试图将第一派所提出的税收征管效率内生化,只是侧重点不同。具体而言,第四派侧重分税制改革所要实现的税收集权的目标,而第二和第三派则侧重为实现税收集权之目标而采取的两种手段。在我们看来,如果分税制改革不是以税收集权为目标,我们是很难理解原有手段会诱发出税收征管效率的强激励效果的。因此,从这个意义上讲,我们更偏向于第四派的研究视角。不仅如此,第四派的优势还在于发现了税收集权影响税收超 GDP 增长的另一个渠道,即激励地方政府为提高财政收入而大力发展高税行业,而第二和第三派则将这些产业看成是经济发展阶段自然演进的结果。

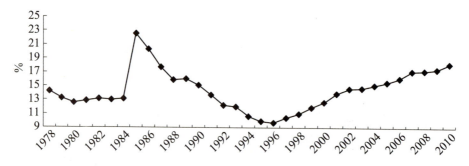

图 7-1　改革开放以来中国税收占 GDP 比重变动的时间模式

然而,第四派也存在一定的不足之处。众所周知,分税制改革本质上只是税收集权的改革,并没有对事权在中央和地方之间做出有效调整。因此,

---

① 与第四派所强调的税收集权会导致政府间激烈的竞争不同(在第二部分会详细阐述),早期的税收集权假说(Brennan and Buchanan,1980;Oates,1985)认为税收集权之所以会导致追求财政收入最大化的利维坦式政府扩大政府规模,是因为税收集权削弱了政府间竞争。尽管 Oates(1985)使用截面数据没有证实税收集权与税收占 GDP 比重之间存在显著的正向关系,但是 Wallis 和 Oates(1988)使用面板数据却证实两者具有显著的正向关系。

分税制改革导致的一个结果就是中央和地方之间的纵向收支的不平衡。[①]为了尽量缓解这种不平衡,中央将税收集权所筹集到的大量资金以转移支付的形式在跨地区之间进行再分配。[②] 换言之,分税制改革后,中央政府实质上是以"攫取"和"援助"两只手来试图实现对整个中国经济的宏观控制以保障经济的持续增长。如果说中央政府的攫取之手导致地方政府巨大的增收或增长压力的话,那么中央政府所伸出的援助之手无疑会缓解其攫取之手给地方政府所造成的压力。这意味着,中央政府的攫取之手对中国税收超 GDP 增长的正向激励效应将受到其援助之手的抑制(假说 7-1)。因此,不将援助之手纳入到中国税收超 GDP 增长的分析逻辑之中,是很难对攫取之手的整体激励效果做出恰当评估的。

除抑制攫取之手的间接效应外,中央政府的援助之手对于税收超 GDP 增长还具有正的直接效应(假说 7-3)。一方面,我们认为,当追求财政收入最大化的地方政府面对一个不规范的转移支付制度时,都会选择一个偏向于基本建设的财政支出结构。然而考虑到这样的支出结构有助于高税行业的发展,由此,我们不难推断,当过度膨胀的财政支出更多地被用于基本建设时,中央政府的援助之手必将导致一个更高的税收占 GDP 的比重。另一方面,我们认为,与攫取之手一样,中央政府的援助之手也可以通过提高税收征管效率来增加税收占 GDP 的比重。换言之,中央政府的援助之手正是通过促进高税行业的发展和提高税收征管效率这两个渠道来增加税收占 GDP 比重的。

[①] 2009 年,中央政府的预算收入占预算总收入的比重约为 52.4%,但只承担了预算总支出的 20%(Huang and Chen,2012)。

[②] 1994—2008 年,中央对地方的转移支付平均占到地方财政支出的 47%,而在一些西部地区,地方财政支出对转移支付的依存度超过了 70%(李永友、沈玉平,2009)。

此外,本章还分税收净流出和净流入地区拓展了以上两个假说。我们预期,相比于税收净流出地区,中央政府的攫取之手对税收占 GDP 比重的正边际效应在税收净流入地区要大,且会随其援助之手而显著减弱(假说 7-2)。而相比于税收净流出地区,中央政府的援助之手对税收占 GDP 比重的正效应在税收净流入地区更显著,且会随其攫取之手而显著减弱(即假说 7-4)。

本章利用中国 1995—2007 年度 27 个省份的平衡面板数据和系统 GMM 方法证实了以上四个假说。首先,基于整个样本,我们发现,攫取之手和援助之手的确存在显著正的直接效应和负的间接交互效应,这与假说 7-1 和 7-3 一致。其次,基于分样本,我们发现以下三点可支持假说 7-2 和 7-4 的证据:(1)攫取之手与援助之手存在明显的彼此抑制的现象只发生在税收净流入地区。(2)援助之手的显著正效应也只发生在税收净流入地区。(3)攫取之手的正边际效应在税收净流入地区更大。最后,我们用 Acemoglu 等(2003)的方法考察了假说背后的两大渠道的相对重要性问题。我们发现,对于税收净流出地区,攫取之手主要通过提高税收征管效率而不是高税产业的发展来提高税收占 GDP 的比重;而对于税收净流入地区,中央政府的攫取之手和援助之手则主要通过激励地方政府大力发展高税行业而非提高税收征管效率来提高税收占 GDP 的比重。

与既有的研究相比,本文的贡献有以下几点。第一,首次基于新税收集权假说和粘纸效应提出了一个以攫取之手和援助之手为双内核的理论框架来解释中国税收超 GDP 增长现象,并通过考虑税收净流出入地区的异质性设计了四个研究假说,从而发展了这些假说及其早期的税收集权假说(Brennan and Buchanan,1980;Oates,1985)。第二,构造了一个名义和真实攫取之手与援助之手的省级平衡面板数据,并界定了税收净流出入地区来检验四个假说。第三,构造了一个被解释变量为税收占 GDP 比重的动态面板计量模型并使用系统 GMM 估计方法来考察中国税收超 GDP 增长,而既有的三篇代表性经验文献(曹广忠等,2007;王剑锋,2008;周黎安等,2011)构造的都是被解释变量为非税收占 GDP 比重的静态面板模型。[①] 考虑到中国的地方政府行为存在典型的增量预算特征(付文林、沈坤荣,2012),我们认为选择一个动态模型可能相对好些。[②] 第四,通过直接考察援助之手对税收占 GDP 比重的冲击而非通过考察援助之手对税收努力的影响(乔宝云等,2006;李永友、沈玉平,2009)来研究税收超 GDP 增长。究其原因是在于税收努力指数的测度存在诸多问题(王剑锋,2008;吕冰洋、郭庆旺,2011;周黎安等,2011),因此,我们更偏好直接的研究方法,即直接考察援助之手对税收占 GDP 比重的冲击。此外,我们还考察了这种冲击是否受到攫取之手的影响。第五,使用 Acemoglu 等(2003)的方法考察了假说背后的两大渠道的相对重要性问题。据我们所知,曹广忠等(2007)虽从经验上考察了高税行业发展和税收征管效率的相对重要性问题,但是他们并没有使用一个正式的实证框架。因此,我们的研究是对他们研究的一个改进。第六,发现了两只手的匹配区间,这对于进一步改善两只手的治理模式具有重要的参考价值。

本章结构安排如下:第二部分是从国家和省级两个层面对中央政府的攫取之手与援助之手进行度量,然后以此为背景提出四个研究假说。第三部分是构造了一个被解释变量为税收占 GDP 比重的动态面板计量模型来检验四

[①] 曹广忠等(2007)的被解释变量为财政总收入占 GDP 比重,严格说来他们是在考察财政收入为何超 GDP 增长,而非总税收为何超 GDP 增长。王剑锋(2008)和周黎安等(2011)的被解释变量是税收,严格说来他们是在考察中国的税收为何增长,而非总税收为何超 GDP 增长的问题。

[②] Gupta(2007)在其稳健性分析时使用了动态模型。

个假说。特别的,我们使用了 Acemoglu 等(2003)识别渠道相对重要性的方法。第四部分是计量结果分析。在这个部分,我们发现四个假说都通过了检验。此外,我们还发现在税收净流出地区和净流入地区,渠道的相对重要性有明显差别。最后是结论性评论。

二、攫取之手与援助之手:度量与研究假说

(一) 国家层面的度量

1. 名义与真实攫取之手

分税制改革实质上是以中央税收集中为特征的改革,为了度量中央政府税收集中的程度,我们区分了名义攫取之手和真实攫取之手。遵循 Oates(1985)、汤玉刚(2011),以及陈志勇、陈莉莉(2011),名义攫取之手(用 Mgh 表示)衡量的是中央政府在分税制改革中表面上占有国家总税收的程度,即 MGH=中央税收/总税收。真实攫取之手(用 Rgh 表示)衡量的是中央政府在分税制改革中实际上占有国家总税收的程度,即 Rgh=(中央税收+地方上解−税收返还)/总税收。值得指出的是,我们度量的真实攫取之手与汤玉刚(2011)有点差别,他用(中央税收−税收返还)/总税收来表示。我们之所以在分子上还加上地方上解,有两点考虑,第一点是与国家财政部在 2009 年所做出的调整一致,即 2009 年及以后中央政府给地方政府的税收返还是扣掉地方上解后的净税收返还。如果将这个净税收返还替换汤玉刚(2011)公式中的税收返还,那么就不难得出我们现在给出的这个修正的公式。第二点实际上是对这个公式合理性的一个解释。分税制改革本身既体现了中央政府对地方政府的妥协,又体现了地方政府对中央政府的妥协,前者表现为税

收返还,后者表现为地方上解。因此,在分税制改革中,中央政府税收集权的真实程度就应是这个修正的公式。根据这两个公式,我们做出了分税制改革以来中央政府的名义和真实攫取之手的时间变动模式,见图7-2。

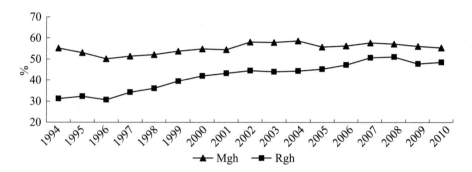

图7-2 分税制改革以来中央政府的名义和真实攫取之手的时间变动模式

2. 名义与真实援助之手

同样,对于援助之手,也有名义与真实之分。遵循袁飞等(2008)和范子英、张军(2010b)的研究,名义援助之手(用Mhh表示)衡量的是中央政府表面上为地方政府支出援助的程度,即Mhh=含税收返还的中央补助/本级地方财政支出。遵循范子英、张军(2010b),真实援助之手(用Rhh表示)衡量的是中央政府实际上为地方政府支出援助的程度,即Rhh=不含税收返还的中央补助/本级地方财政支出。根据这两个公式,我们做出了分税制改革以来中央政府的名义和真实援助之手的时间变动模式(见图7-3)。

图7-2和图7-3显示了分税制改革以来,中央政府攫取之手、援助之手的时间变动模式。我们发现:①真实攫取之手与援助之手都比名义攫取之手与援助之手的力度低,这一点在分税制改革后的早期尤其明显;②真实攫取之手与援助之手总体上呈现出比名义攫取之手与援助之手更为显著的上升态势。

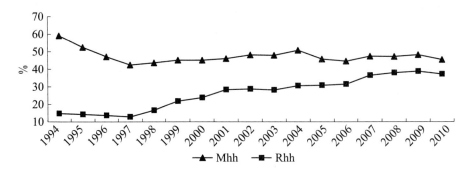

图7-3 分税制改革以来中央政府的名义和真实援助之手的时间变动模式

(二) 省级层面的度量(1995—2007年)

1. 名义与真实攫取之手

根据名义与真实攫取之手的计算公式,为了计算出各自分省的值,我们必须要有以下原始数据:①分省的总税收;②分省的中央级税收;③分省的税收返还;④分省的地方上解。幸运的是,第③和④项数据可以从《地方财政分析资料》(2004)、《地方财政统计资料》(2005—2007)和《中国财政年鉴》(1996—2008)中直接获得①,而对于第①和②项,尽管没有现成的数据,但我们通过相关的计算也能获得。先看分省的总税收。尽管《中国税务年鉴》(1996—2008)提供了全国税务局在各省征到的税收,但是有三点需要引起我们的注意。第一点是中国有5个税收单列市,分别是宁波、青岛、深圳、大连和厦门,这些市的税收数据并没有包含在相应的省级数据中,所以在利用《中国税务年鉴》时,要将其加上。第二点是1996年《中国税务年鉴》并没有直接

---

① 值得一提的是,中国5个税收单列市1997年的含税收返还的中央补助收入和地方上解数据并没有包含在该年相应的省级数据中。此外,2002年甘肃省的含税收返还的中央补助收入数据有误。我们通过对比《地方财政分析资料》(2004)和《中国财政年鉴》发现了这些问题。然后我们对其进行了纠正。

提供1995年国家税务局在各省征到的税收,而只提供了国税和地税在各省征收到的税收数据,所以为得到全国税务局分省的税收数据,要合并国税和地税的数据。第三点是全国税务局并不征收农业各税,所以为了获得更为真实的分省总税收,我们还需要加上财政部门征收到的农业各税的数据。令我们高兴的是,《中国财政年鉴(1996—2008)》在"分省财政一般预算收支决算总表"中提供了农业各税的数据,其中农业各税主要包括农业税、农业特产税、牧业税、耕地占用税和契税等(李永友、沈玉平,2010)。

再看分省的中央级税收。尽管《中国税务年鉴(2001—2008)》提供了2000—2007年间分省的扣除出口退税后的中央级税收数据,但是同样需要注意的是要将5个税收单列市的中央级税收合并到相应的省份中。对于1995—1999年的中央级税收,可以用各省含农业各税的总税收减掉各省地方级税收间接得到,其中地方级税收可以通过加总《中国财政年鉴(1996—2000)》中"分省财政一般预算收支决算总表"中的相关税种项获得。

最后将以上数据代入公式,就可得到中央在各省的名义攫取之手(用Mgh表示)与真实攫取之手(用Rgh表示)的力度。

2. 名义与真实援助之手

根据名义与真实援助之手计算公式,为了计算出分省的值,我们必须要有以下原始数据:

①含税收返还的中央补助;②税收返还;③本级地方政府支出。幸运的是,第②项的数据已有,而第①和③项数据可以从《中国财政年鉴(1996—2008)》中"省级政府收支决算表"中获取。最后将以上数据代入公式,就可得到中央在各省的名义援助之手(用Mhh表示)与真实援助之手(用Rhh表示)的力度。

(三) 研究假说

1994 年分税制改革后中央政府的真实攫取之手的力度不断提升,地方政府理应降低其发展地方经济与培育税源的积极性(Weingast,2000)。但事实则恰恰相反,中国地方政府仍有很强的激励致力于发展地方经济。这是为什么? 新近发展起来的新税收集权假说(曹广忠等,2007;陶然等,2009;汤玉刚和苑程浩,2010;Su et al.,2012;张军,2012;Zhang,2012)对此做了非常好的解释。首先,该假说认为,税收集权给地方政府造成的财政压力塑造了地方政府财政收入最大化的目标。给定要素流动这一假定,税收集权将激励追求财政收入最大化的地方政府为"资本"而展开"蒂伯特"式的横向竞争,以便大力发展制造业。① 对于地方政府而言,制造业的快速发展不仅仅给地方政府带来了稳定持久的增值税和企业所得税等直接收益②,而且还为其带来大量的营业税和高额的土地出让收入等间接收益,其中间接收益的取得得益于制造业的发展对于商业和房地产等服务业发展的强大溢出效应。

其次,该假说认为,除激励地方政府大力发展制造业这个高税行业外,税收集权还将激励追求财政收入最大化的地方政府大力发展房地产这个高税行业。这是因为营业税税基是第三产业(不含批发和零售业)以及第二产业中的建筑业(陈志勇、陈莉莉,2011),而营业税九大税目中,建筑业和销售不动产业属于两个不同税目,这样会对建筑收入存在双重征税问题(吕冰洋、郭

---

① 值得指出的是,一些学者(陶然等,2009;Su et al.,2012)认为这里的财政收入最大化模型要优于晋升和政治锦标赛模型(Li and Zhou,2005)。不过张军(2012)发现,就官员的策略性选择而言,官员在两个模型中的选择其实是一致的。

② 因为增值税税基主要是工业增加值与第三产业中的批发零售业增加值之和(吕冰洋、郭庆汪,2011),而增值税的类型又是生产型的,所以为分享更多的增值税收入,地方政府必然渴望最大限度地扩大增值税的税基,而加快制造业的发展和资本积累的速度无疑是个不错的策略性选择。

庆汪，2011）。所以为独享更多的营业税收入，地方政府必然更渴望最大限度地扩大营业税税基，而大力发展同样具有强大溢出效应的房地产业无疑是个不错的选择。

最后，该假说认为，除激励地方政府大力发展制造业和房地产业这两个高税行业外，税收集权还将激励地方政府努力提高作为其主要税种的营业税的征管效率，其中一个很重要的原因是在于，作为营业税主要课税对象的服务业不像制造业那样具有流动性，地方政府有很强的激励将其充分征收。值得一提的是，税收集权不只是提高了地方政府的税收征管效率，实际上也极大地提高了中央政府的税收征管效率（汤玉刚、苑程浩，2010）。根据第一派的研究，我们可以推知，税收集权即使无法激励地方政府大力发展高税行业，也完全可以通过激励中央政府和地方政府提高税收征管效率的总水平来导致税收超 GDP 增长。但是，该假说提醒我们，税收征管效率具有边际收益递减性质，如果不考虑地方政府大力发展高税行业这一渠道，肯定是无法很好地解释中国税收持续超 GDP 增长现象的。这表明税收集权正是通过促进高税行业的发展和提高税收征管效率总水平而导致中国税收持续超 GDP 增长的。然而新税收集权假说并没有考虑到中央政府援助之手的影响。如果说中央政府的攫取之手导致地方政府巨大的增收压力的话，那么中央政府所伸出的援助之手无疑会缓解其攫取之手给地方政府所造成的压力。这意味着中央政府的攫取之手对中国税收超 GDP 增长的正向激励效应将受到其援助之手的抑制。由此我们提出如下假说：

假说 7-1　中央政府的攫取之手对税收占 GDP 比重的正效应会随其援助之手而减弱。

如果我们区分税收净流出地区和净流入地区，假说 7-1 会有何不同呢？

我们认为可能有两个重要的差别。第一，相比于净流出地区，中央政府的攫取之手导致净流入地区的地方政府增收压力更大，其结果必然是倒逼净流入地区的地方政府投入更大的努力去提高税收征管效率和推动高税产业的发展，这样在净流入地区，中央政府的攫取之手对税收占GDP比重的正边际效应就会更大。第二，相比于净流入地区，中央政府对于净流出地区的援助很有限，所以在净流出地区，中央政府的援助之手在缓解其攫取之手给地方政府所造成的压力方面效果可能并不显著。由此，我们提出如下假说：

假说7-2　相比于税收净流出地区，中央政府的攫取之手对税收占GDP比重的正边际效应在税收净流入地区要大，且会随其援助之手而显著减弱。

刚才讨论了中央政府的援助之手对于其攫取之手的影响，那么中央政府的援助之手本身的效应如何，也是我们关心的另一个重要问题。最新研究发现，中国中央政府的转移支付具有粘纸效应，即转移支付的改善会刺激地方财政支出规模过度膨胀（付文林、沈坤荣，2012；范子英，张军，2010a；李永友、沈玉平，2009）。究其原因，至少有两点。①一些国别与跨国研究都表明，中央对地方的转移支付作为分权治理中中央政府实施宏观调控的重要工具，本身在提高中央控制能力的同时，也诱致了地方政府的道德风险，弱化了地方政府的财政纪律，结果是政府支出和债务规模膨胀，甚至宏观经济不稳定（Goodspeed，2002；Rodden，2002）。②财政幻觉。地方政府由于无法获得充分的信息，无法得知公共品的边际成本，于是只能用公共品的平均成本来代替边际成本，而转移支付虽然不改变公共品的边际成本，但是显著降低了其平均成本，于是最终的公共品供给就超过了按照边际收益与边际成本相等原则确定的水平（Oates，1979）。不仅如此，现有研究还发现，中国中央政府的转移支付还具有可替换效应，即转移支付的改善会刺激地方政府将更多的资金投向基本建设而非科教文卫支出(付文林、沈坤荣,2012)。究其原因,他们认为是晋升激励和不规范的转移支付制度造成的①。然而,实际上,新税收集权假说也可以对其进行解释,这是因为面对一个不规范的转移支付制度,地方政府为最大化其财政收入,一个理性的选择当然是选择一个偏向于基本建设的财政支出结构。考虑到这样的支出结构有助于高税行业的发展,由此,我们不难推断,当过度膨胀的财政支出更多地被用于基本建设时,中央政府的援助之手必将导致一个更高的税收占GDP的比重。

除通过推动高税行业的发展,中央政府的援助之手还可以通过提高税收征管效率来增加税收占GDP的比重。一方面,如前所述,中央政府的援助之手所诱致的财政支出过度膨胀会不可避免地导致地方政府背负过多的政府债务,尽管地方政府可以求助于中央政府,但是总是有个限度,所以地方政府责令地税局提高税收征管效率就顺理成章了。另一方面与中国转移支付体系有关。袁飞等(2008)认为,在现有的转移支付体系中起主导地位的还是透明度较差、随意性较强的专项转移支付。而地方政府要想获得专项转移支付,就必须配套相应的资金。为了筹集这些资金,地方政府就需要有更高的税收努力(李永友、沈玉平,2009)。由此,我们提出如下假说:

假说7-3 中央政府的援助之手对税收占GDP比重的正效应会随其攫取之手而减弱。②

---

① 尹恒、朱恒(2011)认为如果县级政府以经济增长率最大化为目标,他们就会尽可能将财政资源投入生产性支出项目。

② 根据假说7-1,攫取之手与援助之手的交互项为负,所以假说7-2中的"减弱"是显而易见的。当然,这里也可给出一个合理的经济解释,即如果地方政府意识到中央政府的援助并不纯粹是无偿的,而是部分有偿的(即中央政府的攫取部分),那么地方政府支出规模的过度膨胀将会有所收敛。

同样,如果我们区分税收净流出地区和净流入地区,假说7-3会有何不同呢?我们认为可能也有两个很重要的差别。第一,相比于净流入地区,在净流出地区的地方政府很明白,中央政府对其的援助实际上相当有限,所以他们就不会像净流入地区的地方政府那样过度扩张财政支出,特别是基础设施支出。① 而且,他们也不会像净流入地区的地方政府那样因此而背负债务而被迫提高税收征管效率。第二,相比于净流入地区,净流出地区的地方政府更容易筹集到专项转移支付的配套资金,因而其税收努力水平更低。由此,我们提出如下假说:

假说7-4 相比于税收净流出地区,中央政府的援助之手对税收占GDP比重的正效应在税收净流入地区更显著,且会随其攫取之手而显著减弱。

三、模型与数据

(一) 模型设定

为了检验假说7-1和7-3,我们构造如下的动态面板计量模型:②

$$Tshare_{it} = \alpha_1 Tshare_{it-1} + \alpha_2 Rgh_{it} + \alpha_3 Rhh_{it} + \alpha_4 Rgh_{it} \times Rhh_{it}$$
$$+ \beta X_{it} + u_i + u_t + \varepsilon_{it} \tag{7-1}$$

其中$Tshare_{it}$是税收占GDP比重,$Tshare_{it-1}$是滞后一年的税收占GDP比重,Rgh_{it}是真实攫取之手,Rhh_{it}是真实援助之手,$Rgh_{it} \times Rhh_{it}$是真实攫取

---

① 付文林、沈坤荣(2012)发现,相比于落后地区,转移支付的改善在较为发达的地区所刺激出来的基础设施投资要小。

② 我们发现利用名义攫取之手和援助之手的数据的计量结果都不显著,所以为节省篇幅,以下只使用两只手的真实数据。

之手和真实援助之手的交互项，X_{it}是控制变量集，包含现有文献中常提到的$Pgdp$(人均实际 GDP)、$Popbonus$(人口红利) $Popbonus^2$(人口红利的平方)、$Privatization$(民营化)、$Urban$(城市化)、$Open$(开放度)、$Inflation$(通货膨胀率)等[①]，u_i是不可观测的省际效应，u_t是年度虚拟变量，ε_{it}是误差项。

为了检验假说 7-2 和 7-4，我们有必要先定义税收净流出地区和净流入地区。

税收净流出＝真实税收流出－真实税收流入＝中央税收＋地方上解－含税收返还的中央补助收入

其中，

真实税收流出＝中央税收＋地方上解－税收返还

真实税收流入＝不含税收返还的中央补助收入

如果某地区所有年份税收净流出大于 0 或样本期内净流出之和大于 0，则该地区为税收净流出地区，我们令 $Flow_{it}=1$，否则为 0；如果某地区所有年份税收净流出小于 0 或样本期内净流入之和大于 0，则该地区为税收净流入地区，我们令 $Inflow_{it}=1$，否则为 0。然后我们将这两个虚拟变量分别乘以式(7-1)中的核心解释变量并放入式(7-1)中，我们就可识别分地区的情况(见表 7-1)。

[①] 遵循吕冰洋、郭庆旺(2011)，用劳动年龄人口占总人口的比重(％)表示人口红利。遵循罗长远、张军(2009)，用非国有部门的就业占比(％)表示民营化。遵循陆铭、陈钊(2004)，用非农业人口占总人口的比重(％)表示城市化。遵循现有文献的一般做法，用进出口之和占 GDP 比重(％)表示开放度，用 CPI 的增长率(％)表示通货膨胀。

表 7-1　净流出和净流入地区分类：1995—2007

净流出地区	所有年份都是净流出的地区	北京	天津	辽宁
		上海	江苏	浙江
		福建	山东	广东
	样本期内净流出之和大于 0 的地区	河北	山西	黑龙江
		云南		
净流入地区	所有年份都是净流入的地区	内蒙古	江西	广西
		贵州	甘肃	青海
		宁夏	新疆	
	样本期内净流入之和大于 0 的地区	吉林	安徽	河南
		湖北	湖南	陕西

表 7-1 是净流出和净流入地区的分类，从表中我们可知，与净流出地区相比，净流入地区更落后一些。通过观察净流出入地区在真实攫取之手和援助之手方面的基本情况[①]，我们发现：(1)两个地区的真实攫取之手基本上都呈现持续上升的态势，不过净流入地区的上升趋势更快；净流出地区的真实攫取之手的力度要明显高于净流入地区。(2)两个地区的真实援助之手也基本上都呈现持续上升的态势，不过净流入地区的上升趋势更快。特别的，相比于净流入地区，中央政府对净流出地区的真实援助之手的力度非常之低。这肯定会产生不同的激励效应，具体见假说 7-2 和 7-4 的讨论。

(二) 渠道检验

前面假说中提到，税收征管效率和高税行业的发展是其两个重要渠道，但是到底哪个更为重要呢？为了考证这一问题，我们想到了 Acemoglu 等 (2003)识别渠道的方法。然而在应用这个方法之前，我们还需找到至少一个渠道的代理变量。考虑到税收征管效率面临严重的度量问题，我们试图借鉴

[①] 为节省篇幅，我们将反映更多基本情况的四张图删除了。读者若有需要，可以向我们索取。

现有文献的讨论来为"高税行业的发展"这一渠道寻找一个相对合适的代理变量。据我们所知,被现有文献常提起的"高税行业的发展"的原出处是曹广忠等(2007)的文章。该文章的一个主要观点是正是地方政府大力发展第二和第三产业,特别是工业(或制造业)和房地产业,导致三大主体税种(增值税、营业税和企业所得税)的超 GDP 增长,进而导致税收超 GDP 增长。在随后的一篇文章中,陶然等(2009)意识到地方政府在大力发展制造业中所获好处不仅限于制造业投产后所产生的较稳定的增值税收入,而且还包括本地制造业发展对服务业部门的推动及与之相关的营业税和土地等收入。他们将后者称为制造业发展的"溢出效应"。然而,实际上被曹广忠等(2007)所强调并为陶然等(2009)重点分析过的房地产业的发展也会产生显著的溢出效应,即它不仅能带动制造业的发展,而且还能带动建筑业及其他服务业部门的发展并由此派生出更多的税收收入。至此,这些文献提醒我们,为更好地度量"高税行业的发展"这一渠道,我们不能只考虑制造业和房地产业这两个高税行业发展本身,还应考虑这两个行业彼此间的相互作用及其对建筑业和服务业部门强大的溢出效应。那么哪一个指标能较好满足这两点呢?我们认为非农产业化(即二、三产业增加值之和与农业增加值之比)应是一个不错的选择。

当我们确定好非农产业化($Pnonagri$)这一指标后,就可应用 Acemoglu 等(2003)方法了。具体而言,我们可以先将 $Pnonagri$ 放进(7-1)式,然后观察 Rgh_{it},Rhh_{it} 和 $Rgh_{it} \times Rhh_{it}$ 的显著性与系数的变化,并根据如下规则来对两个渠道的相对重要性进行讨论。

(1)如果这些变量由显著变为不显著,或其显著性和(或)系数有明显的下降,而 $Pnonagri$ 显著,那么 $Pnonagri$ 是其作用于税收占 GDP 比重的一个主要渠道(primary channel)。其政策含义是,政府应将大力发展高税行业和提高税收征管效率分别作为其提高税收占 GDP 比重的第一和第二政策选择。

(2)如果这些变量显著而 $Pnonagri$ 不显著,那么 $Pnonagri$ 不是其作用于税收占 GDP 比重的一个渠道。在此情形下,这些变量只能通过其他渠道(如提高税收征管效率)起作用。其政策含义是,政府应将提高税收征管效率作为其提高税收占 GDP 比重的唯一政策选择。

(3)如果这些变量和 $Pnonagri$ 都显著,且前者的显著性和系数并没有明显的下降,那么这些变量作用于税收占 GDP 比重的主要渠道是税收征管效率的提高而非 $Pnonagri$。其政策含义是,政府应将提高税收征管效率和大力发展高税行业分别作为其提高税收占 GDP 比重的第一和第二政策选择。

(三) 数据

式(7-1)中的控制变量集的原始数据来自《中国六十年统计资料汇编》《中国五十年统计资料汇编》《中国统计年鉴》《中国人口年鉴》、地方统计年鉴和中经网,核心解释变量和被解释变量的原始数据来自《地方财政分析资料》(2004)、《地方财政统计资料》(2005—2007)、《中国财政年鉴》(1996—2008)、《中国税务年鉴》(1996—2008)和《中国六十年统计资料汇编》。

四、计量结果分析

(一) 攫取之手、援助之手与中国税收超 GDP 增长

表 7-2 是用系统 GMM 方法估计(7-1)式的结果。模型 1 是未引入控制变量集的结果,我们发现:(1)被解释变量的滞后 1 期具有小于 1 的显著正系数,这表明中国税收占 GDP 比重具有收敛性质;(2)真实攫取之手(Rgh)和真实援助之手(Rhh)具有显著正的直接效应,而真实攫取之手和真实援助之手的

交互项($Rgh \times Rhh$)具有显著的负效应,这意味着假说7-1和7-3得到证实。

模型2在模型1的基础上引入了控制变量,以便考察模型1结果的稳健性。我们发现模型1的结果相当稳健。对于控制变量,我们发现:(1)人均实际GDP($Pgdp$)为正,但不显著。曹广忠等(2007)发现显著为负;(2)人口红利($Popbonus$)具有显著的负效应,这似乎与吕冰洋、郭庆旺(2011)的假说不

表7-2 攫取之手、援助之手与中国税收超GDP增长

被解释变量	$Taxshare$		
模型	模型1	模型2	模型3
$Taxshare\_1$	0.945***	0.864***	0.854***
	(0.000)	(0.000)	(0.000)
Rgh	0.141***	0.171***	0.192***
	(0.001)	(0.002)	(0.000)
Rhh	0.102**	0.128**	0.130**
	(0.023)	(0.021)	(0.017)
$Rgh \times Rhh$	−0.003**	−0.003**	−0.003**
	(0.035)	(0.021)	(0.014)
$Pgdp$		0.0002	0.0001
		(0.258)	(0.437)
$Popbonus$		−0.209**	−3.192**
		(0.050)	(0.020)
$Popbonus^2$			0.022**
			(0.020)
$Privatization$		−0.072*	−0.069**
		(0.067)	(0.039)
$Urban$		−0.047	−0.043
		(0.285)	(0.281)
$Open$		0.039**	0.023

续表

被解释变量	Taxshare		
模型	模型1	模型2	模型3
		(0.041)	(0.143)
$Inflation$		−0.030	0.027
		(0.557)	(0.657)
$Cons$	−3.44	12.187	112.02**
	(0.110)	(0.155)	(0.024)
Year Dummy	Yes	Yes	Yes
AR(1)	0.031	0.063	0.029
AR(2)	0.164	0.249	0.197
Hansen test	0.556	0.998	0.958
Obs	324	324	324

注：(1)参考付文林、沈坤荣(2012)，在系统 GMM 估计中，我们只将年份虚拟变量视为外生变量，而其他解释变量都被视为内生变量；内生变量的工具变量主要为其滞后两期。

(2)所有模型都通过了 Hansen 过度识别约束检验和 Arellano-Bond 的自相关检验。

(3)括号内是 P 值，*、* *、* * * 分别表示在10%、5%和1%水平上显著。

一致。他们认为总人口中的劳动年龄人口越高(即人口红利)，税收增长得越快。其背后的逻辑是，一方面，人口红利会导致低的劳动力报酬和高的企业利润率，进而导致企业所得税快速增长；另一方面，人口红利会提高整个经济的储蓄率，使得"高储蓄——高投资——高增长"的增长过程得以持续。在具有税收放大器功能的间接税设计下，人口红利会通过高投资诱导出高的间接税增长。(3)民营化($Privatization$)会对税收占 GDP 的比重产生显著的不利效应。一个可能的解释是，尽管民营经济有利于经济成长，但由于其企业规模相对较小，财务制度缺乏规范，监管难度大(周黎安等，2011)，因而其税收增长的速度赶不上 GDP 的增长速度，从而导致税收占 GDP 比重的下降；(4)城市化($Urban$)的系数为负，但不显著，这与 Oates(1985)的发现一致；

(5)开放度($Open$)的系数显著为正,这与较多文献一致(Leuthold,1991;Davoodi and Grigorian,2007);(6)通货膨胀率($Inflation$)为负但不显著,这与 Davoodi 和 Grigorian(2007)的发现一致。周黎安等(2011)的发现为正,但不显著。

模型 3 在模型 2 的基础上再引入了人口红利的平方($Popbonus^2$),我们猜测被解释变量与人口红利很可能存在非线性关系。我们发现:(1)核心解释变量依然稳健;(2)税收占 GDP 比重与人口红利呈现 U 型关系,其临界点为 72.55%。这表明,在我们的样本中,当人口红利大于 72.55% 时,吕冰洋、郭庆旺(2011)的假说才成立;(3)对于其他控制变量,除开放度变得不再显著外,其他没有根本性变化。

根据以上分析,我们可知,我们所提的假说 7-1 和 7-3 得到了很好的验证。进一步的,基于模型 3,我们还得到如下有趣的发现:(1)当真实援助之手(Rhh)<64% 时,中央政府提高真实攫取之手的力度会有助于提高税收占 GDP 的比重;反之则降低。① 这表明,中央政府要想发挥好攫取之手对于地方政府的正面激励效应,一定要控制好对地方政府援助之手的力度。观察数据结构,我们发现中央政府的援助之手有 5.13% 的观察值落在不利于真实攫取之手发挥正面激励效应的区间内;(2)当真实攫取之手(Rgh)<43.33%时,中央政府提高真实援助之手的力度会有助于提高税收占 GDP 的比重;反之则降低。这表明,中央政府要想发挥好援助之手对于地方政府的正面激励效应,一定要相应控制好对地方政府的攫取之手的力度。观察数据结构,我们发现中央政府的攫取之手有 23.65% 的观察值落在不利于真实援助之手

---

① 我们根据模型设定(1)一般性地讨论了临界值的算法。读者若有需要,可向我们索取。

发挥正面激励效应的区间内;(3)根据核心解释变量的系数、核心解释变量,1996年和2007年两年的均值和税收占GDP的比重1996年和2007年两年的均值,我们可以推算出核心解释变量对税收占GDP的比重提高的贡献度为51.76%。①

(二) 攫取之手、援助之手与中国税收超GDP增长:渠道检验

表7-3是渠道检验结果。模型1和2是考察核心解释变量是否对非农产业化产生显著影响。我们发现,无论有无控制变量,中央政府的攫取之手对于非农产业化的正面推动作用都会随其援助之手而显著减弱。同样,中央政府的援助之手对于非农产业化的正面推动作用也会随其攫取之手而显著减弱。这很符合我们假说背后的逻辑。进一步,我们还发现:(1)当中央政府的援助之手小于36%时,中央政府提高攫取之手的力度会有助于激励地方政府大力发展高税行业;(2)当中央政府的攫取之手小于30%时,中央政府提高援助之手的力度会有助于激励地方政府大力发展高税行业。

接下来的问题是非农产业化是否是一个比税收征管效率更为重要的渠道?为回答这一重要问题,我们在模型3的基础上引入了非农产业化($Pnonagri$),得到模型4。我们发现,$Pnonagri$非常显著且为正,此外在核心解释变量方面,相比于模型3,模型4中只有援助之手(Rhh)的系数和显著性有明显的下降。根据规则,我们可以推断,(1)中央政府的援助之手是将非农产业化作为其推高税收占GDP比重的一个主要渠道,税收征管效率仅是

---

① 遵循白重恩、钱震杰(2009),我们可以先根据核心解释变量1996年和2007年这两年的均值算出核心解释变量在这两年间的变动量,然后再乘以核心解释变量各自的系数算出核心解释变量的贡献量。最后,用这个贡献量除以被解释变量(即税收占GDP比重)在这两年间的均值变动量,就可以算出核心解释变量的贡献度。

次要渠道;(2)攫取之手及其与援助之手的交互项是将税收征管效率作为其提高税收占 GDP 比重的一个主要渠道,非农产业化仅是次要渠道。

表 7-3 攫取之手、援助之手与中国税收超 GDP 增长:渠道检验

被解释变量	$Pnonagri$		$Taxshare$	
模型	模型 1	模型 2	模型 3	模型 4
$Taxshare\_1$			0.854***	0.585***
			(0.000)	(0.000)
$Pnonagri\_1$	1.097***	1.112***		
	(0.000)	(0.000)		
$Pnonagri$				0.176***
				(0.003)
Rgh	0.025**	0.018**	0.192***	0.198***
	(0.021)	(0.013)	(0.000)	(0.001)
Rhh	0.015**	0.0149**	0.130**	0.086*
	(0.021)	(0.026)	(0.017)	(0.053)
$Rgh \times Rhh$	−0.000 56**	−0.000 5**	−0.003**	−0.003**
	(0.015)	(0.012)	(0.014)	(0.014)
Year Dummy	Yes	Yes	Yes	Yes
AR(1)	0.086	0.088	0.029	0.035
AR(2)	0.888	0.856	0.197	0.182
Hansen test	1.000	1.000	0.958	1.000
Obs	324	324	324	324

注:(1)参考付文林、沈坤荣(2012),在系统 GMM 估计中,我们只将年份虚拟变量视为外生变量,而其他解释变量都被视为内生变量;内生变量的工具变量为其滞后两期;(2)模型 1 没有控制变量,模型 2—4 控制变量略;(3)所有模型都通过了两个检验;(4)括号内是 P 值,*、**、*** 分别表示在 10%、5% 和 1% 水平上显著。

(三) 攫取之手、援助之手与中国税收超 GDP 增长:分地区

下面考察分地区的情形(见表 7-4)。模型 1 是没引入控制变量的结果。我们发现,对于税收净流出地区而言,只有中央政府的真实攫取之手对税收占 GDP 比重产生预期的正冲击。

表 7-4　攫取之手、援助之手与中国税收超 GDP 增长：分地区

被解释变量	$Taxshare$		
模型	模型 1	模型 2	模型 3
$Taxshare\_1$	0.920***	0.890***	0.868***
	(0.000)	(0.000)	(0.000)
$Rgh \times Flow$	0.175***	0.160***	0.183***
	(0.001)	(0.004)	(0.002)
$Rhh \times Flow$	0.121	0.095	0.111
	(0.186)	(0.221)	(0.212)
$Rgh \times Rhh \times Flow$	−0.003	−0.002	−0.003
	(0.168)	(0.248)	(0.168)
$Rgh \times Inflow$	0.242***	0.194**	0.194***
	(0.002)	(0.014)	(0.003)
$Rhh \times Inflow$	0.107*	0.082*	0.089*
	(0.072)	(0.067)	(0.065)
$Rgh \times Rhh \times Inflow$	−0.004***	−0.003**	−0.003**
	(0.005)	(0.027)	(0.016)
Year Dummy	Yes	Yes	Yes
AR(1)	0.036	0.055	0.028
AR(2)	0.186	0.254	0.210
Hansen test	0.371	1.000	1.000
Obs	324	324	324

注：同表 7-3。

交互项的符号尽管为负，但是不再显著。此外，援助之手尽管为正，但不显著。而对于税收净流入地区而言，核心解释变量的性质同全样本，并且攫取之手的系数要高于税收净流出地区的系数，这意味着假说 7-2 和 7-4 被证实。

模型2—3是引入控制变量后的结果,我们发现模型2—3关于核心解释变量的结果同模型1,这表明假说7-2和7-4得到较好的证实。考虑到模型3是一个相对完备的模型,因此我们下面将基于该模型做分析。对于税收净流出地区,真实攫取之手的力度每提高一个点,将导致税收占GDP比重提高0.183个百分点。对于税收净流入地区而言,当真实援助之手小于64.67%时,提高真实攫取之手的力度将导致税收占GDP比重的提高,否则导致下降。进一步看,在我们的样本中,只有4.84%的样本大于64.67%。当真实攫取之手小于29.67%时,提高真实援助之手的力度将导致税收占GDP比重的提高,否则导致下降。进一步看,在我们的样本中,高达65.52%的样本高于29.67%。这表明对于净流入地区而言,真实攫取之手的力度还是有比较大的问题。

最后,根据核心解释变量的分类系数、核心解释变量1996和2007两年的分类均值和税收占GDP比重1996和2007两年的均值,我们可以推算出核心解释变量对税收占GDP比重提高的贡献度为88.62%。

(四) 攫取之手、援助之手与中国税收超GDP增长:渠道检验(分地区)

表7-5是分地区的渠道检验结果。同样,模型1和模型2是为了考察非农产业化是否被核心解释变量决定。我们发现,无论有无控制变量,对于净流出地区,只有中央政府的攫取之手对非农产业化有显著的正向作用,而对于净流入地区,核心解释变量的性质同全样本。这与假说7-2和7-4背后的逻辑完全一致。进一步,对于净流入地区,我们还发现:①当中央政府的援助之手小于42%时,中央政府提高攫取之手的力度会有助于激励地方政府大力发展高税行业。②当中央政府的攫取之手小于24%时,中央政府提高援助之手的力度会有助于激励地方政府大力发展高税行业。

表 7-5 攫取之手、援助之手与中国税收超 GDP 增长:渠道检验(分地区)

被解释变量	$Pnonagri$		$Taxshare$	
模型	模型 1	模型 2	模型 3	模型 4
$Taxshare\_1$			0.868***	0.522***
			(0.000)	(0.000)
$Pnonagri\_1$	1.098***	1.113***		
	(0.000)	(0.000)		
$Pnonagri$				0.181***
				(0.000)
$Rgh \times Flow$	0.021**	0.020***	0.183***	0.168***
	(0.032)	(0.006)	(0.002)	(0.006)
$Rhh \times Flow$	−0.004	−0.000 9	0.111	0.036
	(0.823)	(0.954)	(0.212)	(0.655)
$Rgh \times Rhh \times Flow$	−0.000 3	−0.000 3	−0.003	−0.002
	(0.473)	(0.384)	(0.168)	(0.253)
$Rgh \times Inflow$	0.017**	0.021**	0.194***	0.13**
	(0.045)	(0.047)	(0.003)	(0.029)
$Rhh \times Inflow$	0.011**	0.012*	0.089*	0.044
	(0.042)	(0.096)	(0.065)	(0.233)
$Rgh \times Rhh \times Inflow$	−0.000 4**	−0.000 5**	−0.003**	−0.002*
	(0.045)	(0.026)	(0.016)	(0.070)
Year Dummy	Yes	Yes	Yes	Yes
AR(1)	0.086	0.087	0.028	0.037
AR(2)	0.898	0.865	0.210	0.188
Hansen test	1.000	1.000	1.000	1.000
Obs	324	324	324	324

注:同表 7-3。

下面的问题是在不同的地区,两个渠道的相对重要性是否与全样本有别?观察模型3和4,我们发现,当将非农产业化引入模型3以后,在模型4中,非农产业化具有显著的正效应。与此同时,我们还发现,对于净流出地区,中央政府的攫取之手的显著性没有任何变化,且系数没有明显下降。这表明,在净流出地区,税收征管效率是中央政府的攫取之手作用于税收占GDP比重的主要渠道,非农产业化只是次要渠道。对于税收净流入地区,中央政府的攫取之手及其与援助之手的交互项的显著性有明显的下降,且系数有较大的下降,这表明,在净流入地区,非农产业化是其作用于税收占GDP比重的主要渠道,税收征管效率是次要渠道,这与净流出地区有明显的差异。此外,中央政府的援助之手变得不再显著,且系数有非常明显的下降。这表明,在净流入地区,非农产业化同样是中央政府另一只手(即援助之手)作用于税收占GDP比重的主要渠道,税收征管效率是次要渠道。这意味着,在税收净流入地区,无论是中央政府的攫取之手还是援助之手,在提高其税收占GDP方面都主要是通过大力发展高税行业来实现的。

五、结论性评论

分税制改革后,中央政府采取了攫取与援助两只手来治理整个中国经济,然而这种治理模式并不怎么被看好。比如,一些经济学家就认为中央政府的攫取之手势必会降低地方政府发展经济与培育税源的积极性,而援助之手又会导致道德风险问题,这样最佳的治理模式应是支出责任和收入权力同时下放(Weingast,2000;Careaga and Weingast,2003)。可是,考虑到中国是一个发展极不平衡的大国,这样那些适用于较为均衡发展的国家的高度分权的治理模式就不怎么适用于中国,否则必然危及中国的政治与经济稳定(Boadway and Tremblay,2012;王绍光,2002)。因此,中央政府选择两只手治理模式肯定是一个经过慎重权衡的结果。问题是这样的治理模式果真导致中国地方政府无心发展经济与培育税源吗?基于新税收集权假说和粘纸效应,我们提出了四个具体的研究假说来对"中国税收持续超 GDP 增长"之谜及其核心问题进行深入的剖析。基于被证实的四个假说,答案显然是否定的,即尽管两只手治理模式有着各种不同的问题,但是对于中国高税行业的发展及其税收超 GDP 增长现象而言总体上都还是表现为积极的正面推动作用的。具体而言,我们有三点重要发现:第一,尽管两只手有时会相互抑制,但是两只手治理模式对于中国税收持续超 GDP 增长现象的确具有正向推动作用,而且其解释力至少为 52%。第二,尽管在提高税收净流出地区的税收占 GDP 比重方面,主要渠道是税收征管效率而非高税行业的发展,但是两只手治理模式的确调动起了地方政府大力发展高税行业的积极性。第三,与税收净流出地区不同,在提高税收净流入地区的税收占 GDP 比重方面,两只手治理模式是将高税行业的发展而非税收征管效率的提高作为其主要渠道的。

尽管我们发现了两只手治理模式总体上有非常积极的正面作用,但是我们也应清醒地看到,该模式的确存在不少的问题,需要加以完善。一是制度方面。虽然政府之间的激烈竞争有助于约束政府的行为(Oates,2008),并因此提高援助资金的配置效率和技术效率,但是不规范、不透明、无很好监督的援助之手制度势必会降低援助效率(Boyne,1996;Weingast,2000;袁飞等,2008;范子英、张军,2010a;付文林、沈坤荣,2012;李永友、沈玉平,2009,2010)。因此,构造一个良好的援助之手制度也是确保援助效率的重要保障。二是两只手的匹配方面。对于税收净流入地区,如果中央政府将援助之手和攫取之手的真实力度分别控制在42%和24%以下,那么提高两只手的力度不仅有利于推动高税行业的发展,而且还有利于促进税收持续超GDP增长。如果中央政府将援助之手的真实力度控制在42%和65%之间,而将攫取之手的真实力度控制在24%和30%之间,那么提高两只手的力度虽都有利于促进税收持续超GDP增长,但是并不利于地方政府推动高税行业的发展。这意味着为更好地提升两只手模式在税收净流入地区的治理效果,中央政府应将两只手的力度控制在合理的区间之内,这是因为两只手在该地区存在着明显的彼此抑制现象。而对于税收净流出地区,考虑到两只手并不存在明显的彼此抑制现象,因此中央政府只要通过改进援助之手制度就可进一步提升两只手模式在该地区的治理效果。

参考文献:

Acemoglu, D., J. A. Robinson, Y. Y. Thaicharoen, and S. Johnson. 2003. Institutional causes, macroeconomic symptoms: volatility, crises and growth. *Journal of Monetary Economics*, 50:49-123.

Boadway, R., and J. F. Tremblay. 2012. Reassessment of the Tiebout Model. *Journal of Public Economics*, 96(11-12):1063-1078.

Boyne, G. A.. 1996. Competition and Local Government: A Public Choice Perspective. *Urban Studies*, 33(4-5):703-721.

Brennan, G., and J. M. Buchanan. 1980. *The Power to Tax: Analytical Foundations of a Fiscal Constitution*. England: Cambridge University Press.

Careaga, M. , and B. R. , Weingast. 2003. Fiscal Federalism, Good Governance, and Economic Growth in Mexico. in Dani Rodrik(Eds.), *In search of Prosperity: Analytic Narratives on Economic Growth*, New Jersey: Princeton University Press.

Davoodi, H. R. , and D. A. Grigorian. 2007. Tax Potential vs. Tax Effort: A Cross-Country Analysis of Armenia's Stubbornly Low Tax Collection. IMF Working Paper.

Goodspeed, T. J. 2002. Bailouts in a Federation. *International Tax and Public Finance*, 9(4): 409-421.

Gupta, S. . 2007. Determinants of Tax Revenue Efforts in Developing Countries. IMF Working Paper.

Huang, B. H. , and K. Chen. 2012. Are Intergovernmental Transfers in China Equalizing? *China Economic Review*, 23(3): 534-551.

Leuthold, J. . 1991. Tax Shares in Developing Economies: A Panel Study. *Journal of Development Economics*, 35(1): 173-185.

Li, H. B. , and L. A. Zhou. 2005. Political Turnover and Economic Performance: The Incentive Role of Personnel Control in China. *Journal of Pubic Economics*, 89: 1743-1762.

Logan, R. R. 1986. Fiscal Illusion and the Grantor Government. *Journal of Political Economy*, 94(6): 1304-1318.

Oates, W. E. . 2008. On the Evolution of Fiscal Federalism: Theory and Institutions. *National Tax Journal*, 61(2): 313-334.

Oates, W. E. . 1979. Lump-sum Grants Have Price Effects. P. Mieskowski and W. H. Oakland. *Fiscal Federalism and Grants-in-aid*. Washington, DC: The Urban Institute.

Oates, W. E.. 1985. Searching for Leviathan: An Empirical Study. *American Economic Review*, 75:748-757.

Rodden, J.. 2002. The Dilemma of Fiscal Federalism: Grants and Fiscal Performance around the World. *American Journal of Political Science*, 46(3):670-687.

Su, F. B., R. Tao, X. Lu, and M. Li. 2012. Local Officials' Incentives and China's Economic Growth: Tournament Thesis Reexamined and Alternative Explanatory Framework. *China & World Economy*, 20(4):1-18.

Wallis, J. J., and W. Oates. 1988. Does Economic Sclerosis Set in with Age? An Empirical Study of the Olson Hypothesis. *Kyklos*, 3:397-417.

Weingast, B.. 2000. The Theory of Comparative Federalism and the Emergence of Economic Liberalization in Mexico, China, and India. Memo.

Zhang, J.. 2012. Zhu Rongji Might Be Right: Understanding the Mechanism of Fast Economic Development in China. *The World Economy*, 35(12):1712-1732.

白重恩、钱震杰，2009，"国民收入的要素分配：统计数据背后的故事"，《经济研究》第 3 期。

曹广忠、袁飞、陶然，2007，"土地财政、产业结构演变与税收超常规增长——中国'税收增长之谜'的一个分析视角"，《中国工业经济》第 12 期。

陈志勇、陈莉莉，2011，"财税体制变迁、'土地财政'与经济增长"，《财贸经济》第 12 期。

崔兴芳、樊勇、吕冰洋,2006,"税收征管效率提高测算及对税收增长的影响",《税务研究》第 4 期。

范子英、张军,2010a,"粘纸效应:对地方政府规模膨胀的一种解释",《中国工业经济》第 12 期。

范子英、张军,2010b,"财政分权、转移支付与国内市场整合",《经济研究》第 3 期。

付文林、沈坤荣,2012,"均等化转移支付与地方财政支出结构",《经济研究》第 5 期。

高培勇,2006,"中国税收持续高速增长之谜",《经济研究》第 12 期。

贾康、刘尚希、吴晓娟、史兴旺,2002,"怎样看待税收的增长和减税的主张",《管理世界》第 7 期。

李永友、沈玉平,2009,"转移支付和地方财政收支决策——基于省级面板数据的实证研究",《管理世界》第 11 期。

李永友、沈玉平,2010,"财政收入垂直分配关系及其均衡增长效应",《中国社会科学》第 6 期。

陆铭、陈钊,2004,"城市化、城市倾向的经济政策与城乡收入差距",《经济研究》第 6 期。

吕冰洋、郭庆旺,2011,"中国税收高速增长的源泉:税收能力和税收努力框架下的解释",《中国社会科学》第 2 期。

罗长远、张军,2009,"劳动收入占比下降的经济学解释——基于中国省级面板数据的分析",《管理世界》第 5 期。

乔宝云、范剑勇、彭骥鸣,2006,"政府间转移支付与地方财政努力",《管理世界》第 3 期。

汤玉刚,2011,"财政竞争、土地要素资本化与经济改革——以国企改制过程为例",《财贸经济》第 4 期。

汤玉刚、苑程浩,2010,"不完全税权、政府竞争与税收增长",《经济学(季刊)》第 10 卷第 1 期。

陶然、陆曦、苏福兵、汪晖,2009,"地区竞争格局演变下的中国转轨:财政激励和发展模式反思",《经济研究》第 7 期。

王剑锋,2008,"中央集权型税收高增长路径:理论与实证分析",《管理世界》第 7 期。

王绍光,2002,"中国财政转移支付的政治逻辑",《战略与管理》第 3 期。

尹恒、朱恒,2011,"县级财政生产性支出偏向研究",《中国社会科学》第 1 期。

袁飞、陶然、徐志刚、刘明兴,2008,"财政集权过程中的转移支付和财政供养人口规模膨胀",《经济研究》第 5 期。

张军,2012,"理解中国经济快速发展的机制:朱镕基可能是对的",《比较》第 6 期(总第 63 辑)。

周黎安、刘冲、厉行,2011,"税收努力、征税机构与税收增长之谜",《经济学(季刊)》第 11 卷第 1 期。

8

财政（再）集权的激励效应再评估：
攫取之手还是援助之手[①]

| 一、引言 |

众所周知，1994年分税制改革的本质是财政收入集权。关于这次改革，学术界的一个共识是，它极大地增强了中央政府的宏观调控能力和收入再分配能力，有利于中国经济与政治稳定（王绍光，2002；李永友、沈玉平，2009，2010；张军，2012；Huang and Chen，2012）。然而，这次改革却招致了陈抗等（2002）的强烈批评。他们认为，财政收入集权将激励地方政府伸出攫取之手而不是援助之手。如果这是正确的话，那么，分税制改革就很有可能被推倒重来，中国的经济与政治稳定就会因此受到威胁。问题是他们的观点真的是对的吗？在给出我们的答案之前，让我们先观察下该文发表后在学界的反响。通过中国知网，我们发现该文被广泛引用并被广泛认同（单豪杰、沈坤荣，2007；方红生、张军，2009；司政、龚六堂，2010；傅勇，2010；黄新华，2011）。[②] 那么，在学界为什么会出现这种不可思议的现象呢？我们认为可能有以下四个很重要的原因。第一，该文题目新颖、结论似乎较符合直觉，且

[①] 发表于《管理世界》2014年第2期。
[②] 截至目前，该文被引次数已高达406次。

不乏国际文献的支持(Brennan and Buchanan,1980;Oates,1972,1985;Weingast,2000;Careaga and Weingast,2003)。第二,想当然地认为该文度量财政收入集权或分权的指标是正确的。事实是,陈抗等(2002)所构造的地方净收入比例指标(即净财政收入与本级财政收入之比①)存在两个明显的缺陷。一是对于净补贴省份大于1,这让我们很难将其归结为被财政集权的省份。考虑到被补贴的省份毕竟又是大多数,因此,他们构造的指标就难以反映分税制改革的财政收入集权的本质,因而就不是财政集权的合适的代理变量。二是误以为省本级财政收入就是一个省的总财政收入,因此其构造的指标实质上既无法匹配其理论模型,也无法反映财政集权的本质。三是数据问题、早期重要文献的误导与研究重心的偏离。其实,Lin 和 Liu(2000)早就意识到 Zhang 和 Zou(1998)基于省本级财政收入而不是一个省的总财政收入度量财政收入分权有问题,并意识到这个数据很难获得。或许,正是学者在现有公开的统计资料里面不易找到可用于度量省级层面财政收入集权或分权程度的基础数据,使其难以对陈抗等(2002)的观点进行再检验,于是只好凭着个人的直觉来接受。与此同时,当这一研究路径受阻的时候,他们也就不得不采用由 Zhang 和 Zou(1998)提出的那些更容易获取基础数据的财政收入分权,特别是支出分权指标来做经验研究(张晏、龚六堂,2005;傅勇、张晏,2007)。四是在过去很多年里,中国学者更多的是学习与检验西方的

---

① 在他们的研究中,净财政收入＝本级财政收入－地方上解＋含税收返还的中央补助。特别需要一提的是,通过和陈抗教授的邮件联系,他确认了我们对其公式理解的正确性。实际上,在陈抗等(2002)的原文中,地方政府的分成比例(财政分权)＝省预算收入占省负担总预算收入的比重,其中省预算收入是在省级组织征收的预算收入中扣除向中央上解额并加上从中央获得的补贴后的调整数据。1994 年之后的数据包含了从中央得到的税收返还。省负担的总预算收入在 1994 年前是省级组织征收的预算收入。1994 年后的数据与前期保持一致的统计口径。坦率地说,理解这个公式不容易。

财政分权理论,而对于中国的财政收入集权的激励效应缺乏足够的理论思考。因此,在没有数据的情况下,相信陈抗等(2002)的观点就不足为奇了。

然而令人欣慰的是,在最近几年里,中国学者在数据和理论方面取得了重大的进展。首先在理论方面。以陶然和张军为代表的学者提出了新财政集权理论(陶然等,2009;Su et al.,2012;张军,2012;Zhang,2012)。与旧财政集权理论认为财政集权弱化了地方政府竞争不同(Brennan and Buchanan,1980;Oates,1972,1985),新财政集权理论认为,给定资本要素流动、制造业和服务业的产业关联(industrial linkage)及其地方政府对土地市场的垄断三个重要条件,中国的财政集权将激励地方政府为追求财政收入最大化而展开中国式的"蒂伯特竞争",进而导致工业化和资本积累的加速和预算内收入的增长。这意味着中国的财政集权很可能是激励了地方政府伸出了援助之手而不是攫取之手。其次是数据方面。最近有学者通过相关资料测算了省级层面的税收集权程度(陈志勇、陈莉莉,2011;汤玉刚,2011;方红生、张军,2013)。考虑到税收集权才是财政收入集权的真正本质,因此,拥有省级层面的税收集权程度的面板数据就为我们检验陈抗等(2002)的观点和新近发展起来的新财政集权理论提供了一次绝佳的机会。

本章的贡献集中体现在以下几个方面。第一,通过引入预算外收入而发展了新财政集权理论。我们的分析表明,财政集权正是通过激励地方政府更偏好地培育预算内收入和加强税收征管的策略而最大化其财政收入的,其中前者会通过其强大的"溢出效应"而带动预算外收入和土地出让金的增长。因此,我们可以预期,给定其他条件不变,财政集权将导致非预算内收入(即预算外收入和土地出让金之和)与预算内收入之比的下降。这意味着财政集权将激励地方政府伸出援助之手而不是陈抗等(2002)所言的攫取之手。

第二，基于上述修正的新财政集权理论，我们提出了一个以财政集权和转移支付为双内核的旨在解释非预算内收入与预算内收入之比①的理论框架。在这个框架中，如果说中央政府的财政集权导致地方政府巨大的财政压力的话，那么中央政府给予地方政府的转移支付无疑会缓解财政集权给地方政府所造成的压力。这意味着，财政集权对非预算内收入与预算内收入之比的负效应会随中央政府转移支付的增加而减弱（假说 8-1）。换言之，尽管财政集权将激励地方政府伸出援助之手，但是这种援助之手很有可能会被中央政府的转移支付扭曲成攫取之手。②

除抑制财政集权的间接效应外，中央政府的转移支付对于非预算内收入与预算内收入之比也具有负的直接效应（假说 8-3）。这意味着，中央政府的转移支付对非预算内收入与预算内收入之比的负效应会随财政集权而减弱。换言之，尽管转移支付将激励地方政府伸出援助之手，但是这种援助之手很有可能会被中央政府的财政集权扭曲成攫取之手。

此外，本章还分税收净流出和净流入地区拓展了以上两个假说。我们预期，相比于税收净流入地区，财政集权对非预算内收入与预算内收入之比的负效应在税收净流出地区要小，且不会随其援助之手而显著减弱（假说 8-2），而相比于税收净流出地区，中央政府的转移支付对非预算内收入与预算内收

---

① 即陈抗等所定义的攫取之手。
② 尽管财政收入集权给地方政府带来了很大的创收压力，但是现行中央政府不规范、不透明、无良好监督的转移支付制度（Boyne，1996；Weingast，2000；袁飞等，2008；范子英、张军，2010a；付文林、沈坤荣，2012；李永友、沈玉平，2009，2010）无疑给予了地方政府极大的寻租空间，从而也就大大缓解了其创收的压力，所以财政收入集权对于地方政府发展经济的正向刺激很有可能因此被抑制，进而最终导致地方政府伸出攫取之手的行为。非常感谢审稿专家的建议。

入之比的负效应在税收净流入地区更显著,且会随财政集权而显著减弱(假说8-4)。

第三,在假说的检验中,与陈抗等(2002)使用的1985—1998年省级面板数据和静态面板模型方法相比,我们使用了分税制后1999—2009年间更长的省级面板数据和可处理内生性的动态面板模型方法。我们认为这种做法可以更好地对分税制改革后财政集权的激励效应做出评估。

我们的研究显示,以上四个假说都很好地通过了检验。基于这些实证结果,本章重新评估了财政集权的激励效应。结果表明,财政集权将激励净流出地区的地方政府伸出援助之手行为;而在净流入地区,虽然中央政府的转移支付对财政集权的这一效应有所抑制,但总体上还不足以改变其援助之手的性质。本章的这一发现支持了新财政集权理论而证伪了陈抗等(2002)至今仍被广泛接受的一个攫取之手的观点。

文章余下的内容依次是:第二节是基于新财政集权理论提出了四个研究假说;第三节对本章所使用的模型和变量进行了介绍,并对相关数据的来源进行了说明;第四节是计量结果分析。最后是结论和政策含义。

二、研究假说

财政集权果真如陈抗等(2002)所言将激励地方政府为最大化财政收入而伸出攫取之手吗? 显然,这是一个不容易回答的问题。庆幸的是,新近发展起来的新财政集权理论(陶然等,2009;Su et al.,2012;张军,2012;Zhang,2012)为我们回答这一重大问题提供了一个非常有价值的理论基础。该理论认为,地方政府所承担的大量支出压力塑造了其财政收入最大化的目标。给定资本要素流动、制造业和服务业的产业关联(industrial linkage)及其地方政府对土地市场的垄断三个重要条件①,财政集权将会激励地方政府为"资本"而展开"蒂伯特"式的横向竞争②,以便大力发展制造业。对于地方政府而言,制造业的快速发展不仅仅给地方政府带来了稳定持久的增值税和企业所得税等直接收益,而且还为其带来大量的营业税和高额的土地出让收入等间接收益。③ 其中间接收益的取得得益于制造业的发展对于商业和房地产等服务业发展的强大溢出效应(即产业关联效应)及其地方政府通过对土地市场的垄断而获取的高地价。④ 不仅如此,该理论还认为,财政集权还将激励地方政府为最大化财政收入而努力提高作为其第一大税种的营业税的征管效率,其中一个重要的原因是作为营业税主要课税对象的服务业具有区位黏性,地方政府有很强的激励将其充分征收。因此,该理论就为我们解释了地方政府为什么在只分享25%的增值税的情况下,还这么热衷于发展制造业。至此,新财政集权理论告诉我们,财政集权正是通过激励地方政府大力培育预算内收入和加强税收征管⑤而最大化其财政收入的,其中前者会通过

---

① 值得一提的是,旧财政集权理论之所以得出财政集权将使地方政府无激励竞争和无心发展经济的结论正是其忽视了这三个重要条件的存在。非常感谢审稿专家的建议。
② 地方政府为资本而竞争所采取的常见策略性手段有减税(如违规给企业认定高新技术企业资格、征管不力,甚至先征后返等)(范子英、田彬彬,2013)、低价出让土地(陶然等,2009)和提供良好的基础设施(张军等,2007)等。非常感谢审稿专家的提醒。
③ 实际上,制造业的快速发展并由其带动的城市化还有一个显著的间接收益,就是带来预算外收入的增加。对此,我们将在后面讨论。
④ 李学文等(2012)认为地方政府要想获取高额的土地出让金,需要培育一个特定的、有利于"经营土地"的市场。按市场的供求定律,土地的供给已垄断在地方政府手中,地方政府要做的就是创造有效需求,而最便捷最快速的方法就是大力发展制造业。这是因为制造业的发展是本地服务业需求增长的最佳途径,而后者的增长可以创造出对土地的有效需求。
⑤ 然而值得指出的是,财政集权不仅仅提高了地方政府的税收征管效率,实际上也极大地提高了中央政府的税收征管效率(汤玉刚、苑程浩,2010),而这对于提高地方政府预算内财政收入也至关重要。

其强大的"溢出效应"而带动土地出让金的增长。①

然而,新财政集权理论不是没有缺陷。在我们看来,其缺陷至少有两个。第一个是忽视了对预算外收入的考察,这是因为政府财政收入除包含预算内收入和土地出让金外,还包括预算外收入(平新乔,2006;王有强、卢大鹏、周邵杰,2009;李学文、卢新海、张蔚文,2012)。周飞舟(2006)认为,财政集权给地方政府造成的财政压力将驱动其追求预算外收入。那么如何追求预算外收入呢？我们认为也不外乎采取两种策略。第一种就是采取如上所述的以工业化为基础的城市化策略,做大预算外收入的基础,特别是行政性事业收费和其他收入。原因有二。第一,观察图8-1,我们发现,1998—2010年,行政事业性收费一直是预算外收入的第一大构成,大约为70%。其他收入虽然在2001年前较低,但此后迅速上升为预算外收入的第二大构成,2010年已超过30%。第二,该策略不仅可以带动如土地部门、农业、房产、水电、交通邮电等部门的行政性事业收费的增加(王有强、卢大鹏、周邵杰,2009),而且还可以扩大执法经济的基础,增加属于其他收入中的罚款收入。第二种就是加大收费和罚款力度的策略。然而考虑到中央政府1996年后加强了对预算外收入的管理,因此,这势必会提高地方政府提取租金的成本(汤玉刚、苑程浩,2010),进而限制了地方政府通过这种策略获取预算外收入的规模。综上所述,我们可以发现,财政集权正是通过激励地方政府更偏好培育预算内收入和加强税收征管的策略而最大化其财政收入的,其中前者会通过其强大的"溢出效应"而带动预算外收入和土地出让金的增长。这意味着,给定其他

---

① 值得指出的是,一些学者(陶然等,2009;陶然等,2010;Su et al.,2012)认为这里的财政收入最大化模型要优于晋升和政治锦标赛模型(Chen et al.,2005;Li and Zhou,2005;周黎安,2007)。不过张军(2012)发现,就官员的策略性选择而言,官员在两个模型中的选择其实是一致的。

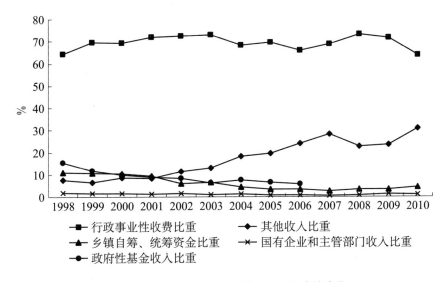

图 8-1　1998—2010 年间预算外收入构成的变化

条件不变,财政集权将导致非预算内收入(即预算外收入和土地出让金之和)与预算内收入之比的下降。换言之,财政集权将激励地方政府伸出援助之手而不是陈抗等(2002)所言的攫取之手。第二个是没有考虑到中央政府转移支付的影响。如果说财政集权导致地方政府巨大的财政压力的话,那么中央政府的转移支付无疑会缓解财政集权给地方政府所造成的压力。这意味着财政集权对非预算内收入与预算内收入之比的负效应将受到中央政府转移支付的抑制。由此我们提出如下假说:

假说 8-1　财政集权对非预算内收入与预算内收入之比的负效应会随中央政府转移支付的增加而减弱。

上述假说没有考虑地区之间的异质性,如果考虑异质性,假说 8-1 会有所不同。具体推理如下:一方面,相比于净流出地区,财政集权将导致净流入地区的地方政府财政压力更大,其结果必然是倒逼净流入地区的地方政府投入更大的努力去提高税收征管效率、加大收费和罚款的力度和推动制造业的发展(方红生、张军,2013)①,这样在净流入地区,财政集权对非预算内收入与预算内收入之比的负效应就会更大。另一方面,相比于净流入地区,中央政府对于净流出地区的转移支付非常有限(李永友、沈玉平,2010;方红生、张军,2013),所以在净流出地区,中央政府的转移支付在缓解财政集权给地方政府所造成的压力方面效果可能并不显著。由此,我们提出如下假说:

假说8-2 相比于净流出地区,财政集权对非预算内收入与预算内收入之比的负效应在税收净流入地区要大,且会随中央政府转移支付的增加而显著减弱。

刚才讨论了中央政府的转移支付对于财政收入集权效果的间接影响,那么中央政府的转移支付本身的效应如何,也是我们关心的另一个重要问题。最新研究发现,中央政府的转移支付有两个效应。一是粘纸效应,即转移支付的改善会刺激地方财政支出规模过度膨胀(付文林、沈坤荣,2012;范子英、张军,2010a;李永友、沈玉平,2009);二是可替换效应,即转移支付的改善会刺激地方政府将更多的资金投向基本建设而非科教文卫支出(付文林、沈坤荣,2012)。② 考虑到这样有偏的支出结构有助于制造业的发展(方红生、张军,2013)。由此,我们不难推断,当过度膨胀的财政支出更多地被用于基本建设时,中央政府的转移支付必将导致一个更低的非预算内收入与预算内收入的比值。

---

① 值得一提的是,考虑到中央政府对预算外收入的规范化管理,我们认为在提高政府收入的作用方面,加大收费和罚款的力度这一策略肯定不及提高税收征管效率这一策略。

② 尹恒、朱恒(2011)认为,如果县级政府以经济增长率最大化为目标,他们就会尽可能将财政资源投入生产性支出项目。

此外,中央政府的转移支付还将激励地方政府提高税收征管效率来降低非预算内收入与预算内收入的比值。理由主要有以下两点,第一点,中央政府的援助之手所诱致的政府支出过度膨胀不可避免地会导致地方政府累积大量债务,尽管地方政府可以求助于中央政府,但是这不是件容易的事,因此地方政府就会责令地税局提高税收征管效率(方红生、张军,2013)。第二点与中国转移支付体系有关。袁飞等(2008)认为,在现有的转移支付体系中起主导地位的还是透明度较差、随意较强的专项转移支付。而地方政府要想获得专项转移支付,就必须配套相应的资金。为了筹集这些资金,地方政府就需要有更高的税收努力(李永友、沈玉平,2009)。①由此,我们提出如下假说:

假说 8-3 中央政府的转移支付对非预算内收入与预算内收入之比的负效应会随财政集权而减弱。②

同样,如果我们考虑两个地区之间的异质性,就可以拓展假说 8-3。关于两个地区之间的异质性,主要有以下两点(方红生、张军,2013)。一是,相比于净流入地区,在净流出地区的地方政府很清楚,中央政府对其的转移支付实际上非常有限,所以他们就不会像净流入地区的地方政府那样过度扩张政府支出,特别是基础设施支出。③ 而且,他们也不会像净流入地区的地方政

---

① 尽管在偿还地方债务和提供配套资金方面,地方政府也很可能加大收费和罚款的力度。然而,同样的,考虑到中央政府对预算外收入的规范化管理,我们认为在提高政府收入的作用方面,加大收费和罚款的力度这一策略肯定不及提高税收征管效率这一策略。

② 根据假说 8-1,财政集权与转移支付的交互项为负,所以假说 8-3 中的"减弱"是显而易见的。当然,这里也可参照方红生、张军(2013)给出一个合理的经济解释,即如果地方政府意识到中央政府的援助并不纯粹是无偿的,而是部分有偿的(即中央政府的集权部分),那么地方政府支出规模的过度膨胀就会有所收敛。

③ 付文林、沈坤荣(2012)发现,相比于落后地区,转移支付的改善在较为发达的地区所刺激出来的基础设施投资更小。

府那样因此而累积大量债务而被迫提高税收征管效率。二是，相比于净流入地区，净流出地区的地方政府更容易筹集到专项转移支付的配套资金，因而其税收努力水平更低。由此，我们提出如下假说：

假说8-4 相比于净流出地区，中央政府的转移支付对非预算内收入与预算内收入之比的负效应在税收净流入地区更显著，且会随财政集权而显著减弱。

三、数据与变量

为了检验假说8-1和8-3，我们构造如下的动态面板计量模型：

$$GRAB_{it} = \alpha_1 GRAB_{it-1} + \alpha_2 FC_{it} + \alpha_3 FC_{it} \times TF_{it} + \alpha_4 TF_{it} + \beta X_{it} + u_i + u_t + \varepsilon_{it}$$

(8-1)

这里使用的是1999—2009年的省际面板数据。其中下标 i 和 t 分别表示第 i 个地区和第 t 年，u_i 是不可观测的省际效应，u_t 是年度虚拟变量，ε_{it} 是误差项。$GRAB_{it}$ 是被解释变量，反映地方政府的攫取之手。遵循陈抗等（2002）的研究，该变量可以用非预算内收入与预算内收入之比来度量。陈抗等认为非预算内收入由预算外收入和制度外收入两部分组成。预算外收入的征收由国务院、发改委或财政部发布的文件规定。但是其征收和管理高度分散于地方政府的各个机构和组织。虽然需要层层上报，但是上级政府一般不对这部分资金的分配和使用多加限制。因此，预算外收入不能被中央政府很好地控制（周飞舟，2006；陈抗等，2002）。制度外收入的征收则由政府官员任意规定，没有法规进行约束，也没有官方统计数据。乱收费、乱罚款、乱筹资的"三乱"是对这部分收入的真实描述（陈抗等，2002）。然而李冬妍（2011）提醒我们,在1996年国务院公布《关于加强预算外资金管理的决定》之后,这部分源于"三乱"的资金就正式界定为预算外资金,进入预算外管理。1999年后,制度外收入的主体是土地出让收入,这与前面提到的几篇文献的做法基本一致(平新乔,2006;王有强、卢大鹏、周邵杰,2009;李学文、卢新海、张蔚文,2012)。因此,遵循现有文献的做法,本文的制度外收入只包括土地出让金。[①] 周飞舟(2006)认为由于其与预算外收入相比,中央一直没有妥善的管理办法,这部分收入也开始成为地方政府主要倚重的财政增长方式。遵循陈抗等(2002),这个非预算内收入(即预算外收入和土地出让金之和)与预算内收入之比越大,"攫取之手"行为就越强,"援助之手"行为就越弱;反之则反是。$GRAB_{it-1}$是滞后一年的攫取之手。[②]

FC_{it}是财政集权,根据假说8-1,我们预期其系数为负,表示财政集权将激励地方政府伸出援助之手而非攫取之手;$FC_{it} \times TF_{it}$是财政集权和转移支付的交互项,根据假说8-1,我们预期其系数为正,表示财政集权的援助之手效应将受到中央政府转移支付的抑制。换言之,中央政府的转移支付有可能将财政集权的援助之手效应扭曲成攫取之手效应。考虑到财政集权的真正本质是税收集权,所以我们可以用税收集权来衡量财政集权。进一步的,考虑到税收集权有名义和真实之分,所以,财政集权也有名义和真实之分。参考现有文献的做法(Oates,1985;陈志勇、陈莉莉,2011;汤玉刚,2011;方红生、张军,2013),名义财政集权可以用中央税收/总税收来衡量,反映的是中央政府在分税制改革中表面上占有国家总税收的程度。参考方红生、张军

---

① 土地出让金数据来源于历年《中国国土资源年鉴》和《中国国土资源统计年鉴》。
② 预算内收入和预算外收入数据来源于历年《中国财政年鉴》。

(2013),真实财政集权可以用(中央税收＋地方上解－税收返还)/总税收来衡量,反映的是中央政府在分税制改革中实际上占有国家总税收的程度。TF_{it}是转移支付,根据假说8-3,我们预期其系数为负,表示中央政府的转移支付将激励地方政府伸出援助之手。结合前面的交互项,我们可以说,这种援助之手效应有可能被中央政府的财政集权扭曲成攫取之手效应。同样,根据现有文献,我们可以用两种方式衡量转移支付,分别是名义转移支付和真实转移支付。遵循现有文献的做法(袁飞等,2008;范子英、张军,2010b;方红生、张军,2013),名义转移支付可以用含税收返还的中央补助/本级地方财政支出来衡量,该指标反映的是中央政府表面上为地方政府支出援助的程度。遵循范子英、张军(2010b)和方红生、张军(2013),真实转移支付可以用不含税收返还的中央补助/本级地方财政支出来衡量,该指标衡量的是中央政府实际上为地方政府支出援助的程度。度量以上名义与真实财政集权以及转移支付的基础数据来源于《地方财政分析资料》(2004)、《地方财政统计资料》(2005—2009)、《中国财政年鉴》(2000—2010)、《中国税务年鉴》(2000—2010)。

图8-2和图8-3分别是中央政府的名义与真实财政集权的时间变动模式和名义与真实转移支付的时间变动模式。观察图8-2和图8-3,我们发现:(1)真实财政集权比名义财政集权的程度要低,两者的差距随着时间的推移有不断缩小的趋势;(2)真实财政集权基本上呈现出比名义财政集权更为显著的上升态势;(3)真实转移支付比名义转移支付的程度要低,两者的差距随着时间的推移有不断缩小的趋势;(4)真实转移支付呈现出比名义财政集权更为显著的上升态势。

X_{it}是控制变量集。遵循陈抗等(2002),我们引入腐败程度(CORRUP-

TION)和政府规模(STAFF)。遵循陈刚、李树(2012),我们用人民检察院每年立案侦查的贪污贿赂、渎职案件的涉案人数占当地公职人员数的比例(人/万人)来度量腐败程度。数据来源于陈刚、李树(2012)。与陈抗等(2002)使用的来源于透明国际的清廉指数这类主观指标相比,这类客观指标已越来越受到学术界的欢迎(周黎安、陶婧,2009;Goel and Nelson,2007;Glaeser and Saks,2006)。

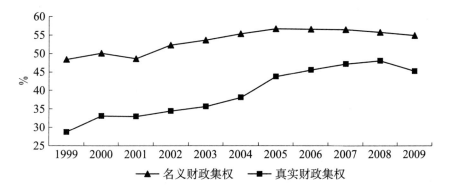

图 8-2 中央政府的名义财政集权与真实财政集权的时间变动模式

注:两个序列根据各省的算术平均值得到。

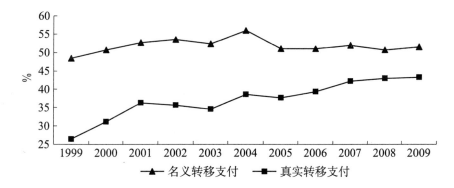

图 8-3 中央政府的名义与真实转移支付的时间变动模式

注:两个序列根据各省的算术平均值得到。

参考陈抗等(2002)，我们分别用财政供养人员(取对数，STAFF1)和财政供养人员与总人口的比值(人/万人)(STAFF2)表示政府规模。[①] 程文浩、卢大鹏(2010)认为，西方"政府雇员"的范围与中国财政供养人员范围大致相当，但存在两个重要区别：一是中国的财政供养人员包括行政部门和事业单位的离退休人员，而西方的政府雇员一般不包括此类人员；二是西方国家的政府雇员一般包含军队，而财政供养人员概念一般不包含军队。由财政部编写的历年《地方财政统计资料》可知，分省财政供养人员的数据由行政部分的财政供养人员和事业部分的财政供养人员两部分构成，而在行政部分和事业部分的财政供养人员中又分别由财政预算开支人数和自收自支单位人数两个部分组成。遵循陈宇峰、钟辉勇(2012)，本章中的财政供养人员只统计了其中由财政预算提供开支的人数。

为了检验假说8-2和8-4，我们将方程(8-1)修正如下：

$$GRAB_{it} = \alpha_1 GRAB_{it-1} + \alpha_2 FC_{it} \times FLOW_{it} + \alpha_3 FC_{it} \times TF_{it} \times FLOW_{it}$$
$$+ \alpha_4 TF_{it} \times FLOW_{it} + \alpha_5 FC_{it} \times INFLOW_{it} + \alpha_6 FC_{it} \times TF_{it} \times$$
$$INFLOW_{it} + \alpha_7 TF_{it} \times INFLOW_{it} + \beta X_{it} + u_i$$
$$+ u_t + \varepsilon_{it}$$

(8-2)

其中$FLOW_{it}$是净流出地区，即如果某地区某年的税收净流出大于0，则该地区为税收净流出地区，此时我们令$FLOW_{it}=1$，否则$FLOW_{it}=0$。其中，税收净流出＝中央税收＋地方上解－含税收返还的中央补助收入。$INFLOW_{it}$是净流入地区，即如果某地区某年的税收净流出小于0，则该地区为税收净流入地区，此时我们令$INFLOW_{it}=1$，否则$INFLOW_{it}=0$。其他变量的解释同方程(8-1)。

---

① 总人口数据来自历年《中国统计年鉴》。

根据以上定义,中国 31 个地区,到底哪些是净流出,哪些是净流入呢?为了显示的方便,我们将这些地区分成三类,见表 8-1。观察表 8-1,我们发现,1999—2009 年所有年份都是净流出的地区有 9 个地区,而且都是来自东部地区。所有年份都是净流入的地区共 17 个,除海南外,其余地区都来自不发达的中西部地区。其余的是混合地区,共 5 个。

表 8-1 净流出和净流入地区分类:1999—2009 年

净流出地区	所有年份都是净流出的地区(9 个)	北京	天津	辽宁
		上海	江苏	浙江
		福建	山东	广东
净流入地区	所有年份都是净流入的地区(17 个)	内蒙古	吉林	安徽
		江西	湖北	湖南
		广西	海南	重庆
		四川	贵州	西藏
		陕西	甘肃	青海
		宁夏	新疆	
混合地区	既有净流出也有净流入的地区(5 个)	河北	山西	黑龙江
		河南	云南	

图 8-4 和图 8-5 显示了净流出和净流入地区在财政集权和转移支付方面的基本情况。我们发现:(1)两类地区的真实财政集权基本上都呈现持续上升的态势,不过净流入地区的上升趋势更快;净流出地区的真实财政集权的程度要明显高于净流入地区。(2)两类地区的真实转移支付也基本上都呈现持续上升的态势,不过净流入地区的上升趋势更快。特别的,相比于净流入地区,中央政府对净流出地区的真实转移支付的力度非常之低,而且名义转移支付基本上呈不断下降的趋势。正如假说中所看到的,这的确产生了不同的激励效应。

表 8-2 是对表 8-1 中的所有年份都是净流出的地区的描述性统计。我

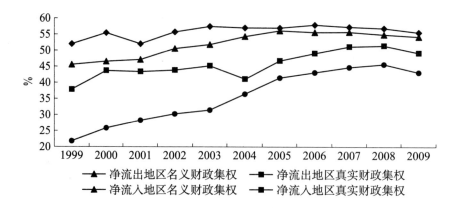

图 8-4 净流出和净流入地区名义与真实财政集权的时间变动模式

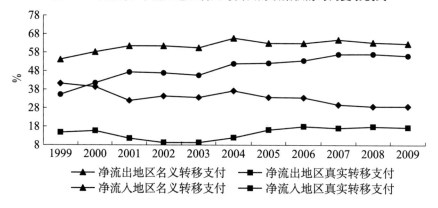

图 8-5 净流出和净流入地区名义与真实转移支付的时间变动模式

们发现1999—2009年所有9个净流出地区中,北京的平均净财政集权(或净流出占总税收的比重)最高,为54.3%;最低的地区是辽宁,只有12.77%。天津是平均名义财政集权和真实财政集权最高的地区,分别是67.08%和60.05%,最低的地区是福建,分别只有47.22%和32.85%。辽宁是平均名义转移支付和真实转移支付最高的地区,分别是47.47%和29.34%,最低的地区是广东,分别是21.93%和2.98%。

8　财政(再)集权的激励效应再评估:攫取之手还是援助之手

表 8-2　净流出地区的描述性统计

	净流出占总税收的比重(%)			名义财政集权(%)			真实财政集权(%)			名义转移支付(%)			真实转移支付(%)		
	平均值	最小值	最大值	平均值	最小值	最大值	平均值	最小值	最大值	平均值	最小值	最大值	平均值	最小值	最大值
北京	54.34	40.78	63.35	61.97	54.13	68.5	58.12	48.42	68.71	22.22	14.06	37.1	8.38	4.9	15.21
天津	52.13	41.69	60.32	67.08	58.34	72.44	60.05	50.61	66.88	37.27	25.05	45.27	14.62	11.79	18.59
辽宁	12.77	7.55	19.04	53.16	47.45	57.69	42.01	33.57	47.16	47.47	40.3	53.7	29.34	23.76	32.22
上海	54.3	48.58	63.39	61.50	55.17	67.37	56.13	49.34	64.06	26.71	15.85	41.84	3.89	1.49	10.2
江苏	35.88	31.85	39.15	50.70	46.82	54.92	41.16	36.48	43.22	29.14	19.8	41.98	7.25	5.35	9.82
浙江	34.08	20.78	40.84	48.63	43.78	53.12	37.43	24.02	45.18	29.04	20.65	42.59	5.19	3.14	7.75
福建	21.04	12.93	26.23	47.22	43.84	51.98	32.85	24.22	38.7	31.98	27.3	37.68	13.25	8.41	23.77
山东	30.61	25.65	34.94	53.58	47.98	57.01	42.66	33.42	50.23	31.79	27.74	34.94	15.04	9.34	22.67
广东	44.25	38.93	51.45	56.28	51.75	59.77	46.08	40.28	53.37	21.93	17.88	29.85	2.98	1.63	6.34

表 8-3 是对表 8-1 中的所有年份都是净流入地区的描述性统计。我们发现 1999—2009 年所有 17 个净流入地区中,西藏的平均净补助程度(或净流入占总税收的比重)最高,为 1 122.3%,最低的地区是湖北,只有 13.93%。吉林是平均名义财政集权最高的地区,为 58.26%,最低的地区是西藏,只有 40.19%。真实财政集权最高的地区是新疆,为 47.20%,最低的地区是西藏,只有 10.47%。西藏也是平均名义转移支付和真实转移支付最高的地区,分别是 100.05% 和 97.25%。最低的平均名义转移支付地区是海南,为 49.97%,最低的真实名义转移支付地区是广西,只有 41.32%。

表 8-3 净流入地区的描述性统计

	净流出占总税收的比重(%)			名义财政集权(%)			真实财政集权(%)		
	平均值	最小值	最大值	平均值	最小值	最大值	平均值	最小值	最大值
内蒙古	57.71	20.08	121.87	51.07	42	57.11	34.96	16.75	48.52
吉林	36.84	29.22	46.92	58.26	50.71	63.57	39.76	23.34	48.28
安徽	27.87	6.53	44.57	48.73	43.16	54.88	33.50	24.79	41.14
江西	52	32.44	64.63	46.45	38.69	50.59	29.56	13.66	39.47
湖北	13.93	0.47	32.33	53.61	46.16	59.41	40.87	30.37	49.24
湖南	27.68	5.3	52.35	54.91	52.77	57.69	36.88	28.53	44.67
广西	37.89	14.37	63.96	49.33	39.32	54.2	28.12	14.39	40.14
海南	25.74	10.67	37.16	46.47	31.08	57.9	35.96	15.83	53.08
重庆	26.93	2.56	48.23	48.36	45.65	51.28	37.82	34.9	40.59
四川	44.75	6.48	104.39	47.07	43.67	51.23	29.30	19.74	37.48
贵州	54.55	25.16	82.9	53.81	48.65	57.47	34.34	21.88	44.75
西藏	1122.3	777.68	1342.57	40.19	30.96	48.54	10.47	3.89	18.65
陕西	30.11	16.4	44.94	52.68	44.85	57.82	37.89	20.62	48.21
甘肃	87.57	47.26	131.52	55.35	47.92	63.67	27.46	7.34	47.37
青海	196.53	149.7	259.2	51.71	45.43	58.11	33.67	15.86	47.3
宁夏	121.17	79.66	180.36	46.56	31.44	51.8	30.86	15.52	43.85
新疆	37.36	23.56	56.79	57.86	49.35	63.45	47.20	34.3	56.76

(续表)

	名义转移支付(%)			真实转移支付(%)		
	最大值	平均值	最小值	最大值	平均值	最小值
内蒙古	61.18	53.1	71.29	51.97	39.75	61.41
吉林	65.55	58.52	71.87	52.07	38.24	60.86
安徽	55.10	46.05	58.86	42.13	26.81	49.78
江西	59.63	52.93	63.44	48.84	36.82	56.92
湖北	58.13	48.47	62.66	42.87	26.15	53.9
湖南	59.19	53.11	63.77	43.78	27.98	53.89
广西	55.95	44.73	63.08	41.32	21.95	53.65
海南	49.97	35.43	60.26	42.05	25.05	55.95
重庆	58.43	50.62	68.22	45.53	37.51	53.57
四川	57.90	44.31	68.79	45.42	22.99	62.99
贵州	65.07	56.33	71.09	52.56	34.71	63.28
西藏	100.05	91.55	107.55	97.25	88.99	103.5
陕西	59.22	49.97	67.51	47.96	30.74	54.71
甘肃	71.80	62.25	78.18	56.91	35.66	69.93
青海	84.49	77.96	93	77.94	66.1	85.76
宁夏	76.44	69.94	82.6	68.75	59.54	77.17
新疆	65.74	57.6	71.8	57.85	44.94	64.07

四、实证结果及分析[①]

(一) 财政集权的激励效应:攫取之手还是援助之手

表 8-4 是采用系统广义矩方法(SYS-GMM)对(8-1)式进行估计的结果[②]。模型 1 是未引入任何控制变量的基准估计结果。我们发现,财政集权

---

① 用名义财政集权和名义转移支付的实证结果都不显著,这表明地方政府只对真实财政集权和真实转移支付做出理性反应,这符合预期。为节省篇幅,这里不再报告这些结果。

② 文中所有模型都通过了 Hansen test 和 AR(2)检验,表明所使用的工具变量有效和模型设定正确。其中后者在 5% 显著性水平上通过了检验。正如方红生、张军(2009)和 Mackiewicz(2006)所做的那样,我们认为 5% 显著性水平是可以接受的。

(FC)及其与中央政府的转移支付的交互项($FC \times TF$)的系数分别显著为负和显著为正,这与假说 8-1 的预期完全一致。此外,我们还发现,中央政府的转移支付(TF)的系数显著为负。考虑到其与财政集权的交互项($FC \times TF$)显著为正,这就与假说 8-3 的预期完全一致。模型 2 是遵循陈抗等(2002)的做法,引入了腐败程度($CORRUPTION$)和政府规模($STAFF1$)。我们发现,核心解释变量的结果仍然非常符合假说 8-1 和 8-3 的预期。对于控制变量,虽然腐败程度的系数不显著,但是显著为正。不过,尽管政府规模的系数的符号与陈抗等(2002)的完全相反,但是不显著。模型 3 是用万人财政供养人员($STAFF2$)替换模型 2 中的财政总供养人员($STAFF1$)进行再估计的结果。我们发现无论是核心解释变量的结果还是控制变量的结果,与模型 2 相比都没有发生任何实质性的变化。这意味着,我们关于核心解释变量的结果具有相当的稳健性。换言之,表 8-4 的结果表明,理论部分的假说 8-1 和 8-3 是成立的。

表 8-4　财政集权的激励效应:攫取之手还是援助之手

被解释变量	GRAB		
模型	模型 1	模型 2	模型 3
GRAB_1	0.63*** (0.000)	0.62*** (0.000)	0.64*** (0.000)
FC	−0.91*** (0.001)	−1.10*** (0.004)	−0.70** (0.014)
FC×TF	0.01** (0.011)	0.017** (0.011)	0.01** (0.048)
TF	−0.72*** (0.005)	−1.01*** (0.009)	−0.65** (0.036)

续表

被解释变量	GRAB		
模型	模型 1	模型 2	模型 3
CORRUPTION		0.31 (0.131)	0.11 (0.543)
STAFF1		−4.75 (0.255)	
STAFF2			−0.03 (0.200)
C	81.47*** (0.000)	150.59* (0.051)	77.40*** (0.000)
Year Dummy	Yes	Yes	Yes
AR(1)	0.001	0.002	0.002
AR(2)	0.078	0.062	0.079
Hansen test	1.000	1.000	1.000
Obs	300	300	300

注:(1)在系统 GMM 估计中,$GRAB\_1$ 是前定变量,用其滞后一期作为工具变量,我们只将年份虚拟变量视为外生变量,而其他解释变量都被视为内生变量;内生变量的工具变量为其滞后两期;(2)括号内是 P 值,*、* *、* * * 分别表示在 10%、5% 和 1% 水平上显著。

下面我们以模型 3 为例,对核心解释变量做进一步的具体分析。首先我们发现,当中央政府的转移支付程度小于 70% 时,中央政府的财政集权程度的提高将激励地方政府伸出援助之手行为,否则则将激励地方政府伸出攫取之手行为。换言之,财政集权的激励效应是援助之手还是攫取之手取决于中央政府的转移支付程度。如果转移支付的程度小于 70%,那么财政集权的激励效应是援助之手,否则为攫取之手。观察数据的结构,我们发现,除青海的 10 年和宁夏的 3 年外,中央政府对其他地区的转移支付程度都小于 70%。不过,值得指出的是,1999—2009 年即使是青海和宁夏,中央政府对其的转移支付程度也并非全部超过70%。具体而言,中央政府在2000—2009年对青海的转移支付程度都超过70%,而对宁夏的转移支付程度也只有在2004、2007和2008年这三年超过70%。这意味着,基于全样本,我们可以说,财政集权的激励效应总体上表现为援助之手行为。

其次,我们发现,当财政集权程度小于65%时,中央政府的转移支付的激励效应是援助之手,否则为攫取之手。观察数据的结构,我们发现只有6个观察值超过65%,分别是北京(2008—2009年)和天津(2005—2008年),这意味着,基于全样本的实证结果,我们可以说,中央政府的转移支付的激励效应也总体上表现为援助之手。

(二) 财政集权的激励效应:分地区考察

表8-5是采用系统广义矩方法(SYS - GMM)对(8-2)式进行估计的结果。我们发现,在没有引入任何控制变量的情况下(即模型1),除$FC \times TF \times FLOW$的符号不符合预期外[①],核心解释变量在净流出地区和净流入地区的表现与假说8-2和8-4的预期一致。模型2是加入陈抗等(2002)的控制变量后的估计结果。此时,我们发现,有关核心解释变量的估计结果与假说8-2和8-4的预期完全一致。也就是说,财政集权将激励净流出地区的地方政府伸出援助之手行为,但在净流入地区则不一定,这是因为,尽管财政集权在净流入地区直接的激励效应依然是援助之手,但最终的激励效应是否是援助之手还要看中央政府的转移支付程度。对于控制变量,腐败程度(CORRUP-TION)的符号和显著性同陈抗等(2002)。不过,政府规模(STAFF1)的符号虽然同陈抗等(2002),但不显著。模型3是用万人财政供养人员

---

① 不过,不显著是符合预期的。

($STAFF2$)替换模型 2 中的财政总供养人员($STAFF1$)进行再估计的结果。我们发现核心解释变量的估计结果与模型 2 相比没有实质性改变,这意味着,我们关于核心解释变量的结果具有相当的稳健性。换言之,表 8-5 的结果表明,理论部分的假说 8-2 和 8-4 是成立的。对于控制变量,腐败程度虽然依然为正,但不显著,而政府规模虽然显著,但符号为负。这表明,提高官民比(即万人财政供养人员)不一定就会导致地方政府伸出攫取之手。一个可能的解释是,中央政府通过过去若干次机构改革和干部培养体制的改革的确如张军等(2007)所言培育出了一大批高度职业化的致力于经济发展的公务员队伍,从而导致地方政府最终伸出援助之手而不是攫取之手。

表 8-5　财政集权的激励效应:分地区考察

被解释变量	$GRAB$		
模型	模型 1	模型 2	模型 3
$GRAB\_1$	0.67***	0.64***	0.63***
	(0.000)	(0.000)	(0.000)
$FC \times FLOW$	−0.67**	−0.88***	−0.69***
	(0.027)	(0.001)	(0.006)
$FC \times TF \times FLOW$	−0.001	0.03	0.02
	(0.945)	(0.187)	(0.312)
$TF \times FLOW$	−0.14	−1.58	−1.31
	(0.891)	(0.115)	(0.231)
$FC \times INFLOW$	−1.06**	−1.52***	−1.34***
	(0.026)	(0.001)	(0.003)
$FC \times TF \times INFLOW$	0.015**	0.02***	0.02***
	(0.036)	(0.002)	(0.004)
$TF \times INFLOW$	−0.57**	−0.68***	−0.60***
	(0.012)	(0.004)	(0.003)

续表

被解释变量	GRAB		
模型	模型1	模型2	模型3
CORRUPTION		0.35* (0.075)	0.24 (0.153)
STAFF1		2.07 (0.525)	
STAFF2			−0.04* (0.065)
C	68.26*** (0.001)	42.03 (0.412)	80.68*** (0.000)
Year Dummy	Yes	Yes	Yes
AR(1)	0.001	0.001	0.001
AR(2)	0.086	0.071	0.083
Hansen test	1.000	1.000	1.000
Obs	300	300	300

注:(1)在系统 GMM 估计中,$GRAB\_1$ 是前定变量,用其滞后一期作为工具变量,我们只将年份虚拟变量视为外生变量,而其他解释变量都被视为内生变量;内生变量的工具变量为其滞后两期;(2)括号内是 P 值,*、* *、* * * 分别表示在 10%、5% 和 1% 水平上显著。

下面我们再以模型 3 为例,对净流入地区的核心解释变量做进一步的具体分析。我们有三点主要发现。第一,如果转移支付的程度小于 67%,那么财政集权的激励效应是援助之手,否则为攫取之手。观察数据的结构,我们发现,除青海的 10 年、宁夏的 9 年和甘肃的 1 年外[①],中央政府对其他净流入地区的转移支付程度都小于 67%。如果以模型 2 为基准来讨论,我们会发现,超过 76% 的地区和年份会更少。这表明,即使在净流入地区,财政集权的激励效应都将总体上表现为援助之手行为。第二,如果财政集权的程度小于 30%,那么中央政府的转移支付的激励效应是援助之手,否则为攫取之

---

① 具体而言,青海是 2000—2009 年,宁夏是 2000—2002 年和 2004—2009 年,甘肃是 2008 年超过 67%。

手。观察数据的结构,我们发现,对于净流入地区有70.75%的观察值落在30%以外,这意味着,在净流入地区,中央政府的转移支付的激励效应总体上表现为攫取之手行为。第三,结合前两点的发现,我们发现,如果中央政府将转移支付的程度和财政集权的程度分别控制在67%和30%以内,那么就可更好地激励地方政府伸出援助之手行为。

五、结论及政策含义

十多年前,陈抗等(2002)发表了一项至今仍被广泛接受的研究成果,即财政集权将激励地方政府伸出攫取之手而不是援助之手行为。本章对此表示了质疑,并重新评估了财政集权的激励效应。通过改进新近发展起来的新财政集权理论,我们提出了一个以财政集权和转移支付为双内核的旨在解释非预算内收入与预算内收入之比的理论框架,并提出了四个研究假说。通过构造1999—2009年的财政集权与转移支付的省际面板数据并界定净流出入地区,本章证实了所提的假说。具体而言,我们有以下重要发现。第一,使用全样本,尽管财政集权直接的激励效应表现为援助之手行为,但是这种援助之手行为有可能被中央政府的转移支付扭曲成攫取之手。第二,在净流出地区,财政集权将激励地方政府伸出援助之手行为,而在净流入地区,财政集权所表现出来的援助之手行为有可能被中央政府的转移支付扭曲成攫取之手。第三,使用全样本,中央政府的转移支付所表现出来的援助之手行为有可能被财政集权扭曲成攫取之手。第四,相比于净流出地区,中央政府的转移支付更能激励净流入地区的地方政府伸出援助之手行为,不过这种援助之手行为有可能被财政集权扭曲成攫取之手。

基于上述重要发现,本章通过观察数据结构对财政集权的激励效应进行了再评估。我们发现,财政集权将激励净流出地区的地方政府伸出援助之手,而在净流入地区,虽然中央政府的转移支付对财政集权的这一效应有所抑制,但总体上还不足以改变其援助之手的性质。因此,本章的这一发现就证伪了陈抗等(2002)至今仍被广泛接受的一个攫取之手的观点,而为新近发展起来的新财政集权理论提供了有力支持。这表明,就其总体上有利于激励地方政府伸出"援助之手"行为而言,中国1994年财政再集权的努力应该说是成功的。我们没有必要采用所谓只有收入权力和支出责任同时下放(或财权和事权相匹配)才是好的治理模式(Weingast, 2000; Careaga and Weingast, 2003),否则必然危及中国的政治与经济稳定(Boadway and Tremblay, 2011; 王绍光, 2002),因为中国是一个发展不平衡的大国,这样那些适用于发展较为均衡的国家的高度分权的治理模式就不太适用于中国(方红生、张军, 2013)。对此,我们务必要保持高度警惕。

尽管我们对中国1994年财政再集权的努力给予了高度的肯定,但是基于本章的实证研究发现,我们也清醒地看到,由分税制改革所遗留下来的这个治理模式的确还有很大的提升空间。比如说,中央政府就可以在以下三个方面有所作为。首先,为财政集权可以更好地激励地方政府伸出援助之手行为,中央政府很有必要将对净流入地区的转移支付的程度控制在67%以内。其次,为将中央政府的转移支付在净流入地区的激励效应由攫取之手行为变为援助之手行为,中央政府应将净流入地区的财政集权的程度控制在30%以内。最后,虽然政府之间的激烈竞争有助于约束政府的行为(Oates, 2008),并因此提高中央政府转移支付资金的配置效率和技术效率,但是无很好的转移支付制度势必会降低援助效率(Boyne, 1996; Weingast, 2000; 袁飞等,2008;范子英、张军,2010a;付文林、沈坤荣,2012;李永友、沈玉平,2009,2010)。的确,我们的实证结果显示,尽管中央政府的转移支付在净流入地区有着显著的直接援助之手效应,但是在净流出地区则不显著。这意味着构造一个良好的转移支付制度也是确保政府伸出援助之手的重要保障。

参考文献:

Boadway, R. and J. F. Tremblay. 2011. Reassessment of the Tiebout Model. *Journal of Public Economics*, 96(11-12):1063—1078.

Boyne, G. A.. 1996. Competition and Local Government: A Public Choice Perspective. *Urban Studies*, 33(4—5):703—721.

Brennan, G. and J. M. Buchanan. 1980. *The Power to Tax: Analytical Foundations of a Fiscal Constitution*. England: Cambridge University Press.

Careaga, M. and B. R. Weingast. 2003. Fiscal Federalism, Good Governance, and Economic Growth in Mexico. in Dani Rodrik(Eds.), *In search of Prosperity: Analytic Narratives on Economic Growth*, New Jersey: Princeton University Press.

Chen, Y., H. B. Li and L. A. Zhou. 2005. Relative performance evaluation and the turnover of provincial leaders in China. *Economics Letters*, 88:421—425.

Glaeser, E. and R. Saks. 2006. Corruption in America. *Journal of Public Economics*, 90:1053—1072.

Goel, R. K. and M. Nelson. 2007. Are Corruption Acts Contagious?

Evidence from the United States. *Journal of Policy Modeling*, 29: 839—850.

Huang, B. H. and K. Chen. 2012. Are intergovernmental transfers in China Equalizing? *China Economic Review*, 23(3): 534—551.

Li, H. and L. Zhou. 2005. Political Turnover and Economic Performance: The Incentive Role of Personnel Control in China. *Journal of Pubic Economics*, 89: 1743—1762.

Lin, Y. F. and Z. Q. Liu. 2000. Fiscal Decentralization and Economic Growth in China. *Economic Development and Cultural Change*, 49(1): 1—21.

Mackiewicz, M.. 2006. The Cyclical Behavior of Fiscal Surpluses in the OECD Countries—A Panel Study. Working paper.

Oates, W. E. 2008. On the Evolution of Fiscal Federalism: Theory and Institutions. *National Tax Journal*, 61(2): 313—334.

Oates, W. E.. 1972, *Fiscal Federalism*, New York: Harcourt Brace Jovanovich.

Oates, W. E.. 1985. Searching for Leviathan: An Empirical Study. *American Economic Review*, 75: 748—757.

Su, F. B., R. Tao, X. Lu and M. Li. 2012. Local Officials' Incentives and China's Economic Growth: Tournament Thesis Reexamined and Alternative Explanatory Framework. *China & World Economy*, 20(4): 1—18.

Weingast, B.. 2000. The Theory of Comparative Federalism and the Emergence of Economic Liberalization in Mexico, China, and India. Memo.

Zhang, Jun. 2012. Zhu Rongji Might Be Right: Understanding the

Mechanism of Fast Economic Development in China. *The World Economy*, 35(12):1712—1732.

Zhang, T. and H. Zou. 1998. Fiscal Decentralization, Public Spending, and Economic Growth in China. *Journal of Public Economics*, 67(2):221—240.

陈刚、李树,2012,"官员交流、任期与反腐败",《世界经济》第2期。

陈抗、A. L. Hillman、顾清扬,2002,"财政集权与地方政府行为——从援助之手到攫取之手",《经济学(季刊)》第2卷第1期。

陈宇峰、钟辉勇,2012,"中国财政供养人口规模膨胀的影响因素与结构偏向",《经济社会体制比较》第1期。

陈志勇、陈莉莉,2011,"财税体制变迁、'土地财政'与经济增长",《财贸经济》第12期。

程文浩、卢大鹏,2010,"中国财政供养的规模及其影响变量——基于十年机构改革的经验",《中国社会科学》第2期。

单豪杰、沈坤荣,2007,"制度与增长:理论解释及中国的经验",《南开经济研究》第5期。

范子英、田彬彬,2013,"税收竞争、税收执法与企业避税",《经济研究》第9期。

范子英、张军,2010a,"粘纸效应:对地方政府规模膨胀的一种解释",《中国工业经济》第12期。

范子英、张军,2010b,"财政分权、转移支付与国内市场整合",《经济研究》第3期。

方红生、张军,2009,"中国地方政府竞争、预算软约束与扩张偏向的财政行为",《经济研究》第12期。

方红生、张军,2013,"攫取之手、援助之手与中国税收超 GDP 增长",《经济研究》第 3 期。

付文林、沈坤荣,2012,"均等化转移支付与地方财政支出结构",《经济研究》第 5 期。

傅勇,2010,"财政分权、政府治理与非经济性公共物品供给",《经济研究》第 8 期。

傅勇、张晏,2007,"中国式分权与财政支出结构偏向:为增长而竞争的代价",《管理世界》第 3 期。

黄新华,2011,"区域经济增长中地方政府企业化行为的检验:1998—2007 年——基于 30 个省会城市数据的实证分析",《政治学研究》第 1 期。

李冬妍,2011,"'制度外'政府收支:内外之辨与预算管理",《财贸经济》第 6 期。

李学文、卢新海、张蔚文,2012,"地方政府与预算外收入:中国经济增长模式问题",《世界经济》第 8 期。

李永友、沈玉平,2009,"转移支付和地方财政收支决策——基于省级面板数据的实证研究",《管理世界》第 11 期。

李永友、沈玉平,2010,"财政收入垂直分配关系及其均衡增长效应",《中国社会科学》第 6 期。

平新乔,2006,"中国地方预算体制的绩效评估及指标设计",工作论文 No. C2006018,北大中国经济研究中心。

司政、龚六堂,2010,"财政分权与非国有制经济部门的发展",《金融研究》第 5 期。

汤玉刚,2011,"财政竞争、土地要素资本化与经济改革——以国企改制过程为例",《财贸经济》第 4 期。

汤玉刚、苑程浩,2010,"不完全税权、政府竞争与税收增长",《经济学(季刊)》第10卷第1期。

陶然、陆曦、苏福兵、汪晖,2009,"地区竞争格局演变下的中国转轨:财政激励和发展模式反思",《经济研究》第7期。

陶然、苏福兵、陆曦、朱昱铭,2010,"经济增长能够带来晋升吗？——对晋升锦标竞赛理论的逻辑挑战与省级实证重估",《管理世界》第12期。

王绍光,2002,"中国财政转移支付的政治逻辑",《战略与管理》第3期。

王有强、卢大鹏、周邵杰,2009,"地方政府财政行为:地方财力与地方发展",《中国行政管理》第2期。

尹恒、朱恒,2011,"县级财政生产性支出偏向研究",《中国社会科学》第1期。

袁飞、陶然、徐志刚、刘明兴,2008,"财政集权过程中的转移支付和财政供养人口规模膨胀",《经济研究》第5期。

张军,2012,"理解中国经济快速发展的机制:朱镕基可能是对的",《比较》第6期。

张军、高远、傅勇、张弘,2007,"中国为什么拥有了良好的基础设施？",《经济研究》第3期。

张晏、龚六堂,2005,"分税制改革、财政分权与中国经济增长",《经济学(季刊)》第5卷第1期。

周飞舟,2006,"分税制十年:制度及其影响",《中国社会科学》第6期。

周黎安,2007,"中国地方官员的晋升锦标赛模式研究",《经济研究》第7期。

周黎安、陶婧,2009,"政府规模、市场化与地区腐败问题研究",《经济研究》第1期。

9

财政分权与中国经济增长的效率[①]

一、引言

 以1978年作为改革开放的起点,我国到今年一共经历了三十余年的改革开放历程,这一历程带来的成果是显而易见的,GDP增长了14倍,年均增长速度接近10%;城镇居民可支配收入和农村居民纯收入增长了6.7倍;贫困人口从1978年的2.5亿减少到2006年的2 148万(吴敬琏,2008)。但是伴随着经济开放过程的还有负面产出[②]的增加,比如城乡收入差距和中西部地区间差距的持续扩大、公共服务供给不足、国内市场分割严重、重复建设和效率损失(Zhang and Zou,1998;周黎安,2004;王永钦等,2007)。国家"十一五"规划也明确提出要构建和谐社会,经济发展的目标不能片面地追求GDP的最大化,而是在保证GDP快速增长的同时降低经济增长带来的负面产出,形成一种优质的经济发展模式。[③]

[①] 发表于《管理世界》2009年第7期。
[②] 这里的负面产出是指我们不需要的产出,这些产出的增加会降低国民福利,比如环境污染等。
[③] 十六届六中全会上提出和谐社会的具体内容为:民主法治、公平正义、诚信友爱、充满活力、安定有序、人与自然和谐相处的社会,关键词还是公平正义。

改革开放初期的经济增长绝大部分归功于制度上的改革,农业部门的改革使得家庭重新作为最基本的生产单位,制造业部门引入了物质激励和真实价格,以及民营经济的出现等,政府在这一阶段逐渐从经济生产中退出,给予经济发展主体充分的激励(Lin,1992;Perkins,1988)。后来的研究发现地方政府在经济中发挥了很大的作用,比如各地都加大了对基础设施的投入和外资的引入,这些直接促进了当地的经济发展,以往的理论无法解释地方政府的这种激励,特别是无法解释为何中国的地方政府有如此高的热情来参与经济活动。

早期用来解释地方政府介入基础设施投入的理论,大部分都认为向地方政府分权能够提高公共品的提供效率,比如 Oates(1985)认为财政分权使得地方政府更有激励加大对基础设施的投入,这直接促进了各地的经济增长;特别是考虑到公共品的供给,地方政府具有更准确的信息,居民"用脚投票"的机制使得地方政府能够提供优质的公共品(Tiebout,1956)。[①] 各地居民对公共品的偏好和需求量是有差异的,中央政府提供的公共品无法满足这种异质性,地方政府提供公共品的效率更高(Stiglitz and Dasgupta,1971)。因而为了使得公共品的提供具有更高的效率,适当的经济分权是必要的(Musgrave,1959)。但是分权也是有成本的,分权越彻底,地区之间在公共品提供以及经济发展上的规模经济就越低;反之,如果越集中,则中央政府无法协调满足各地的差异性,因而适宜的分权应该是在规模经济和满足差异性之间进

---

① Tiebout 的理论有两个隐含的假设:(1)要素充分流动,虽然中国目前逐渐放松户籍制度,但还存在隐性的制约,远没达到自由流动的地步;(2)政府是对下负责的,中国目前的政治体制也不符合。(Zhang,2006)

行权衡(Oates,1972)。①

但是上述的分权理论并不适用于发展中国家(Bardhan,2002),因为发展中国家的地方政府往往并不是以公共福利作为目标,地方政府的官员有其自利的动机(Qian and Weingast,1997;Garzarelli,2004),与上述理论的激励基础完全不同。中国从80年代正式开始的经济分权伴随着政治考核的集中化,经济的发展成了考核地方官员的唯一指标,因而传统的对地方政府的说教行为就转换成了"标尺竞争"(张军等,2007),政绩考核的标尺使得地方政府有激励发展经济,加上经济分权,中国逐渐形成了"市场维持型的财政联邦主义"(Jin et al.,2005),各地争相通过改善投资环境来吸引外资,如加大对基础设施的投入,地区间的竞争也加大了各地援助国有企业的成本,因而硬化了地方政府的预算约束。

实证方面关于财政分权和经济增长的研究还处于起步阶段(Bardhan,2002),大部分的研究都支持中国的财政分权促进了经济发展(Ma,1997;Lin and Liu,2000;乔宝云,2002)。反面的证据也是存在的,Zhang和Zou(1998)认为财政分权使得地方政府减少了具有外部性的公共品的投入,从而降低了经济增长;陈抗等(2002)则认为1994年的分税制改革使地方政府从"援助之手"变为"攫取之手",进而损害经济效率;而胡书东(2001)的研究则没有发现财政分权和经济增长之间有必然的关系。

但是以往的大部分研究仅在论证财政分权是否能够带来GDP的增长,有一些实证文献提到了财政分权会产生负面作用,比如公共品投入不足

---

① Oates同样强调为了保证分权的作用,财政稳定和财政分配必须由中央政府控制,地方政府仅负责对公共品的分配(Oates,1968)。

(Zhang and Zou,1998；傅勇和张晏,2007)、地区差距(Zhang,2006)等,进而影响 GDP 的增长,但是这些与 GDP 一样是财政分权的结果,因而从理论上说必须将其放入同一个框架下考虑。最近有一些理论性的探讨试图在这方面做出贡献(王永钦等,2007),但是实证方面还缺乏证据。本章可能是此方面的最早尝试。最近史宇鹏和周黎安(2007)利用计划单列市的数据来计算财政分权的效率,但是他们也没有将负面产出放入同一个框架;陈诗一和张军(2008)利用西方政治学的逻辑认为政府的目的是公共服务的最大化,不过这一假设过于强硬,中国地方政府的目标是产出的最大化而不是公共服务的最大化;郑毓盛和李崇高(2003)利用 DEA(数据包络分析)的方法计算了一个效率值,并进行分解,以此来解释市场分割带来的效率损失,不过同样在计算效率的时候仅考虑了正的产出,并没有把负面产出纳入考虑范围之内。

本章所做出的可能贡献在如下几个方面:(1)我们在同一个框架下面去考虑财政分权的正面产出和负面产出,在此框架下面对每一年的每一个省份赋予了一个综合的效率指数,该指数反映了该省在这一年相对于最有效的省份的产出效率;由于在指数的计算时已综合考虑了经济体的正面产出和负面产出,这里的效率值相对于郑毓盛和李崇高(2003)计算的效率值更具有无偏性。(2)相对于传统的 DEA 方法,本章采用的方法克服了径向(radial)的缺点,所有的效率值本身包含了该决策单元(省)的松弛量(slacks)的大小,这使得本章的效率值在方法论上更加科学。(3)从计算结果来看,效率前沿的地区呈现动态变化,特别是沿海地区越来越重要,而传统的老工业地区(如东北)则逐渐成为没有效率的部分。同时,本章还发现分税制降低了财政分权的作用,不过对外开放可以减少政府在经济中的作用,这给今后的发展提供了政策建议。

本章接下来为：第二部分回顾中国财政改革的历程，以及伴随这一历程的正面产出和负面产出。第三部分介绍本章的方法、指标和数据，主要是从基于传统的非参数方法扩展到非期望产出的模型；选择了相应的指标进行计算，并做了简单的分析。第四部分是分析财政分权与经济效率之间的联系。最后一部分是结论和政策含义。

二、财政分权带来了什么

中国的财政体制基本可以划分为三个阶段：改革开放前、1983—1993年的过渡阶段和1994年后的稳定阶段(Jin et al.，2005)。1979年之前的财政体制被称为"统收统支"，所有的财政收入和支出都由中央政府控制，各级地方政府没有自己的财政预算，这一体制被延伸到国有企业和集体企业，比如有超过80%的财政收入由地方政府从辖区内的国有企业征收，这一时期的财政体制只是整体的计划经济体制的一个组成部分。1980年后出现的乡镇企业和私营企业开始改变原有的财政体制，这一时期的财政体制又被称为"财政承包制"，地方政府和中央政府之间是一种合同关系，即所有的收入分为中央享有、地方享有、中央和地方共同享有三类、虽然初始规定的合同期限为5年，但由于处在实验阶段，早期的合同条款经常变更，特别是1982—1983年。这一体制从1985年开始逐渐稳定，引入了收入税来代替原有的上缴利润，因而新体制是基于税收类别而不是基于所有制类别。1994年的"分税制"替代了"财政承包制"，地方政府的财政收入只跟地方税收有关，在最大税种的增值税分成比例上，"分税制"规定各地都享有25%的比例，这一规定使得各地在分享比例上不存在大的差异。

无论是早期的"分灶吃饭"还是后来的划分税种,财政体制的改革都是逐渐向地方政府进行分权,给予地方政府一定的经济激励使其变为"援助之手"而不是"掠夺之手"(Shleifer and Vishny,1998)。但是仅有的经济激励并不构成地方政府发展经济的全部激励,垂直型的政治考核机制才是最主要的激励。20世纪80年代初的财政分权改变了以往对官员进行的政治考核,而以地方的经济指标作为唯一标准(Li and Zhou,2004),各地政府官员都以 GDP 作为主要目标,以此来实现政治晋升的可能。上级政府也有意利用这种政治机制促进各地的经济发展,比如改变任期和异地交流(徐现祥等,2007;张军和高远,2007)。

政治上的"标尺竞争"最终还是通过 GDP 的竞争来达到的,因而如果以 GDP 来衡量中国的政治改革和财政分权,无疑是取得了巨大的成功,但是这种有偏的激励必然会带来有偏的结果。比如在改革开放的初期,各地的经济状况有一定的差异,沿海地区的工业比重较内地省份要高,而对农业进行征税的成本又比工业高,因而各地都更倾向于向工业征税。在财政分权之前,各地的收支与本地的经济状况没有关系,因而各地的基础设施与当地的经济禀赋不存在明显的关联,但财政分权使得各地支出与当地经济状况挂钩,那些工业比重较高的省份的税收总量要比其他省份多,因而有更多的资源可以用于基础设施的建设(张军等,2007)。财政分权会带来各地在基础设施的质量和数量上的差异,进而影响各地的投资水平以及吸引 FDI 的能力,最终造成各地经济发展水平的差异。同时由于征税成本的差异,农业禀赋高的省份为了维持当地政府的运转,不得不向当地的工商企业以更高的税率征税,这进一步使得当地的资本流向其他经济发达地区,恶化地区间原有的经济水平差距，而这些与当地的政府努力水平是无关的，仅仅是因为初始条件存在差异，而财政分权进一步扩大了地区间的这种差距(Zhang,2006)。

经济指标考核的唯一性使得各地都争相投入那些回报较高的行业，1994年开始的分税制改革又使得各地的财政收入主要取决于增值税，而该税收又与工业的发展水平直接相关，这进一步加剧了地区间的竞争(Jin et al.，2005)。经济竞争在带来各地经济飞速发展的同时，本来可以通过区域合作避免地方保护主义，但是由于政治竞争更像"锦标赛"(周黎安,2004)，使得各地政府更不愿意与其他省份合作，重复建设和地方保护主义在双重竞争条件下反而是地方政府的最优反应①(陆铭等,2004)，但是很明显的是，这种个体的最优选择造成了集体的效率损失。比如国内市场的分割程度甚至大于欧盟内部的分割程度，各省与外国的贸易流甚至大于与临近省份的贸易往来(Poncet,2003)，这使得中国的国内市场呈现一种"零碎分割"的状态(Young,2000)。

1978年之前的经济发展逻辑基本是把重点放在工业，奉行的是霍夫曼的重工业优先发展战略，忽略农业的发展甚至以工农产品之间的价格"剪刀差"来补贴工业，这造成了农业发展的滞后(林毅夫等,1994)。改革开放初期，家庭联产承包责任制和价格"剪刀差"的缩小缓解了城乡之间的差距，但是这一过程到1985年就结束了。随着财政分权的进行，地方政府的目标逐渐以单一的GDP为核心，加上工业品的增加值要远大于农产品，对工业品进

---

① 当然这种反应还可能是地方保护的未来能够带来巨大收益的行业，比如高科技产业(陆铭等,2004)，但是很明显的是，中国的地方保护主义是从原材料到产品的整个生产链，比如典型的烟草行业，其地方保护主义很大，因为该行业能够给地方财税做出巨大贡献(Zhou,2002)，有时候即使是亏损的行业也存在过渡投资(周黎安,2004)。

行征税的成本也小很多,因而各地都把大部分的资源用于工业和城市的发展,对农业和农村的投入严重不足,这进一步恶化了原有的城乡差距。改革开放之前的城市倾向政策随着财政分权重新过渡到现在,为了扩大工业附加值,各地都充分享受低廉的劳动力成本带来的好处,因而没有动机来放宽户籍制度,至少城乡间隐性的制度障碍始终存在(Yang,1999;Yao,2000);城市倾向的政策还使得各地对农村的公共投入严重不足,特别是在国家把教育类的支出下放到县甚至县以下,这些公共投入的不足又进一步扩大未来的城乡差距(陆铭和陈钊,2004);同时,金融系统也存在城市倾向,这限制了当地农业的发展,扩大了城乡差距(Yang,1999)。

即使是在城市内部,由于财政分权,地方政府更加倾向于生产性的支出,而不是公共品的支出。虽然从长期来看,公共品支出能够促进经济的发展,但是这种效应在官员本身的任期之内是无法体现的,至少没有生产性投入的边际回报大。财政分权赋予各地政府对支出的控制权,加上以GDP为核心的考核体系,地方政府都有充分的激励来投资生产性的基础设施,以此来吸引投资,促进当地经济的发展,因而1985年之后中国基础设施的整体水平和增速都明显提高了(张军等,2007)。随着基础设施投入的增大,公共服务性投入的比重开始下降,比如从1992年以来,预算内教育经费占GDP的比重一直维持在3%以下(傅勇和张晏,2007),公共医疗类的支出也明显偏低,造成了"看病贵"和"看病难"的问题。

财政分权带来的效果是明显的,但同时很多的负面影响也开始出现。财政分权放大地区之间初始禀赋的差异,再加上地理优势,沿海地区和内陆地区的区域经济差距随之扩大;地方竞争模式使得各地各自为政,区域之间缺乏合作,国内市场被分割成零碎的"诸侯经济";财政分权还强化了城市倾向的经济政策,包括公共品的投资、金融体系以及分割的劳动力市场,而这些都在加剧城乡之间的收入差距;即使在城市内部,大部分的财政资源被用于生产性的投入,公共品的投入也严重不足。因而财政分权的作用就不能仅通过经济增长来衡量,如何综合衡量财政分权给各地带来的效率改善是一个没有解决的难题。

三、方法、指标和数据

本章的主要目的是试图将经济过程中的正面产出,如 GDP 等,以及负面产出放入同一个框架下考虑,因而这涉及一个多投入和多产出的模型。传统的计量方法由于只能考虑单一产出而无法胜任,这时候就需要采用数据包络分析(data envelopment analysis,DEA)的方法,有时也称为前沿分析。该方法最早由 Farrell(1957)提出,后来由 Charnes 等(1978)扩展得到基本的 CCR 模型,用来评价决策单元(decision making unit,DMU)的相对效率(relative efficiency)。该方法通过线性规划构造一个前沿面,再将决策单元与此前沿面进行对比,得到各单元的相对效率,相对效率低于 1 的部分则是该单元可以进行改进的余地。由于不需要事先设定模型的具体形式以及估计参数,此模型避免了计量方法的主观性偏误,更适用于对多投入多产出的效率评价。

我们可以在最简单的 CCR 模型中引入本章考虑的非期望产出,具体的做法是将其转换成投入来处理(Scheel,2001),这在方法上是可行的,即将负

面产出按照投入最小化的原则进行规划,模型如下①:

$$\min_{\theta,\lambda} \theta$$

$$\text{s. t} \sum_{j=1}^{m} \lambda_j x_j \leqslant \theta x_{j0} \sum_{j=1}^{s_2} \lambda_j y_j^b \leqslant \theta y_{j0}^b \sum_{j=1}^{s_1} \lambda_j y_j^g \geqslant y_{j0}^g \lambda_j \geqslant 0, \theta \leqslant 1 \quad (9-1)$$

其中 θ 是要计算的效率值,该值在 0 到 1 之间,当 $\theta=1$ 时该决策单元是有效的;x_j 表示投入,这里一共有 m 种投入,一共有 s_2 种负面产出 y_j^b,s_1 种正面产出 y_j^g,λ_j 是附加的权重。这是采用传统的 CCR 模型来解决有非期望产出的情况,但是该模型的致命缺点是其处理上的强制性(strong disposability),该模型是径向的(Radial),即前沿面有时会平行于 x 轴或 y 轴,这确保了效率边界的凸性,但却造成了投入要素的拥挤(congestion)或松弛(slacks)(Tone,2001)。举例来说,图 9-1 给出了两种投入一种产出的生产,其中 C 点和 D 点是生产有效点,这两点的效率为 1,由这两点构成了这个生产的前沿面,而 A 点和 B 点是无效率的点。按照径向算法的思想,A 和 B 的效率分别是 $0A'/0A$ 和 $0B'/0B$,其中 A' 和 B' 分别是对应 A 和 B 的技术有效点,即 A' 和 B' 的生产效率都为 1,当我们将 A' 与 C 点进行对比时,可以在保证效率为 1 的前提下减少 x_2 的投入量。同样的情况也存在于 B' 点,这就是投入松弛(input slacks);当扩展到多产出时,产出松弛(output slacks)也会存在。

为了解决上述的松弛问题,Tone(2001)提出一个基于松弛测度(slacks-based measure,SBM)的模型,该方法有两个优点:①投入和产出的单位不影响效率值,即无量纲;②该效率值随着投入和产出的松弛严格单调

---

① 关于这些模型的具体描述以及相应扩展的解释,参考 Cooper 等(2007)。

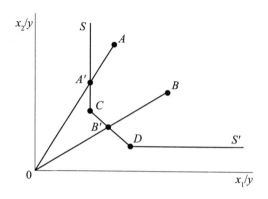

图 9-1　传统测度中的投入松弛问题

递减。我们直接在该模型的基础之上引入非期望产出,假设有 m 种投入,产出有 s 种,其中有 s_1 种正面产出和 s_2 种负面产出[①]：

$$\operatorname*{Min}_{\lambda,s^-,s^+}\rho = \frac{1-\frac{1}{m}\sum_{i=1}^{m}s_i^-/x_{i0}}{1+\frac{1}{s_1+s_2}(\sum_{i=1}^{s_1}s_i^g/y_{i0}^g+\sum_{i=1}^{s_2}s_i^b/y_{i0}^b)}$$

$$s.t\ x_0 = X\lambda + s^-, y_0^g = Y^g\lambda - s^g, y_0^b = Y^b\lambda + s^b, \lambda \geqslant 0, s^- \geqslant 0, s^g \geqslant 0, s^b \geqslant 0.$$
(9-2)

其中向量 s^- 和 s^b 分别对应投入和负面产出的过剩,s^g 则是正面产出的不足,该目标方程同样满足对 s^-、s^b 和 s^g 单调递减,目标值满足 $0<\rho\leqslant 1$。按照前面相似的推论,当 $\rho=1$,s^-、s^b 和 s^g 都为 0 时,该决策单元是有效的。

大部分的 DEA 模型都可以归结为四类：①径向(Radial)和有测度角度的(Oriented)；②径向和无测度角度的；③非径向和有测度角度的；④非径向

---

① 该方法在环境效率的测度方面应用很广泛,比如 Zhou 等(2006)就采用该方法来衡量 1998—2002 年 30 个 OECD 国家的 CO_2 排放对环境的影响。

和无测度角度的。这里的"径向"是指效率测度中主要关注固定比例增加(减少)产出(投入),测度角度是指投入最小化或产出最大化。径向模型忽略了松弛的影响,因而在处理非期望产出时,非期望产出的松弛是不在效率测度中的。而投入或者产出角度则仅关注某一特定目标,因而只有非径向和无测度角度的模型才能考虑效率的所有方面,这里的模型(2)就是非径向和无测度角度模型的一种(Cooper et al.,2007)。

将模型(1)和模型(2)进行对比是有必要的,直接的结论是模型(2)中的效率一般都小于模型(1),仅当前者的效率为1(即有效率)时,两者才相等(Cooper et al.,2007)。这说明模型(2)考虑了所有的无效率测度,而模型(1)仅考虑了纯粹的技术无效率。为了在实证上对比两者的差异,在随后的测度中,我们依然报告模型(1)计算的结果。

不管是采用传统的 DEA 方法还是这里的基于非期望产出的方法,投入和产出指标的选取都至关重要,依据本章第二节的分析,我们把中国财政分权的负面作用归结为三类:①城乡收入差距的持续扩大;②地区之间的市场分割;③公共事业的公平缺失[①](王永钦等,2007)。具体来说,我们选择如下指标作为负面产出:

(1)城乡收入比,该指标用来代表由于财政分权带来的城乡收入差距的扩大,城市收入是城镇居民可支配收入,农村收入是农村居民家庭平均每人纯收入,两者的比值即城乡收入差距。由于农业增长普遍比工业增长慢,地方政府往往优先发展城市经济,加大对城市生产型基础设施的投入,压缩

---

① 按照本章第二节的阐述,这里还需要考虑地区差距,但由于在这里测度效率是将每一个省作为一个单独的单元,因而单元之间的差距无法在模型中考虑,所以这里我们舍弃掉地区差距。

对农业的投入,这进一步扩大了原有的城乡差距。城市化倾向的经济政策还包括对农产品的价格"剪刀差"、限制劳动力的流动以及金融系统的歧视(李实,2003),如果再加上医疗、住房、教育等方面的城市倾向,城乡之间实际的收入差距更大。因而财政分权越彻底,各省内部的城乡收入差距会越大。

(2)市场分割。本章选择的是桂琦寒等(2006)利用各地商品价格指数构建的一个度量国内市场整合的指标,他们认为即使要素市场是分割的,只要商品是自由流动的,最终的产品价格将会收敛,同样,当商品市场是分割的,只要要素是可自由流动的,也能使得产品价格趋同。而Poncet(2002,2003)基于贸易法得出各省的"边界效应"并不是一个稳健的度量,当两地间的商品有很大的替代弹性时,极小的价格变化都会引起贸易流的显著变化,但这些变化与市场分割无关(Parsley and Wei,2001a,2001b)。选择桂琦寒等(2006)的市场化指数的另外一个原因是,该指数是目前唯一能够得到面板数据的方法。

(3)公共事业投资不足。我们先计算各省财政支出中用于教科文卫的比例,接着用1减去该比例,该数字越大,说明该省用于公共事业的投入比重越低。[①] 分权会使得地方政府追求单一目标,盲目扩大基础设施的投资,进而压缩对公共事业的投资(Démurger et al.,2002);实证上也发现中国的财政分权会带来对人力资本和公共服务的投资不足(傅勇和张晏,2007)。

以上是效率测度中的负面产出(Badoutput),正面的产出即各省的GDP。投入指标我们沿用郑毓盛和李崇高(2003)的方法,将资本和劳动作为

---

① 在具体的计算中,我们也采用张晏的建议,直接用基础设施支出的比例,结果发现两者计算的结果几乎没有差异。

投入品①，前者采用张军等(2004)计算的各省资本存量，后者利用各地的从业人员数。我们的样本期间是1985—2001年中国28个省市②的数据。之所以从1985年开始，是因为在1985年之前地方政府对其财政支出没有决定权(Qiao et al.，2008)；由于这里基于SBM的非期望产出模型衡量的是一个相对效率，而每一年的前沿面(最有效的生产)都会改变，因而在测算跨年的效率值时，效率值已经包含了技术进步的因素，为了使得效率值跨年具有可比性，在具体的计算中，我们分年计算相对效率值的大小。

表9-1给出了本章的投入产出指标的统计学描述。很多研究都指出1994年的分税制改变了中央政府和地方政府的依存关系，因而我们选取初始的1985年和之后的1993年，以及最近的2001年来考察。可以看出资本的投入一直是快速上升的，同时其横向差异也是扩大的；而劳动力历年来变化不大；GDP平均水平是逐年增大的，从1985年到1993年扩大了4倍，而从1993年到2001年扩大了3.12倍，如果以变异系数(标准差/均值)来衡量绝对变化程度③，GDP有趋同的迹象。城乡收入差距平均水平1985—2001年一直持续恶化。市场分割指数1985—1993年是扩大的，而1994—2001年是缩小的，这说明国内市场在分税制后是趋于整合的，同时地方之间的分割程度趋同。公共投入方面的平均水平变化令人担忧，投入不足的现象持续恶化，1994年的分税制加剧了这一趋势。这里得出的一个基本结论是：经济增长的同时伴随着负面作用的增大。

---

① 这里的投入指标只考虑决策单元可控的因素，对于不可控因素，如地理位置等则不在考虑范围之内，同样，那些不构成直接投入的因素也不作为投入要素，比如各地的利用资本的能力等。
② 其中重庆、海南和西藏由于数据不全而没有包括在内，这里是28个省市的数据。
③ 计算得到的1985年变异系数为1.68，1993年为1.43，2001年为1.35。

表 9-1 投入产出指标的描述性统计

	变量	描述	1985	1993	2001
投入	K	资本（亿元）	321.13 (210.00)	755.73 (558.00)	2 146.33 (1 815.75)
	L	劳动力（万人）	1 708.68 (1 049.48)	2 077.81 (1 280.33)	2 288.43 (1 493.04)
正面产出	GDP	国内生产总值（亿元）	299.95 (178.36)	1 195.81 (839.63)	3 726.14 (2 752.35)
负面产出	Ine	城乡居民收入比	1.83 (0.33)	2.72 (0.66)	2.82 (0.64)
	Seg	市场分割指数	0.12 (0.07)	0.33 (0.18)	0.10 (0.05)
	Edu	公共投入不足	0.74 (0.03)	0.74 (0.03)	0.78 (0.03)

注：括号中的为相应的标准差。
资料来源：资本数据来自张军等(2004)，市场分割指数来自桂琦寒等(2006)，其他数据来自《新中国五十五年统计资料汇编》。

我们依据模型(2)计算了 28 个省市 1985—2001 年的效率值，从图 9-2 可以看出，全国平均的效率值历年基本维持在 0.6 左右，其中东部地区明显高于中西部地区，中部地区接近全国平均水平，西部地区的效率值最低，三大地区的差距随着时间的推移并没有出现明显的变化，由于这里每一年的效率值都是相对效率，因而可能说明了地区间的差距并没有随着改革开放的推进而缩小。当比较模型(1)和模型(2)的计算结果时，发现时间趋势上两者都相同，不管是基于非期望产出的计算还是基于传统的 CCR 模型，两者都表明三大地区间存在明显的差异。不过从图 9-3 可以看出，由 CCR 计算的结果整体上要高于模型(2)的结果，原因在于模型(2)的效率值考虑了负面的产出，并且前者的地区差异要小于后者。

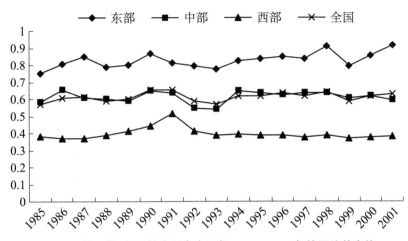

图 9-2 基于模型(2)的全国东中西部 1985—2001 年的平均效率值

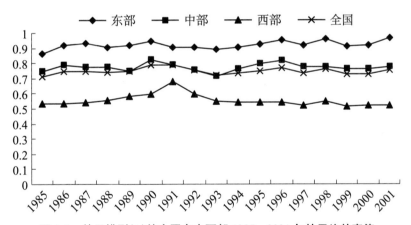

图 9-3 基于模型(1)的全国东中西部 1985—2001 年的平均效率值

为了详细比较效率值在各地的分布,以及随年份的变化,我们计算了初始的 1985—1987 年三年各省平均效率值,以及 1992—1994 年和 1999—2001 年的平均效率值,采用平均值主要是为了平滑特殊年份的影响。云南、上海、辽宁、江苏和湖北 5 个省份在历年都是处于最有效的前沿。其中,上海、江苏和湖北之所以充分有效,是因为这些地区的 GDP 产出更有效,比如2001年这些地区的人均GDP较其他地区要高。而云南和辽宁之所以有效,则是因为其资本的使用效率较全国其他地区要高,但是仅此并不能保证该省处于有效生产的前沿,比如2001年北京的人均产出仅次于上海,而黑龙江的资本使用效率也是处于全国领先位置,但是这些地区并不是有效生产,原因在于这些省份的负面产出过多,比如北京和黑龙江的公共品支出比重过低。

改革初期的效率分布还基本沿袭了计划经济的影响,除了南部地区由于较早受改革开放影响的广东省和西部的云南省,有效的省份基本集中在长江三角洲－京津唐－东北,东北和京津唐主要还是计划经济下的重工业投资带来的好处。到了分税制前夕,随着改革开放的进一步推进,有效省份开始从京津唐－东北向东南沿海地方转移,这些地区有地理和政策上的优势,随着市场经济的确立,其生产更加有效;分税制并没有使得地区差距有明显的变化,不过广西原有的地理优势开始被临近的湖南替代,同时安徽的资本使用效率的进一步提高使得其跃居最有效的前沿。

有效省份的原因基本是正面产出较大同时负面产出较小,但是我们依然无法确定无效生产的省份的具体原因,这些地区到底是因为生产过程中产出不够大,还仅仅是因为这些地区的负面产出太多了。在模型(1)中,我们假定对负面产出和正面产出同等对待,即两者的权重为1∶1。如果改变权重,则会改变效率值的大小,如果权重变大即赋予负面产出更大的权重,则那些由于负面产出过多导致无效的省份,其效率值将降低;反之,如果赋予正面产出更大的权重,则那些由于正面产出过少的省份的值将降低,因而可以通过权重的变化来观察导致无效的具体因素。以2001年为例,我们按照0.3∶1.0、1.0∶1.0和3.0∶1.0三种比例重新计算了效率值,从表9-2中可以明显看出,随着权重的变大,所有的省份的效率值都是变小的,这说明所有无效的原因并不是这些省份的产出不够有效率,而是负面产出过多导致的。[①] 那些效率值没有处于平均水平以上的省份,是因为其收入差距过大、市场分割太严重以及对于公共品的投入不足,而并非是由于其GDP的产出过小,这也说明地方政府在单一考核机制下,一味追求GDP的最大化的目标是成功的,然而这一过程所产生的负面产出已经开始影响其综合的经济效率(见图9-4)。

表9-2　2001年不同权重下的效率变化(权重为负面产出/正面产出)

省份	0.3∶1.0	1.0∶1.0	3.0∶1.0	省份	0.3∶1.0	1.0∶1.0	3.0∶1.0
北京	1.000	1.000	1.000	山东	1.000	1.000	1.000
天津	0.816	0.735	0.668	河南	0.507	0.497	0.459
河北	0.661	0.618	0.583	湖北	0.866	0.863	0.861
山西	0.341	0.299	0.268	湖南	0.571	0.529	0.490
内蒙古	0.420	0.365	0.325	广东	1.000	1.000	1.000
辽宁	1.000	1.000	1.000	广西	0.422	0.370	0.333
吉林	0.576	0.509	0.459	四川	0.341	0.321	0.301
黑龙江	0.766	0.721	0.683	贵州	0.294	0.248	0.217
上海	1.000	1.000	1.000	云南	1.000	1.000	1.000
江苏	1.000	1.000	1.000	陕西	0.329	0.288	0.256
浙江	0.836	0.785	0.742	甘肃	0.251	0.216	0.190
安徽	1.000	1.000	1.000	青海	0.352	0.292	0.253
福建	1.000	1.000	1.000	宁夏	0.333	0.276	0.238
江西	0.505	0.446	0.401	新疆	0.542	0.472	0.421

---

① 还可以通过观察具体松弛量得到相同的结论,这里的结果是,所有的松弛都存在于投入或者负面产出,而没有正面产出的松弛,本书由于篇幅考虑没有列出具体的松弛量,有需要的读者可以向作者索取。

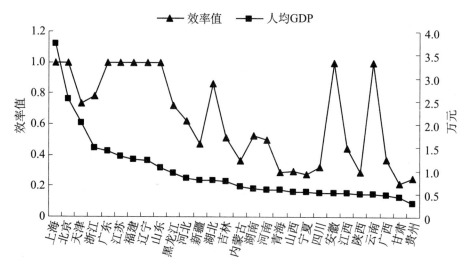

图 9-4　2001 年各省的效率值与人均 GDP

四、财政分权与经济效率

财政分权会直接影响一省的支出结构,分权能够使得地方政府的预算约束变紧,减少对国有企业的扶持,因而产出更有效;但与此同时,分权的强化会使得地方政府更加倾向于那些生产性基础设施的投入,而忽视公共性产品的投入(傅勇和张晏,2007),如医疗和教育等,而这些会使得收入差距持续扩大。同时,由于地方性的重复建设过多,市场分割也会进一步加剧(周黎安,2004;王永钦等,2007;桂琦寒等,2006),因而伴随着分权的是负面产出的增加。所以我们可以预期,在经济发展的早期阶段,分权能够带来经济产出的增大,同时负面产出的增加幅度也很小,因而综合效率会上升;但是随着经济的进一步发展,正面的边际产出下降,而负面产出急剧增加,因而综合效率开始下降；所以分权能够带来效率的改善，但是边际效率是下降的。

开放程度会影响一省的经济效率，开放能够吸引更多的投资，特别是FDI的引入会提高资本的使用效率，进而促进经济的发展，提高经济效率。同时，更多的外资涌入也会要求政府改善其治理效率，降低政府对于经济的干预，硬化政府的财政收支，这会更加有利于私有经济的发展，提高一省的资源利用效率。虽然经济开放在短期会加剧市场分割，而从长期来看会促进市场整合（陈敏等，2007）。同时，经济开放还能够促进农村劳动力向城市的转移，加快城乡融合速度，这会降低城乡间的收入差距，因而能够改进该省的经济效率。可见开放程度一方面可以提高正面产出，另一方面可以降低负面产出，因而能够从总体上提高经济效率。

城市化水平对经济效率的影响是明显的，该指标可以间接反映自然资源和地理条件等因素对经济的影响（Lin and Liu，2000；史宇鹏和周黎安，2007），东部沿海地区的地理条件更加优越，同时又较早享受了各种优惠政策，更早地融入全球经济（Démurger, et al.，2002），并且获得了更多的FDI（杨开忠，1994；魏后凯，2002；武剑，2002），早期的乡镇企业也偏向于东部而不是中西部（万广华，1998），甚至财政的转移也更加偏向于东部地区（马拴友和于红霞，2003），基础设施在东部地区也比中西部地区要好（张军等，2007）。另外由于规模经济的存在，城市化水平的提高，特别是大城市的出现，能够产生巨大的集聚效应，进而提高每一单位资源的使用效率，这表明一个省份如果城市化水平越高，在其他条件相同时，其经济效率也会越大。

由于效率值是介于0和1之间，我们建立如下的Tobit模型[①]来估计这

[①] 由于Tobit模型的估计采用的是极大似然法，因而这里的结果都是随机效应，无法得到固定效应。

些因素对综合效率的影响：

$$Eff_{it} = \alpha_0 + \alpha_1 FD_{it} + \alpha_2 Open_{it} + \alpha_3 Urban_{it} + \varepsilon_{it}$$

其中 Eff 是各省基于非期望产出模型的效率值，FD 代表了各地的分权程度，不过对此指标的构造往往有一定的争议（Martinez‑Vazquez and McNab,2003），比如 Lin 和 Liu(2000)采用财政收入中地方政府的边际留存来度量分权，而 Zhang 和 Zou(1998)采用传统的财政收支指标，不同的分权指标其结论也相差很大。为了稳健性考虑，本章同时选择了收入和支出两个指标来度量财政分权，即地方政府预算内人均财政支出占全国预算内人均财政总支出的比重，以及地方政府预算内人均财政收入占全国预算内人均财政总收入的比重。Open 代表的是经济开放度，这里采用人均进出口，之所以没有采用传统的外贸依存度是因为 GDP 已经在我们计算的效率里；$Urban$ 代表城镇人口的比重。

经济开放会降低政府在经济中的作用，进而降低分权的作用，因而我们引入分权与经济开放的交叉项；同时很多研究都指出分税制改变了政府间的关系，财政分权在 1994 年前后的作用相差很大（陈抗等，2002；张晏和傅勇，2007），所以引入 1994 年的虚拟变量（1994 年前取 0，之后取 1）与财政分权的交叉项；同时控制了年度变化的影响。因而我们将上述基本模型扩展为：

$$Eff_{it} = \alpha_0 + \alpha_1 FD_{it} + \alpha_2 Open_{it} + \alpha_3 Urban_{it} + \alpha_4 FD_{it} \times Open_{it} +$$

$$\alpha_5 FD_{it} \times D94 + \sum_{j=1}^{16} \beta_j H_j + \varepsilon_{it}$$

其中 $D94$ 是分税制的虚拟变量，H 分别代表 1986—2001 年各年的虚拟变量，其他变量的定义与上式相同。财政分权的指标来自于各年的《中国财政年鉴》，其他指标来自于《中国统计年鉴》。

我们首先基于基本模型计算了财政分权对效率的影响(见表9-3),基于稳健性考虑,我们考虑了按照收入法和支出法度量的财政分权指标,结果显示两者之间并不存在很大的差异性,因而在随后的分析中仅报告支出法的结果。在不控制年度虚拟变量时,财政分权每增加一个单位(即比全国人均财政支出增加一倍),会使得效率值增加0.08,同时经济开放和城市化水平的提高都会显著改善效率;在控制了年度影响后,财政分权的影响略微变小,同时经济开放仍然显著影响效率值,不过城市化不再重要,这很可能是因为在没有控制年度之前,城市化的差别主要体现在跨年而不是跨省。这里得出基本结论是,财政分权能够带来经济效率的改善,这种改善也说明财政分权所带来的经济增长效应要超过其带来的负面效应。

表9-3 基本模型的结果

	全部样本	全部样本	全部样本	全部样本
IFD	— —	0.108*** (4.91)	— —	0.128*** (6.28)
SFD	0.081*** (3.04)	— —	0.052* (1.77)	— —
$Open$	0.000*** (3.72)	0.000*** (5.42)	0.000*** (2.93)	0.000*** (4.97)
$Urban$	0.355*** (3.50)	−0.372*** (−2.82)	−0.023 (0.22)	−0.522*** (−5.32)
时间的作用	否	否	是	是
对数似然值 样本量	99.88 476	111.41 476	100.46 476	128.59 476

注:***、**和*分别表示显著性水平为1%、5%和10%,括号中为z值。

在扩展模型中我们感兴趣的是经济开放是否会削弱政府的作用,以及1994年的分税制改革到底起到了什么作用。从表9-4可以看出,在不引入分税制和年度差异时(第1列),财政分权和经济开放能够促进效率改善,两者的交互项显著为负(系数值在小数点3位之后),说明经济开放能够部分抵消政府在经济中的作为,经济体越开放,财政分权对效率改善的作用越弱,这与陈敏等(2007)的结论一致,经济开放将会提高政府实行地方保护主义的成本,因而将弱化地方政府主动发展经济的激励,强迫政府扮演"看不见的手",而不是"援助之手"。即使在考虑年份差异后(第2列),结果也基本没有差异。第3列的结果表明分税制的改革本身并没有对经济效率产生影响,1994年前后经济体并没有出现本质性的差别;不过依据陈抗等(2002)的研究,分税制使得政府有从"援助之手"转变到"攫取之手"的趋势,这将在一定程度上抵消财政分权的正面作用,所以在第4列中引入1994年虚拟变量与财政分权的交叉项,交叉项的系数显著为负,表明分税制会降低财政分权对效率改善的作用,将SFD和其与分税制交叉项的系数联系起来。我们发现1994年之后,财政分权实际上可能对经济产生负面作用,这在一定程度上支持了陈抗等(2002)的结论。①

表 9-4 扩展模型的结果

	(1)	(2)	(3)	(4)
$SFD \times Open$	-0.000^{***}	-0.000^{***}	-0.000^{***}	-0.000
	(-3.64)	(-3.42)	(-3.42)	(-1.34)
SFD	0.099^{***}	0.103^{***}	0.103^{***}	0.084^{**}
	(3.16)	(3.09)	(3.09)	(2.27)
$Open$	0.000^{***}	0.000^{***}	0.000^{***}	0.000^{***}
	(4.52)	(4.38)	(4.38)	(5.45)
$Urban$	-0.188	-0.157	-0.157	-0.407^{***}
	(-1.55)	(-1.27)	(-1.27)	(-3.44)
$Year94$	—	—	0.043	—
	—	—	(1.20)	—
$SFD \times Year94$	—	—	—	-0.106^{***}
	—	—	—	(-3.31)

---

① 我们以1994年作为分界来看效率值的前后变化,发现28个省市中有14个的效率是下降的,而只有9个省市是上升的,其余5个保持不变。

(续表)

	(1)	(2)	(3)	(4)
时间的作用	否	是	是	是
对数似然值	103.93	120.20	120.20	121.31
样本量	476	476	476	476

注：＊＊＊、＊＊和＊分别表示显著性水平为1%、5%和10%，括号中为z值。

地区①之间的差异也是我们关注的重点，表9-5同时列出了基本模型和扩展模型的结果，从扩展模型来看（第3、5、7列），地区间的差异是明显的，财政分权在东部和西部都有显著影响，说明分权是造成地区内部效率差异的重要因素，并且财政分权在东部的作用远比西部要大，而经济开放仅在东部地区内部有影响，西部则没发现显著影响，这很可能是因为西部地区内部整体的开放度都较小导致的②，较小的方差导致显著性较低；财政分权在中部地区对经济效率的改善不显著，这主要是缘于中部省份的财政分权程度要低于全国平均水平，同时其内部同质性更强③，中西部之间的比较也说明，西部地区内部的异质性更加明显，财政分权能够在一定程度上调动政府发展经济的激励。另外，中西部地区的城市化水平呈现负的显著性，城市化水平越高，经济效率反而越低，这主要是因为中西部地区的城市化水平的差异还延续了计划经济的模式，比如黑龙江和吉林的城市化水平在中部的8个省中最高，但是其资本的使用效率却很低，导致其经济效率低于中部其他省份。另一个可

---

① 关于东、中、西部的划分，我们遵循张军和高远（2007）的做法，东部包括北京、天津、河北、辽宁、上海、山东、江苏、浙江、福建和广东10个省（市）；中部包括河南、山西、安徽、江西、黑龙江、吉林、湖北和湖南8个省；西部包括内蒙古、广西、四川、贵州、云南、陕西、甘肃、青海、宁夏和新疆10个省（区）。
② 东部地区的人均进出口是西部地区的15倍，而其标准差为29倍。
③ 中部省份的人均财政支出在全国水平上处于不利的地位（0.6），不仅低于东部地区（1.2），甚至低于西部地区（0.8），东部地区内部的差异也处于全国最低水平。

能性是,城市化水平越大的地区说明政府需要对城市进行更多的投资,相应可用于农村的投资就减少了,进而从长期来看,会扩大当地的城乡收入差距,同时城市化水平越高的地区的集聚效应也越大,这会提高要素的边际回报,这对经济体一正一负的作用综合反映在回归系数的正负上,这里的结果表明负面的作用要大于正面的作用,城市的集聚效应还偏小。

表 9-5 地区间的差异

	东部		中部		西部	
$SFD \times Open$	—	−0.000*	—	−0.003	—	−0.000
	—	(−1.81)	—	(−0.85)	—	(−0.27)
SFD	0.066	0.147*	0.144	0.199	0.097***	0.067*
	(1.14)	(1.74)	(0.84)	(1.08)	(3.41)	(1.82)
$Open$	0.000*	0.000*	0.002**	0.005	0.000	0.001
	(1.68)	(1.69)	(2.32)	(1.54)	(1.05)	(0.83)
$Urban$	0.397*	−0.235	−0.768**	−0.751**	−0.198	−0.441***
	(1.67)	(−0.99)	(−2.35)	(−2.29)	(−1.47)	(−2.90)
时间的作用	是	是	是	是	是	是
对数似然值	−25.00	−23.84	45.56	45.93	178.77	177.40
样本量	170	170	136	136	170	170

注:***、**和*分别表示显著性水平为1%、5%和10%,括号中为 z 值。

五、结论及政策含义

本章构建了一个包含非期望产出的模型,能够在既考虑好的产出也考虑负面产出的情况下综合给出一个客观评价,并且还比较了其与传统的衡量多产出的 CCR 模型之间的差异。我们应用该模型来评价中国各省的经济产出,通过对指标的选择和计算,我们发现,传统 CCR 模型的效率值要大于基于非期望产出模型的值,而前者的差异却更小。随着改革的推进,有效的省份也在变化,开始由京津唐—东北地区向东南沿海转移,这些地区较早享受了改革开放的优势,其产出也较其他省份更加有效。在本章的框架下,仅有经济产出的扩大并不能保证生产的充分有效性,负面产出的降低也对效率值的提高有重要影响,这使得安徽和云南的分权充分有效,而北京和黑龙江却不是有效的。

我们还检验了各省经济效率产生差异的原因,财政分权导致了各地竞争,促进了经济发展,但同时带来了负面产出的增加,我们的结果显示,财政分权和开放能够带来经济的增长,但随着经济的进一步开放,将限制政府在经济中的作用,使得财政分权的影响降低。分税制前后并没有出现系统性的差异,不过分税制改变了政府的行为,分税制急剧降低了分权对经济的正面作用,使得政府有从"援助之手"滑向"攫取之手"的趋势。另外地区之间的差异也是明显的,财政分权在东部和西部显著促进了当地效率的改善,但在中部省份却没有明显作用。

开放与财政分权的交互影响显著,说明经济的进一步开放将有利于政府从经济行为中退出,特别是在 1994 年之后,分税制改变了地方政府的行为,国内市场的开放将会限制政府在经济发展中的作为。另外,中西部的城市化进程并没有带来综合效率的改善,这也说明当地偏小的城市规模并没有显示出新经济地理学所强调的足够大的集聚效应,进一步建设大型城市是解决该问题的唯一途径。

参考文献:

Bardhan, Pranab. 2002. Decentralization of governance and development. *Journal of Economic Perspective*, 16(4):185 – 205.

Charnes, A., Cooper, W. W., and Rhodes, E.. 1978. Measuring Efficiency of Decision Making Units. *European Journal of Operational Research*, 2:429 – 444.

Cooper, W. W., Lawrence M. Seiford and Kaoru Tone. 2007. *Data Envelopment Analysis*, Second Edition, Gerunarry: Springer LLC.

Démurger, Sylvie, Sachs J. D., WingThye Woo, Shuming Bao, Gene Chang, and Andrew Mellinger. 2002. Geography, Economic Policy, and Regional Development in China. *Asian Economic Papers*, 146 – 205.

Farrell, M. J.. 1957. The Measurement of Productive Efficiency. *Journal of the Royal Statistical Society*, Series A: General, 120:253 – 281.

Garzarelli, Giampaolo. 2004. The Theory of Fiscal Federalism as a Theory of Economic Organization: Assessment and Prospectus. Working Paper, Department of Economics, Università Degli Studi di Roma, "La Sapienza", Rome, Italy.

Jin, H., Y. Qian, and B. Weignast. 2005. Regional Decentralization and Fiscal Incentives: Federalism, Chinese Style. *Journal of Public Economics*, 89:1719 – 1742.

Li Hongbin and Li – An Zhou. 2004. Political Turnover and Economic Performance: the Incentive Role of Personnel Control in China. *Journal of Public Economics*, 89:1743 – 1762.

Lin, Justin Yifu and Zhiqiang, Liu. 2000. Fiscal Decentralization and Economic Growth in China. *Economic Development and Cultural Change*,

49:1-22.

Lin, Justin Yifu. 1992. Rural Reforms and Agricultural Growth in China. *American Economic Review*, 82:34-51.

Ma, Jun. 1997. *Intergovernmental Relations and Economic Management in China*, England: Macmillan Press.

Martinez-Vazquez, Jorge and R. M. McNab. 2003. Fiscal Decentralization and Economic Growth. *World Development*, 31. 1597-1616.

Musgrave, Richard. 1959. *Public Finance*, New York: McGraw-Hill.

Oates, Wallace E.. 1968. The Theory of Public Finance in a Federal System. *Canadian Journal of Economics*, 1(1):37-54.

Oates, Wallace E.. 1972. *Fiscal Federalism*, New York: Harcourt Brace Jovanovic.

Oates, Wallace E.. 1985. Searching for Leviathan: An Empirical Study. *American Economic Review*, 75:748-757.

Parsley, David C. and Shang-Jin Wei. 2001a. Explaining the Border Effect: The Role of Exchange Rate Variability, Shipping Cost, and Geography. *Journal of International Economics*, 55(1):87-105.

Parsley, David C. and Shang-Jin Wei. 2001b. Limiting Currency Volatility to Stimulate Goods Market Integration: A Price Based Approach. NBER Working Paper 8468.

Perkins, Dwight Heald. 1988. Reforming China's Economic System. *Journal of Economic Literature*, 26(2):601-645.

Poncet, Sandra. 2003. Measuring Chinese Domestic and International

Integration. *China Economic Review*,14(1):1 - 21.

Qian,Y. and R. Weingast. 1997. Federalism as a Commitment to Preserving Market Incentives. *Journal of Economic Perspectives*, 11 (4): 83 -92.

Qiao, Baoyun, Jorge, Maritinez - Vazquez and Yongsheng, Xu. 2008. The Tradeoff between Growth and Equity in Decentralization Policy: China's Experience. *Journal of Development Economics*,86:112 - 128.

Scheel, H.. 2001. Undesirable Output in Efficiency Valuations. *European Journal of Operational Research*,132:400 - 410.

Shleifer,Andrei and Robert W. , Vishny. 1998. *The Grabbing Hand: Government Pathologies and Their Cures*, Cambridge, MA: Harvard University Press.

Stiglitz,J. E . and P. ,Dasgupta. 1971. Differential Taxation ,Public Goods and Economic Efficiency. *Review of Economic Studies*,38:151 - 174.

Tiebout,Charles. 1956. A Pure Theory of Local Expenditure. *Journal of Political Economy*,64:416 - 24.

Tone,K. . 2001. A Slacks - Based Measure of Efficiency in Data Envelopment Analysis. *European Journal of Operational Research*, 130: 498 -509.

Yang,Dennis Tao. 1999. Urban Biased Policies and Rising Income Inequality in China. *American Economic Review Papers And Proceedings*, May:306 - 310.

Yao , Shujie. 2000. Economic Development and Poverty Reduction in

China over 20 Years of Reform. *Economic Development and Cultural Change*, 43:447-474.

Young, Alwyn. 2000. The Razor's Edge: Distortions and Incremental Reform in the People's republic of China. *Quarterly Journal of Economics*, 115:1091-1135.

Zhang, T. and Heng-fu Zou. 1998. Fiscal decentralization, Public Spending, and Economic Growth in China. *Journal of Public Economics*, 67:221-240.

Zhang, Xiaobo. 2006. Fiscal Decentralization and Political Centralization in China: Implications for Growth and Inequality. *Journal of Comparative Economics*, 34:713-726.

Zhou, Huizhong. 2002. Implications of Interjurisdictional Competition in Transition: The Case of the Chinese Tobacco Industry. *Journal of Comparative Economics*, 29(1):158-182.

Zhou, P., B. W., Ang and K. L., Poh. 2006. Slacks-based Efficiency Measures for Modeling Environmental Performance. *Ecological Economics*, 60:111-118.

陈抗、Arye L. Hillman、顾清扬, 2002, "财政集权与地方政府行为变化——从援助之手到攫取之手",《经济学(季刊)》第2卷第1期。

陈敏、桂琦寒、陆铭、陈钊, 2007, "中国的经济增长如何持续发挥规模效应?——经济开放与国内商品市场分割的实证研究",《经济学(季刊)》第7卷第1期。

陈诗一、张军, 2008, "财政分权改革后的中国地方政府支出效率变化研究:来自1978—2005年的省级证据",《中国社会科学》第4期。

傅勇、张晏,2007,"中国式分权与财政支出结构偏向:为增长而竞争的代价",《管理世界》第3期。

桂琦寒、陈敏、陆铭、陈钊,2006,"中国国内商品市场趋于分割还是整合?——基于相对价格法的分析",《世界经济》第2期。

胡书东,2001,《经济发展中的中央与地方关系——中国财政制度变迁研究》,上海三联书店、上海人民出版社。

李实,2003,"中国个人收入分配研究回顾与展望",《经济学(季刊)》第2卷第2期。

林毅夫、蔡昉、李周,1994,《中国的奇迹:发展战略与经济改革》,上海三联书店。

陆铭、陈钊,2004,"城市化、城市倾向的经济政策与城乡收入差距",《经济研究》第6期。

陆铭、陈钊、严冀,2004,"收益递增、发展战略与区域经济的分割",《经济研究》第1期。

马拴友、于红霞,2003,"转移支付与地区经济收敛",《经济研究》第3期。

Poncet,Sandra,2002,"中国市场正在走向'非一体化'?——中国国内和国际市场一体化程度的比较分析",《世界经济文汇》第1期。

乔宝云,2002,《增长与均等的取舍——中国财政分权政策研究》,人民出版社。

史宇鹏、周黎安,2007,"地区放权与经济效率:以计划单列为例",《经济研究》第1期。

万广华,1998,"中国农村区域间居民收入差异变化的实证分析",《经济研究》第 5 期。

王永钦、张晏、章元、陈钊、陆铭,2007,"中国的大国发展道路——论分权式改革的得失",《经济研究》第 1 期。

魏后凯,2002,"外商直接投资对中国区域经济增长的影响",《经济研究》第 4 期。

吴敬琏,2008,"吴敬琏总结中国改革三十年",《第一财经日报》2008 年 1 月 14 日。

武剑,2002,"外商直接投资的区域分布及其经济增长效应",《经济研究》第 4 期。

徐现祥、王贤彬、舒元,2007,"地方官员与经济增长:来自中国省长、省委书记交流的证据",《经济研究》第 9 期。

杨开忠,1994,"中国区域经济差异的变动研究",《经济研究》第 12 期。

张军、吴桂英、张吉鹏,2004,"中国省际物质资本存量估算:1952—2001",《经济研究》第 10 期。

张军、高远,2007,"改革以来中国的官员任期、异地交流和经济增长:来自省级经验的证据",《经济研究》第 11 期。

张军、高远、傅勇、张弘,2007,"中国为什么拥有了良好的基础设施?",《经济研究》第 3 期。

郑毓盛、李崇高,2003,"中国地方分割的效率损失",《中国社会科学》第 1 期。

周黎安,2004,"晋升博弈中政府官员的激励与合作——兼论我国地方保护主义和重复建设问题长期存在的原因",《经济研究》第 6 期。

10

财政转移支付的市场整合效应①

一、引言

中国式的分权制度成为中国和俄罗斯经济表现差异的主要因素,向下级政府的分权给予地方政府发展经济的激励,地方政府在转轨和发展的过程中扮演了"援助之手",为增长而相互竞争(Shleifer and Vishny,1998;张军和周黎安,2008)。然而,财政分权在带来经济增长的同时,也产生了一些负面作用,并且随着时间的推移逐渐开始对经济增长和社会稳定产生影响,近年来的研究也开始关注在经济增长过程中分权所带来的结构性变化,特别是两种维度上的分割:城乡分割和地区分割(王永钦等,2007;范子英和张军,2009)。

在这些负面作用中,区域的市场分割最受关注。这起源于Young(2000)的一项关于中国国内市场整合的研究,他采用生产法得出中国国内市场是"零碎分割的区域市场",后来出现了一系列与此相关的研究,分别采用"贸易法""专业化指数法""经济周期法""价格法""数据包络法"(Naughton,

---

① 发表于《经济研究》2010年第3期。

1999；Young，2000；Parsley and Wei，2001；Xu，2002；Poncet，2003b；郑毓胜和李崇高，2003；白重恩等，2004；陈敏等，2007；刘小勇和李真，2008）。由于所使用的方法和数据不尽相同，这些研究得出的结论也不尽相同，但基本上都认为中国国内的市场分割非常严重，省份之间的"边界效应"甚至大于欧盟内部国界的作用，然而在趋势的演变上并没有定论，一些研究认为中国的市场分割日趋严重，另一些则持相反的观点。

市场分割导致重复建设和"诸侯经济"，市场范围缩小，分工相对滞后，因而整体的经济缺乏应有的效率（Young，1928）。然而地方政府之所以采取分割的政策，很大程度上是出于财政收入的考虑，限制本地资源流出和外地产品流入都是为了扶持本地经济，进而在当期或未来获得更多的税收。从这个角度来看，地方政府进行市场分割是一个理性的选择，部分落后地区甚至还可能因此而逆转比较优势，在未来获得更快的经济增长（Redding，1999；陆铭等，2004）。并且随着全球化的深化，地方政府确实更加倾向于利用国际贸易替代国内贸易，而放弃在国内市场上的规模效应（黄玖立和李坤望，2006；陆铭和陈钊，2009）。

所以当存在一个相对强大的中央政府时，通过财政的转移支付从理论上来说是可以降低落后地区进行分割的激励，使得其较快融入整个分工体系。这于先进地区和落后地区都是一个双赢的过程，先进地区可以获得市场范围扩大带来的规模效应，促进经济更快地增长，而落后地区亦能分享这一增长的好处。中国1994年的分税制使得中央政府有充足的财政实力来促进区域市场整合，政策层面上也逐渐偏向于平衡的发展战略。特别是1999年之后，中央加大了对中西部地区的转移支付力度，西部省份的转移支付占全国转移支付的比重，从1995年的32.9%上升到2001年的39.8%。而国内市场分割也恰好于20世纪90年代中期之后开始趋于缓和(陈敏等,2007),政府间的转移支付与国内市场整合在时间上存在一致性。

目前关于转移支付与市场分割的研究还仅限于理论探讨,并没有实证文献检验两者之间是否存在显著的关系。理论表明,在一个分权相对行之有效的经济体内,市场分割是地方政府的一个理性选择,而转移支付能够割断市场分割和财政收入之间的联系,降低地方政府的割据行为(陆铭等,2004,2007)。实证方面的文献还仅限于从内陆地区的视角来考察转移支付的作用,比如给予内陆地区更多转移支付的必要性(曾军平,2000),以及转移支付是否能够促进内陆地区的经济增长和区域经济的收敛(马栓友和于红霞,2003;刘生龙等,2009;张军和范子英,2009)。也有研究指出中央政府有意利用转移支付(特别是专项转移支付)来协调地方政府的一致行为(袁飞等,2008),因而无法兼顾地区平衡发展的目标。这些实证研究都只是从经济增长或公共服务均等化的角度来考虑转移支付的作用,而没有考虑转移支付在促进市场整合方面的作用。本章的贡献在于:首先,首次检验了转移支付是否带来了国内市场的整合,从全国的经济效率层面来评价转移支付的作用,避免了仅从发达地区或者落后地区自身的角度考虑问题的局限;其次,丰富了对地区性发展战略的评价,即使地区性的转移支付没有带来长期的经济增长和区域经济的收敛,由于间接促进了国内统一市场的建立,该转移支付依然是有效的;最后,本章是已有理论文献的一个拓展,首次从实证角度验证了已有理论的正确性,并对自90年代中期以来的市场整合趋势给出了一个新的解释。

文章将首先构建一个简单的理论模型,指出财政分权导致了地区之间的市场分割,不过当中央政府给予落后地区一定量的转移支付,使得落后地区所获得的转移支付能够补偿其融入分工的损失时,落后地区将放弃进行市场分割的努力,融入到全国的分工体系。进而将利用中国1995—2005年的省级面板数据,检验这种区域性的政策是否真地促进了市场的整合。因而本章不仅仅是一项关于中国国内市场整合的研究,更是对区域性政策的经济效果的一项评估。文章安排如下:第二部分是理论模型,阐述转移支付如何促进了分工;第三部分是市场分割与转移支付的演变;第四部分是模型与计算的结果;第五部分是进一步的讨论;最后是本章的结论和政策建议。

二、财政分权、转移支付与分工

参考陆铭等(2004,2007)的做法,考虑一个两期两部门模型,其中一个部门的技术水平要求较高,我们记为 h,另一个较低,记为 l,高技能部门存在"干中学"效应,而低技能部门则不存在技术进步。假设有两个省份,其效用函数相同,为 $U = C^h \cdot C^l$,其中一个省份在产品 l 上有比较优势,而另一个在 h 产品上有比较优势。财政分权意味着两个省份都可以独立选择其在两种产品上的投资,暂且假定生产中只有一种要素投入即劳动力资源,并且标准化为1,为了简化,这里仅考虑产品市场的整合,而要素市场假定是完全分割的,劳动力在不同地区不可以流动,所以各地的劳动力禀赋即为最终投入到生产中的量。发达省份在 h 产品上的相对初始技术和技术进步速度为 A 和 φ,两者在 l 产品上不存在技术进步,并且初始技术为1。

我们首先考虑不进行分工的收益,假定不存在时间偏好,两个省份都同时要最大化两期的效用和:

$$\underset{t_1,t_2}{Max} U = C_1^h \cdot C_1^l + C_2^h \cdot C_2^l \qquad (10\text{-}1)$$

其中 t_1 和 t_2 是两期中分配到 h 部门的劳动力。为了简化,我们假定 l 产品的生产不存在规模报酬,产出是时间的线性函数,同时消费量等于产出量,为了区别于发达地区,我们用小写字母表示落后地区的效用和产出等,落后地区在 h 产品上的初始技术和技术进步率都为 1,则其在两阶段中的产出为:

$$y^l = y_1^l + y_2^l = (1-t_1) + (1-t_2) = (2-t_1-t_2)$$

$$y^h = y_1^h + y_2^h = t_1 + t_1 \cdot t_2 \qquad (10\text{-}2)$$

通过简单的线性规划,我们得知落后地区在不分工时的资源分配和效用为:

$$t_1 = \frac{5}{8} \qquad t_2 = \frac{1}{2} \qquad u = \frac{25}{64} \qquad (10\text{-}3)$$

同理,发达地区在两部门中的产出分别为:

$$Y^l = Y_1^l + Y_2^l = (1-t_1) + (1-t_2) = (2-t_1-t_2)$$

$$Y^h = Y_1^h + Y_2^h = A \cdot t_1 + \phi \cdot Y_1^h \cdot t_2 = A \cdot t_1 + \phi A \cdot t_1 \cdot t_2 \qquad (10\text{-}4)$$

则其两期中的资源分配和效用为:

$$T_1 = \frac{1}{2} + \frac{1}{8}\phi \qquad T_2 = \frac{1}{2} \qquad U = A \cdot \left(\frac{1}{2} + \frac{1}{8}\phi\right)^2 \qquad (10\text{-}5)$$

我们这里用不分工的状态来代表极端的市场分割,此时两地的生产量即为消费量,商品市场是完全分割的。如果这是落后地区的理性选择,当中央政府从发达地区转移一定量的资源 U_0 时,该转移支付能使得落后地区参与分工,则意味着此时的效用要大于上述不分工时的效用。为了简化,我们假定市场整合即是完全的分工,而完全分工也意味着落后地区将资源全部分配给 l 产品的生产,每期所生产的低技术产品的量都为 1,而发达地区负责 h 产品的生产,第一期产量为 A,第二期产量为 ϕA。产品市场的整合也意味着产品 l 和产品 h 在市场上可以自由交换,假定 l 产品的价格为 1, h 产品的价格为 $p(p>1)$,地区间的运输成本采用冰山成本的形式,即 1 单位产品从一个地区运输到另一个地区,仅有 $1/D$ 单位产品可抵达目的地,其中 D 表示两地之间的运输条件。此时落后地区的效用为:

$$\underset{c_1^h,c_2^h}{Max}u = c_1^h \cdot c_1^l + c_2^h \cdot c_2^l$$

$$s.t. c_1^l + Dpc_1^h = 1$$

$$c_2^l + Dpc_2^h = 1 \tag{10-6}$$

落后地区的效用为

$$u = c_1^h = c_2^h = \frac{1}{2Dp} \tag{10-7}$$

同理,发达地区的消费和效用为:

$$C_1^h = \frac{A}{2} \qquad C_2^h = \frac{\phi A}{2} \qquad U = \frac{A^2 p}{4}(1+\phi^2) \tag{10-8}$$

静态分工的条件下,落后地区的效用会受损,则以下条件要得到满足

$$\frac{1}{2Dp} \leqslant \frac{25}{64} \tag{10-9}$$

可见两地距离越远、高技术产品相对价格越高,则落后地区越可能分割。此时为了弥补落后地区可能遭受的损失,中央政府采用如下的条件转移支付形式:

$$U^* = \frac{1}{2Dp} + \widetilde{U} = \frac{1}{2Dp} + \delta U_0 \tag{10-10}$$

其中 U^* 表示的是落后地区获得转移支付后的效用,当其采取策略性合作政策时 $\delta = 1$,如果是分割政策则 $\delta = 0$。比较(10-3)式、(10-5)式、(10-7)式和(10-8)式得知,在分工和完全自由交易的情况下,落后地区的效用实际上是

下降的,所以实行分割的政策是落后地区的理性选择,而发达地区则获得了分工产生的"干中学"效应所带来的全部收益,并且如果 h 产品的相对价格越高、初始技术水平越高、技术进步越快的话,发达地区在分工中所获得的收益也越多,这也说明分工有利于发达地区生产新兴的高技术产品。而转移支付要使得两个地区都愿意融入到分工体系,则两者分工后的效用至少要大于各自的威胁点,即要满足:

$$\frac{25}{64} - \frac{1}{2Dp} \leqslant U_0 \leqslant \frac{A^2 p}{4}(1+\phi^2) - A\left(\frac{1}{2} + \frac{1}{8}\phi\right)^2 \quad (10\text{-}11)$$

这说明当分权和自由市场同时存在的情况下,落后地区会理性地选择不分工,采取市场分割的战略以获取更多的收益。但是如果中央政府采用转移支付的政策,将一部分收益从发达地区转移到落后地区,则可以弥补落后地区在分工中的损失,使其融入到全国的分工体系中。并且由于相对价格、初始技术水平、技术进步率都大于1,上式也意味着地区之间的技术差距越大,发达地区的技术进步越快,产品相对价格越高,要使得落后地区融入分工体系,进行转移支付的空间也会越来越大。这说明随着经济的发展,区域间平衡发展的目标将越来越容易达到,平衡的发展模式也必然会实现。不过式(10-11)右边意味着,转移支付的量不能超过发达地区的承受能力,否则这些地区也会退回到没有分工的状态。

三、市场分割与转移支付的演变

虽然关于中国国内市场整合的研究很多,不过不同研究得出的结论相去甚远,并且就方法本身也各有缺陷,生产法得出的结论很可能就是经济转轨的成功之处,而贸易法由于无法控制某些因素导致计算产生偏误,并且大部分的研究旨在讨论分割的严重性及趋势,并没有计算出一个一致性的指标(Naughton,1999;Xu,2002;桂琦寒,2006)。我们基于以下的理由采用"价格法"来度量市场分割程度:首先,该方法根据"冰山成本"理论计算出相对价格的波动,波动的变化则反映了市场分割的变化,该方法在一定程度上克服了其他方法的弱点。其次,价格法能够给出一个一致的估计,同时反映了商品市场和要素市场的整合程度。最后,该方法计算的指数是目前唯一可获得的面板数据。"价格法"测量两地之间相对价格随时间的波动趋势,如果价格随时间趋于收敛,则表明地区间的交易成本在下降,而交易成本一部分来源于贸易壁垒,另一部分来源于交通设施的落后(Shiue,2002),不过在短期内前者的作用更加明显,因而相对价格的方差的大小直接反映市场的整合程度。

不过为了稳健性考虑,在随后的计算中,我们将同时采用桂琦寒等(2006)和刘小勇等(2008)基于价格法所得出的指数值,这两个指数虽然采用同样的方法,同时考虑九大类商品的价格变化,但数据跨度和计算覆盖的范围有差异,前者仅考虑了相邻省份的作用,即所谓的"以邻为壑",而后者则考虑到整个国内市场,既符合地方竞争的假设,也与Poncet(2003b)的结论相对一致,因而我们以后者为主。从图10-1可以看出,两者都显示了同样的趋势,在20世纪90年代中期之前,市场分割并无明显的缩小或者扩大迹象,不同年份之间波动巨大;然而自1994年以来,国内市场呈现明显的整合趋势,除了1997年由于外部金融危机导致分割行为的短暂加剧外,市场分割在其他年份都保持在一个较低的水平,特别是在1999年降到了历史的最低点。

这说明20世纪90年代中期的某些政策使得地方政府放弃了各自为政的动机,更快地融入到全球和国内的市场分工。

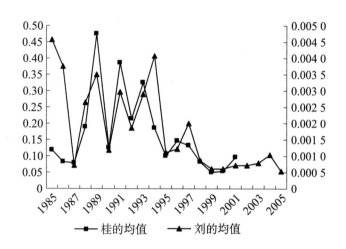

图10-1 中国市场分割的变化趋势

不同的经济发展水平的地区的分割程度也不一样,那些禀赋、地理条件类似的地区更加可能采取分割的策略,以期获得更多的经济增长。我们在图10-2将全国分为沿海和内陆省份分开考虑,以两地1985年的水平为基准进行标准化,这样做的目的是剔除掉各自初始条件的影响。我们发现两者整体的趋势基本相同,都同时受外部经济环境的影响,然而自1995年开始,内陆的市场整合程度相对更高,仅为1985年的1/4,1999年更是降低到历史的最低水平,2003年沿海的市场分割程度相对前一年有较大幅度的上升,这可能与所得税的改革相关。2002年的所得税分享改革对沿海地区的冲击更大,降低了地方政府从经济发展中可获得的好处。

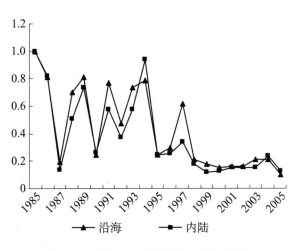

图 10-2　沿海和内陆地区的市场分割变化

调整中央与地方政府关系的一个主要手段就是财政体制改革,财政体制改革直接改变地方政府的行为,使其采取策略性分工或者相反的政策。而始于1994年的分税制改革使得"两个比重"——财政收入占 GDP 和中央财政收入占总财政收入的比重——得到提高,分别从1993年的11.2%和22%上升到2006年的18.5%和52.8%。中央政府有足够的能力来进行转移支付,从图10-3可以看出,以中央补助占地方支出比重度量的转移支付在1994年之前非常少,1994年出现一个大的跳跃,这是由分税制改革中的税收返还所造成的,此时采用的是过渡时期转移支付办法,以保证地方既得利益为重点,因而一直到1998年转移支付的总量都增长缓慢。我们也观察到虽然转移支付的总量在增长,不过其占地方政府财政支出的比重一直在下降,中央政府对地方政府的影响也随之下降。1999年出现第二个跳跃点,此后一直保持高速的增长(王绍光,2004),同时转移支付占地方政府支出的比重也随之上升,特别是2002年开始实施的所得税改革方案中,明确规定中央收入增长部分全部进入一般性转移支付,用以平衡地区间财力差距,转移支付的比重也相应得到提高,说明中央政府开始通过转移支付来影响各地的经济发展。大量的财政转移支付也是后来的一系列改革能够有效推行的前提条件(王绍光,2004),如金融体系和国有企业的改革等都是在20世纪90年代中后期得以完成。

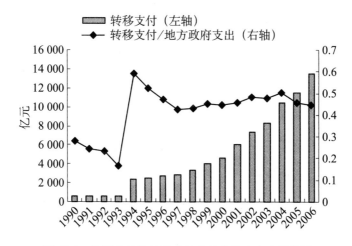

图 10-3 转移支付和转移支付占地方政府支出的比重

在转移支付增加的同时,地区之间的差异也随之增加,内陆地区在转移支付的增长上更加明显。我们在图 10-4 中分地区按照 1995 年的水平进行标准化,至 2006 年内陆地区的转移支付增长了 6.8 倍,而同期沿海地区仅增长了 3.6 倍。并且两者之间的变化呈现阶段性特征,1999 年之前两者几乎保持了同样的增速,说明当时的政策并没有区域性差异。而另一个转折点是 2003 年,2003 年之后内陆地区所获得的转移支付以更快的速度增长,两者相对于基年的差距从 2003 年的 1 倍增长到 2006 年的 3 倍。这些变化与中央的区域性政策是相关的,1999 年的"西部大开发"、2003 年的"振兴东北老工业基地"和 2004 年的"中部崛起",都伴随着对内陆省份的财政转移的力度加大。

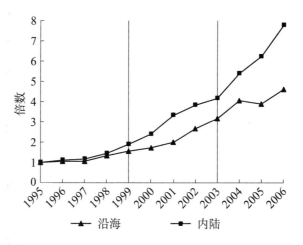

图 10-4　沿海和内陆地区的转移支付变化

转移支付的构成——财力性转移支付、专项转移支付和税收返还——自 1994 年以来变化巨大,从中也反映出中央政府的政策调整方向,税收返还占全部转移支付的比重从 1995 年的 73.7% 下降到 2004 年的 30.5%,成为三者中最低的部分,这也说明早期的转移支付更多的是一种妥协的策略,以争取地方政府对财政改革的支持。财力性的转移支付在 1999 年之前并没有大的变化,之后则保持了上升的趋势,主要作用在于基本公共服务的均等化,解决地方政府财政收支的缺口,并且财力性的转移支付有一套相对严格的计算制度,因而不会出现大的波动。专项转移支付的变化更加明显,自 1995 年以来一直在增长,目前已成为三者中最重要的部分,并且这部分转移支付更具政策导向性,因而可以对地方政府的行为产生更直接的影响。图 10-5 说明,中央对不同地区的转移支付的增减,是通过不同的转移支付来实现的,通过减少税收返还降低对沿海地区的转移支付,而增加财力性转移支付和专项转移支付,对内陆地区进行财政上的扶持。

转移支付在时间和空间上的变化,与市场分割的变化较一致,然而到目前为止,我们并不知道转移支付是否真正导致了市场分割程度的下降,以及通过何种机制使得地方政府采取策略性分工的战略。

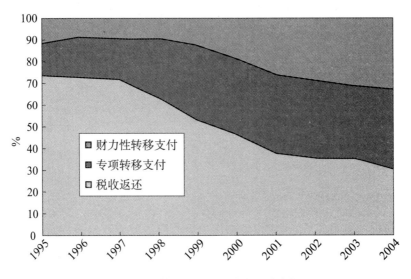

图 10-5 转移支付各组成成分的变化

四、模型与结果

基于前文的分析,我们采用如下的模型,其中 i 和 t 分别代表省份和年份:

$$Seg_{it} = \alpha_0 + \alpha_i + \sum_k \beta_k X_{it}^k + \gamma Tran_{it} + \varepsilon_{it}$$

其中 Seg 是市场分割指数,数值越大表明分割越严重,这里采用的是价格法计算的指数值。Tran 是中央对地方的转移支付,考虑到各地方政府规模的大小,我们将采用各地方的财政规模进行标准化。α_0 是常数项,α_i 是地区固定效应,用以控制诸如地理、初始条件等不随时间变化的因素。

X 是控制变量,主要包括:Techgap,即技术差距,由于我们采用的两种指数的覆盖面有差异,因而本章分别采用两种方法来度量技术差距,一种是本省的人均 GDP 与全国人均 GDP 的比重,另外一种是本省人均 GDP 与周围各省人均 GDP 的均值的比重,在使用刘小勇等(2008)的指数时采用前一种方法,而使用桂琦寒等(2006)的指数时采用后一种方法。Open,即开放度,本章采用外贸依存度来度量开放程度。Govsp,即政府财政支出扣除转移支付后占 GDP 的比重。Soe,即国有化比重,我们采用国有企业职工数占总职工数的比重。Distance,即地理距离,我们采用骆许蓓(2004)计算的调整距离来反映两地之间的交通成本。Pgdp,即人均 GDP。Fd,即财政分权,我们这里按照常规的做法,利用地方政府预算内人均财政支出占全国预算内人均财政总支出的比重来表示分权的程度。

本章所使用的市场分割指数分别来自桂琦寒等(2006)和刘小勇等(2008),税收返还、财力性转移支付和专项转移支付的数据来自财政部预算司《地方财政分析资料》(2004),其他数据分别来自各年度的《中国统计年鉴》和《中国财政年鉴》。由于分省的财政转移支付的数据在 1995 年之后才可获得,同时市场分割指数到 2005 年截止,因而大部分的数据年限都是 1995—2005 年数据,但是细分的转移支付数据仅到 2004 年。样本中共有 28 个省、自治区和直辖市,其中重庆、海南和西藏三个省(市、区)由于数据不全而没有包含在内。我们在随后的估计中采用面板数据的方法,通过 Hausman 检验对固定效应和随机效应进行选取,仅报告选取之后的结果。

为了系数不至于太小,我们将所有的市场分割指数都乘以100。同时出于稳健性的考虑,采用多维度度量转移支付,Tran1－4分别为中央补助/地方财政支出、(中央补助－税收返还)/地方财政支出、中央补助/地方财政收入、(地方财政支出－地方财政收入)/地方财政支出。不同的度量方法得出了较一致的结果,在其他条件相同的情况下,转移支付力度的增大会带来市场分割程度的降低,这也说明中央对地方的转移支付间接促进了国内的市场整合。第四个回归采用传统的转移支付的度量方法(乔宝云等,2006),转移支付的系数也在5%的显著性水平下通过了检验。第五个回归中,我们采用桂琦寒等(2006)的指数,虽然转移支付没有通过显著性检验,但其P值也接近10%,并且符号依然为负,由于该指数只计算到2001年,自由度大大降低可能直接导致了变量不显著。

五个回归中其他变量的估计也基本一致,我们仅报告了通过Hausman检验的固定效应模型或随机效应模型。对外开放没有带来市场的整合,可能是因为一方面开放约束了政府行为,进而降低市场分割;另一方面对外开放又挤出了国内贸易(Poncet,2003b;黄玖立和李坤望,2006;陆铭和陈钊,2009),加剧了地区间的分割。政府支出占GDP的比重与市场分割指数显著负相关,可能是因为市场分割使得当期的经济增长受损(Poncet,2003a),进而减少了地方政府当期的收入,这与第二部分的结论一致,说明地方政府的市场分割行为更可能是为了未来的财政收入。技术差距与市场分割负相关,说明相对技术水平越低的省份越有激励实行分割的政策,以期在未来获得更多的财政收入。国有企业比重越高的省份,其市场分割也越严重,政府出于就业的考虑需要给当地没有竞争力的企业予以保护,加剧了市场分割。财政分权程度与市场分割显著正相关,符合已有关于分权的研究,财政分权给予地方政府经济激励来实行分割的政策(见表10-1)。

表10-1 模型的基本计算结果

变量	因变量:刘小勇等(2008)的指数 1995—2005				桂琦寒等(2006)的指数 1995—2001
	(1) FE	(2) FE	(3) RE	(4) RE	FE
$Tran1$	−0.187*** (0.068)				−16.300 (10.742)
$Tran2$		−0.142*** (0.048)			
$Tran3$			−0.035*** (0.010)		
$Tran4$				−0.139** (0.056)	
$Open$	0.022 (0.045)	0.003 (0.050)	0.049*** (0.018)	0.042** (0.020)	−5.259 (8.489)
$Govsp$	−1.600*** (0.481)	−0.978*** (0.450)	−1.021*** (0.336)	−0.573* (0.306)	−247.081** (−107.073)
$Techgap$	−0.162*** (0.065)	−0.380*** (0.106)	−0.066** (0.030)	−0.039 (0.030)	−57.168*** (17.107)
Soe	0.326*** (0.153)	0.537*** (0.177)	0.120* (0.073)	0.154** (0.073)	69.811** (31.262)
Fd	0.082* (0.043)	0.093*** (0.046)	0.111*** (0.028)	0.077*** (0.025)	17.515** (7.035)
$Pgdp$	2.47E−06 (2.66E−06)	1.09E−05*** (3.61−E06)	−1.26E−06 (1.57E−06)	−1.86E−06 (1.60E−06)	0.002*** (0.000 8)
$Distance$	−4.31E−07 (3.31E−07)	−4.42E−07 (3.47E−07)	−1.08E−07 (1.33E−07)	−1.07E−07 (1.36E−07)	6.80E−05 (6.07E−05)
Hausman P	0.054	0.037	0.318	0.166	0.0002
组内 R^2	0.176	0.174	0.157	0.139	0.208
obs	308	280	308	308	196

注:括号中为标准误,*、**和***分别表示10%、5%和1%的显著性水平。

由于转移支付呈现阶段性和区域性特征,东部地区的转移支付越来越少,而内陆则逐渐增加,同时其他变量在不同地区的表现也不同,这种区域性特征可能使得上述的简单估计掩盖了其他信息,因而我们在表10-2中进行分地区的计算。我们发现转移支付在东部并没有带来市场整合,并且开放度越高地区越是实行市场分割,这一结论与陆铭和陈钊(2009)的结论一致,说明沿海地区确实在利用开放带来的国际贸易替代国内贸易,并且牺牲当期的政府支出,以换取未来更多的财政收入。而内陆地区的转移支付与市场整合的关系符合前面的假说,给落后地区更多的转移支付可以有效地使得这些地区融入分工体系,这意味着增加内陆地区转移支付1个百分点,可以使得其市场分割程度从目前的水平下降4.3%。直辖市与其他地区往往在政策上有很大的差异,因而我们在第三个回归中剔除直辖市的样本,我们发现其结果与第二个回归基本类似,不过转移支付的系数变小了,而技术差距的效应则更强。另外1999年开始实行地区性发展战略,此后大量的转移支付开始倾斜于内陆地区,因而转移支付1999年前后的作用也会发生变化,我们在第四个回归中加入了1999年虚拟变量与转移支付的交互项,发现转移支付本身并不显著,而交互项此时却非常显著,这也说明转移支付对市场整合的作用与地区性的战略密切相关,仅仅是1999年之后倾斜性的转移支付才有效地缓解了地区间的分割行为。

转移支付与市场整合的关系在分税制前后呈现阶段性特征,这可能与转移支付细分项目的不同时间趋势有关。在分税制实施初期,为了改革能够顺利推行,中央政府给予各地大量的税收返还,以保证这些地方的财政收入不低于改革之前的水平,不过税收反在转移支付中的比重还逐年下降。而另外两项转移支付——财力性转移支付和专项转移支付——的拨付机制也不相同,前者

表 10-2 分地区的计算结果

变量	(1) 沿海 RE	(2) 内陆 FE	(3) 非直辖市 FE	(4) 全国 RE
$Tran1$	−0.177 (0.168)	−0.367*** (0.066)	−0.251*** (0.047)	−0.017 (0.070)
$D99 \times Tran1$				−0.063*** (0.024)
$Open$	0.064* (0.033)	0.196 (0.159)	0.008 (0.049)	0.046** (0.020)
$Govsp$	−1.914* (1.3122)	−1.596*** (0.393)	−1.804*** (0.332)	−0.590 (0.395)
$Techgap$	−0.060 (0.058)	−0.337*** (0.110)	−0.250*** (0.076)	−0.027 (0.028)
Soe	0.227 (0.164)	0.108 (0.126)	0.105 (0.101)	0.126 (0.077)
Fd	0.110** (0.055)	0.090* (0.054)	0.122*** (0.042)	0.064** (0.029)
$Pgdp$	1.17E−07 (3.01E−06)	7.26E−06** (3.67E−06)	3.02E−06 (2.29E−06)	−1.11E−06 (1.57E−06)
$Distance$	4.49E−07 (1.19E−06)	−1.05E−07 (2.01E−07)	−2.42E−07 (1.83E−07)	−2.12E−07 (1.40E−07)
Hausman P	0.790	0.008	0.000	0.284
组内 R^2	0.169	0.267	0.246	0.170
obs	110	198	275	308

注：括号中为标准误，*、**和***分别表示10%、5%和1%的显著性水平。

有一套相对严格的制度，因而地方政府可以预期，并且不指定用途和事后评估，地方政府的操作空间较大，后者则随意性相对较大，具有临时性和政策导向性。由于各项转移支付的制度相差较大，其对市场整合的作用也会有差异,税收返还和财力性转移支付属于无条件的转移支付,相当于直接增加地方政府的财力,而专项转移支付则要求地方采取一些行动以配合中央的政策。在1999年之前沿海地区相对于内陆有更多的税收返还,不过两者的差距在1999年之后开始缩小,而内陆地区所获得的另外两种转移支付却越来越多。接下来我们分别对不同的转移支付项目的作用进行计算。

从表10-3可以看出,大部分回归都支持固定效应模型,财力性的转移支付对市场分割的作用不明显,这可能是因为地方政府将这部分转移支付视同本级财政收入,并且可以完美预期,所以其行为并没有因此而改变。专项转移支付能够显著降低市场分割程度,这在是否控制其他转移支付的情况下都成立,表明专项转移支付能够带来市场整合,在第四个回归中可以看出,专项转移支付的作用最显著也最大。在不控制其他类别的转移支付时,税收返还的作用不显著,这可能是因为税收返还占地方支出的比重较大的地区,往往其他转移支付较少,因而这一系数估计值吸收了其他两项转移支付的效应;这一猜测在第四个回归中得到证实,当控制财力性和专项转移支付时,更多的税收返还显著降低了市场分割程度。

我们在第五和第六个回归中分别仅对内陆省份和非直辖市的地区进行回归。我们发现专项转移支付在内陆省份的作用最大,每增加一个百分点的专项转移支付,可以使得市场分割下降4.2%,同时我们还发现财力性转移支付在内陆地区能显著降低市场分割,不过税收返还的作用不明显。剔除直辖市的回归则仅发现专项转移支付具有显著作用,与第四个回归相比,说明转移支付对直辖市的作用主要通过税收返还。表10-3的其他变量的估计结果与表10-1基本一致,这也间接表明我们的估计是较稳健的。

表 10-3 转移支付细分项目的计算结果

变量	(1) FE	(2) FE	(3) FE	(4) FE	(5) 内陆省	(6) 非直辖市
Trangene（财力性）	−0.118 (0.083)		−0.076 (0.112)	−0.142* (0.077)	−0.035 (0.067)	
Transpeci（专项）		−0.306*** (0.082)		−0.466*** (0.121)	−0.363*** (0.074)	−0.335*** (0.079)
Tranrew（税收返还）			0.149 (0.094)	−0.298* (0.165)	−0.083(0.098)	−0.010 (0.121)
Open	0.013 (0.050)	0.004 (0.049)	0.007 (0.050)	0.004 (0.049)	0.074 (0.109)	−0.012 (0.058)
Govsp	−0.927** (0.457)	−0.959** (0.445)	−0.565 (0.494)	−1.655*** (0.592)	−0.951*** (0.282)	−1.129*** (0.430)
Techgap	−0.328*** (0.107)	−0.365*** (0.102)	−0.318*** (0.104)	−0.362*** (0.105)	−0.147*** (0.048)	−0.361*** (0.096)
Soe	0.582*** (0.181)	0.574*** (0.172)	0.580*** (0.180)	0.626*** (0.177)	0.069 (0.075)	0.253** (0.114)
Fd	0.087* (0.047)	0.097** (0.046)	0.086* (0.047)	0.103** (0.046)	0.104*** (0.028)	0.154*** (0.045)
Pgdp	9.69E−06*** (3.64E−06)	1.11E−05** (3.56E−06)	1.10E−05*** (3.48E−06)	8.39E−06** (3.83E−06)	9.11E−06*** (3.77E−06)	9.15E−06*** (3.37E−06)
Distance	−3.17E−07 (3.49E−07)	−5.55E−07 (3.48E−07)	−3.08E−07 (3.49E−07)	−6.79E−07* (3.53E−07)	−3.71E−08 (1.21E−07)	−2.92E−07 (2.07E−07)
Hausman P	0.018	0.027	0.036	0.019	0.152	0.099
组内 R^2	0.151	0.191	0.153	0.202	0.261	0.279
obs	280	280	280	280	180	250

注：括号中为标准差，*，**和***分别表示10%、5%和1%的显著性水平。

对比上述的回归,我们发现中央对地方的转移支付随着时间而变化,通过逐渐增加自主性的财力性转移支付和专项转移支付,同时减少税收返还,以加大对内陆地区的财力支持,这些政策使得落后地区采取合作的策略,显著降低了各自的市场分割,20世纪90年代中后期以来内陆地区的市场整合也主要源于专项转移支付的增加。而在所有的回归中,财政分权都显著加剧了市场分割,说明过度的分权并不利于区域的市场整合。

五、进一步的讨论

然而正如第二部分的理论框架所表明的,这种转移支付能够起作用,是在既定的分权框架之下的,即分权给予地方政府发展当地经济的激励,分权越大说明政府能够从当地经济发展中所获得的好处也越大,政府的收益与当地的经济发展直接相关,于是才出现一系列为了扶持本地经济的地方保护主义政策,例如在20世纪90年代各地都纷纷开展"资源战",即使到了今天,各地方政府都尽量阻止外地商品进入本地市场,政府的采购对象也以本地企业为主。正是在这样的框架下,中央政府的转移支付能够在一定程度上削弱地方政府与当地经济的联系,降低地方政府(特别是内地的省份)实施地方保护主义的动机,然而从表10-4可以看出,这一政策对于降低市场分割的边际效果越来越小,随着时间的推移已慢慢趋于0。

从表10-2得知,转移支付是在1999年之后才发挥作用的,因而1999年之前的作用在年份之间差异不大,在1999年之后将各年的虚拟变量与转移支付交叉相乘。同时我们也发现在三项转移支付中,作用最显著的是专项转移支付,这一结论与文献基本一致,所以接下来我们仅考虑专项转移支付的

表 10-4 转移支付效果的时间趋势

	FE			RE	
变量		变量		变量	
Trangene（财力性）	-0.283* (0.155)	Open	0.004 (0.049)	Trangene（财力性）	0.148 (0.107)	Open	0.043** (0.022)
Transpeci（专项）	-0.515* (0.148)	Govsp	-1.236* (0.640)	Transpeci（专项）	-0.346*** (0.114)	Govsp	-0.975** (0.413)
Tranrew（税收返还）	-0.312* (0.165)	Techgap	-0.345*** (0.105)	Tranrew（税收返还）	-0.069 (0.099)	Techgap	-0.062* (0.036)
Transpeci00	0.014 (0.090)	Soe	0.682*** (0.181)	Transpeci00	-0.001 (0.084)	Soe	0.224** (0.089)
Transpeci01	0.097 (0.106)	Fd	0.067 (0.048)	Transpeci01	0.073 (0.090)	Fd	0.102*** (0.031)
Transpeci02	0.152 (0.112)	Pgdp	6.09E-06 (3.95E-06)	Transpeci02	0.112 (0.096)	Pgdp	-7.56E-07 (2.46E-06)
Transpeci03	0.163 (0.130)	Distance	-4.86E-07 (3.67E-07)	Transpeci03	0.116 (0.109)	Distance	-1.24E-07 (1.78E-07)
Transpeci04	0.294** (0.137)			Transpeci04	0.234** (0.109)		
Hausman P	0.224			Hausman P	0.162		
组内 R^2	0.178			组内 R^2	0.178		
obs	280			obs	280		

注：括号中为标准差。*、**和***分别表示 10%、5%和 1%的显著性水平。

作用如何随时间而变化。表 10-4 的结果非常直观,专项转移支付在 2001 年之前作用非常显著,并没有随时间而递减,交叉项的系数表明 2000 年和 2001 年与之前的年份的作用没有差异。然而自 2002 年开始,交叉项逐渐从不显著变为显著为正,这表明专项转移支付的作用出现显著的下降,2004 年的结果表明当年专项转移支付对市场分割的作用仅为 1999 年的 42.9%。随机效应的结果则更加显著,2004 年的边际效果仅为 1999 年的 32.4%。其他变量的估计结果与前面基本一致,这里不再重复。

随着转移支付的政策效果随时间而下降,这种政策的操作空间也越来越小,转移支付对于区域市场整合的贡献也越来越有限。并且转移支付的负面作用备受争议,转移支付会造成效率损失和扭曲效应(Weingast,2000;Besley and Coate,2003),增加政府间的交易成本和不透明性。与其在既定的框架下,利用成本巨大的转移支付来促进市场整合,还不如改革目前的分权体系,从另一个维度来割断政府与当地经济发展的联系,降低政府这只"有形之手"的作用,而让市场这只"无形之手"来推动市场建设。

六、结论及政策建议

斯密定理说明随着市场的扩大,分工会得到发展,进而促进经济的发展,李嘉图的比较优势理论在此基础上进一步发展,遵循比较优势是各国和地区最优的选择,然而现实中不参与分工的例子比比皆是。从动态的角度来看,不参与分工的动机可能是为了在未来逆转不利的比较优势,获得"动态比较优势",即使最终失败了,也能获得更大的谈判能力,分享到更大的好处。因而如果存在一个强大的中央政府,通过财政体系将一部分好处从发达地区转移给落后地区,则会降低落后地区进行市场分割的动力,使之融入整体的分工体系,从长期来看更是一个双赢的过程。

始于20世纪80年代初期的财政分权对中国的经济增长有不可磨灭的贡献,中央政府将事权和财权下放到地方政府,地方政府有足够的经济激励来发展本地经济,然而同时也不可避免地采取了地方保护主义政策,重复建设和市场分割严重,同时,区域和城乡差距也随之扩大。1994年的分税制开始将财权集中,两个比重也随之提高,中央政府有足够的能力来进行宏观调控和推行市场化建设。出于平衡区域经济的考虑,1999年开始实行"西部大开发"战略,其中一个具体的措施就是通过财政转移支付来实行区域的平衡发展,这一措施虽然并没有带来地区经济的收敛,也没有显著促进中西部地区经济的快速增长(马栓友和于红霞,2003;张军和范子英,2009),但间接使得这些地区放弃地方保护主义策略,分工得以在全国水平上演进,提高了经济整体的效率。

虽然转移支付间接促进了国内市场整合,但这一作用机制是在既定的分权框架体系之下发生的,并且其作用随着时间的推移变得非常微弱,从效率损失和操作空间来看,未来的改革应该要改变这个分权的框架,而不是继续从沿海地区转移财政资源到内陆地区。未来的改革应主要从三方面展开:首先要使得地方政府从当地的经济活动中退出,要从法律上减少地方政府对经济的干预,降低分权也意味着压缩地方政府干预经济和分割市场的激励和空间;其次要进行市场化建设,消除国内地方保护主义,以形成全国统一的市场;最后要降低地方官员干预经济的政治动机,改革目前以GDP来考核官员绩效的指标体系,增加民生和公共服务等方面的考核(周黎安,2004)。

参考文献:

Besley, T. and S. Coate. 2003. Centralized versus Decentralized Provision of Local Public Goods: A Political Economy Analysis. *Journal of Public Economics*, 87(12): 2611–2637.

Bordignon M., Manasse P. and G. Tabellini. 2001. Optimal Regional Redistribution under Asymmetric Information. *American Economic Review*, 91(3): 709–723.

Johansson, E.. 2003. Intergovernmental Grants as a Tactical Instrument: Empirical Evidence from Swedish Municipalities. *Journal of Public Economics*, 87: 883–915.

Knight, B.. 2002. Endogenous Federal Grants and Crowd: out of State Government Spending: Theory and Evidence from the Federal Highway Aid Program. *American Economic Review*, 92(1): 71–92.

Naughton, Barry. 1999. How Much Can Regional Integration Do to Unify China's Markets? . paper presented for the Conference for Research on Economic Development and Policy Research, Stanford University.

Parsley, David C. and Shang-Jin Wei. 2001. Limiting Currency Volatility to Stimulate Goods Market Integration: A Price Based Approach. NBER Working Paper 8468.

Poncet, Sandra. 2003a. Domestic Market Fragmentation and Economic Growth in China. mimeo.

Poncet, Sandra. 2003b. Measuring Chinese Domestic and International Integration. *China Economic Review*, 14(1):1-21.

Redding, S.. 1999. Dynamic Comparative Advantage and the Welfare Effects of Trade. *Oxford Economic Papers*, 51:15-39.

Shiue, Carol H.. Transport Costs and the Geography of Arbitrage in Eighteenth-Century China. *American Economic Review*, 92(5):1406-1419.

Shleifer, Andrei and Robert W., Vishny. 1998. *The Grabbing Hand: Government Pathologies and Their Cures*, Cambridge, MA: Harvard University Press.

Weingast, Barry. 2000. The Theory of Comparative Federalism and the Emergence of Economic Liberalization in Mexico, China, and India. Memo.

Xu, Xinpeng. 2002. Have the Chinese Provinces Become Integrated under Reform? *China Economic Review*, 13:116-133.

Young, Allyn A.. 1928. Increasing Returns and Economic Progress. *Economic Journal*, 38:527-542.

Young, Alwyn. 2000. The Razor's Edge: Distortions and Incremental Reform in the People's Republic of China. *Quarterly Journal of Economics*, 115(4):1091-1135.

白重恩、杜颖娟、陶志刚、仝月婷,2004,"地方保护主义及产业地区集中度的决定因素和变动趋势",《经济研究》第4期。

陈敏、桂琦寒、陆铭、陈钊,2007,"中国的经济增长如何持续发挥规模效应?——经济开放与国内商品市场分割的实证研究",《经济学(季刊)》第7卷第1期。

范子英、张军,2009,"财政分权与中国经济增长的效率",《管理世界》第7期。

桂琦寒、陈敏、陆铭、陈钊,2006,"中国国内商品市场趋于分割还是整合?——基于相对价格法的分析",《世界经济》第2期。

黄玖立、李坤望,2006,"出口开放、地区市场规模和经济增长",《经济研究》第6期。

刘生龙、王亚华、胡鞍钢,2009,"西部大开发成效与中国区域经济收敛",《经济研究》第9期。

刘小勇、李真,2008,"财政分权与地区市场分割实证研究",《财经研究》第2期。

陆铭、陈钊,2009,"分割市场的经济增长——为什么经济开放可能加剧地方保护?",《经济研究》第3期

陆铭、陈钊、严冀,2004,"收益递增、发展战略与区域经济的分割",《经济研究》第1期。

陆铭、陈钊、杨真真,2007,"平等与增长携手并进",《经济学(季刊)》第6卷第2期。

骆许蓓,2004,"基础设施投资分布与西部地区经济发展——论交通运输枢纽的作用",《世界经济文汇》第2期。

马栓友、于红霞,2003,"转移支付与地区经济收敛",《经济研究》第3期。

乔宝云、范剑勇、彭骥鸣,2006,"政府间转移支付与地方财政努力",《管理世界》第3期。

王绍光,2004,"顺应民心的变化:从财政资金流向看中国政府政策调整",《战略与管理》第2期。

王永钦、张晏、章元、陈钊、陆铭,2007,"中国的大国发展道路——论分权式改革的得失",《经济研究》第 1 期。

袁飞、陶然、徐志刚、刘明兴,2008,"财政集权过程中的财政转移支付和财政供养人口规模膨胀",《经济研究》第 5 期。

曾军平,2000,"政府间转移支付制度的财政平衡效应研究",《经济研究》第 6 期。

张军、范子英,2009,"中国如何在平衡中牺牲了效率:转移支付的视角",复旦大学中国社会主义市场经济研究中心工作论文。

张军、周黎安,2008,"为增长而竞争:中国增长的政治经济学",上海人民出版社。

郑毓胜、李崇高,2003,"中国地方分割的效率损失",《中国社会科学》第 1 期。

周黎安,2004,"晋升博弈中政府官员的激励与合作——兼论我国地方保护主义和重复建设问题长期存在的原因",《经济研究》第 6 期。

11

财政转移支付的增长效应①

| 一、引言 |

中国经济在过去30年中取得了令人骄傲的成绩,但同时收入差距也随之上升,基尼系数从1983年的0.280上升到2001年的0.447,中国已经从一个最平衡的国家变为最不平衡的国家之一(Naughton,2007)。如果将这种差距进一步细分,我们发现城乡之间和地区之间的差距占据主要地位,而城市内部和农村内部的收入差距并不明显,并且由于非农收入造成了农村内部差距的扩大,使得农村收入差距一直高于城市(Knight and Song, 1993; Rozelle et al., 1998; Yang and Zhou, 1999; Yao and Zhang, 2001);而地区之间的收入差距则逐渐演化为东部和中西部地区之间的差距,中国的地区经济慢慢收敛于这两个俱乐部,俱乐部内部差距缩小的同时,地区之间的差距却在急速扩大(Yao, 2000; Yao and Zhang, 2001)。并且动态地看,地区差距相对于城乡差距增长更快,其在总体差距的增量中将占据更大的比重(王洪亮、徐翔,2006)。

---

① 发表于《世界经济》2010年第11期。

另外,1994年实行的分税制显著提高了中央政府的收入份额,然而出于效率的考虑,大部分的支出责任还依然由地方政府来负责,比如2007年国家财政收入中地方政府仅占45.9%,而地方政府的支出却占全国财政支出的76.9%,即有近1/3的地方政府支出要依赖于中央政府的转移支付。我们从图11-1可以看出,在1995年之后,以人均财政收入基尼系数表示的税收差距一直在扩大,但是以支出基尼系数反映的财政能力却基本维持在一个固定的水平,这表明中央对地方的转移支付有着平衡地方财政能力的考虑。

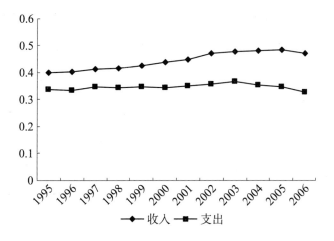

图 11-1　人均财政收支的基尼系数

随着中央政府财力的进一步加强,中国在1999年实行了旨在缩小地区差距的"西部大开发"战略[①],这一战略通过两个方面的财政政策对西部地区进行支持,首先是垂直的重点项目投资,比如2000年6月开始的青藏铁路建

---

① 邓小平早在20世纪80年代初就提出了要顾全"两个大局":"沿海地区要加快对外开放,……,从而带动内地更好地发展,……,反过来,发展到一定程度,又要求沿海地区拿出更多力量来帮助内地发展……"。《邓小平文选》第3卷第277—278页。

设、西电东输、西气东输以及大规模的退耕还林;其次是在财政上加大对西部省份的转移支付,中央对西部12省份①的转移支付比重,从1995年的32.9%上升到2001年的41.6%。② 2000年以来,这种平衡区域经济差距的政策演化为中央政策的核心,比如在2003年提出了"振兴东北老工业基地"战略,2004年又提出"中部崛起",随之而来的是两地财政支持的力度加大,从图11-1可以看出在2000年之后,地方政府的财政能力的差异有一定程度的上升,中央政府的转移支付开始偏好于这些特定的地区。

然而这种旨在缩小地区差距的战略需要进一步地讨论。理论上有如下几个方面值得考虑:首先,新经济地理学指出集聚效应会提高整体经济的产出,从发达国家的经济发展史来看,集聚也是经济发展过程中不可避免的现象(2009年《世界银行发展报告》);研究中国城市和区域经济的文献也指出,中国的城市规模和集聚效应还偏小,中国的经济密度应该进一步向东部大城市集中(Fujita,et al.,2004;Au and Henderson,2006;陆铭和陈钊,2008),政府的转移支付使得资源从东部向内陆地区转移,将会降低集聚的程度,因而与集聚经济的规律是相逆的。其次,财政分权理论认为将权力下放给地方政府能够改善经济效率,因为地方政府在每一单位的经济发展中获得的好处增加了,于是会更加积极地发展本地经济,分权也被认为是中国跟俄罗斯经济发展差异的主要因素(Shleifer and Vishny,1998),目前政府间的转移支付实施的前提是财政的集权,以保障中央政府有富余的财力进行转移支付,因

---

① 《国务院关于实施西部大开发若干政策措施通知》中指出,西部大开发将主要集中在重庆、四川、贵州、云南、西藏、陕西、甘肃、宁夏、青海、新疆、内蒙古、广西12个省(区、市),为了行文方便,后文将统一用省代表该级行政区。

② 如未特殊说明,本章的数据均来自于各年的《中国统计年鉴》和《中国财政年鉴》。

而与分权理论也是相逆的。

从实证上来说,即使我们将立足点放在转移支付的接受地,转移支付是否必然促进当地经济的长期增长是不确定的。已有关于中国财政转移支付的文献都强调更多平衡性的转移支付(曾军平,2000;马栓友和于红霞,2003),这一倾斜性政策在2000年之后开始实现。从正面途径来看,转移支付能够促进当地的基础设施的建设,使得技术能够溢出到欠发达地区(Abramowitz,1985);然而负面效果也是存在的,政府支出过大会对私人投资产生"挤出效应",欠发达地区由于能够获得大量的转移支付,地方政府缺乏发展地方经济的动机,如果中央政府更多地是以无条件转移支付援助欠发达地区的话,反而会形成一个低水平的均衡。

与以往的研究相比,本章的主要特色表现在:首先,从理论角度来说,转移支付是否能够带来效率[1]的改善是不明确的,本章的实证研究能够回答中央与地方之间的转移支付是否与新经济地理学和分权的理论冲突;其次,从实证角度来说,我们还没有发现有文献研究转移支付和地方经济增长之间的关系,特别是考虑到转移支付产生的滞后效应,需要较长的时间样本来区分短期和长期效应,本研究的样本和所采用的分析框架能够计算两种效应的大小;最后,本章梳理了转移支付与经济增长之间的作用机制,并为进一步的改革提供了建议。

本章接下来的安排如下:第二部分是介绍分税制改革以来的转移支付的增加,以及由此导致的地方政府支出结构的变化;第三部分是统计上检验转

---

[1] 本章所讲到的效率是卡尔多—希克斯效率,即从总量上来说,如果一项政策能够带来总体产出(福利)的增加,则认为是有效率的,即使其中某一部分人或地区在短期内会因此遭受损失(Kaldor,1939;Hicks,1939)。平均意义上,如果转移支付能够提高长期的经济增长率,那么就是有效的;在转移支付量给定的情况下,如果改变支出结构,比如给予西部地区更大的份额,能够带来更多的经济增长时,则也是有效率的。

移支付和经济增长的关系；第四部分是进一步地讨论转移支付起作用的机制；最后是本章的结论。

二、转移支付和地方政府支出结构的演化

1980—1993年中国实行的是财政承包制，俗称"大包干"，这一制度赋予地方政府发展经济的激励，但却导致地方政府刻意隐瞒财政收入，或者将预算内收入转为预算外收入，以将更多的财政资源保留在地方政府手里，这使得中央政府在这段时间内经常入不敷出，很多年份甚至还要地方政府"作贡献"以维持基本的运转，因而也没有多余的财力来进行转移支付。为了扭转中央财力下降的趋势，1994年实行的分税制开始从法律上统一规定中央分享的部分，将原有的收入分享改革为税收分享。分税制从三个方面改变了中央与地方政府之间的关系：首先，统一的税率和税收分享机制保证了中央承诺的可信度；其次，国税与地税分开征收降低了地方政府隐瞒收入的动机；最后，大规模的垂直转移支付使得中央政府有能力进行宏观调控，以及有目的地平衡地区经济差异（Ma，1997）。[①] 真正意义上的转移支付也是在1994年之后才出现的，中央给予地方的净转移支付从1994年的1 819亿元增加到2006年的12 714亿元，年均增长17.6%，超过了同一时期中央财政收入的增长幅度。财政转移占当年中央财政支出的比重也从43.9%上升到54.1%。从图11-2可以看出，在2000年之前，虽然转移支付总额一直在增加，但所占比重并没有变化，这说明财政支出安排在这段时间内并没有大的

[①] 在实行分税制的规定中，曾明确指出分税制的一个目的就是为了平衡各地的财力，通过财政转移支付，扶持经济不发达地区的发展和老工业基地的改造。见《国务院关于实行分税制财政管理体制的决定》（国发〔1993〕85号）。

调整,转移支付仅仅保持与中央财政收入相同的速度增加。而2000年之后,转移支付以更快的速度增加,并且其占当年中央财政支出的比重也在显著提高,转移支付的这种变化是伴随着经济战略调整而出现的。

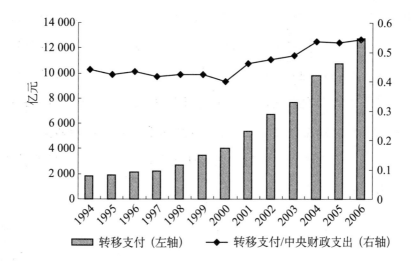

图11-2　1994—2006年的转移支付和所占份额

然而,转移支付的增加在地区之间并不是平衡的。图11-3表示的是各省所获得的转移支付占其财政收入的比重,这个比重剔除了各自经济实力的差异,可以用来表示转移支付对于当地经济的影响。1995年的平均转移支付力度为44.5%,这其中很大一部分是给予东部发达地区的两税返还,以保证这些地区的财政收入不低于之前年份的水平。1998年的平均转移支付力度为41.6%,相比于1995年略有下降,但同时省份之间的差异更加明显,这种对比说明分税制初期的转移支付与地区的财政收入是正相关的,那些财政收入低的省份所获得的转移支付也较少,因为名义上贡献给中央的部分也少;反之亦然,所以初期的转移支付更像是为了推行改革的折中方式；但在分税制的设计中，中央将会从未来的增长中拿走大部分，因而长期来看，中央的收入比重会持续上升，虽然1998年的平均转移支付力度有所下降，但是开始出现结构性差异。1999年的转移支付力度随着"西部大开发"而增加，但同时这种针对性的转移支付也使得地区之间差异扩大。2003年，随着"振兴东北老工业基地"战略的提出，转移支付的力度进一步提高，地方政府越来越依赖于上级政府的财力支持。然而，有意思的是2003年的分布图开始出现两个波峰，这意味着一部分地区获得了相当多的转移支付，而另一部分地区几乎没有获得转移支付，因而1995—2003年转移支付力度的演化也证实了，中央政策从初期的妥协慢慢转变为自主性的宏观调控。

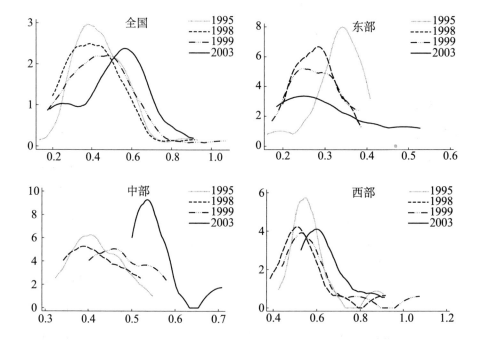

图11-3 全国和三大地区的财政转移力度的核密度图

这一猜想在图11-3的分地区子图中得到印证,三大地区[①]在1995年所获得的转移支付比重在地区内部以及地区之间都没有很大的差异,基本都在40%—50%之间。东部地区所获得的转移支付力度自1995年以来一直在下降。2003年的分布之所以右倾,是因为我们这里将辽宁也作为东部省份,而辽宁是2003年"振兴东北老工业基地"战略的重点支持对象。有意思的是,西部省份在1999年之前所获得的转移支付居然也是下降的,如果结合中部省份这一趋势的存在来看,说明这段时间中央的垂直转移支付的比重在下降,并代之以大型项目的直接投资。这一趋势在1999年开始扭转,而2003年的平均转移支付力度是最高的。然而我们也观察到,2003年的西部省份之间所获得的转移支付差异也更大,这是因为更多的转移支付被给予了少数民族省份,比如西藏、宁夏、新疆等(王绍光,2004)。而中部地区在1999年之后所获得的转移支付力度也在上升,在2003年达到55.8%,但同时地区内部差异在扩大,并且出现两个波峰,这是因为吉林和黑龙江也受到"振兴东北老工业基地"战略的政策倾斜。

转移支付相当于增加地方政府的财政收入,因而允许地方政府降低实际税率,同时增加公共服务的提供(Scott,1952;Wilde,1971),所以转移支付会改变地方政府的支出结构。我们这里依据贾俊雪和郭庆旺(2008)的做法,将政府支出划分为经济性、社会性和维持性支出,分别用基本建设支出、科教文卫支出和行政管理支出占当地总支出的比重来表示。经济性支出与转移支付之间是"U"形的关系,从图11-4的散点图来看,大部分的省份还处于"U"形

---

① 西部地区包含广西、四川、贵州、云南、西藏、陕西、甘肃、青海、宁夏、新疆和内蒙古11个省(区、市),由于重庆在1997年才独立为直辖市,所以我们的数据没有包含重庆,因而这与国家关于"西部大开发"的定义是一致的;中部包含山西、吉林、黑龙江、安徽、江西、河南、湖北和湖南8个省份;东部则有北京、天津、河北、辽宁、上海、江苏、浙江、福建、山东、广东和海南11个省(市)。

线的左边,表明大部分省份的经济性支出随着转移支付的增加而减少,经济性支出较多的省份处于"U"形线的两端,即获得较少转移支付的省份(如沿海地区)与获得大量转移支付的省份(如西部地区)的经济性支出的比例都是很高的。就西部地区来看,转移支付将促使这些地区改善基础设施的水平。

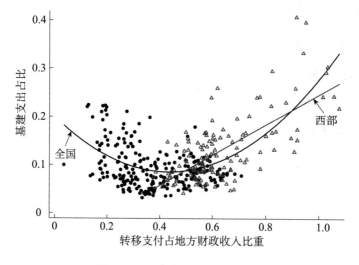

图 11-4　经济性支出与转移支付

就更长远的经济增长来说,教育和医疗等社会性支出会更加重要,这些会提高人力资本的水平,进而带来内生的经济增长(Romer,1986;Lucas,1988)。然而从图 11-5(a)来看,没有证据表明转移支付有利于缓解社会性支出的不足,以教科文卫表示的社会性支出比例反而会随着转移支付的增加而减少,并且这种负向的关系在西部地区更加明显,这表明"西部大开发"等经济战略的实施提高了对这些地区的财政支出力度,然而社会性的支出并没有同步增加。从图 11-5(b)来看,以行政管理支出比例表示的维持性支出与转移支付呈明显的正相关关系,虽然西部的拟合线稍稍平坦,但依然是明显的正向关系,这说明转移支付每增加一个百分点,政府维持性支出的增加幅度将超过一个百分点。

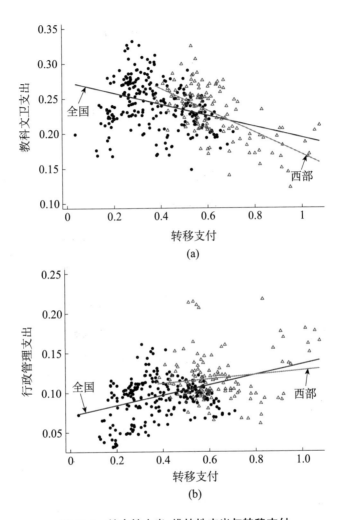

图 11-5　社会性支出、维持性支出与转移支付

在 Barro(1990)的框架中,维持性的支出与经济增长是反向的关系,而社会性和经济性的支出与经济增长是正向关系。中国自 1994 年以来,经济性支出并不显著促进经济增长,中国的基础设施已经达到一个相对较高的水平,并不构成经济发展的约束,而社会性的支出越来越重要,维持性的支出与经济增长呈显著的负向关系(贾俊雪和郭庆旺,2008)。这样转移支出与长期经济增长之间的关系就变得更加模糊,我们接下来将从统计上判断两者之间的关系,并试图解释这一系列结果产生的机制。

三、转移支付是否带来长期的经济增长

由于我们的立足点是经济增长,而不仅仅是地方之间财力的平衡,因而增长模型在这里更合适,为此建立如下模型:

$$Y_{it} = \alpha + \sum_{j=1}^{n} \beta_j Tran_{i,t-j} + \gamma X_{i,t-1} + \eta_i + e_{it} \tag{11-1}$$

其中 Y 是各地当年的 GDP 实际增长率[①],$Tran$ 为转移支付力度,即各省所获得的中央补助收入减去地方上解再除以地方政府财政支出,这里之所以不采用传统的将财政支出与财政收入的缺口作为转移支付,是因为后者包含了太多的噪音,比如地方政府的国债和基金收入等,这些与中央的财力转移基本无关。η 是地区固定效应,用来反映地理条件等对经济增长的作用。X 包含我们将要控制的其他变量,在本章中,我们将考虑如下因素:

(1)劳动力(labor):虽然劳动力不构成地方经济增长的约束,不过我们依然将其作为一个控制变量,我们这里采用的是从业人员占总人口的比重。

(2)人力资本(edu):这里用高等和中等学校在校人数占总人口的比重来度量,以反映人力资本投资对经济增长的贡献。

(3)投资(invest):我们采用的是全社会固定资产投资占 GDP 的比重。

[①] 我们也曾参考陆铭教授的建议,采用人均 GDP 的实际增长率,发现结果差异不大。另外一个理由是,在统计上,部分省份采用常住人口、部分采用户籍人口来计算人均 GDP 增长率,而从业人员的统计与经济中实际利用的劳动力数量一致,因而大规模的劳动力流动仅会影响前者,这样将一个省份的总体增长率作为产出的衡量显得更具合理性。

(4)通货膨胀(cpi):这里采用居民消费者价格指数来反映真实的通货膨胀率。

(5)城市化水平(urban):我们采用城镇人口比重代表当地的城市化水平。

(6)对外开放度(open):我们采用进出口占GDP的比重来代表对外开放度。

(7)税收负担(tax):我们用地方政府财政收入占GDP的比重来代表一般意义上的税负。

变量的描述性统计[①]显示,GDP的增速在地区之间是有系统差异的,劳动参与率在地区之间差异不大,可能暗含着劳动力本身并不构成地区经济发展的约束。投资的比重在中部最低,西部最高,这可能是缘于东部自身投资率高,而西部又获得大量的上级政府转移支付,简单的对比可以看出转移支付造成了地区之间投资的差异。城市化率、人力资本投资水平和开放度显示了地区之间巨大的差异,东部地区遥遥领先,西部地区最差。通货膨胀水平全国基本一致。比较有意思的是,东部的税负最高、西部其次、中部最低。其中,东部地区高税负是因为中央政府将其资源进行了转移支付,而西部地区高税负则可能是因为地方经济总量较小,而政府开支依然庞大,于是相对的税负比较高;西部地区的转移支付远高于东部地区,而中西部之间差异并不大。

我们依据模型(1)采用固定效应进行计算,考虑到样本的有限性,自由度损失过多势必造成部分变量不显著,因而我们逐步添加滞后项,在计算过程中,所有的自变量都自动滞后一期,以缓和变量的内生性。转移支付的内生性是一个需要解决的问题,我们遵从Knight(2002)的做法,利用工具变量的方法消除转移支付的内生性。我们整理出第十四届、十五届和十六届中央委

---

① 出于篇幅考虑,此表未附上,有需要的读者可向作者索要。

员的数据,这些数据年限刚好对应了本研究的样本时间,其中我们将中央委员曾在某省有工作经历的赋予该省1,最后将在某年中央委员中在该省有工作经历的人数进行累加,但是我们发现第一阶段的回归并不显著,表明在中央有谈判能力的人数并不会显著改变各地所获得的转移支付数额。我们对此的解释是,转移支付由税收返还、财力性转移支付和专项转移支付构成,前两者占转移支付的绝大部分,如2004年税收返还和财力性转移支付占全部转移支付的64%,并且这一比重近两年还有所上升,而绝大部分的税收返还和财力性转移支付都是按照标准化公式计算的,其分配一般都相对外生于地方政府的行为,因而转移支付在加总的意义上是相对外生的。① 为了简化表11-1,这里仅报告最终的结果。

在仅仅放入滞后一期的转移支付时(表11-1第2列),我们看到转移支付显著促进了地方的经济增长,转移支付的比重每上升1个百分点,将使得次年的经济增长速度提高0.039个百分点,这说明短期的经济增长效应是存在的。当我们继续添加转移支付的滞后项时(表11-1第3列),我们发现两期滞后项都是显著为正的,当期的效应开始下降,同时滞后一期的效应更大,这说明转移支付对经济增长的短期效应主要发生在次年,这一点在之后的大部分计算中都成立,每增加1个百分点的转移支付,将使得当年的GDP增速提高0.028个百分点,而次年的增速将上升0.038个百分点。我们在第3列

---

① 税收返还的标准是按照《国务院关于实行分税制财政管理体制的决定》(国发[1993]85号)和《国务院关于印发所得税收入分享改革方案的通知》(国发[2001]37号)制定的,其中增值税和消费税的基数以1993年为基数,递增比率按照全国增值税和消费税的平均增长率的1:0.3系数确定,所得税返还2002年按照五五分成,2003年之后按照六四分成。财力性转移支付也是按照客观指标计算出地方政府的财力缺口,再按统一的转移支付系数进行分配(李萍,2006)。另外,本章并不否定专项转移支付具有一定的内生性,但由于仅占全部转移支付的一小部分,使得其在加总意义上不明显。内生性检验的表格由于篇幅的原因未列出,有需要的读者可向作者索要。

的基础上继续添加滞后两期的转移支付,结果显示两期滞后项的作用不显著,当期和滞后一期的效应依然显著。

表 11-1 模型(1)的计算结果

变量	(1)	(2)	(3)	(4)	(5)	(6)	(7)
tran	3.891*** (1.388)	2.757* (1.447)	3.179** (1.392)	4.988*** (1.535)	3.867** (1.548)	3.925** (1.568)	3.539** (1.596)
L1.tran		3.750** (1.489)	4.260*** (1.458)	4.663*** (1.475)	4.668*** (1.476)	4.169*** (1.504)	4.181*** (1.536)
L2.tran			1.884 (1.466)	2.420 (1.528)	3.653** (1.472)	4.080*** (1.481)	4.856*** (1.503)
L3.tran				0.439 (1.487)	2.554* (1.496)	2.693* (1.507)	4.015*** (1.479)
L4.tran					−2.926** (1.460)	−0.831 (1.545)	1.238 (1.557)
L5.tran						−4.435*** (1.617)	1.337 (1.798)
L6.tran							−6.461*** (2.341)
labor	−3.653 (3.264)	−0.181 (3.242)	1.602 (3.187)	2.599 (3.296)	3.197 (3.233)	2.319 (3.261)	0.989 (3.201)
invest	7.706*** (1.259)	8.794*** (1.338)	9.331*** (1.424)	10.663*** (1.606)	12.247*** (1.701)	12.985*** (1.831)	10.442*** (1.909)
cpi	0.162*** (0.020)	0.132*** (0.032)	0.010 (0.050)	−0.088 (0.064)	−0.142** (0.064)	−0.176** (0.068)	−0.203*** (0.073)
urban	6.173*** (2.165)	4.594** (2.184)	3.073 (2.194)	3.038 (2.368)	3.130 (2.492)	3.245 (2.817)	−0.306 (3.163)
open	−1.252 (6.603)	18.643** (7.756)	30.384*** (7.870)	32.790*** (8.487)	27.857*** (8.194)	17.558* (9.935)	19.739* (10.923)
tax	45.802*** (12.735)	23.667* (13.808)	7.926 (13.829)	3.064 (15.131)	−5.481 (15.439)	−1.735 (16.144)	−10.684 (18.038)
edu	46.889*** (10.388)	39.094*** (10.568)	41.705*** (10.582)	40.073*** (11.041)	32.382*** (10.930)	31.064*** (11.209)	23.816** (11.387)
R-sq	0.557	0.618	0.677	0.685	0.670	0.639	0.571
样本量	360	330	300	270	240	210	180
AIC	3.792	3.686	3.571	3.565	3.447	3.392	3.260
SC	4.202	4.135	4.065	4.111	4.057	4.077	4.041

注:括号中为标准误,*、**和***分别表示10%、5%和1%的显著性水平。

另外一个有趣的发现是,当我们继续在固定效应模型中添加转移支付的滞后项时(表11-1第6列),前三期的转移支付对经济增长是正向的作用,第四期仅在10%水平下通过检验,然而第五期的转移支付却与经济增长负相关,这表明从中期来看,转移支付反而可能有损于当地的经济增长。我们依据AIC准则继续添加滞后项,最后选定为滞后六期,我们发现随着滞后项的添加,最后一期滞后项的负作用越来越大,系数从－2.926到－6.461,这说明即使在样本损失的情况下,增加当年的转移支付虽然能够在短期内带来经济增长的提速,不过在更长的时间内将会出现负面作用,并且负面作用会越来越大。每增加1个百分比的转移支付力度,将使得当地的经济增长速度发生变化,次年的GDP因此增加0.035个百分点,第三年至第五年分别增加0.042、0.049和0.040个百分点,第六年和第七年正面作用和负面作用相互抵消,而到了第八年,负面作用开始变得显著,第八年的GDP增速也因此而降低0.065个百分点。

表11-1中一共列出了7个回归的结果①,劳动力在这些回归中都不显著,表明劳动力并不构成当地经济发展的约束,不过资本的稀缺却是一个明显的约束,投资比重在所有回归中都显著为正,投资率每增加1个百分点,将使得经济增速提高0.077－0.122个百分点;开放程度越高,越能约束政府的行为,形成一个有效的市场经济,因而在回归中基本都与经济增长呈正向的关系;通货膨胀在部分回归中是正向的,而在第五个回归中为负向,价格因素并不显著影响各地的经济发展;城市化水平基本是不显著的,城市化水平所带来的人力资本和过度的公共开支的效应相互抵消;税负与经济增长之间的关系并不明显。

虽然模型(1)的计算结果显示转移支付在短期和长期的作用存在差异,

---

① 出于稳健性的考虑,我们也采用传统的方式度量转移支付,即用地方政府当年的财政支出减去财政收入,再除以当年的财政支出,同样按照模型(1)进行计算,结果与表11-1中类似,表明这一指标的构建是稳健的。

不过从转移支付的构成来看,中西部地区和东部地区之间存在明显的差异,东部地区更多的是两税返还,而中西部省份则以财力性转移支付和专项转移支付为主,这会导致各地方政府支出效率的差异,进而由转移支付带来的经济增长也会存在差异。基于此,我们分地区进行回归,由于样本损失较多,仅报告了滞后四期的结果(表11-2)。每增加一个百分比的转移支付力度,会使得东部地区次年的经济增长提高0.12个百分点,而对中西部地区的即期效应较小,然而值得注意的是,转移支付滞后四期的效应仅仅在东部地区显著为负,这说明从中期来看,转移支付的负面作用主要来自于东部地区,而中西部地区在各年都保持了非负的增长效应,并且西部地区较中部地区更好。

表11-2 分地区的模型(1)的计算结果

变量	东部	中部	西部
tran	11.689** (4.625)	4.606* (2.433)	6.929** (2.878)
L1. tran	−3.970 (5.014)	5.600** (2.353)	6.482*** (2.341)
L2. tran	2.921 (4.987)	4.878** (2.370)	6.717*** (2.538)
L3. tran	12.054** (5.969)	3.799 (2.459)	5.644** (2.572)
L4. tran	−13.550*** (4.233)	1.691 (2.466)	−2.430 (2.440)
labor	4.658 (4.011)	−7.224 (7.015)	3.010 (8.367)
invest	11.702*** (2.745)	11.540*** (3.833)	16.391*** (2.806)
cpi	−0.396*** (0.124)	0.067 (0.109)	−0.199* (0.112)
urban	7.225** (2.750)	−9.157 (9.811)	−26.775*** (8.999)
open	30.833*** (10.916)	−139.485 (121.726)	−43.288 (55.917)
tax	−11.513 (23.097)	−3.495 (28.423)	32.249 (36.489)
edu	51.286** (23.118)	25.737* (14.443)	55.517* (29.947)
Within R-sq	0.706	0.775	0.741
样本量	88	64	88

注:括号中为标准误,*、**和***分别表示10%、5%和1%的显著性水平。

综合来看，我们的增长模型的计算结果表明，转移支付在短期内都促进各地方的经济增长，并且短期增长效应在中部更加明显；然而当我们将考察时间跨度扩大到五期之后，转移支付开始减缓经济增长的速度。并且分地区的计算表明，转移支付的中期负面作用主要来自于东部地区，而这一负面作用在中西部地区的出现可能需要更长的时间。

然而在上述回归中，我们实际上假设滞后项的作用是线性的，这有可能使得我们的计算是有偏的，并且随着滞后项的添加，自由度损失太多也使得我们无法得到滞后七期之后的效应，因而无法计算准确的长期效应和累积效应。于是我们采用Mitchell和Speaker在1986年提出的框架，该方法有两个优点：一是允许线性和非线性的递减滞后效应，并且采用了类似于Almon(1965)的无限期滞后，避免了人为的识别问题；二是可以采用简单的OLS进行估计。基准模式为：

$$Y_{it} = a + \sum_{j=0}^{\infty} w_j Tran_{i,t-j} + \gamma X_{i,t-1} + \lambda_t + \eta_i + e_{it} \qquad (11-2)$$

模型(2)与模型(1)的区别在于权重，权重w采用如下形式：

$$w_j = \sum_{\tau=2}^{n} \frac{b_\tau}{(j+1)^\tau} \qquad j = 0,1,\cdots,\infty \qquad (11-3)$$

(11-3)式中的b是我们将要估计的系数，j是滞后的阶数。我们将(11-3)式代入(11-2)式，得到：

$$Y_{it} = a + \sum_{\tau=2}^{\infty} b_\tau \sum_{j=0}^{t-1} \frac{Tran_{i,t-j}}{(j+1)^\tau} + \sum_{\tau=2}^{n} \sum_{j=t}^{\infty} \frac{b_\tau Tran_{t-j}}{(j+1)^\tau} + \gamma X_{i,t-1} + \lambda_t + \eta_i + e_{it}$$

$$(11-4)$$

当$t > 8$时，(11-4)式右边的第三个式子将趋近于0，可以忽略不计。于是(11-4)式可以展开为：

$$Y_t = a + b_2(Tran_{it} + \frac{1}{2^2} Tran_{i,t-1} + \frac{1}{3^2} Tran_{i,t-2} + \cdots + \frac{1}{m^2} Tran_{i,t-m+1}) +$$

$$b_3\left(Tran_{it}+\frac{1}{2^3}Tran_{i,t-1}+\frac{1}{3^3}Tran_{i,t-2}+\cdots+\frac{1}{m^3}Tran_{i,t-m+1}\right)+\cdots+$$

$$b_n\left(Tran_{it}+\frac{1}{2^n}Tran_{i,t-1}+\frac{1}{3^n}Tran_{i,t-2}+\cdots+\frac{1}{m^n}Tran_{i,t-m+1}\right)+\gamma X_{i,t-1}+\lambda_t+\eta_i+e_{it}$$

$$=a+b_2 PIL_2+b_3 PIL_3+\cdots+b_n PIL_n+\gamma X_{i,t-1}+\lambda_t+\eta_i+e_{it} \quad (11\text{-}5)$$

我们最终将采用(11-5)式来估计各系数,然后将系数代入(11-3)式求得 w 的值,则可以知道转移支付的当期影响 w_0 和对以后每期产出的滞后影响 $w_i(i=1,\cdots\infty)$,以及累积影响 $\sum_{i=0}^{\infty}w_i$,这样我们就可以利用该模型来估计每增加一单位的中央转移支付,对地方经济的短期影响和长期影响的大小。

在实际估计之前,还有两个参数的设置。首先是 n 的值,即多项式的个数,由于不知道真实的模型形式,选择 n 的方法则依赖于模型本身的拟合能力。从(11-4)式可以看出,随着 n 越来越大,则相邻项之间的共线性越严重,于是采用 Mitchell 和 Speaker(1986)以及 Schmidt(1974)的做法,从最高位的 $n(n=7)$ 开始,然后逐步删除掉不显著的多项式。另外,关于参数 m 的大小,我们参照 Wan 等(2006)的做法,假定 $m=9$,即在估计具体的 b 时,我们认为第八期之后的效应很小,不会造成估计的有偏性。

为了获得稳健性的结果,我们同时采用单向固定效应和双向固定效应,以及是否控制因变量的滞后项三种方法来计算。[①] 表 11-3 中第二列的结果是不加其他控制变量的单向固定效应的结果,多项式的维度越高,相邻多项式之间的相关性就会越大,第六和第七个多项式之间由于相关性太高而自动舍弃,第六个多项式(PIL)显著,各 PIL 值本身没有直接的经济学含义,需要通过(11-3)式计算之后得到各期的滞后效应。当我们在第 2 列的基础之上

---

① 我们这样做的目的主要是看不同形式的估计是否会导致差异,以得出一个较稳健的结论。

加入控制变量时(第3列),多项式的系数并没有发生大的变化。我们接着在第3列基础之上控制年度虚拟变量(第4列),多项式的系数和显著性都发生了较大变化,全部六个多项式都显著通过检验,并且各系数也较之前的更大。不过在进一步控制因变量滞后项时(第5列),并没有出现大的变化,Hausman检验的结果也支持固定效应模型。

表11-3 模型(5)的计算结果

变量	(1)	(2)	(3)	(4)
$PIL2$	−749.111 (520.042)	−662.353 (499.842)	−1 056.728* (543.979)	−1 033.032* (544.534)
$PIL3$	9 870.978 (5 996.906)	8 514.323 (5 491.659)	12 285.57** (5 890.738)	12 042.69** (5 986.087)
$PIL4$	−39 379.28* (23 133.53)	−34 220.49 (20 721.06)	−47 381.68** (22 607.19)	−46 561.3** (22 623.62)
$PIL5$	60 546.03* (35 280.27)	53 261.74* (31 255.96)	72 403.04** (34 157.94)	71 284.98** (34 178.54)
$PIL6$	−30 282.86* (17 628.15)	−26 890.21* (15 531.16)	−36 248.35** (16 991.07)	−35 731.97** (17 000.06)
$laborpaticip$		0.707 (3.242)	−1.046 (3.304)	−1.040 (3.304)
$invest$		13.295*** (2.836)	12.688*** (3.230)	12.632*** (3.231)
cpi		0.249** (0.103)	0.143 (0.183)	0.158 (0.184)
$urban$		−8.422* (4.723)	−7.021 (4.839)	−6.790 (4.845)
$open$		28.321 (17.750)	11.493 (22.223)	14.090 (22.377)
tax		−38.081 (24.540)	−36.936 (25.084)	−36.034 (25.101)
edu		13.388 (11.926)	13.891 (11.845)	13.485 (11.852)
R-sq	0.224	0.492	0.528	0.535
样本量	120	120	120	120
Y的滞后项	否	否	否	是
年度虚拟变量	否	否	是	是

注:括号中为标准误,*、**和***分别表示10%、5%和1%的显著性水平。

我们依然参照前面的思路,为了得到转移支付在各地不同的效应,进行分地区回归,结果如表 11-4 所示。中部和东部地区并没有表现出很明显的滞后作用,这可能缘于自由度过少。但是有意思的是,西部地区的滞后项显著通过了检验,各多项式都在 5% 的水平下显著,这表明转移支付在西部和中东部地区通过完全不同的机制发挥作用。并且我们还可以看出,中部地区的资本受约束程度最大,而东部和西部地区则相对较好,城市的集聚效应在西部还没有显现出来,较小规模的城市浪费了更多的资源,导致经济增速下降,这一点与我们之前的研究结论一致(范子英和张军,2009)。

表 11-4 分地区的模型(5)的计算结果

变量	东部	中部	西部
$PIL2$	−110.410 (412.572)	−101.568 (1 522.322)	−1 823.622** (824.074)
$PIL3$	1 427.231 (2 739.936)	2 401.448 (15 964.84)	20 485.860** (8 416.775)
$PIL4$	−3 495.699 (5 433.483)	−13 804.11 (57 715.19)	−75 516.34** (30 469.59)
$PIL5$	2 195.621 (3 113.625)	27 378.14 (83 777.34)	111 002.3** (45 019.45)
$PIL6$	—	−15 840.76 (40 528.06)	−54 140.24** (22 158.84)
$laborpaticip$	2.953 (4.598)	4.344 (10.318)	−3.101 (9.351)
$invest$	7.941 (6.067)	24.205** (9.116)	7.68 (4.637)
cpi	−0.268 (0.265)	0.272 (0.175)	0.478*** (0.156)
$urban$	−4.486 (6.374)	−46.865 (32.197)	−39.440** (18.084)
$open$	40.897 (33.708)	−164.666 (156.991)	83.818 (122.142)
tax	14.797 (72.641)	27.088 (51.325)	214.029** (94.303)
edu	45.981 (37.141)	9.684 (15.128)	−52.811 (86.462)
R−sq 样本量	0.552 11	0.826 32	0.667 44

注:括号中为标准误,*、**和***分别表示 10%、5%和 1%的显著性水平。

将上述获得的多项式的参数估计值按照(11-3)式计算各期和累积的影响值,图11-6是不控制年度虚拟变量和因变量滞后项的相应值,其中虚线和实线分别是转移支付的各期作用和累积作用,其中我们还添加了西部地区的作用。财政转移支付占当地财政收入比重每增加1.00个百分点,将使得当年的GDP增速上升0.03个百分点,次年的作用最大,达到0.04,在第3年之后作用开始持续递减,第7年开始出现负向作用,负向作用在第12年最大,此后开始收敛于0。如果综合看待转移支付的正向和负向作用,其对经济增长的累积作用在第25年开始为负,假如将观察期延长到30年,则每增加1.00个百分点的转移支付力度,将会使得当地经济的长期增长率下降0.03个百分点。并且西部地区的累积作用是最大的,每增加1.00个百分比的转移支付力度,将使得西部地区的经济增长在30年内一共下降0.37个百分点。虽然在表11-3中,多项式的系数值在控制与不控制时间趋势时有差异,但计算后的转移支付的效应的趋势是一致的,转移支付的累积作用最终都是负向的,差异仅仅在于负向作用何时出现。①

将前面两种方法计算的结果进行对比表明我们的估计具有一致性,图11-6中的结果和表11-1第8列之间的相关系数达到0.744,并且在5%显著性水平下通过检验,如果仅看两种方法计算的西部地区的效应,两者滞后五期的效应值的相关系数达到0.956,并且在1%的水平下通过检验,这说明Mitchell和Speaker的框架不仅可以计算长期的累积效应,短期效应的估计也与传统的方法取得了一致。

---

① 利用表11-3第4和第5列的多项式估计值计算的滞后效应,累积的滞后效应在第12年就出现负值,这一计算结果加强了图11-6的结论。

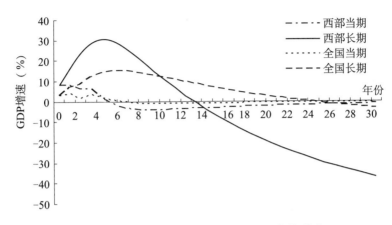

图 11-6　全国和西部转移支付的短期和长期效应

这里的结论与前面基本一致,转移支付的短期效应是正向的,不同的是从长期来看,对经济增长的作用从第七期就开始转变为负值,并且将一直负面影响地方的经济增长,累积的效应也会从正向转变为负向。因而长期来看,这种转移支付并没有带来卡尔多-希克斯效率的改善,从平均意义上来说,将资源进行的任何转移支付都会有损于效率,其次在给定转移支付水平时,给予落后地区更多的转移支付会进一步降低效率。

四、无效率的来源

从统计上来说,更多的转移支付反而不利于地方的经济增长,降低资源的利用效率,然而到目前为止,我们并不清楚这种无效率的来源,即使转移支付会改变地方政府的支出结构,其背后的机制仍然不明确。从理论上来说,我们认为至少有三个机制会导致无效率。

首先是分工理论。斯密定理认为市场范围的扩大能够带来分工的演化,分工充分利用了各地的比较优势,进而带来总体效率的改善(Young,1928)。但是在现实中,不进行分工协作的现象不仅在国别间随处可见,在一国内部也经常出现,即使今天鼓吹自由贸易的英国和美国,早期也是通过贸易保护来扶持自己的弱势产业(Chang,2002)。这种看似不理性的行为构成了国际贸易领域中的"动态比较优势",即一国在短期内选择不进行分工,违背自身的比较优势进行生产,虽然在短期来看是没有效率的,但可能在未来逆转目前不利的比较优势,只要未来获得的额外收益的折现值大于短期内不分工的损失,低技术地区就会选择违背比较优势进行生产;即使不能成功逆转动态上的比较优势,短期内不进行分工也可能提高其未来的议价能力(Redding,1999;陆铭等,2007)。从这个维度来说,通过在当期转移一部分发达地区的收入到欠发达地区,能够在一定程度上降低欠发达地区这种抵制策略分工的激励,进而促进分工在不同地区进行演化发展,提高总体经济的长期效率,因而这种机制暗示着,地区之间的转移支付有利于总体的经济增长。

就中国而言,特殊的"市场维护型的财政联邦主义"提高了地方政府发展经济的积极性(Jin et al.,2005),地区之间的竞争增加了基础设施的建设,硬化了地方政府的预算约束,但是这种竞争也带来了地区割据现象,重复建设和地方保护主义使得中国更像是一个"诸侯经济",各省之间的贸易往来甚至要小于其与外国之间的贸易流(Poncet,2003;王永钦等,2007),整个国内市场形成了一种地方政府控制下的"零碎分割的区域市场"(Young,2000)。这种市场分割的一种解释就是财政收入,各地方政府不参与分工是为了现在或者未来获得更多的财政收入,因而中央政府的转移支付能够在一定程度上降低地方保护主义的激励,促进区域间分工,带来整体效率的提高(陆铭等,2004,2007)。这一点在图11-7中得到证实,市场分割与滞后一期的转移支付(缓和内生性)呈现显著的负向关系,给予地方政府更多的转移支付,会降低其次年市场分割的程度,使得欠发达地区融入整体的分工体系,然而由于这些地区处于分工的下游,其在经济增长中所占有的相对份额将减少,因而从长期来看,反而不如分割状态下的增速,这在我们的另一篇文章中也得到了验证(范子英和张军,2010)。

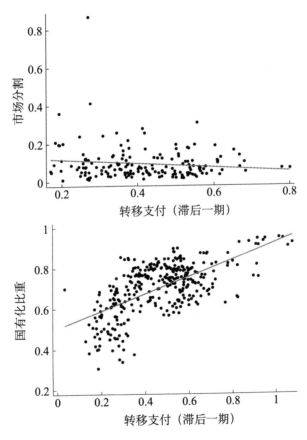

图 11-7 市场分割、国有化比重与转移支付

资料来源:市场分割指数来源于桂琦寒等(2006),国有化比重是采用国有单位职工人数占总职工人数的比重。

其次是公共支出理论。政府的转移支付能够增加地方的公共支出,一种观点认为这会增加总需求,提高利率水平,使得资本的价格上升,最终降低私人投资的水平,产生"挤出效应"(crowding-out);另一种观点认为政府支出可能带来"挤入效应"(crowding-in),特别是基础设施的投资,能够带来私人资本回报的增加,鼓励私人投资。但考虑到政府支出带来税收负担,长期来看,政府支出的增加会降低投资水平,进而影响到经济增长(Barro,1990)。实证上,大部分研究都认为政府支出与投资和经济增长是负向的关系,即使遵循Barro(1990)的思路,将政府支出细分为生产性的支出和非生产性的支出,大部分的研究也都证实非生产性支出有损于经济增长,但生产性支出与经济增长的关系并不明显(Landau,1983;Kormendi and Meguire,1985;Grier and Tullock,1989;Barro,1991)。虽然理论上比较容易区分支出的类型,不过在实证上,对生产性支出定义的争论也使得众多结论产生分歧(Aschauer,1989;Easterly and Rebelo,1993;Argimon et al.,1997)。考虑到国家之间的差异,政府支出与投资和经济增长的关系,在发达国家中并不显著或者是负向的,这一效应仅仅在发展中国家可能是正向的(Easterly and Rebelo,1993;Miller and Russek,1997;Argimon et al.,1997;Ahmed and Miller,2000)。因而从理论上说,转移支付能够带来地方政府支出的增加,但政府支出既有可能带来经济增长,也有可能阻碍经济增长,两者之间的关系并不明显。

实证上关于中国各省公共支出和私人投资的研究很少,但是大部分研究都发现国有经济的比重与当地的私有经济的发展是负相关的,国有经济比重越高,政府则需要进行更多的投资,在资本、原材料以及劳动力等方面给予优先权,最终限制私有经济的发展(Sachs and Woo,1994;Chen and Feng,

2000)。从图11-7可以看出,当年更多的转移支付伴随着次年更大的国有经济比重,转移支付可能使得地方政府有更大的动员能力,插手一些本该由市场来掌控的领域,进而挤出私人投资,降低了资源的利用效率。

最后是分权的激励理论。财政分权的实质是将经济发展的好处放权到地方政府,这种经济激励使得各地政府扮演了扶持之手,这也成为中国和俄罗斯经济发展差异的一个重要原因(Shleifer and Vishny,1998)。扶持之手的作用在于地方政府对市场建设的推动力度,比如国有部门的改革和非国有部门的发展等。但是中国各省在市场经济建设的表现上存在差异,而这种差异与其在财政收入中的边际留存比率是正相关的(Jin et al.,2005),因而地方政府从每一单位经济发展中获得的收益越大,则其推动经济建设的激励越大;反之,如果中央政府从发达省份转移过多的财政收入到欠发达省份,势必会降低这些地区的努力程度。

虽然地区之间的转移支付能够增加当地的物质资本存量,特别是基础设施的改善,可以提高落后地区吸收发达地区的技术的能力,产生追赶效应,最终使得地区之间的经济发生收敛(Abramowitz,1985;Basu and Weil,1998)。但是这种转移支付可能同时改变落后地区和发达地区的激励结构,进而有损于两地长期的经济增长。对于发达地区来说,由于上级政府抽取了比维持政府运转更多的利润,本级政府从每一单位当地经济增长中的获益减少了,因而这降低了本级政府发展经济的边际激励(Zhuravskaya,2000;Jin et al.,2005)。从落后地区来看,由于上级政府的转移支付占据本级政府支出的很大比重,本级政府的收益与当地的经济发展并无很大关联,于是政府并没有激励来发展当地经济,特别是在一些公共品的提供上面,如教育、医疗和基础设施等的投资严重不足,也缺乏足够的激励来建立一个完善的市场经济,这一点在图 11-5 中得到验证,更多的转移支付伴随着更低的社会性支出比例,而相应的维持性支出却呈正比例增加。

以上三种机制的存在都可能使得转移支付与经济增长呈负向的关系,短期内,公共投资对私人投资的挤出效应会使得这种转移支付对经济增长产生负面作用;长期内,转移支付能够带来地区之间分工的演化,降低欠发达地区在经济增长中所占有的份额,同时也间接改变转出地和转入地政府的激励结构,降低政府发展当地经济的积极性,使得长期的经济增长潜力下降。①

五、结论

理论上,财政转移支付与地区经济增长之间的关系是有争议的。经济增长理论认为两者是正向的关系,资本的边际回报递减意味着更加平衡的分配会有利于效率的提高。然而新经济地理学则认为资源的集聚能够带来规模效应,资源在地区之间的平衡分布并不是最优的,过度的平衡反而会有损于效率。分权理论也暗示着两者之间是负向的关系,更多的转移支付则要求财政的集权,集权则意味着降低地方政府发展经济的激励,因而有可能从"援助之手"滑向"攫取之手"(陈抗等,2002)。

伴随中国 1994 年分税制改革的是中央政府财政收入的大幅度增加,政府有目的性的宏观调控和平衡地区差距的措施也变得可行。1999 年倾斜性的"西部大开发",以及之后的"振兴东北老工业基地"和"中部崛起"等战略中,中央政府都在财政转移上给予特殊的照顾。在 10 年之后的今天,我们依

---

① 我们非常感谢评审人指出这三种机制在短期和长期中的作用的差别。

然没有看到地区差距的缩小。本章采用不同的方法和模型对这一作用进行估计,发现虽然数量上中西部地区获得了更多的财政转移支付,但是这种转移支付仅仅在短期内对经济增长有正面作用,地方政府支出的临时扩大带来了 GDP 的增长,但是长期来看,这种针对性的转移支付反而对转入地有消极影响。

因而本章认为目前的转移支付更多的是平衡性的,转移支付仅仅平衡了地方政府的财政能力的差异,而没有达到促进当地经济发展的目的。这与已有结论不同的是,即使政府已经进行更多的倾斜性的转移支付(曾军平,2000;马栓友和于红霞,2003),转移支付本身的结构也会对地方经济产生直接作用,并且由于地方政府支出行为发生了改变,转移支付也会通过间接机制对长期的经济增长产生作用,比如分工、激励结构和挤出作用等。因而转移支付要尽量避免对地方政府的激励产生扭曲,比如要限制地方政府进入竞争性的行业,社会性的支出要保持同比例甚至更快的速度增加等。

参考文献：

Abramowitz, Moses. 1986. Catching Up, Forging Ahead, and Falling Behind. *Journal of Economic History*, 66: 385 – 406.

Ahmed H. and Miller, S. M. 2000. Crowding – out and Crowding – in Effects of the Components of Government Expenditure. *Contemporary Economic Policy*, 18(1): 124 – 133.

Almon, S.. 1965. The Distributed Lag Between Capital Appropriations and Net Expenditures. *Econometrica*, 33: 178 – 196.

Argimon, I., Gonzales - Paramo, J. M. and Roldan, J. M. 1997. Evidence of Public Spending Crowding - out from a Panel of OECD Countries. *Applied Economics*, 29: 1001 - 1011.

Aschauer, D. A.. 1989. Does Public Capital Crowed Out Private Capital? *Journal of Monetary Economics*, 24: 171 - 188.

Au, Chun - chung and Henderson, J. Vernon. 2006. Are Chinese Cities Too Small? *Review of Economic Studies*, 73: 549 - 576.

Barro, R. J.. 1990. Government Spending in a Simple Model of Endogenous Growth. *Journal of Political Economy*, 98: 103 - 125.

Barro, R. J.. 1991. Economic Growth in a Cross Section of Countries. *Quarterly Journal of Economic*, 106: 407 - 444.

Basu, S. and Weil, D. N.. 1998. *Appropriate Technology and Growth*. *Quarterly Journal of Economics*, 113(4): 1025 - 1054.

Chang, Ha - Joon. 2002. *Kicking Away the Ladder: Development Strategy in Historical Perspective*. London: Anthem Press.

Chen, B. and Feng, Y. 2000. Determinants of Economic Growth in China: Private Enterprise, Education, and Openness. *China Economic Review*, 11: 1 - 15.

Easterly, W. and Rebelo, S. 1993. Fiscal Policy and Economic Growth: An Empirical Inverstigation. *Journal of Monetary Economics*, 32: 417 - 458.

Fujita, Masahisaj. Henderson, J. Vernon. Kanemoto, Yoshitsugu and Mori, Tomoya. 2004. Spatial Distribution of Economic Activities in Japan and China. In J. Vernon Henderson and J. F. Thisse(Eds.), *Handbook of Urban and Regional Economics*. North - Holland, 4: 2911 - 2977.

Grier, K. B. and Tullock, G. 1989. An Empirical Analysis of Cross-national Economic Growth, 1951 – 1980. *Journal of Monetary Economics*, 1939. 24:259 – 276.

Hicks, J. R.. 1939. The Foundations of Welfare Economics. *Economic Journal*, 49(196):696 – 712.

Jin, H. , Qian, Y. and Weingast, B. R. 2005. Regional Decentralization and Fiscal Incentives: Federalism, Chinese Style. *Journal of Public Economic*, 89:1719 – 1742.

Kaldor, Nicholas.. 1939. Welfare Propositions in Economics and Interpersonal Comparisons of Utility. *Economic Journal*, 49(195):549 – 552.

Knight, Brian. 2002. Endogenous Federal Grants and Crowd-out of State Government Spending: Theory and Evidence from the Federal Highway Aid Program. *American Economic Review*, 92(1):71 – 92.

Knight, J. and Song, L.. 1993. The Spatial Contribution to Income Inequality in Rural China. *Cambridge Journal of Economics*, 17:195 – 213.

Kormendi, R. and Meguire, P.. 1985. Macroeconomic Determinant of Growth: Cross-country Evidence. *Journal of Monetary Economics*, 16:141 – 163.

Landau, D. 1983. Government Expenditure and Economic Growth: A Cross-country Study. *Southern Economic Journal*, 49:783 – 792.

Lucas, Robert E. 1988. On the Mechanism of Economic Development. *Journal of Monetary Economics*, 22(1):3 – 42.

Ma, J. 1997. *Intergovernmental Relations and Economic Management in China*. Basingstoke: Macmillan.

Miller, S. M. and Russek, F. S. 1997. Fiscal Structures and Economic Growth. *Economic Inquiry*, 35:603-613.

Mitchell, D. W. and Speaker, P. J. 1986. A Simple, Flexible Distributed Lag Technique. *Journal of Econometrics*, 31:329-340.

Naughton, B. 2007. *The Chinese Economy: Transition and Growth*. The MIT Press.

Poncet, S. 2003. Measuring Chinese Domestic and International Integration. *China Economic Review*, 14(1):1-21.

Redding, S. Dynamic Comparative Advantage and the Welfare Effects of Trade. Oxford Economic Papers, 51:15-39.

Romer, Paul. 1986. Increasing Returns and Long-run Growth. *Journal of Political Economy*, 94(5):1002-1037.

Rozelle, S., Park, A., Benziger, V. and Ren, C. 1998. Targeted Poverty Investments and Economic Growth in China. *World Development*, 26(12):2137-2151.

Sachs, J. D. and Woo, W. T 1994. Structural Factors in the Economic Reforms of China, Eastern Europe, and Former Soviet Union. *Economic Policy*, 18:101-145.

Schmidt, P. 1974. A Modification of the Almon Distributed Lag. *Journal of American Statistical Association*, 69:679-681.

Scott, A. D. 1952. The Evaluation of Federal Grants. *Econometric*, 19:377-394.

Shleifer, A. and Vishny, R. W. 1998. *The Grabbing Hand: Government*

Pathologies and Their Cures. Cambridge, MA: Harvard University Press.

Tiebout, Charles. 1956. A Pure Theory of Local Expenditure. *Journal of Political Economy*, 64:416 - 424.

Wan, G. , Lu, M. and Chen, Z. 2006. The Inequality - Growth Nexus in the Short and Long Runs: Empirical Evidence from China. *Journal of Comparative Economics*, 34(4):654 - 667.

Wilde, James A. 1971. Grants - in - aid: The Analytics of Design and Response. *National Tax Journal*, 24:143 - 156.

Yang, D. T. and Zhou, H. 1999. Rural - urban Disparity and Sectoral Labour Allocation in China. *Journal of Development Studies*, 35(3):105 - 133.

Yao, S. 2000. Economic Development and Poverty Reduction in China over 20 Years of Reforms. *Economic Development and Culture Change*, 48(3):447 - 474.

Yao, S. and Zhang, Z. 2001. Regional growth in China under economic reforms. *Journal of Development Studies*, 38(2):167 - 186.

Young A. 2000. The Razor's Edge: Distortions and Incremental Reform in the People's Republic of China. *Quarterly Journal of Economics*, 115:1091 - 1135.

Young, A. 1928. Increasing Returns and Economic Progress. *Economic Journal*, 38:527 - 542.

Zhuravskaya, E. V. 2000. Incentives to Provide Local Public Goods: Fiscal Federalism, Russian Style. *Journal of Public Economics*, 76(3):337 - 369.

陈抗、Arye L. Hillman、顾清扬，2002，"财政集权与地方政府行为变化——从援助之手到攫取之手"，《经济学(季刊)》第2卷第1期。

范子英、张军，2009，"财政分权与中国经济增长的效率"，《管理世界》第7期。

范子英、张军，2010，"财政分权、转移支付与国内市场整合"，《经济研究》第3期。

桂琦寒、陈敏、陆铭、陈钊，2006，"中国国内商品市场趋于分割还是整合？——基于相对价格法的分析"，《世界经济》第2期。

贾俊雪、郭庆旺，2008，"政府间财政收支责任安排的地区增长效应"，《经济研究》第6期。

李萍，2006，"中国政府间财政关系图解"，北京：中国财政经济出版社。

陆铭、陈钊，2008，"在集聚中走向平衡——城乡和区域协调发展的'第三条道路'"，《世界经济》第8期。

陆铭、陈钊、严冀，2004，"收益递增、发展战略与区域经济的分割"，《经济研究》第1期。

陆铭、陈钊、杨真真，2007，"平等与增长携手并进"，《经济学(季刊)》，第6卷第2期。

马栓友、于红霞，2003，"转移支付与地区经济收敛"，《经济研究》第3期。

王洪亮、徐翔，2006，"收入不平等孰甚：地区间抑或城乡间"，《管理世界》第11期。

王绍光，2004，"顺应民心的变化：从财政资金流向看中国政府政策调整"，《战略与管理》第2期。

王永钦、张晏、章元、陈钊、陆铭，2007，"中国的大国发展道路——论分权式改革的得失",《经济研究》第1期。

曾军平,2000,"政府间转移支付制度的财政平衡效应研究",《经济研究》第6期。

中共中央文献编辑委员会,1993,《邓小平文选》,北京:人民出版社。

12

粘纸效应：财政转移支付与政府规模[①]

一、引言

瓦格纳定律（Wagner's Law）和早期的公共财政理论都认为影响政府规模的主要因素是其面临的财政收入约束，而收入的结构并不起作用，即地方政府将转移支付与本地税收都作为财政收入等同看待，那些获得转移支付的省份会同时降低实际税率，因而政府规模不会因为财政收入结构而发生变化（Braford and Otaes,1971）；然而，实证研究却发现政府规模的增长远远超出瓦格纳定律和公共财政理论的解释范围，当地收入每增长1美元，财政支出仅增长0.02—0.05美元，而相同的转移支付却使得财政支出增长幅度接近甚至超过1美元[②]，即在相同财政收入的地方，转移支付比重越高的地方的政府规模越大，这一"反常"（Anomaly）的现象被称为"粘纸效应"（Flypaper Effect）（Hines and Thaler,1995；Brennan and Pincus,1996）。

中国现阶段的情况与上述理论和实证研究紧密相关。政府的财政支出

[①] 发表于《中国工业经济》2010年第12期。
[②] 实证文献发现的粘纸效应的值区间为0.25—1.06，绝大部分的研究得出的值都在0.5以上，见Hines和Thaler(1995)的综述。

规模从 1995 年的 6 824 亿元上升到 2008 年的 62 593 亿元,这与同期的经济增长相关,即瓦格纳定律得到满足。但另一方面,随着 1994 年分税制的实施,财权大幅度集中于中央政府,两个比重——财政收入占 GDP 的比重和中央本级财政收入占总财政收入的比重,分别从 1993 年的 11.2% 和 22% 上升到 2006 年的 18.5% 和 52.8%,但支出责任还依然由地方政府承担,因而每年中央政府都会将大量的财政资源转移给地方政府,净转移支付从 1994 年的 1 819 亿元增加到 2006 年的 12 714 亿元,年均增长 17.6%。如果粘纸效应确实存在,即中央政府增加的转移支付并不会使得地方政府降低税率,那么这种结构性变动对地方政府规模膨胀的作用将非常巨大。从图 12-1 可以很直观地看出[①],政府规模以相对于 GDP 更快的速度增长只是在分税制之后才出现的,财政支出占 GDP 的比重也从 1996 年的 11% 上升到 2008 年的 21%,转移支付也恰好在这一时期才出现显著的增长。同样的情况也曾出现在其他国家,美国的州政府和地方政府的规模在过去几十年中迅速扩张,其中一个主要原因就是转移支付的增加(Logan,1986)。

关于中国政府支出规模的增长有很多研究(安体富,2002;高培勇,2006;李方旺,2006;吕冰洋,2009),相比于以往的文献,本章的主要贡献在于:(1)从公共财政学的角度来看,以往关于粘纸效应的研究基本上都针对发达国家,很多前提假设在中国不成立(如投票制度等),本章利用中国分省的数据,实际上检验了粘纸效应的作用是否依赖于这些假设条件,为这方面的理论和实证文献提供了新的证据;(2)本章解释了为何最近十年财政收入能够以更

[①] 这里之所以采用财政收入,一方面是考虑到中国"以收定支"的财政安排,另一方面则是要避免利用财政支出可能反映出宏观调控的影响。

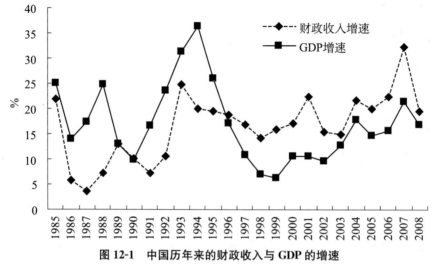

图 12-1 中国历年来的财政收入与 GDP 的增速

资料来源:《2009 中国统计年鉴》

快的速度增长,发现转移支付带来的结构性变动对于整体的政府规模有显著的正向作用;(3)本章也为中国转移支付制度的无效率提供了解释,那些获得更多转移支付的内陆省份的行政人员规模出现过度增长,未来面临严重的"吃饭财政"困境,转移支付有损于"发展型政府"的形成,内陆地区的经济增长可能因此陷入一个低水平的陷阱。

二、粘纸效应:定义、证据及来源

早期的理论文献认为不存在粘纸效应,在完全理性的假设下,公共选择模型表明一次性的无条件转移支付相当于一定量的减税,不会导致政府支出的增加(Braford and Otaes,1971)。地方政府获得的转移支付将通过两个渠道返还给本地居民:一是通过减税的间接方式,二是直接以收入的形式返还

(Bailey and Connolly,1998),后者类似于中国针对农民的良种补贴。

然而,后来的实证研究却发现上述结论并不成立。最早的研究是Gramlich(1969),他发现个人收入和转移支付对政府支出的效应有显著差异,每增加1.00美元个人收入,政府支出增加0.02至0.05美元,而相同的转移支付的增加能够使得政府支出增加0.30美元,阿瑟·奥肯看到这个结果后,指出政府的支出盯住在其支出项目上(sticks where it hits),而不是依据公共品和私人品的收入弹性重新分配,转移支付的增加并不能带来减税,公共部门也会因此而扩张,即粘纸效应(Inman,2008)。后来有非常多的文献利用不同的数据对此进行检验,大部分针对美国的研究都发现粘纸效应的存在(Case et al.,1993),其他领域也发现正面的证据,如教育支出、治安支出、基础建设等(Evans and Owens,2004;Knight,2002)。这些实证研究的结论明显违背理性假设,因为难以从理论上得以解释而被冠之"反常"。

之后的理论研究试图弥补这一空白,主要的解释有五种。(1)税收有额外损失(Deadweight Loss),即增加本地税收对工作努力有负向激励,转移支付则没有,所以政府更加倾向于利用后者来增加支出,但是实证研究得出的粘纸效应非常大,相比之下税收的边际损失显得太小(Hines and Thaler,1995),不足以完全解释该效应的来源。(2)财政幻觉(Fiscal Illusion),即转移支付不仅产生收入效应,也会产生价格效应,选民由于无法获得充分的信息,无法得知公共品提供的边际价格,于是只能用公共品的平均价格来代替边际价格,转移支付虽然不改变公共品的边际价格,但是显著降低了其平均价格,于是最终的公共品供给就超过了按照边际收益与边际成本相对原则确定的水平(Oates,1979;Courant et al.,1979;Logan,1986)。(3)中位投票人理论,即在一个依据投票制度来做决策的国家,决定公共品规模的是中位投票人的偏好,如果收入差距较大,中位投票人的收入往往会高于平均收入,其对公共品的需求也相对较大,于是最终决定的公共品会超出按平均收入预测的水平。另外一个可能性就是,提高税率会使得最穷的人的收入降低,以致低于按照中位投票人所核定的水平(如最低生活保障标准),因而公共品的增加就只能依赖于上级政府的转移支付(King,1984)。(4)政府行为。政府行为有两种,一种假定官员是贪婪的,在个人的效用没有受到影响的情况下,会想方设法最大化自身的福利(McGuire,1975),另一种则是官员对于未来的转移支付的不确定性,减税的政治成本和经济成本都过大(Fossett,1990;Turnbull,1992),于是转移支付全部被用于当地的公共品。(5)利益集团。该理论认为影响政府决策的主要原因是利益集团,它们会对某些特定的转移支付的用途产生影响(Dougan and Kenyon,1988)。

上述理论试图从不同的方面对粘纸效应提供解释,但都无法全面解释粘纸效应的来源,并且其前提假设都是基于发达国家的政治制度框架,在具体应用到中国这样一个转型国家时,需要充分考虑中国目前的制度背景和现状,同时,也要考虑到中央政府与地方政府之间的关系也一直在调整。我们接下来回顾分税制之后的制度演变历程。

三、中国地方政府的规模和转移支付政策的演变

以财政支出占GDP的比重来衡量的政府规模(Persson and Tabellini,1999),在分税制之后经历了两个快速增长的阶段,1995—2002年中央财政支出并没有发生大的结构性变化,其本级财政支出与转移支付都按相同的速度增长。然而自2004年开始,中央加大对地方政府的转移支付力度,转移支付占中央支出的比重从2003年的49%提高到2004年的54%。我们从图12-2可以看

到,相对于政府规模的第二轮增长正是从2004年开始,2008年已经超过20%。

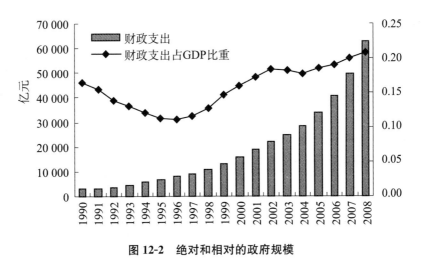

图12-2　绝对和相对的政府规模

资料来源:《2009中国统计年鉴》

虽然整体上的政府规模出现增长,但是各地的增长速度差异很大。以2007年为例,所有发达地区的相对政府规模都低于平均水平,其中较发达的江苏、浙江和山东甚至低于10%,而西部的西藏、青海和宁夏则高达80%、25%和36%。我们分别将1995年和2007年各省相对政府规模进行排序,发现大部分省份自1995年以来都出现变化,其中排序出现上升的有8个,下降的有9个,基本保持不变的有13个。沿海的8个省份中,除了江苏略有上升、浙江保持不变外,其余6省均有较大程度的下降,其中广东、天津和福建的降幅超过7位,分别从1995年的第17位、15位和21位下降到2007年的第26位、23位和28位。上升幅度最大的是中部和西部的省份,其中安徽和四川分别上升11位,黑龙江和陕西上升5位。可见中国自1996年以来的政府规模的膨胀,并不是所有省份都经历超常的增长,而主要是部分内陆省份的增长导致的(见表12-1)。

表 12-1 相对政府规模和转移支付的相对变化(1995—2007 年)

排序变化	相对政府规模	人均财政转移支付
上升 (排序≥2)	安徽、四川、黑龙江、陕西、山西、贵州、江苏、湖北	陕西、甘肃、吉林、贵州、湖南、江西、安徽、内蒙古、海南、四川、河南、宁夏、黑龙江、新疆、青海、山西、广西、湖北
下降 (排序≤-2)	广东、天津、福建、内蒙古、吉林、云南、辽宁、北京、山东	广东、浙江、江苏、北京、福建、云南、山东、天津、上海、辽宁、河北
不变 (-1<排序<1)	河北、湖南、海南、新疆、宁夏、青海、甘肃、河南、西藏、上海、广西、江西、浙江	西藏

注：重庆自 1997 年设立，因而这里不包含重庆。

这种结构性差异与同期的地区经济战略紧密相关。中国自 1999 年开始正式实施扶持内陆地区发展的经济战略，其中以"西部大开发""振兴东北老工业基地"和"中部崛起"为标志，分别制定针对西部 12 个省市、东北 3 个省和中部 6 个省的倾斜性政策。在具体的政策措施中，都明确提出要通过增加财政转移支付来支持这些地区的发展，如在《国务院发布西部大开发政策措施实施意见》中，曾规定中央在一般性转移支付、专项转移支付、扶贫资金、退耕还草/还林和县乡财政等方面要对西部地区有所倾斜。在 2002 年实施的所得税分享改革中，明确规定增加的收入全部用于内陆地区的一般性转移支付，使得转移支付占中央支出的比重从 2001 的 46％上升到 2007 年的 58％。

但并不是所有地区都同比例获得了转移支付。在分税制初期，为了保证改革的顺利推行，中央对发达地区实行两税返还，但随着中央财政收入的增长，税收返还的比重逐渐下降，多余的财力则主要用于内陆地区的财力性转

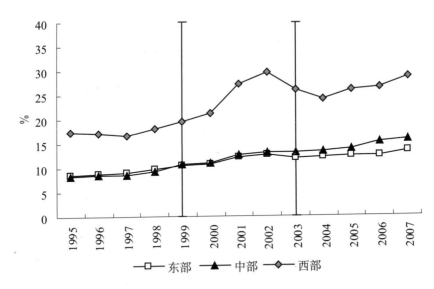

图 12-3 东中西部地区政府规模的平均水平

资料来源:作者根据统计数据计算。

移支付和专项转移支付。我们从表 12-1 还可以看出,在按照人均财政转移支付排序后,2007 年相对于 1995 年相对排序出现上升的有 18 个省,全部地处中西部,相对排序出现下降的有 11 个省市,除了云南和河北外,其余都是东部沿海地区,下降幅度最大的是广东、浙江和江苏,分别从 1995 年的第 10、12 和 15 位下降到 2007 年的第 30、27 和 29 位。

从表 12-1 的对比可以发现,那些政府规模超速膨胀的省份,其获得的财政转移支付都经历不同程度的增长,而政府规模增长最慢的省份获得的转移支付也随之减少。当按照东中西部进行分类时,我们发现东部省份的平均政府规模仅有略微上升,部分年份甚至出现下降趋势,西部与东部地区的差距在 1999 年之前基本保持不变,西部大开发使得两地的差距开始拉大,在 2002 年达到顶峰,该年西部省份的平均政府规模是东部的 2.4 倍。而在 2003 年之后开始实施的针对东北和中部省份的扶持计划,使得西部省份的政府规模略有下降,而中部省份的水平开始超过东部,并在之后的年份拉大了与东部之间的差距。因而,中国自1996年以来的政府规模的膨胀,在1999年之前只是中央本级政府的增长,1999年之后则主要是因为中西部地区的政府规模的超常增长。

四、模型、数据及基本结果

假定一个人数为 N 的省份,其每一个行为人对于公共品和私人品都是凸偏好,效用函数可表示为 $U(G, z_i; \mu_i)$,其中 G 表示纯公共品,z 是私人品,μ 表示每一个人对于公共品的偏好。实证上一般都采用 Stone-Geary 的效用函数(Logan,1986;Knight,2002),即:

$$U(G, z_i; \mu_i) = \beta \ln[G - (\mu_i/P)] + (1-\beta)\ln[z_i] \tag{12-1}$$

其中 P 是公共品的相对价格,私人品相对价格为 1。当 $\mu = 0$ 时,(12-1)式就简化为 CD 函数。公共预算约束为 $PG = g + A$,A 为上级政府的转移支付,g 为本地的财政收入,行为人的收入预算约束为:$z_i = m_i - \tau_i - s_i g$,其中 m 是个人的收入,τ 为中央政府的税收,s 为分摊到该行为人身上的比重,假设分摊比重在一个省份内相同,则 $s = 1/N$。

由于我们这里只有省级层面的加总数据,于是由(12-1)式可得各省的政府支出水平 S 为:

$$S_{j,t} = P_{j,t} \times G_{j,t} = \beta M_{j,t} + \beta A_{j,t} + (1-\beta)\mu_{j,t} \tag{12-2}$$

其中 $M_{j,t} = N(m_{j,t} - \tau_{j,t})$,我们假定 $\mu_{j,t} = \pi_j + \gamma' X_{j,t} + \sigma \varepsilon_{j,t}$,其中 π 是与省份相关的不随时间变化但影响其偏好的因素,X 则是其他影响偏好的因素,ε 是随机扰动项。考虑到中国 1994 年分税制的实施情况,这里假定中央按统一的税率 t 对地方征收中央税,这样(12-2)式变为:

$$S_{j,t}=\alpha_j+\alpha_1 I_{j,t}+\beta A_{j,t}+\lambda' X_{j,t}+\vartheta_{j,t} \qquad (12\text{-}3)$$

其中，$I_{i,j} = N \times m_{i,j}$ 表示加总之后的地方政府资源，$\alpha_j = (1-\beta)\pi_j$，$\alpha_1=\beta(1-t)$，$\lambda'=(1-\beta)\gamma'$，$\alpha_1>0$ 则政府规模会随着经济增长而扩大，即瓦格纳定律。由于 $t>0$，则 $\beta>\alpha_1$，相对于个人收入的增长，转移支付对政府规模的作用更大，即粘纸效应。考虑到人口规模的因素，我们在估计(12-3)式时将采用人均的形式，其中 A 是人均净财政补助，净财政补助为中央对地方的财政补助减去本地上缴的部分，控制变量 X 包括：人口年龄结构，本章中相应采用两个指标，即 0—14 岁人口的比重(Child)和 65 岁以上人口比重(Old)；影响决策的群体的收入水平，这里用城乡收入比(Inequa)来捕捉特殊群体的作用；城市化水平(Urban)，采用城镇人口的比重来度量城市化水平；人口密度(Popden)，用每平方公里上的人数表示；公共品的价格(Price)，采用教师的平均年收入度量。其中一般预算内收支和转移支付的数据来自各年的《中国财政年鉴》，细分项目的转移支付数据来自财政部预算司《地方财政分析资料》(2004)，教师平均劳动报酬来自各年的《中国劳动统计年鉴》，2005 年之前的人口数据来自各年的《中国人口统计年鉴》，之后的来自《中国人口与就业统计年鉴》，其他数据来自各地各年的统计年鉴。

我们在随后的计量估计中按照 Hausman 检验在固定效应(Fixed Effects)和随机效应(Random Effects)中选择。表 12-2 的结果与文献基本一致，每一个单位的转移支付会使得政府支出水平上升 0.6—1.3 个单位，而相同的 GDP 的效应仅为 0.1—0.2，前者远大于后者，说明粘纸效应是导致政府支出水平上升的一个重要因素。我们还发现，转移支付对政府支出的解释力度非常大，第 1 列仅加入转移支付时的组内 R 平方为 0.59，即省份之间的政府规模差异中有近 60% 是由转移支付造成的，而在第 2 列加入人均 GDP 后，解释程度更是高达

94%,说明地方政府支出水平的决定性因素是其获得的转移支付和当地的经济发展水平。当继续添加其他变量时,转移支付的作用并没发生大的变化,我们发现公共品的价格并不显著,人口密度越大的地区,相应的政府支出也越大。人口年龄结构的效应值得我们深思,老年人口比重越大的地区,政府支出反而越少;而青少年越多的地区,政府支出会相应增加。这与我国的财政体制相关,由于这里的青少年恰好是九年义务制教育的覆盖范围,而国家强制性规定由地方财政(县级)负责该支出,这也使得教育支出在某些地区的财政支出中占据最大比重,而地方政府并没有义务承担针对老年人的财政支出,最终形成"顾小不顾老"的现状。城市化率和收入差距在这里并没有显著影响。

表 12-2 转移支付与人均财政支出

变量名	(1)	(2)	(3)	(4)
$Tran$	1.329***	0.728***	0.844***	0.621***
	(0.058)	(0.025)	(0.039)	(0.053)
$Pergdp$		0.131***	0.146***	0.206***
		(0.003)	(0.007)	(0.039)
$Price$			−0.008	0.055***
			(0.009)	(0.017)
$Popden$			0.590***	1.032***
			(0.130)	(0.114)
Old			−0.004***	−0.009***
			(0.001)	(0.001)
$Child$			0.002***	0.003***
			(0.000 4)	(0.000 4)
$Urban$			−0.000 5	0.002***
			(0.000 5)	(0.000 4)
$Inequa$			0.002	−0.019***
			(0.007)	(0.006)
Hausman P	0.076	0.000	0.000	—
Within-R2	0.590	0.944	0.952	0.901
样本量	390	390	390	390

注:括号中为标准误,其中 *、* * 和 * * * 分别表示 10%、5% 和 1% 的显著性水平。第 4 列中的 Hausman 的统计值为负,此时可认为该卡方值是一个非常小的统计量,因而直接选择随机效应。

不过人均GDP并不完全等价于公共财政理论中的个人收入,因而我们在第四个回归中以"城镇居民家庭人均可支配收入"代替人均GDP。计算的结果与第三列差异不大,虽然个人收入的系数变得更大,但转移支付的效应依然是个人收入的三倍多,粘纸效应依然成立。与第三个回归相比,公共品的价格变得显著为正,这与公共财政理论一致,城市化水平越高的地区的政府支出也越多,收入差距与政府支出负相关,这与公共选择理论相悖,可能与中国政治体制相关,政府决策是自上而下的,特殊群体在政策的制定过程中的影响非常小。

文献中针对粘纸效应的一个主要批评是其仅考虑收入效应,但在度量转移支付时又包含了专项转移支付(Earmark Grants/Matching Grants),专项转移支付一般会指定其用途,并且要求地方政府采取一定的配套,因而会直接改变公共品的边际价格,包含此类转移支付会错误得出粘纸效应的结论(Moffitt,1984;Megdal,1987)。在表12-3中我们从总转移支付中剔除专项转移支付,仅估计一次性的无条件转移支付(General lump-sum grants)的作用,我们发现此时的系数变得更大,每一单位的无条件转移支付的增加会使得政府支出水平增加2.65个单位,即使在考虑其他因素后,该效应依然达到1.38,因而粘纸效应的结论依然显著成立。第四个回归计算转移支付的净效应,将转移支付与人均GDP加总作为地方政府可以操控的总资源,如果粘纸效应不存在,即转移支付与人均GDP对政府支出的作用相同,那么在控制了政府的总资源后,再加入转移支付则不会显著。然而我们发现此时的转移支付的净效应为1.29,即在拥有相同资源的地方,人均GDP在减少一个单位的同时增加一个单位的转移支付,会使得政府支出增加1.29个单位。自1999年开始实施的地区性发展战略中,中央大幅度增加对内陆地区的财政转移支付,特别是2002年的所得税改革中,明确规定将增加的中央财政收入全部用于内陆地区的一般性转移支付。第五个回归加入转移支付与1999年虚拟变量①的交叉项,构造该交叉项用来捕捉粘纸效应是否随着中央的政策而变化,此时的水平项并不显著,但交叉项非常显著,这说明1999年之后的粘纸效应相对于之前有很大的增加,这也间接说明前面回归中的粘纸效应主要是发生在1999年之后,伴随着地区性战略而增加的转移支付是地方政府规模膨胀的一个重要因素。

表 12-3 无条件转移支付与人均财政支出

变量名	(1)	(2)	(3)	(4)	(5)
$Tran2$	2.649*** (0.094)	1.586*** (0.106)	1.377*** (0.096)	1.291*** (0.095)	0.150 (0.195)
$Pergdp$		0.106*** (0.004)	0.085*** (0.008)	—	
$Tran2+Pergdp$			—	0.085*** (0.008)	0.096*** (0.007)
$Tran2 \times D99$				—	0.826*** (0.126)
$Price$			0.036*** (0.010)	0.036*** (0.010)	0.021** (0.010)
$Popden$			0.184 (0.114)	0.184 (0.114)	0.124 (0.106)
Old			−0.0004 (0.001)	−0.0004 (0.001)	0.002 (0.001)
$Child$			0.0002 (0.0004)	0.0002 (0.0004)	0.001 (0.003)
$Urban$			−0.001* (0.0005)	−0.001* (0.0005)	−0.001* (0.0005)
$Inequa$			−0.006 (0.006)	−0.006 (0.006)	−0.006 (0.006)
Hausman P	0.040	0.807	0.001	0.001	0.000
Within-R2	0.745	0.915	0.920	0.920	0.932
样本量	300	300	300	300	300

注:括号中为标准误,其中 *、* * 和 * * * 分别表示 10%、5% 和 1% 的显著性水平。

---

① 1999年之后取1,之前取0。

五、粘纸效应与长期的政府规模

粘纸效应的重要意义在于长期的政府规模,而不是短期的政府支出的增加,特别是在中国这样一个"以收定支"的财政体制内,转移支付必然会诱导地方政府想方设法增加支出。[①] 公共财政理论认为当地方政府获得更多的财政资源时,首先会扩大自己的人员规模,接着才会增加每个雇员的收入(Tullock,1967)。而在中国,"吃饭财政"之所以一直是财政改革的难题,就是因为这种人员规模的扩张更具刚性,如果转移支付的粘纸效应会使得政府行政人员增加,那么这种长期的政府规模扩张所带来的影响将是深远的。

在政府机构面临急速膨胀时,中央政府曾采取一系列的措施以减少政府冗员。自 1982 年以来,中国一共实行了六次大的机构改革,其中 1998 年的改革力度最大,当年便将国务院的部门从 40 个精简到 29 个,司局级机构精简 1/4,机关人员由 3.3 万减为 1.6 万。1999 年该项改革进一步延伸到地方政府,直到 2002 年才最终完成,其中规定省级政府机关人员精简一半,市、县和乡平均精简力度为 20%,该项改革使得全国各级行政机关人员由 739 万减为 624 万[②],是历次机构改革中精简人数最多的一次。自 1995 年以来的政府规模呈现一个巨大的"V"形走势,不管是每万人的机关人数还是每万人的党机关人数都在 2002—2003 年下降至最低水平,随后又开始急速增加,至 2007 年已经恢复到改革前的水平。表 12-4 中我们参照模型(3)进行估计,此

[①] 一个现实的例子就是 2009 年 12 月非常规"年终突击花钱"2 万亿,占当年预算支出的 26.2%。
[②] 见 1998 年的中央政府工作报告,《人民日报》1999 年 3 月 18 日第 1 版。

时的被解释变量是每万人的政府机关人数,与表 12-3 不同的地方是,我们在这里将同时控制转移支付和地方政府的财政收入,假如地方政府将转移支付与财政收入同等看待,那么两者对政府规模的作用也应该相同。第 1 列的结果非常明显,人均财政收入每增加 1 万元,会使得每万人的机关人数增加 0.037,而转移支付的增加会使得机关人数增加 62 人。另外公共品的价格

表 12-4 转移支付与长期的政府规模

变量名	(1)	(2)	(3)	(4)
Tran	62.011***	61.221***	61.184***	−4.345***
	(7.428)	(7.449)	(7.446)	(1.246)
Perev	0.037**	0.037**	—	−0.010***
	(0.016)	(0.158)		(0.003)
Tran+Perev	—	—	0.037***	—
			(0.016)	
D98	—	−0.909	−0.909	0.284**
		(0.734)	(0.734)	(0.123)
Price	−3.863***	−4.082***	−4.083***	0.082
	(1.059)	(1.073)	(1.073)	(0.179)
Popden	−60.990**	−61.314**	−61.315**	1.057
	(29.463)	(29.442)	(29.442)	(4.925)
Old	−0.351	−0.405	−0.355	0.025
	(0.269)	(0.269)	(0.268)	(0.045)
Child	0.073	0.083	0.036	0.027*
	(0.090)	(0.090)	(0.268)	(0.016)
Urban	0.330***	0.341***	0.317***	−0.016
	(0.105)	(0.105)	(0.105)	(0.018)
Inequa	−6.798***	−7.374**	−7.083***	0.638**
	(1.522)	(1.546)	(1.538)	(0.257)
Hausman P	0.000	0.000	0.000	0.000
Within-R2	0.278	0.282	0.282	0.151
样本量	390	390	390	390

注:括号中为标准误,其中 *、** 和 *** 分别表示 10%、5% 和 1% 的显著性水平。

效应与前面的估计相反①,很可能是因为地方政府在获得财政资源后,首先是增加自身的人员规模,其次才会用来提高每个人的收入,而那些物价较低的地区在获得一定的转移支付后,人员规模的增加幅度会更大,因而两者呈现负向关系。考虑到1998年朱镕基政府推行的机构改革,我们在第二个回归中加入一个虚拟变量,当年份在1998—2002年时取1,用来捕捉这次机构改革的作用,我们发现这并不影响我们关注的变量,并且该虚拟变量也不显著。我们在第3列中同样估计转移支付对政府规模的净效应,结果发现这对转移支付的估计系数几乎没有影响,其净效应依然达到61.2。以2007年为例,人均转移支付最低的为0.05万,最高的为1.01万,这会使得每万人的机关人数相差119.34人,相当于当年平均水平99.73的120%。

考虑到党机关和行政机关性质的差异,我们在第四个回归中以每万人的党机关人数作为因变量。结果发现转移支付与财政收入的系数都显著为负,可见党政机关的人数与财政资源之间并没有必然的关系。同时机构改革的作用也显著为正,说明机构改革的主要对象还只限制在政府的行政机关,对党机关的影响较小,因而在1998—2002年依然保持一个上升的趋势。

六、政府为什么不减税

在中国这样一个高度分权的国家里,地区间对于资本的竞争非常激烈,税负的大小对于流动性较强的要素来说至关重要。在获得中央的转移支付后,从理论上来说是扩大了当地税率调整的空间,然而实证结果却恰恰相反,

---

① 我们也曾用机关人员平均劳动报酬代替教师平均劳动报酬,结果没有发现变化。

转移支付使得地方政府规模出现更严重的膨胀,一个直接与此相关的问题就是:政府为什么不减税?

中国自改革开放以来,对税收立法权和税收政策一直强调税权集中、税法统一,中央政府①几乎集中了所有税种的立法权、解释权、修订权。但在1994年之前,各地虽然不具有调整税率的权力,但所有的税收收入都由地方政府负责征收,在税收努力上可调整的空间很大,使得实际税率远远低于名义税率。而1994年的分税制改革将税收征管权上收,中央增设专门的国税局,除了用来征收归属中央的税收,如关税和消费税等,还负责征收中央和地方共享的税种,如增值税和所得税等,例如作为第一大税种的增值税,2007年全国的税收收入为15 470.23亿,仅此一项就占全部税收收入的34%,这实际上意味着地方政府通过调整税率来降低税负的空间非常小。

在20世纪80年代,为了鼓励地方政府积极吸引外资,国务院批准设立了不同类型的税收优惠区,如经济技术开发区、沿海经济开放区、高新技术产业开发区和其他国家级园区等,这些园区内的企业在所得税方面一般享有一定程度的税收优惠。但近年来,地方政府在这方面可操作的空间也非常有限,首先是所有省份都设立了各种类型的优惠区,地区间的差异不大;其次是国务院开始限制省以下的各类开发区,严格限制地方政府越权减免税,在2000年和2004年分别出台《国务院关于纠正地方自行制定税收先征后返政策的通知》和《国家税务总局关于清理检查开发区税收优惠政策问题的通

---

① 目前除了少部分税法来自全国人大及常委会,如《中华人民共和国个人所得税法》等,大部分的税收法律都由国务院及其主管行政部门制定,如增值税、营业税、消费税、企业所得税等几个最大税种的暂行条例,而地方政府除了拥有屠宰税、筵席税、牧业税等小税种的开征权外,几乎没有其他重要税种的管理权限。

知》,要求各地的减税范围不能超过国家规定的幅度。

除了预算内收入外,预算外收入也是地方政府的一项重要收入。在分税制之前,很多地方政府都抵制中央的税收政策,要么将税收直接"藏富于民",要么将预算内收入转到预算外,以至于到1991年,全国预算外资金达到3 855亿元,与当年预算内财政收入平分秋色,1992年的预算外收入更是预算内收入的1.11倍。与预算内收入不同的是,地方政府对预算外收入有非常大的调整空间,这就成为地方政府降低实际税负最有效的手段。虽然1994年之后地方政府的预算外收入急剧减少,到2007年仅为预算内收入的13.3%,但是92.2%的预算外收入都归地方政府自由支配,政策调整的空间依然存在。然而地区之间的差异巨大,以预算外收入占总财政资源的比重来衡量,最高的为浙江省,1996年达到62%,而最低的西藏却几乎没有预算外收入,因而各地的减税空间的差异是非常大的。通过简单的统计分析,我们发现那些获得更多转移支付的地区,其相应的预算外收入却更少,因而即使这些地区的政府有减税的意向,但由于可操作的空间有限,反而无法降低实际的税率,而那些没有获得转移支付的地区,更是没有激励来减税。

因而虽然内地获得了更多的财政转移支付,但由于缺乏相应的调整空间,使得这些转移支付必须全部花出去,同时又不能相应地为当地的经济主体降低税负,地方财政收入并不会根据转移支付做出调整,加上"以收定支"的传统,使得那些获得了转移支付的地区的政府规模随之扩大。而同时那些拥有较大调整空间的东部地区,因为没有相应的转移支付,大部分的财政支出不得不依赖于本地的财政收入,因而也缺乏相应的动机来降低实际的税负。最终的结果就是,不管是转移支付的转出地,还是接收地,都不会有减税行为,这种结构性变化恰恰导致了政府规模的膨胀。

七、结论及政策建议

中国1994年的分税制改革旨在提高两个比重,这使得中央本级政府的财力大增,但同时支出责任依然下放到地方政府,因而中央政府每年都向地方转移大量的财政资源。初期主要是以税收返还的形式转移给东部地区,以获得这些地区对改革的支持。而1999年开始实施以"西部大开发"为代表的地区性发展战略,通过增加财力性转移支付和专项转移支付,中央将大部分的资源倾向性地转移给内陆省份。而恰恰是在这一阶段,全国的财政支出占GDP的比重和部分地区的财政供养人口都出现大幅度上升,其中内陆地区的增长更为显著。

本章发现粘纸效应对1994年之后的政府规模膨胀有显著作用,人均转移支付每增加1元,会使得人均财政支出水平上升0.6—1.3元,而相同的GDP或者居民收入的增长的效应仅为0.1—0.2元;同样,人均财政转移支付每增加1万元,会使得每万人的机关人数增加62人,而本地财政收入仅会导致0.037人的增加。粘纸效应意味着同样的总体财政资源,结构性变动所带来的效应会直接导致政府规模出现膨胀。

粘纸效应的存在对于中国目前现状的认识,以及未来的财政体制改革都有着非常重要的意义。为了防范地方政府越权办事,侵蚀中央政府的财政利益,中央出台的一系列政策几乎都是"一刀切",并没有考虑各地的差异,更没有考虑到地方政府可能出现的策略性行为。粘纸效应实际上也说明中央政府要将沿海和内陆区别对待,将转移支付的转出地和转入地区别对待,要赋予转入地更多的操作空间,使其在获得上级政府的转移支付后,可以在一定的范围内调整本地的实际税负,以避免当地的政府规模出现过度膨胀的状况,大幅度降低转移支付所带来的负面效果。

而在更长远的改革议程上,目前这种以财政转移支付来达到地区平衡发展的战略并不可取。未来的改革应该着眼于要素市场的改革,要使得劳动力从内陆地区移居到沿海地区,而不是仅仅由于就业机会产生的短期移民,这一方面可以促进沿海地区的发展,另一方面也降低了对巨额转移支付的需求,减少了由此导致的效率损失和不必要的成本。因而,长远的改革应该将全国作为一个整体的区域来考虑,而不是分区域采取不同的发展战略。

参考文献:

Bailey, Stephen J. and Stephen Connolly. 1998. The Flypaper Effect: Identifying Areas for Further Research. *Public Choice*, 95: 335 - 361.

Bardford, D. E. and W. E. Otaes. 1971. Towards a Predictive Theory of Intergovernmental Grants. *American Economics Reviews*, 1971, 62(2): 440 - 448.

Brennan, G. and J. J. Pincus. 1996. A Minimalist Model of Federal Grants and Flypaper Effects. *Journal of Public Economics*, 61: 224 - 246.

Brennan, Geoffrey and James M. Buchanan. 1980. *The Power to Tax*. New York: Cambridge University Press.

Case, Anne C., James R. Hines, and Harvey S. Rosen. 1993. Budget Spillovers and Fiscal Policy Interdependence: Evidence from States. *Journal of Public Economics*, 52: 285 - 307.

Courant, P. N., E. M. Gramlich, and D. L. Rubinfield. 1979. The Stimulative Effects of Intergovernmental Grants or Why Money Sticks Where. It Hits. In P. Mieskowski and W. H. Oakland (Ed.). *Fiscal Federalism and Grants-in-aid*. Washington, DC: The Urban Institute.

Dougan, W. R. and D. A. Kenyon. 1988. Pressure Groups and Public Expenditures: The Flypaper Effect Reconsidered. *Economic Inquiry*, 26: 159–170.

Evans, William N. and Emily Owens. 2004. Flypaper COPS [EB/OL]. Working Paper, University of Maryland.

Fossett, J. W. 1990. On Confusing Caution and Greed: A Political Explanation of the Flypaper Effect. *Urban Affairs Quarterly*, 26: 95–117.

Gramlich, Edward. 1969. State and Local Governments and their Budget Constraint. *International Economic Review*, 10: 163–182.

Hines, James R. and Richard H. Thaler. 1995. Anomalies: The Flypaper Effect. *Journal of Economic Perspectives*, 9(4): 217–226.

Inman, Robert P. 2008. The Flypaper Effect. NBER Working Paper 14579.

King, D. 1984. *Fiscal Tiers: The Economics of Multi-level Government*. London: George, Allen & Unwin.

Knight, Brian. 2002. Endogenous Federal Grants and Crowd-out of State Government Spending: Theory and Evidence from the Federal Highway Aid Program. *American Economic Review*, 92(2): 71–92.

Logan, Robert R. 1986. Fiscal Illusion and the Grantor Government. *Journal of Political Economy*, 94(6): 1304–1318.

McGuire, M. 1975. An Economic Model of Federal Grants and Local

Fiscal Response. In W. E. Oates (Ed.). *Financing the New Federalism*. Baltimore: Johns Hopkins University Press.

Megdal, S. B. 1987. The Flypaper Effect Revisited: An Econometric Explanation. *Review of Economics and Statistics*, 69: 347–351.

Moffitt, R. A. 1984. The Effects of Grants-in-aid on State and Local Expenditures. *Journal of Public Economics*, 23: 279–305.

Oates, W. E. 1979. Lump-sum Grants Have Price Effects. In P. Mieskowski and W. H. Oakland (Ed.). *Fiscal Federalism and Grants-in-aid*. Washington, DC: The Urban Institute.

Persson, T. and G. Tabellini. 1999. The Size and Scope of Government: Comparative Politics with Rational Politicians. *European Economic Review*, 43(4): 699–735.

Tullock, Gordon. 1967. *Towards a Mathematics of Politics*, Ann Arbor: The University of Michigan Press.

Turnbull, G. K. 1992. Fiscal Illusion, Uncertainty, and The Flypaper Effect. *Journal of Public Economics*, 48: 207–223.

安体富,2002,"如何看待近几年我国税收的超常增长和减税的问题",《税务研究》第8期。

高培勇,2006,"中国税收持续高速增长之谜",《经济研究》第12期。

李方旺,2006,"2000—2005年我国税收收入增长的数量特征和新一轮税制改革",《税务研究》第8期。

吕冰洋,2006,"政府间税收分权的配置选择和财政影响",《经济研究》第6期。

13

财政转移支付与腐败[①]

一、引言

根据透明国际(Transparency International)的定义,腐败是指利用被委托的权利谋取私利。而在全世界范围内,腐败似乎是一个普遍的现象,不仅仅在发展中国家存在,在发达国家也很常见,这暗示着腐败与经济增长之间没有简单的线性关系,在拉丁美洲和非洲的一些国家,腐败成为阻碍经济增长的主要因素,而在东亚的一些国家,腐败却与经济增长并行不悖。在转轨经济中,腐败甚至会成为"加速的金钱"(Grease/Speed Money)(Lui,1985;Beck and Maher,1986),提高了原有行政体系的办事效率;不仅如此,腐败还是一个类似于科斯谈判的过程,使得行政部门与私人部门的激励兼容,行政部门为了最大化腐败的收益,有激励将短缺资源分配到效率最高的私人部门,从而提高了资源的利用效率(Shleifer and Vishny,1994)。

腐败在一定的程度上与税收是等价的,政府通过设定税率最大化税收,公共服务的提供者(如官员)通过设定寻租的方式最大化腐败收益,

---

[①] 发表于《经济社会体制比较》2013年第3期。

在这种情况下，腐败与税收对私人部门的影响是相同的。但实际上，腐败与税收之间还存在一个重要的区别——隐秘性（Secrecy）（Shleifer and Vishny，1993）。由于腐败是违法的，官员在寻租和受贿过程中就会通过各种努力来降低被发现的概率，因而腐败更加倾向于发生在那些难以有效实施监督的领域，官员也会通过改变政府支出的方向来增加潜在的腐败机会，所以腐败产生的扭曲效应由两部分构成：一是与税收类似的降低个人工作努力；二是腐败本身会影响政府支出，使得政府在某些领域的支出不够，而在另一些领域则出现过度供给。Mauro（1998）在一份跨国的研究中发现腐败越多的国家，在大型的基础设施和高度复杂的国防装备等方面的支出也更多，而在教育方面的投入则更少。

中国的情况也比较类似，例如在1997—2002年短短的5年中，河南省三任交通厅长连续"落马"，这实际也意味着中国的基础设施是一个腐败多发的领域。图13-1描述的是基础设施投资与腐败之间的关系，从时间趋势上来看两者有着非常一致的变化。1990—1994年基础设施投资与腐败都在下降。1994—1997年两者都相对较平稳，从1998年开始，国家为了刺激经济的增长采取了扩张性的财政政策，通过赤字和举债的方式大幅度增加对基础设施领域的投资，使得基本建设支出在国家财政支出的比重从1997年的11%上升至1999年的16%，并且此后数年一直维持在较高的水平。同时我们观察到腐败也随之经历了一个上升的过程，平均腐败立案数从1998年的1 032件上升至2000年的1 240件，上升幅度超过20%。

本章所做的主要工作不仅仅是揭示基础设施投资与腐败之间的关系，我们还发现中央针对地方的转移支付在一定程度上诱发了地方腐败，因为转移支付一方面会直接增加地方用于基础设施方面的投入，从绝对水平上增加腐败的机会；另一方面，转移支付会降低地方政府对于资金的监管力度，从而使

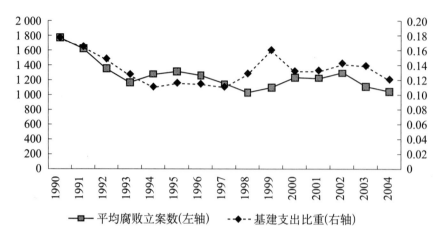

图 13-1　基础设施投资与腐败

得在相同的腐败机会下,腐败发生的概率会越高。从文献角度来说,本章的主要贡献有三个方面:首先,本研究丰富了分权理论对中国经济增长的解释,以往关于财政分权的研究都只是强调经济激励或政治激励的作用,但在理性假设下,该理论无法解释那些明显没有政治晋升希望的地方官员也在努力发展的现实,更无法有效解释不同行政部门参与经济发展的动机,并且也有实证研究发现晋升激励对省以下的官员没有作用(Landry,2003)。本章则认为地方政府和不同行政部门参与发展的一个重要动机在于增加自身的腐败机会,从而获得一定的经济收益。其次,本章对中国基础设施的超前发展提供了一个新的解释,在张军等(2007)的研究中,基础设施被认为是"标尺竞争"和政府治理转型的结果,本章则认为基础设施的投资相对于其他投资而言,腐败被侦查的概率更低,因而针对基础设施的投资更加容易获得官员的支持。最后,本研究还丰富了对于转移支付效应的研究,以往关于中国转移支付的研究集中在公共服务均等化、经济增长、收入差距、政府规模等方面(马拴友、于红霞,2003;Tsui,K.,2005;尹恒、朱虹,2009;袁飞等,2008;范子英、张军,2010a,2010b),据我们所知,还没有实证文献研究转移支付与腐败之间的关系。

本章接下来的安排如下:第二部分是关于腐败的一个综述;第三部分是本章的数据和描述性分析;第四部分是实证结果及分析;第五部分是关于机制的进一步探讨;第六部分是本章的结论。

二、腐败:度量、成因、影响与治理

由于隐秘性和腐败形式的多样性,对腐败度量和识别的研究还处于起步阶段(Svensson,2005),对跨国研究来说更是如此。[①] 腐败的度量指标分主观和客观两种,主观指标有针对普通民众的调查,如联合国的国际犯罪受害者调查(international crime victim surveys,ICVS),该调查询问受访者在过去一年中是否有过被索贿的行为;另一类主观指标是针对企业的调查,如世界银行针对中国多个城市的投资环境调查(investment climate survey),透明国际的数据也是基于这一类指标进行的汇总。客观指标即反腐败的数据,如国家公布的实际腐败查处数据。主观指标的主要问题在于被调查者可能出于某种原因而误报腐败,同时大部分的主观调查都是针对企业实施的,而实际发生的腐败则可能采用与商业活动无关的形式,但客观指标的主要问题是与实际腐败情况并不完全对等(Svensson,2005)。不过 Kaufmann 等(2003)的一项跨国研究显示,客观指标与主观指标的相关性高达 0.97,即使调整腐败

[①] 由于很难获得实际的腐败数据,并且各国的腐败打击力度也相差甚大,跨国研究一般都采用主观调查数据,但主观数据是序数的(好、中、差),这使得跨国的数据是不可比的,利用这些数据的研究也存在度量上的缺陷(Svensson,2005)。

的定义,这种高度的相关性依然存在;利用不同指标作为腐败的度量,其结果只体现在系数值上,显著性并不受影响(Svensson,2005),这在一定程度上缓解了由于数据限制造成的困境。

腐败的成因一般都会归结于制度的作用,其中一类文献认为良好的制度(低腐败)是经济增长的结果,即随着经济的发展,人力资本和对良好制度的需求会增加,从而使得腐败与经济增长呈现倒"U"形的关系(Lipset,1960;Glaeser et al.,2004)。另一类文献强调制度是具有历史路径依赖的,如澳大利亚就是在英属殖民地时期被移植了良好的制度,而这些制度一直持续至今(Acemoglu et al.,2001;La Porta et al.,1998,1999),制度还会通过宗教来发挥作用,使得在统计上不同的文化对应不同的腐败水平,例如新教更加倾向于限制政府的权力,从而更少发生腐败,而儒家文化则相反(Landes,1998;Treisman,2000)。最后一类文献认为制度主要是通过限制竞争的方式来产生腐败,例如限制进口、限制新企业的产生等垄断行为都是为了最大化腐败收益(Ades and Di Tella,1999;Djankov et al.,2002),在政治竞争方面,自由的新闻媒体就显得非常重要,不同的政治体系对腐败的影响也是有差异的(Besley and Burgess,2002)。

腐败的最大危害在于降低经济增长的速度,腐败会导致低效率企业的产生,减少企业家才能的形成,同时还会降低物质资本、技术和人力资本的配置效率,使其偏离社会的最优水平(Murphy et al.,1991,1993)。微观层面的研究基本都支持腐败会降低效率的假说,例如腐败会降低企业的发展速度(Fisman and Svensson,2007),但宏观层面研究所得出的结论是模糊的。Mauro(1995)利用一个大型的跨国数据集,发现腐败与增长之间不存在稳定的关系。微观证据和宏观证据的这种不匹配,其原因可能是腐败的具体形式的多样化,而并不是所有腐败都会对增长产生负面作用,在一个制度不是非常健全的国家,腐败有可能会减少企业用于审批的时间和成本,即有效腐败(Efficient Corruption)假说,特别是在转轨经济中,腐败可能与经济增长并存(Leff,1964;Huntington,1968)。由于腐败是利用行政权力获得私人回报,所以会在一定的程度上扩大收入差距和增加贫困(Gupta et al.,2002)。

关于腐败的治理,一般都会强调竞争和效率工资。从竞争角度来说,充分的市场竞争会使得企业的利润趋于 0,从而减少用于腐败的支出(Ades and Di Tella,1999)。但实际上,竞争并不必然会降低腐败,在政府仅提供有限的服务时,过度的市场竞争反而会使得企业更加倾向于通过行贿的方式来获取政府服务(Celentani and Ganuza,2002)。而政府的分权竞争对腐败的缓解作用也是有条件的,当政府提供的服务是相互独立,并且难以达成合谋时,不同地方政府间的竞争会显著降低腐败水平,而当政府提供的服务互补时,如投资一个工厂需要工商、国土、环保等部门的核准,此时如果不同部门分散决策,各部门都会最大化自身的腐败收益,而忽略由此造成的对其他部门的外部性,竞争反而会使得腐败水平上升(Shleifer and Vishny,1993)。效率工资最早是由 Becker 和 Stigler(1974)提出的,他们认为给予官员高于在私营部门获得的潜在收入会减少腐败,但实际上,当腐败的收益不确定,同时缺乏第三方的执法机构时,过高的效率工资反而会增加官员在索贿时的谈判能力,从而增加实际的腐败(Mookherjee and Png,1995),这也是为何同样的反腐政策在新加坡和香港发挥作用,而在俄罗斯却失效的原因(Skidmore,1996;Hay and Shleifer,1998)。

关于中国腐败的研究并不多,周黎安和和陶婧(2009)认为政府规模过大是导致腐败水平过高的重要原因,而开放能够有效降低腐败水平;吴一平

(2008)从财政分权的角度研究腐败,结果发现分权恶化了腐败;过勇和胡鞍钢(2003)则认为行政垄断是腐败的根源。在腐败所造成的影响方面,谢平和陆磊(2003)发现腐败降低了金融系统的效率,杨灿明和赵福军(2004)认为腐败降低了经济增长并导致政府规模的上升。

三、数据与描述性分析

本章所选用的腐败数据来自《中国检察年鉴》各年中分省的《人民检察院年度工作报告》,该数据集在张军等(2007)、吴一平(2008)、周黎安和陶婧(2009)等研究中使用过,也是目前为止唯一可获得的关于中国各省腐败的面板数据集,其中腐败是指贪污贿赂、挪用公款案件的立案数[①],不包括偷逃税、违反法纪和渎职。[②] 为了剔除各地人员规模的影响,我们将腐败程度定义为每万公职人员的腐败立案数,其中公职人员是指政府机关的从业人员,再将1995年和2004年各省的腐败程度分别进行排序。表13-1给出的是各省的相对排序在10年中的变化情况,例如1995年腐败最严重的是上海,到2004年上海的腐败程度在全国仅排第18位,这样相对排序就下降了17位,因而相对排序的变化就反映了各省腐败治理的差异,从表13-1可以看出腐败程度下降最快的几个省份分别是上海、北京、云南、河北等,可以猜想导致

[①] 将腐败定义为贪污贿赂、挪用公款有两个原因:一是与文献比较接近,二是1997年的《刑法》修改中对司法机关案件的管辖权做了调整,偷税漏税、假冒商标等不再由检察机关立案,这使得1997年前后的经济案件统计口径发生变化,但贪污贿赂、挪用公款保持了一致性。

[②] 1997年很多省份的《人民检察院年度工作报告》并没有单独报告当年的数据,只报告了前5年的数据,当利用汇总数据倒推时,发现与实际情况相差巨大,因而1997年的数据是利用1996年和1998年数据加权平均得到。另外,某些省份在部分年份仅报告加总的经济立案数,而没有区分腐败立案数,本章的处理方法是利用经济案件数乘以相邻年份的腐败案件占总的经济案件的比例。

这些省份腐败程度下降的主要因素与市场化建设和对外开放有关,而腐败程度上升最快的几个省份分别是辽宁、江西、广西和贵州等,这些省份几乎是从相对最廉洁的省份变为腐败的高发区,到目前为止,我们并不清楚这些省份腐败加剧的原因。

表 13-1　1995—2004 腐败程度相对排序变动

变化情况	省(区、市)
上升	辽宁(23)、江西(15)、广西(15)、贵州(13)、陕西(12)、宁夏(7)、安徽(5)、黑龙江(3)、吉林(3)、山东(3)、天津(2)
下降	上海(-17)、北京(-14)、云南(-12)、河北(-11)、湖南(-9)、广东(-6)、内蒙古(-6)、四川(-5)、河南(-5)、福建(-4)、新疆(-4)、浙江(-4)、江苏(-3)
不变	甘肃(1)、山西(0)、海南(0)、青海(-1)、湖北(-1)

注:括号中为具体的序位变动数,腐败程度为每万公职人员的腐败立案数。

表 13-1 中相对排序的下降,既有可能是因为某些省份虽然也推行了市场化改革,但进程不如其他地方,使得在相对意义的统计上出现被动上升的迹象,也有可能是这些省份的实际状况相比 10 年前更加恶化,从而在排序上出现倒退。为了区别这两种差异,我们在图 13-2 中将各省份 2004 年的腐败程度与 1995 年直接对比,依然发现虽然大多数省份的每万公职人员腐败立案数下降,但辽宁、广西、贵州、江西和陕西还是出现了显著的上升,例如辽宁省每万公职人员腐败立案数从 1995 年的 0.19 件上升至 2004 年的 0.29 件,上升幅度超过 50%,表明这些省份的腐败情况相对于 10 年前是绝对恶化了。正因如此,探讨腐败在不同省份和不同年份出现巨大差距的原因,对政府治理和地区发展都有重要的现实意义。

腐败与基础设施投资在时间趋势上是相关的(见图 13-1),而我国的基础设施投资中有非常明显的宏观调控因素,1993 年前后是通胀最严重的时期,

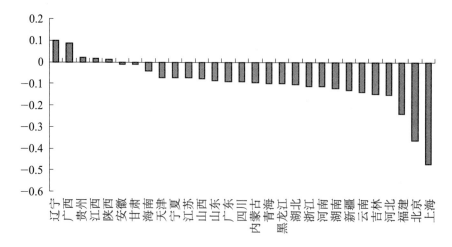

图 13-2　1995—2004 腐败程度绝对数变动

此时的宏观调控目标是控制通胀,基建支出的比重也急速下降。然而到了 1998 年,通货紧缩的现象开始出现,通过扩张性的财政政策来刺激经济增长成为首选,国家加大了对基础设施方面的投资。但是我国的财政制度一直强调地方在基础设施投资方面的自给自足,《预算法》也限制了地方通过举债的方式来发展基础设施,因而财政赤字只能出现在中央一级政府。1998—2000 年的 3 年中,国家一共发行了 3 600 亿元的长期建设国债,并规定资金主要用于基础设施建设①。而在资金的使用权限方面,除了一部分由中央直接投资外,其余的国债资金通过两个渠道下放给地方政府使用:一是通过国债转贷的方式,由省级政府与中央政府签订还本付息的合同②;二是通过专项转移支付的形式直接补助地方的基建支出,由于资金来源于国债,该项目也称

---

① 例如 1998 年发行的 1 000 亿元国债仅用于农林水利、交通、城市基础设施和环保、城乡电网建设与改造、中央直属储备粮库、经济适用住房六个方面,其中仅交通运输建设就占 20% 以上。
② 各地区在还款期限和利率方面也有差异,东部地区期限为 6 年,年利率为 5.5%,中西部地区的期限为 10 年,年利率为 5%。

为增发国债补助。从图 13-3 可以看出，常规的专项转移支付（专项补助）占基建支出的比重一直相对较稳定，1998 年在专项转移支付中新增了增发国债补助，并且其占基建支出的比重自 2000 年开始一直在上升。通过国债转贷和转移支付的形式，中央政府将大量的新增投资下放给地方政府，使得地方政府在基础设施方面的投资保持了与中央政府相同的增长速度。①

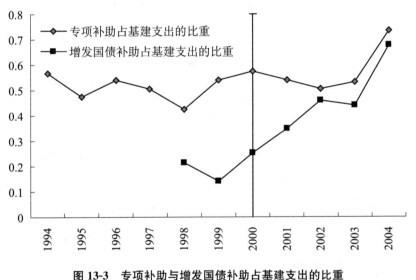

图 13-3　专项补助与增发国债补助占基建支出的比重

除此之外，中央财政还针对三个方面的地方基础设施给予补助：一是具有外部性的基础设施，如过境高速公路、大型的水利项目等；二是有关民生方面的基础设施，如棚户区改造和廉租房建设等；三是欠发达地区的基础设施建设。中央用于针对地方基础设施建设的补助资金来源于两块：一是中央的

---

① 虽然 1998 年中央通过赤字的方式来增加基础设施投资，但中央政府在全部基建支出中的比例并没有明显上升，仅从 1997 年的 42.7% 上升至 1998 年的 43.9%。

预算内基本建设支出,二是中央给予地方的专项补助。① 但由于数据限制的缘故,到目前为止还无法将这两者分开,但即使是中央投资补助,其补助的标准也是参考专项补助。② 因而获得专项补助越多的地方,中央用于补助当地基础设施的支出也更多。

本章用于度量转移支付的数据来自财政部预算司《地方财政分析资料(2004)》,其中细分了税收返还、财力性转移支付和专项转移支付,税收返还依据的是1993年的增值税和消费税税基,地方分享25%,递增率按全国平均增长率的1:0.3系数确定。2002年新增的所得税分享改革,其返还方案与两税返还类似,地方分享40%。财力性转移支付是典型的"因素法"转移支付,其主要目标是为了缓解基层财政"入不敷出"的困境,按照人口、经济发展水平、财政供养人口等客观指标进行分配。专项转移支付一般没有统一的标准,具有临时性和项目性的特点,但与上述两项补助的一个主要差别是,专项转移支付要求地方进行一定的配套,除了少数项目外,中央一般都只承担项目总支出的一部分。因而与基础设施投资直接相关的仅有专项转移支付,从图13-4可以看出,在1999年之前各地所获得的专项转移支付份额相对较稳定,但"西部大开发"战略强调向西部的倾向性政策。从2000年开始,西部地区所获得的专项转移支付份额急剧上升,从1999年的33%增加至2002年的48%,结合图13-3可以看出西部地区新增的专项转移支付主要是通过增发国债的形式筹集的资金,而国债本身就是立足于基础设施投资,因而这些新增的专项转移支付很大一部分都投向了西部地区的基础设施建设。

---

① 例如,在2000年财政部《中央对地方专项拨款管理办法》中,其中第一项即是基本建设支出。
② 例如,在发改委颁布的《中央预算内投资对中西部财政困难地区新建廉租住房项目的支持办法》中,针对廉租房项目的具体补助额度就参考了当地获得的转移支付。

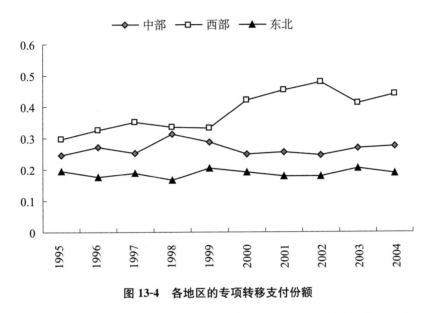

图 13-4 各地区的专项转移支付份额

综上所述,中国的基础设施投资与腐败有一定的正相关关系,更多的基础设施投资意味着更多的腐败机会,而出于成本和平衡发展的考虑,中央采用转移支付的形式来激励地方增加对基础设施的投资,因而更多的转移支付意味着更多的基础设施投资,从而加剧了腐败。但除此之外,转移支付还会通过其他间接机制诱导地方腐败,接下来通过计量模型来考察这些机制。

四、模型与结果分析

由于腐败数据和转移支付数据的限制,本章所使用的是 1995—2004 年中国 29 个省级面板数据集①,从 1995 年开始主要是为了避免"双轨制"对腐

---

① 不包含重庆和西藏,理论上使用县数据更好,但到目前为止还无法获得县级层面的腐败数据。

败的影响。在具体的估计过程中，由于省份的虚拟变量与本章关注的多个变量相关，导致结果估计的不一致，最后统一使用混合的截面回归，通过控制不同的自变量和工具变量方法来得到稳健的结果。本章建立的实证回归模型如下：

$$C_{it} = \alpha_0 + \alpha_1 Tran_{it} + \alpha_3 Capital_{it} + \sum_{j=1} \beta_j X_{it,j} + Y_t + u_{it} \quad (13\text{-}1)$$

其中 C 是腐败案件立案数的对数，$Tran$ 是专项转移支付的对数，$Capital$ 是预算内财政用于基建支出的对数，Y 是年度虚拟变量。控制变量 X 包括：人均GDP($pergdp$)，所有与经济发展水平相关的腐败机会都可用该指标来捕捉，如越发达的地区，相关行政部门所掌握的资源越多，腐败发生的可能性也越大；开放度($open$)，用进出口占GDP的比率衡量，周黎安和陶婧(2009)的研究认为对外开放降低了政府在贸易过程中的寻租空间；民营化水平($private$)，用非公有制从业人员比重衡量；公务员报酬($wage$)，用行政机关人员平均报酬的对数衡量，该指标用来检验"高薪养廉"假说；预算外收入比重($exbug$)，用预算外收入占全部收入(=预算外收入+预算内收入)的比重衡量，预算外资金一般都缺乏有效的监管，因而更容易发生腐败；人口数量(pop)，主要是为了控制人员规模对腐败的影响。

表13-2的描述性统计能够给我们一些直观的感受，总体来说中部地区的腐败要高于其他地区，西部相对较好。东北平均获得的专项转移支付较多，其次是中部和西部，东部获得了最多的税收返还和最少的财力性补助，而其他地区在这两方面的差异不大。东部的基建支出最多，其次是东北，中部与西部相差不大。中部和西部的人均GDP远远落后于东部和东北地区，开放程度也是如此。而所有地区的民营化水平相差不大，东部地区的公务员工

资远远高于其他地区,中部地区的预算外收入比重高于其他地区。东北地区的中央委员数目最多,将其与专项转移支付对比,可以简单看出中央委员数目影响了地方获得的专项转移支付,而对税收返还和财力性转移支付没有影响。东部的公检法司支出最多,中部和东北相差无几,而西部最少。

表 13-2 描述性统计

变量	全国	东部	中部	东北	西部
腐败立案数(件)	1 162.72 (706.93)	1 225.50 (798.69)	1 595.05 (579.76)	1 338.58 (359.19)	787.79 (560.56)
专项转移支付(亿)	50.95 (44.93)	26.75 (22.85)	65.35 (41.47)	92.67 (59.18)	53.98 (45.44)
基建支出(亿)	48.10 (51.94)	69.23 (75.31)	35.09 (24.45)	40.99 (30.35)	36.90 (29.54)
人均GDP(万/人)	1.03 (0.84)	1.69 (1.08)	0.66 (0.27)	1.01 (0.41)	0.60 (0.31)
进出口占GDP比重	0.31 (0.42)	0.71 (0.51)	0.08 (0.03)	0.20 (0.12)	0.09 (0.04)
非公有制从业人员比重(%)	36.20 (17.80)	43.27 (19.89)	33.09 (14.88)	35.59 (15.78)	31.16 (15.53)
行政机关人员平均报酬(元)	12 662.69 (7 614.59)	16 900.88 (10 039.13)	9 768.11 (4 147.98)	11 094.58 (4 708.6)	10 631.67 (4 839.10)
预算外收入比重	0.34 (0.10)	0.32 (0.11)	0.39 (0.08)	0.33 (0.07)	0.34 (0.08)
税收返还(亿)	75.29 (52.72)	110.71 (63.20)	64.07 (20.24)	79.25 (35.65)	45.40 (35.38)
财力性转移支付(亿)	35.91 (41.71)	16.50 (22.04)	47.22 (52.03)	42.69 (37.47)	46.51 (44.51)
中央委员中在本省有过工作经历的人数(人)	8.96 (6.09)	10.72 (7.52)	6.69 (1.90)	13.83 (5.59)	7.09 (4.84)
公检法司支出(万)	317 636.3 (328 960.1)	472 709.9 (464 615.9)	282 360.3 (185 847.7)	298 673.1 (198 119)	189 417.2 (160 750.9)

注:括号中是标准误。

接下来利用模型(1)进行实证分析。表13-3的第一个回归的结果与已有的研究比较一致,经济发展水平越高的地区,腐败也越多,对外开放能够显著降低腐败,而民营化与腐败的关系不确定,"高薪养廉"的假说得到支持,行政机关人员报酬每增加1%可以使得腐败下降0.8%,预算外收入和人口规模都与腐败显著正相关。同时,基础设施投资每增加1%,会使得腐败立案数上升0.3%,并且这7个变量一共解释了腐败的78%的差异。图13-3和图13-4揭示着在2000年之后,中央提高了针对地方基础设施投资的补助,并且将更多的补助投向了内陆地区。如果地方政府在面临中央补助和本地税收两种不同的筹集资金时的反应有差异,那么基础设施投资对腐败的作用在2000年之后就会发生变化。因而在第二个回归中加入了基础设施投资与d2000的交叉项,当年份为2000年之后时取1,之前的年份取0,我们发现此时的交叉项显著为正,表明2000年之后基础设施投资对腐败的边际作用更大,2000年之后基础设施投资对腐败的弹性为0.331,比2000年之前的弹性高0.05,其他变量的估计结果与第一个回归相差不大。考虑到北京和上海的特殊性,第三个回归剔除了这两个直辖市,回归结果比较稳健,2000年前后的基础设施投资弹性依然相差0.05。

如果2000年前后的这种差异是由地方政府对转移支付与地方税收的反应不同导致的,那么当控制了转移支付时,该交叉项就不会显著。第四个回归证实了这种猜想,当包含了人均专项转移支付的对数时,我们观察到基础设施投资弹性在2000年前后并没有显著差异,因而前三个回归中的弹性差异主要是由专项转移支付导致的,如果来自中央的专项转移支付每增加1%,会使得在同等的基础设施投资水平下,实际的腐败水平上升0.24%。考虑到不同年份中央针对腐败的集中整治活动,第五个回归加入了年度虚变量,此时的专项转移支付对腐败的弹性上升至 0.38,其他变量的结果与前面基本一致。

表 13-3 基本回归结果

	(1)	(2)	(3)	(4)	(5)
$lncapital$	0.307*** (0.044)	0.284*** (0.045)	0.350*** (0.045)	0.170*** (0.047)	0.162*** (0.049)
$pergdp$	0.252*** (0.063)	0.280*** (0.064)	0.762*** (0.091)	0.377*** (0.063)	0.343*** (0.064)
open	−0.171** (0.084)	−0.113 (0.087)	−0.469*** (0.104)	0.162* (0.096)	0.036 (0.095)
$private$	0.005 (0.003)	0.005 (0.003)	0.004 (0.003)	0.004 (0.003)	0.016*** (0.003)
$lnwage$	−0.837*** (0.134)	−1.001*** (0.151)	−1.295*** (0.151)	−1.060*** (0.144)	−0.803*** (0.165)
$exbug$	0.413*** (0.119)	0.450*** (0.120)	0.414*** (0.113)	0.582*** (0.116)	0.422 (0.120)
pop	0.0002*** (0.00001)	0.0002*** (0.00001)	0.0002*** (0.00001)	0.0002*** (0.00001)	0.0002*** (0.00001)
$lncapi \times d2000$		0.047** (0.021)	0.052** (0.021)	0.021 (0.020)	−0.063 (0.058)
$lntran1$				0.237*** (0.042)	0.376*** (0.048)
year dummy	No	No	No	No	Yes
adj R-sq	0.779	0.783	0.814	0.804	0.828
样本量	290	290	270	290	290

注:括号中为标准误,其中*、**和***分别表示10%、5%和1%的显著性水平。

上述的回归还只是通过交叉项的方式对转移支付的机制进行猜测,为了直接估计转移支付的影响,我们在表 13-4 的第一个回归中以专项转移支付与基建支出的交叉项代替表 13-3 中基建支出与 2000 年的交叉项,发现此时交叉项非常显著,而水平项反而不显著,表明基础设施投资中发生的腐败还取决于转移支付的水平,专项转移支付每增加 1%,会使得基础设施投资对腐败的弹性增加 0.07,这意味着在不改变基础设施投资的前提下,如果从中央获得的专项转移支付增加 14%的话,基础设施投资对腐败的弹性将超过 1.00。另外,表 13-4 中的民营化显著为负,这可能是因为民营化越高的地区,腐败机会也越多,也可能是因为民营企业更加倾向于通过贿赂的方式来降低行政审核的成本。同样出于稳健性的考虑,第二个回归中剔除了北京和上海的样本,此时的水平项在 5%的水平下显著为正,同时对外开放对于缓解地方的腐败问题有显著作用,其他变量的结果与之前的估计比较一致,这也表明本章的多个估计是相对稳健的。

表 13-4 稳健性检验

| | (1) | (2) | IV | | (5) | (6) |
			(3)	(4)		
$lntran1$					0.448*** (0.043)	0.525*** (0.046)
$pergdp$	0.353*** (0.067)	0.725*** (0.092)	−1.470*** (0.238)	0.331*** (0.069)	0.362*** (0.063)	0.273*** (0.061)
$lncapital$	0.003 (0.070)	0.192** (0.089)	3.151*** (0.175)	0.092 (0.099)		
$open$	−0.031 (0.100)	−0.455*** (0.148)	−2.699*** (0.357)	−0.068 (0.104)	0.126 (0.092)	0.134 (0.090)
$private$	0.014*** (0.004)	0.012*** (0.004)	−0.024* (0.013)	0.013*** (0.004)	0.017*** (0.003)	0.016*** (0.003)

续表

	(1)	(2)	IV		(5)	(6)
			(3)	(4)		
$lnwage$	−0.953*** (0.170)	−1.162*** (0.178)	−2.244*** (0.612)	−0.984*** (0.173)	−0.664*** (0.162)	−0.629*** (0.159)
$exbug$	0.457*** (0.127)	0.353*** (0.129)	−0.828* (0.457)	0.449*** (0.127)	0.342*** (0.119)	0.318*** (0.116)
pop	0.000 2*** (0.000 01)	0.000 2*** (0.000 01)	7.8E−06 (0.000 04)	0.000 2*** (0.000 01)	0.000 2*** (9.65E−06)	0.000 2*** (0.000 01)
$lntran1 \times lncapital$	0.073*** (0.013)	0.040** (0.016)		0.051** (0.021)		
$lncommit \times lncapital$			0.576*** (0.043)			
adj R-sq 样本量 year dummy Hausman P	0.808 290 Yes	0.824 270 Yes	0.944 290 Yes 1.00	0.806	0.822 290 Yes	0.830 290 Yes

注：括号中为标准误，其中*、**和***分别表示10%、5%和1%的显著性水平。

但是转移支付的内生性可能会导致有偏的估计结果，转移支付的实际分配过程不仅仅是一个经济问题，更是一个政治问题。一些研究发现专项转移支付存在讨价还价、人情款和"撒胡椒面"的行为，最终的分配是上下级政府博弈的结果（江孝感等，1999）。而在一个腐败较严重的地区，政府官员自由操作的空间也相对较大，可以动用较多的资源来争取中央的专项转移支付，使得腐败与专项转移支付之间存在逆向因果关系。另外一种可能性是中央在专项转移支付的分配中会参考以往的腐败水平，使得腐败越多的地区获得的专项转移支付越少，这会使得我们低估专项转移支付的作用。我国专项转移支付的分配涉及很多部门,并且项目众多①,正是由于采用项目的缘故,专项转移支付并没有统一、具体的分配方案,因而上下级政府的互动和各部委的人为因素就左右了最终的分配,各地政治资源的不同就决定了其获得项目的多少。

Knight(2002)针对美国高速公路项目的研究发现了类似的结论,项目委员会中来自于某个州的委员越多的话,其获得该项目的可能性也越大。而在中国,对转移支付起到决定性作用的省部级官员都是中央委员,并且中央委员会还对一些重要决议进行表决,因而中央委员的支持对于地方获得转移支付就至关重要,大部分的中央委员都有过地方工作的经历②,他们更加倾向于将专项转移支付的项目分配给与其关系密切的省份。③ 为了刻画这种政治资源对专项转移支付的作用,我们收集了十四届(1992—1997)、十五届(1997—2002)和十六届(2002—2007)中央委员的数据,将当年的中央委员中曾在本省有工作经历④的人数进行累加,这样影响某省 1995—1997 年间专项转移支付的是在该省有过工作经历的十四届中央委员的数目,以此类推。表 13-5 仅列出西部地区 12 个省份的政治资源,可以看出各省份之间相差巨大,最多的是甘肃,而最少的是青海,并且甘肃历年所获得的专项转移支付都要多于青海,而其获得财力性转移支付和税收返还与政治资源无关。

---

① 例如,2005 年由中央财政分配的专项转移支付项目就高达 239 个。
② 例如,在国务院现任的 27 位部长中,其中 22 位有过在地方工作的经历。
③ 这种倾向的来源有两个可能性,一是这些委员出于个人情感的因素更加偏爱曾经工作过的省份,二是地方官员与曾在本省工作过的委员之间的互动更多,这两种渠道都会使得中央委员更加支持曾经工作过的省份。
④ 本章也曾按照中央委员的出生地整理数据,但结果并不显著,原因可能是出生地数据的离差相对较小,而工作经历往往会涉及一个以上的省份,差异更大。

表13-4的第三个回归利用各地的中央委员数作为转移支付的工具变量,没有理由认为该变量与因变量直接相关,因而满足工具变量的第一个条件,由于内生变量是交叉项的形式,工具变量也采用交叉项(Wooldridge,2001)。第一阶段的回归表明在本省工作过的中央委员数会显著增加本省获得的专项转移支付,在本省工作过的中央委员数每增加1%,则会使得本地获得的专项转移支付增加0.58%。第二阶段的回归结果与表13-4的第一个回归相差不大,并且也没有通过Hausman检验,这说明虽然各地的政治资源影响了各自的专项转移支付,但该因素所造成的差异并不大,内生性在本研究中不是非常严重,利用OLS的估计也取得了稳健的结果。

表13-5 曾在西部12省(区、市)工作过的中央委员数

	内蒙古	广西	重庆	四川	贵州	云南	西藏	陕西	甘肃	青海	宁夏	新疆
十四届	5	2	1	7	2	2	4	3	13	1	2	5
十五届	9	5	3	19	3	4	7	8	16	4	3	10
十六届	8	3	6	14	3	10	11	16	4	4	8

资料来源:作者整理。

专项转移支付不仅仅会通过交叉项的间接机制对腐败产生影响,也会通过增加基础设施投资水平的直接机制加剧腐败。为了估计出专项转移支付对腐败的总体作用,表13-4的第五个回归中剔除了基建支出,仅包含了专项转移支付,此时其他变量的估计没有发生大的变化,专项转移支付每增加1%,会通过间接和直接的渠道使得腐败增加0.45%,这样的效应非常大,因为并不是所有的专项转移支付都投向了基础设施领域,还有很大一部分投向了教育、社保等。然而,一个很容易想到的问题是腐败立案数与实际的腐败并不完全等价,当一项腐败发生时,可能要数年之后才被发现,因而转移支付

对腐败有一个滞后效应,为了缓解该问题,我们在表 13-4 的第六个回归中将专项转移支付进行逐年累加。例如影响 2000 年腐败立案数的不仅仅是 2000 年的转移支付,还应该包含之前所有年份的转移支付,这样自变量就是 2000 年之前的转移支付总量,此时的估计结果与第五个回归并没有太大的差异,表明转移支付的拨付有一定的惯性。

五、关于作用机制的进一步讨论

上述的所有回归都表明转移支付与基础设施投资是影响腐败的重要因素,转移支付通过两个渠道对腐败产生正向作用:一方面,获得转移支付越多的地区,其用于基础设施的投资会越多,从而转移支付对腐败产生了直接效应;另一方面,交叉项回归揭示了转移支付可能会间接影响到基础设施投资的效率,从而产生间接效应。但交叉项还仅仅是相关分析,到目前为止,我们依然不确定这种间接效应发生的机制。

这种间接效应是指地方政府对于腐败的监管力度,大量关于腐败的研究都认为政府监管能够有效降低腐败水平(Skidmore,1996)。直觉上,度量政府监管力度的指标应该是地方反腐机构实际投入的人力和财力,但我国的财政统计数据中并没有区分用于监管的支出,我们只能选用"公检法司支出"作为代理。可以简单认为,一个地方用于法治的支出越多的话,其用于反腐的支出也会相应增加,并且腐败治理也是法治的一个重要组成部分。表 13-6 回归中的因变量是公检法司支出的对数,第一个回归中仅包含了专项转移支付的对数和财政支出的对数。我们发现在相同财政支出的地区,如果当地获得的专项转移支付越多的话,其用于公检法司的支出会显著减少,并且拟合优度表明专项转移支付和财政支出解释了97%的公检法司支出的差异。

考虑到人口规模和物价的因素,第二个回归中控制了人口和行政机关人员平均报酬的对数,结果与第一个回归没有显著差异。第三个回归中控制了民营化水平,民营化水平越高的地区,当地对于法治的需求越高,财政支出中用于公检法司的支出也会越多。出于稳健性考虑,第四个回归中加入了财力性转移支付和税收返还,我们发现这两者都不显著,可能是因为这两种转移支付的拨付都采用客观指标,地方政府能够较好地预期,从而将这些转移支付与本地的财政收入等同看待,因而不会影响到政府支出的结构。第五个回归中加入了年度虚拟变量,以控制某些年份的集中整治行动,我们发现专项转移支付每增加1%,会使得当地用于公检法司的支出下降0.1%,这表明在那些获得更多转移支付的地区,地方政府会主动放松对资金的监管力度。其原因是相对于本地财政收入而言,中央转移支付的使用成本更加"低廉",即使腐败会导致资金的使用效率降低,但是如果资金来自中央政府,地方政府对这种效率损失的容忍度更大,从而降低反腐败的力度。

表 13-6 转移支付对反腐力度的影响

	(1)	(2)	(3)	(4)	(5)
$lntran1$	−0.047*** (0.012)	−0.051*** (0.012)	−0.058*** (0.012)	−0.053*** (0.020)	−0.095*** (0.024)
$lnspend$	1.125*** (0.014)	0.944*** (0.037)	0.955*** (0.037)	0.978*** (0.068)	1.014*** (0.067)
pop		0.148*** (0.028)	0.135*** (0.028)	0.135*** (0.030)	0.156*** (0.030)
$lnwage$		0.239*** (0.050)	0.133** (0.065)	0.143** (0.069)	0.181** (0.078)

续表

	(1)	(2)	(3)	(4)	(5)
private			0.003** (0.001)	0.003* (0.615)	−0.001 (0.002)
lntran2				−0.022 (0.036)	−0.046 (0.038)
lntran3				−0.007 (0.013)	0.002 (0.014)
Year Dummy	No	No	No	No	Yes
adj R-sq	0.969	0.971	0.972	0.971	0.973
样本量	290	290	290	285	285

注：括号中为标准误，其中 *、**和***分别表示10％、5％和1％的显著性水平。

六、结论及政策建议

腐败对于任何一个转轨国家而言都是必须面对的难题，中国也不例外，如何形成廉洁的政府、改善政府治理水平是影响未来中国经济增长的重要因素。本章基于中国1995—2004年29个省级地区的数据，在综合考虑了经济发展水平、开放度和民营化等因素后，研究发现与其他国家一样，基础设施依然是腐败高发领域，基础设施投资每增加1％，会使得腐败立案数增加0.3％。而转移支付对腐败的影响通过两个机制起作用：①转移支付，特别是专项转移支付会增加地方政府用于基础设施的投资额度，从而使得地方官员有更多的腐败机会；②转移支付还会降低地方政府用于监管的投入，专项转移支付每增加1％，会使得地方政府用于公检法司的支出减少0.1％，从而使得即使是等量基础设施投资的地方，如果资金来源中转移支付的比重越高的话,地方政府会主动放松对该投资的监督,最终实际发生的腐败也会相对较高。

因而,本章的研究结论对于未来的腐败治理有着现实意义,与以往建议制度建设不同的是,我们认为政府监督部门应该区分不同支出领域,对那些腐败机会较少的领域,可以相对放松监督,如教育支出等,而将主要的监督力量投向关键领域,如基础设施投资。这样做的好处不仅仅是降低了腐败的总体水平,还能在一定程度上纠正地方政府的支出偏向,因为关于支出偏向的一个解释就是腐败的潜在机会,如果加大对这些领域的监督,会使得官员从支出偏向中获得的好处降低,从根本上缓解这些领域的过度投资现象,对于公共财政和基本公共服务均等化都有正面作用。另外,由于转移支付会降低地方政府对资金的监管力度,因而中央政府应该建立转移支付的过程监督和事后评估政策,防止地方政府在获得转移支付后出现的道德风险。

参考文献:

Acemoglu, Daron, James A. Robinson and Simon Johnson. 2001. The Colonial Origins of Comparative Development: An Empirical Investigation. *American Economic Review*, 91: 1369 - 1401.

Ades, Alberto and Rafael Di Tella. 1999. "Rents, Competition, and Corruption. *American Economic Review*, 89(4): 982 - 993.

Beck, P. and M. W. Maher. 1986. A Comparison of Bribery and Bidding in Thin Markets. *Economic Letters*, 20: 1 - 5.

Becker, Gary and George Stigler. 1974. Law Enforcement, Malfeasance and the Compensation of Enforcers. *Journal of Legal Studies*, 3(1): 1 - 19.

Besley, Timothy and Robin Burgess. 2002. The Political Economy of Government Responsiveness: Theory and Evidence from India. *Quarterly Journal of Economics*, 117(4): 1415 - 1451.

Celentani, Marco and Juan - Jose Ganuza. 2002. Corruption and Competition in Procurement. *European Economic Review*, 46(7): 1273 - 1303.

Djankov, Simeon, Edward Glaeser, Rafael La Porta, Florencio Lopez - de - Silanes and Andrei Shleifer. 2003. The New Comparative Economics. *Journal of Comparative Economics*, 31(4): 595 - 619.

Fisman, Raymond and Jakob Svensson. 2007. Are Corruption and Taxation Really Harmful to Growth? Firm Level Evidence. *Journal of Development Economics*, 83(1): 63 - 75.

Glaeser, Edward, Rafael La Porta, Florencio Lopez - de - Silanes and Andrei Shleifer. 2004. Do Institutions Cause Growth? *Journal of Economic Growth*, 9(3): 271 - 303.

Gupta, Sanjeev, Hamid Davoodi and Rosa Alonso - Terme. 2002. Does Corruption Affect Income Inequality and Poverty? *Economics of Governance*, 3(1): 23 - 45.

Hay, Jonathan and Andrei Shleifer. 1998. Private Enforcement of Public Laws: a Theory of Legal Reform. *American Economic Review*, 88(2): 398 - 403.

Huntington, Samuel P. 1968. *Political Order in Changing Societies*, New Haven: Yale University Press.

Kaufmann, Daniel, Aart Kraay and Massimo Mastruzzi. 2003. Governance Matters III: Governance Indicators for 1996 – 2002. World Bank Policy Research Working Paper No. 3106, Washington, D. C.

Knight, B.. 2002. Endogenous Federal Grants and Crowd – out of State Government Spending: Theory and Evidence from the Federal Highway Aid Program. *American Economic Review*, 92(1): 71 – 92.

La Porta, Rafael, Florencio Lopez – de – Silanes, Andrei Shleifer and Robert Vishny. 1998. Law and Finance. *Journal of Political Economy*, 106: 1113 – 155.

La Porta, Rafael, Florencio Lopez – de – Silanes, Andrei Shleifer and Robert Vishny. 1999. The Quality of Government. *Journal of Law, Economics and Organization*, 15(1): 222 – 79.

Landes, David. 1998. *The Wealth and Poverty of Nations*, New York, N. Y.: W. W. Norton.

Landry, Pierre F. 2003. The Political Management of Mayors in Post – Deng China. *The Copenhagen Journal of Asian Studies*, 17: 31 – 58.

Leff, Nathanial H.. 1964. Economic Development through Bureaucratic Corruption. *American Behavioral Scientist*, 82(2): 337 – 41.

Lipset, Seymour M.. 1960. *Political Man: The Social Basis of Modern Politics*, New York: Doubleday.

Lui, Francis T.. 1985. An Equilibrium Queuing Model of Bribery. *Journal of Political Economy*, 93(4): 760 – 781.

Mauro, Paolo. 1995. Corruption and Growth. *Quarterly Journal of Economics*, 110: 681 – 712.

Mauro, Paolo. 1998. Corruption and the Composition of Government Expenditure. *Journal of Public Economics*, 69:263-279.

Mookherjee, Dilip and I. P. L. Png. 1995. Corruptible Law Enforcers: How Should They Be Compensated? *Economic Journal*, 105:145-159.

Murphy, Kevin, Andrei Shleifer and Robert Vishny. 1991. The Allocation of Talent: Implications for Growth. *Quarterly Journal of Economics*, 106:503-530.

Murphy, Kevin, Andrei Shleifer and Robert Vishny. 1993. Why is Rent-seeking so Costly to Growth?. *American Economic Review*, 83(2):409-414.

Shleifer, A. and R. W. Vishny. 1993. Corruption. *Quarterly Journal of Economics*, 108:599-618.

Shleifer, A. and R. W. Vishny. 1994. Politicians and Firms. *Quarterly Journal of Economics*, 109:995-1026.

Skidmore, M. J.. 1996. Promise and Peril in Combating Corruption: Hong Kong's ICAC. *Annals of the American Academy of Political and Social Science*, 547:118-130.

Svensson, Jakob. 2005. Eight Questions about Corruption. *Journal of Economic Perspectives*, 19:19-42.

Treisman, Daniel. 2000. The Causes of Corruption: A Cross-National Study. *Journal of Public Economics*, 76(3):399-457.

Tsui, K.. 2005. Local Tax System, Intergovernmental Transfers and China's Local Fiscal Disparities. *Journal of Comparative Economics*, 33:173-196.

Wooldridge, J. M.. 2001. Applications of Generalized Method of Moments

Estimation. *Journal of Economic Perspectives*, 15(4): 87 – 100.

范子英、张军, 2010a, "财政分权、转移支付与国内市场整合",《经济研究》第 3 期。

范子英、张军, 2010b, "中国如何在平衡中牺牲了效率: 财政转移支付的视角",《世界经济》第 10 期。

过勇、胡鞍钢, 2003, "行政垄断、寻租与腐败——转型经济的腐败机理分析",《经济社会体制比较》第 2 期。

江孝感、魏峰、蒋尚华, 1999。"我国财政转移支付的适度规模控制",《管理世界》第 3 期。

马拴友、于红霞, 2003, "转移支付与地区经济收敛",《经济研究》第 3 期。

吴一平, 2008, "财政分权、腐败与治理",《经济学(季刊)》第 7 卷第 3 期。

谢平、陆磊, 2003, "资源配置和产出效应: 金融腐败的宏观经济成本",《经济研究》第 11 期。

杨灿明、赵福军, 2004, "行政腐败的宏观经济学分析",《经济研究》第 9 期。

尹恒、朱虹, 2009, "中国县级地区财力缺口与转移支付的均等性",《管理世界》第 4 期。

袁飞、陶然、徐志刚、刘明兴, 2008, "财政集权过程中的财政转移支付和财政供养人口规模膨胀",《经济研究》第 5 期。

张军、高远、傅勇、张弘, 2007, "中国为什么拥有了良好的基础设施?"《经济研究》第 3 期。

周黎安、陶婧, 2009, "政府规模、市场化与地区腐败问题研究",《经济研究》第 1 期。

14

财政转移支付分配中的政治经济学①

| 一、引言 |

我国1994年分税制改革以来,中央财政的集权程度得到强化,中央对地方的财政转移支付也随之快速增长。以2012年为例,中央财政收入5.6万亿,其中4.5万亿直接转移给地方财政,占地方财政收入的比重高达74%。巨额的转移支付对地方财政支出产生了重要的影响,缓解了地区间的财力不均等(Tsui,2005;尹恒和朱虹,2009)、促进了公共服务均等化(张丽华和汪冲,2008)和地方的基础设施建设(范子英,2013)。但是转移支付也扭曲了地方政府的行为,产生了扩大地方政府规模的"粘纸效应"(付文林和沈坤荣,2012;袁飞等,2008;范子英和张军,2010)。诱发了更多的地方官员腐败(范子英,2013)等。由于我国转移支付的数额巨大、影响深远,其分配机制就显得至关重要,良好的分配机制能够在效率损失最小的情况下达到国家层面的战略目标。然而迄今为止,文献上却很少研究我国的转移支付是如何分配的,最近贾晓俊和岳希明(2012)尝试推进这方面的工作,但也仅限于探讨均衡性转

---

① 发表于《经济研究》2014年第6期。

移支付的分配。

与本地筹集的收入相比,转移支付收入是一个公共池(Common Pool),由本地承担的税负几乎可以忽略不计,对地方经济也没有税收的效率损失,因此各地都有激励向中央财政争取更多的转移支付(Weingast et al.,1981;Knight,2004)。早期的公共财政理论认为,中央财政是基于效率和公平的权衡对转移支付进行分配,如地区间财力均等化或公共服务均等化,因此各地获得的转移支付都是外生给定的(Oates,1999)。后来的政治经济学研究发现,转移支付的分配嵌入了政治家的利益,政治家出于连任的考虑会对转移支付的分配产生影响,如美国的国会议员为了能够获得地方选民的支持,会倾向于为来源地争取更多的联邦政府的转移支付,因此各地的政治关联与其获得的转移支付直接相关(Knight,2008)。

中国同样如此,"跑部进金"是中央和地方在转移支付分配过程中博弈的形象写照,但是关于中国的政治关联的研究主要集中在经济增长和公司金融领域,如地方领导的中央工作经历是否会影响到地方经济增长(王贤斌和徐现祥,2008;张平等,2012)。企业家的人大代表资格是否会缓解其融资约束(陈钊等,2008;罗党论和甄丽明,2008;余明桂和潘红波,2008;于蔚等,2012)等。只有少数文献尝试研究政治关联对地方转移支付的作用,如中央下派的官员是否带来了更多的转移支付(张牧扬和李力行,2012),在更高一级政府的任职经历是否会对地级市的转移支付产生影响(卢洪友等,2011)。但是这些文献面临了相同的难题,即官员下派和转移支付的增加是同时决定的,上级政府为了提振某地的经济增长,指派一名有经验的官员到地方任职,同时在转移支付的分配上对该地倾斜,因此即使下派的官员增加了地方的政治关联,这种政治关联与新增的转移支付之间也没有因果关系。

本章以在任的部长为研究对象,考察其与来源地的政治关联是否会影响到地方获得的转移支付。与以往的研究相比,这样处理的优势是:首先,部长的当选对其来源地是外生的冲击,与转移支付之间不存在反向因果关系,因此也就避免了既有文献中的内生性难题;其次,中央对地方的财政转移支付的实际决策部门是中央各部委,特别是专项转移支付的分配几乎涵盖了中央所有的部委;最后,部长对各自部委的转移支付有排他的决策权,这些转移支付往往都是针对某个特定领域的补助,部长在这些领域的专业知识背景和工作经历更优秀,因此话语权更大。我们以2003年政府换届时的部长更换为自然实验,运用倍差法(Difference-in-difference,DID)研究地方政治关联的变化是否影响其2003—2007年获得的转移支付。结果显示新任部长平均使得其来源地的专项转移支付增加2亿元,如果是财政部、发改委、劳动和社会保障部等重要部委的部长,政治关联的效应会上升至9.4亿元,增幅为130%;部长在任期的第三年和第四年的效应最大,头尾年份则较小,因此呈现倒"U"形关系;与部长的上任不同,部长卸任导致的政治关联的减少并没有伴随着其来源地的转移支付的减少;而在同一个部委内部,"一把手"的作用远大于其他领导,副部长的政治关联效应并不显著。

本研究的贡献主要是两方面:一是为转移支付相关领域的研究提供了较好的切入点,有很多的文献评估了转移支付的作用,如财力均等化、公共服务均等化等,但都不可避免地遇到了内生性困扰;本研究发现部长政治关联带来的转移支付足够外生,因此可以用来完善这些领域的研究。二是为财政转移支付的改革提供了借鉴,我们发现恰恰是因为专项转移支付缺乏明确的分配制度,才使得部长个人的作用凸显出来,并导致了地方与中央之间无穷无尽的讨价还价和"跑部进金"。论文其他部分安排如下:第二部分是文献的回顾；第三部分是我国的三大转移支付制度和本章的理论假说；第四部分介绍本章的研究设计；第五部分是实证结果及解释；最后是本章的结论。

二、文献回顾及评论

任何国家都存在规模不等的纵向财政转移支付，这些转移支付要么是为了解决财政收入与政府层级的不匹配问题，如流动性和再分配性质的税基集中到更高层级的政府征收（Musgrave，1983），要么是为了提高财政支出的效率，如弥补财力缺口、促进公共服务均等化或调控宏观经济（Boadway，2007）。转移支付可以按照是否指定用途、是否需要配套、是否有最高限额三个属性进行归类，其中指定用途的转移支付也称为专项转移支付（earmarked grants），虽然世界各国针对转移支付的分配都制定了相应的规章制度，甚至是具体的分配公式，但是在具体的财政实践中还是出现了不同程度的偏离，而与项目绑定的专项转移支付的分配则更无章可循（Broid and Timmons，2012）。

早期的财政联邦主义的文献认为政府间的转移支付是中央政府为了最大化全体人民的福利，在效率和公平之间权衡的结果，转移支付使得每一个政府层级的责任与资源匹配（Oates，1999）。后来的政治经济学的文献发现，纵向的转移支付还蕴含着政治家自身的利益，他们会倾向于将资源更多分配给那些政治关联的地区和群体。理论上，强政治关联和弱政治关联的州都可能获得更多的转移支付，如执政党要争取左右摇摆的州的支持（Lindbeck and Weibull，1987），或者是对一贯支持的州的回报（Cox and McCubbins，

1986)。实证上这两种结论都得到了验证,例如1984—1990年,民主党控制了美国的国会,民主党投票人更多的州获得了更多的联邦转移支付(Levitt and Snyder,1997),而摇摆不定的州也获得了更多的转移支付(Arulampalam et al.,2009)。政治关联的效应在其他国家和地区也同样存在,在瑞典,临时性的转移支付项目往往分配给那些中立的地区,以获取这些地区的政治支持(Dahlberg and Johansson,2002);在阿尔巴尼亚,Case(2001)发现政府的补助不仅仅针对摇摆不定的社区,那些可以决定在议会中能否获得多数席位的社区同样重要。

由于政治关联的回报可观,地方政府和地方企业也会尝试建立更多的政治联系。例如在印度,各州的党派公开宣称支持联邦政府,从而获得更多的转移支付(Arulampalam et al.,2009);反之,在选举年份,联邦政府甚至还对未公开支持的州进行惩罚,减少它们应获得的联邦资金(Brollo and Nannicini,2011)。企业则可以通过向议员的选举进行捐赠,建立与未来议员的政治关联,企业未来的回报也会随之增加,并且企业还会策略性地在同一个州资助多名政治家,以获得更高的回报(Cooper et al.,2010)。

议员的当选与地方企业的捐赠相关,这使得这种政治关联存在内生性的风险,因此简单比较议员的数量与其来源地的转移支付也就可能产生有偏的估计。最近的一些研究尝试利用更加外生的冲击来度量政治关联,例如在美国,参议院和众议院都下设了一些专门的委员会,专门委员会负责某一专业领域的相关部门,如国会中的银行委员会(Banking Committee)负责监管美联储、财政部、证券交易委员会和其他金融服务部门(Gropper et al.,2013)。虽然议员的当选可能是内生的,但是当选的议员被任命为某个委员会的成员则是外生的。Knight(2002)考察了美国交通委员会(Transportation Committee)的成员与联邦高速公路援助项目(federal highway aid program)①的分配,发现参议院的交通委员会的成员与其来源地的公路项目正相关,并且国会委员会的成员主要是利用他们的提案权(Proposal Power)将交通基础设施项目投向他们的家乡(Knight,2005)。

虽然委员会成员都具有一定的权力和影响力,但是委员会的主席拥有的权力大得多,他们能够设定立法的议程,讨论一些能够影响行业发展的规章制度的合理性,一些法案甚至是以某个委员会主席的名字命名的。Gropper等(2013)研究了银行委员会主席的政治关联的影响,发现银行委员会主席所在州的银行资产回报率比其他地区高 0.14%—0.15%。Cohen 等(2011)对委员会主席的政治关联与转移支付的分配展开研究。他们将美国两院的委员会按照重要程度进行排序,分别选取了第 1 个、前 3 个、前 7 个和前 10 个重要委员会,发现委员会主席使得所在州的总体转移支付平均增加 9%—10%,专项转移支付的增幅则高达 40%—50%,并且越重要的委员会的效应越大,当委员会主席卸任时,政治关联的效应会出现反转。

我国的立法机构中也有类似于美国国会委员会的机构,如全国人大财经委员会、教科文卫委员会等,但是这些委员会的数量要远远少于美国。例如十二届全国人大中仅有 9 个专门委员会,主要负责研究、审议和拟订有关议案,并不涉及具体项目的分配,因此其对地方获得的转移支付的影响较小。我国转移支付的分配权力主要保留在国务院的各部委,并且中央对地方的转移支付的预算不够细化,其中专项转移支付仅有加总的预算,这使得各部委

---

① 美国的联邦高速公路援助项目是从汽油销售征税,将筹集的税收收入补充到联邦高速公路信托基金(Federal Highway Trust Fund),该基金主要用于各州的公路建设和维护费用,分配的方式是有限额、带配套条款的专项转移支付(Knigh,2002)。

的权力比美国国会委员会的权力还要大,各部长与其来源地的政治关联就会对转移支付的分配产生影响。有一些文献尝试建立中国的政治关联与转移支付之间的联系,如地方官员在中央的任职经历、现任中央委员的来源地等(卢洪友等,2011;张牧扬和李力行,2012;范子英,2013)。这些研究有以下几点不足:①没有理清中国转移支付的分配模式,中央官员的任职部门众多,除了那些曾经在部委任一把手的官员外,其他官员对转移支付的影响都非常小,而中央委员仅是党内的级别,不涉及具体的行政权力;②所有下派的官员都会面临内生性的问题,统计上还无法将政治关联与地方因素的作用分离开。

三、中国的转移支付制度与理论假说

我国真正意义上的财政转移支付是在分税制改革之后才出现的。1980—1993年,实行的是财政"包干制",国家财政的初次分配更有利于地方财政,中央财政经常"入不敷出",仅能对财政严重亏缺的地区进行少量的补助。分税制改革使得全国的财政资源向中央一级财政集中,1993年中央财政占全国财政收入的比重为22%,此后基本维持在50%左右的水平。分税制改革并没有同步调整中央和地方的支出责任,中央财政在完成本级财政支出后还有大量的财政盈余,因此向下级政府的转移支付也显著增加,从1994年的1 819亿元增加到2010年的32 341亿元,年均增长19.7%,财政转移占当年中央财政支出的比重也从43.9%上升到66.9%。

与其他国家不同的是,中国在分税制初期主要通过税收返还的形式将财政资源转移给地方,其所占比重高达74%。不过在政策设计中,中央财政掌握了大部分新增的税收收入,因此随着时间的推移和经济的快速增长,两税返还在中央财政的比重逐渐下降,中央财政的盈余也逐渐增多。这些财政盈余是以财力性转移支付的形式拨付给地方,①与税收返还不同的是,财力性转移支付与地方的财政能力成反比,这样一方面能够缓解基层财政的困难,另一方面也能达到均衡地区间财力的目标,促进基本公共服务的均等化。财力性转移支付种类较多,一般都是采用"因素法"进行分配,因此对地方财政来说,财力性转移支付与税收返还都是可预期的经常性收入来源。

上述两种类型的转移支付都没有指定用途,并且是地方可以完美预期的,因此与地方财政收入没有本质差异。除此之外,我国还存在规模巨大的专项转移支付,在2011年专项转移支付的金额高达1.7万亿元,占当年全部转移支付的42%。与税收返还和财力性转移支付不同的是,专项转移支付指定了用途,属于"专款专用",由于是按照项目进行分配,一般也需要地方进行相应的资金配套。我国的专项转移支付具有明显的逆经济周期特征,在1995—2011年间有两个显著的上升阶段。第一个阶段是在1998年遭遇亚洲金融危机时,中央政府采取了扩张性的财政政策,专项转移支付从1997年的516.0亿元迅速增加至2000年的1648.0亿元,占全部转移支付的比重也从18%上升至35%;第二个阶段是2008年世界金融危机,中央同样采用扩张性的财政政策刺激地方投资,使得当年的专项转移支付金额再次超过财力性转移支付,成为最主要的转移支付类型,专项转移支付占比在2010年升至历史最高点(见图14-1)。

虽然三种转移支付对地方来说都是财政资源的增加,但是其分配过程是

---

① 2009年开始,财力性转移支付改称为一般性转移支付,原有的一般性转移支付改称为均衡性转移支付,但所涵盖的内容没有变化。

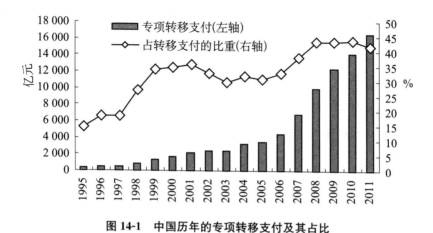

图 14-1　中国历年的专项转移支付及其占比

资料来源:《中国财政年鉴》(1995—2012)。

完全不同的,与税收返还和财力性转移支付相比,专项转移支付分配的不确定性最大,并且需要地方主动争取。一方面,专项转移支付没有明确、统一的分配制度,专项转移支付立足于解决某些关键领域或关键地区的突出问题,一般是按照项目的形式进行分配,而不同年间的项目类型又存在差异,因此也就没有固定的分配制度。另一方面,专项转移支付的项目分配需要地方部门逐级向上申请,而不是自上而下进行分配,其分配遵循"突出重点,择优支持"的原则,因此不同地区获得的专项转移支付相差较大。

不仅如此,中央各职能部委对相关的专项转移支付的分配都具有决策权。税收返还和财力性转移支付有明确的分配公式,地方和中央的信息是完美对称的,这两类转移支付都是由财政部统一管理。专项转移支付一般都是专业性的项目,需要相应的专业性部委对项目的可行性进行评估,再交由财政部拨付资金,因此各部委对自身负责的专项转移支付有非常大的裁量权。专项转移支付的常规流程如图14-2所示,首先由国务院划定相应的重点支持领域,确立相应领域的专项项目,交由相关部委向外发布项目信息,基层的对口单位负责组织申报,再逐级汇总到省级对口部门统一上交相应部委,最后由对口部委联合发改委对项目进行审批,通过审批的项目信息交给财政部,由财政部将资金逐级下划到基层财政。

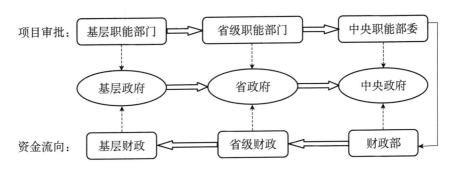

图 14-2　专项转移支付的分配流程

由于专项转移支付的专业性较强,相关职能部委的领导与地方的政治关联会显著影响到地方获得的专项转移支付数量。这种政治关联会通过两个渠道影响到其来源地获得的转移支付,一方面是部长对其来源地有感情,出于情感的需要主动照顾家乡;另一方面是地方政府基于部委领导任职之前的政治联系,加强了与其在任时的互动,在同样努力的情况下可以获得更多的转移支付;不管是部委领导主动还是被动的政治联系,都会使得其来源地获得更多的相应领域的专项转移支付。

更为重要的是,部长的任免与地方的经济发展水平和获得的专项转移支付没有关系,部委领导往往都是从对口的相关专业领域进行选拔的,如从教育部门升至教育部、卫生部门升至卫生部等,很少将不具备专业知识和工作经历的领导干部跨部门调配。在一些技术性较强的部委则更少出现此类情况,如财经、科技、教育、农业等部门。对地方政府来说,新任一个来源于本地的部长是外生的冲击,特别是,如果任免的是实权部门的部长,这种外生冲击对当地获得的专项转移支付甚至地方财政收入会产生巨大的影响。近些年来中央财政盈余不断扩大,向下级政府的专项转移支付也随之显著增加,部长的政治关联对地方获得的财政资源的作用也越来越大。因此,如果部长存在与其来源地的政治关联,那么我们预期这种政治关联将会显著影响专项转移支付的分配。

四、研究设计

(一) 数据样本

在研究政治关联与专项转移支付的关系时,要将部委机构调整的作用与部委领导的作用区分开。我国在1998年和2008年都进行了较大的机构调整,1998年撤销了15个部,新建了4个;2008年撤销了6个,新建了5个。部委的调整也伴随着专项转移支付分配权力的调整,比如为了增加对环境领域的整治力度,国务院在2008年组建了环保部,此举势必会对其他部委的权力造成负面影响,减少其他部委能够分配的财政资源,当我们借此评估新任环保部部长的政治关联的作用时,就会将部长的效应与机构调整的效应叠加在一起,高估部长的政治关联的影响。2003年机构调整的幅度最小,仅将原有的国家经济贸易委员会和对外贸易经济合作部合并为商务部,并且新组建的商务部的专项转移支付资源较少,对其他部委的权力几乎没有影响。因此,本章所选取的时间跨度为1998—2007年。

各部委的部长更换一般都是在一届政府任期结束时进行。在2002年年底至2003年两会期间,有17个部委更换了部长,涵盖了主要的实权部门,如发改委、财政部、劳动和社会保障部等;6个部委没有对部长进行调整,这些也基本是实权较小的部门，如文化部、计生委等；剩下的 6 个部委在 2002 年年底之前更换了部长，其中有 3 个部长达到 65 岁的强制退休年龄，2 个部长调任到地方担任省委书记，1 个部长被撤职。1998—2007 年一共有 60 位部长，大多数的部长在上任初期的年龄就接近或者超过 60 岁，因此在一个任期结束后将面临退休或是调任其他无实权的部门；有 60% 的部长任期满 5 年，任期未满 5 年的部长主要是三个去向：年龄超过 65 岁、调任地方一把手、党纪处分或逝世；从部长直接晋升为更高级别官员的仅有 5 位，2003 年新任的部长的政治升迁的可能性更小，甚至平调至地方一把手的机会也比之前更少，因此部长往往是这些官员政治生涯的顶点。

我们收集了 29 个部委部长和副部长的个人简历，并将其政治关联分别定义为籍贯、出生地和第一工作地，其中第一工作地定义为在地方（非北京）工作时间最长的所在地。在部长的个人简历中，有的将出生地细化到县（甚至镇），但有的仅报告到地级市，出于统一口径的考虑，我们将政治关联定义到地级市。同时从《全国地市县财政统计资料》中整理出各地级市的财政数据，如预算收入、财力性转移支付、专项转移支付等；从《中国城市年鉴》中整理出各地级市的统计数据，如人均 GDP、人口规模等，最终形成一个包含政治关联、财政、经济、人口等多维度的地级市面板数据。

在图 14-3 中，我们将那些 1998—2002 年间没有政治关联、2003 年新增了政治关联的地级市（即 1998—2002 年间没有新任部长出生于该市，2003 年有新任部长出生于该市），与那些一直以来都没有政治关联的地级市（即 1998—2007 年间都没有新任部长出生于该市）进行对比。这种对比揭示了三个有趣的事实：首先，两种类型的地级市在 2003 年之前不存在显著差异，这说明部长的更换对地方来说是外生的；其次，部长当选当年的效应不大，政治关联

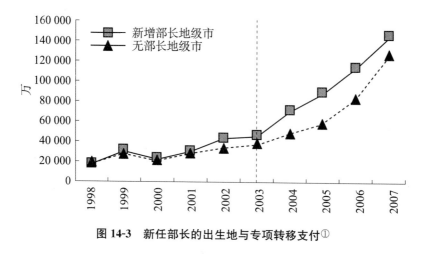

图 14-3　新任部长的出生地与专项转移支付①

的效应在当选后的第 3 年和第 4 年最大,以 2005 年为例,有政治关联的地级市平均获得的专项转移支付为 8.95 亿元,比没有政治关联的地级市多 51.1%;最后,任期快要结束时,政治关联的效应开始下降,两者仅相差 14.9%,这可能是因为在任部长已经预期到卸任的可能性,因此开始为交接班做铺垫。

(二) 识别方法

图 14-3 的结果说明倍差法非常适合评估政治关联对专项转移支付分配的影响。首先,部长的更换相对地方来说是外生的冲击,满足了 DID 对政策干预外生性的要求;其次,大多数部长的更换集中在 2002 年年底至 2003 年年初,有一个清晰的时间断点;最后,随着中央财政集权程度的加强,各部委在 2003 年之后掌控的资源也随之增多,使得政治关联的作用凸显出来。最常用的 DID 模型如下所示:

---

① 例如,农业部门的专项转移支付较多,2002—2006 年间的农业部长来自吉林省吉林市,我们发现 2002 年之前吉林市和省内其他地级市获得的专项转移支付相差不大,但是到了 2004 年,前者是后者的两倍多。

$$Tran_{it} = \alpha + \beta_1 Minister_i + \beta_2 D03 + \beta_3 Minister_i \times D03 + \gamma X + \varepsilon \quad (14\text{-}1)$$

其中，$Tran$ 是专项转移支付的数量，$D03$ 为虚拟变量，2003 年之后取 1，之前取 0。$Minister$ 用来区分实验组和对照组，实验组为 2003 年新增部长的来源地（$Minister=1$），对照组为 1998—2007 年新增部长中没有部长出生的地级市（$Minister=0$）。当我们想研究政治关联减少的效应时，实验组则为 2003 年卸任部长的来源地，$Minister$ 和 $D03$ 交互项的系数即为政治关联的净效应。模型(1)中，X 为控制变量，分别包括一般预算收入、人均 GDP、城市化水平、人口规模和土地面积。在定义各地级市的政治关联时，我们对样本中满足如下条件之一的数据进行了删除处理：地方没有对口部门的部委；部长更换早于 2002 年年底；部长没有变更的部委；虽然更换了部长，但是部长来源于同一个地级市的部委；来源地部长交叉变更的样本；所有直辖市和省会城市的样本，这些城市与普通地级市的级别不同。

模型(1)一般是在仅能获得两期数据时使用，而我们使用的是 1998—2007 年 256 个地级市的面板数据集，可以通过控制双向固定效应的方式消除时间和个体之间的差异，这相当于将模型(1)在时间和个体两个维度上进行展开，因此我们在计量部分使用如下的双向固定效应模型，其中 δ_i 为个体固定效应，γ_t 为时间固定效应。

$$Tran_{it} = \alpha + \beta Minister_i \times D03 + \gamma X + \delta_i + \gamma_t + \varepsilon \quad (14\text{-}2)$$

五、实证结果及解释

(一) 新任部长与卸任部长：政治关联效应的非对称性

我们首先以出生地作为政治关联的度量，表 14-1 中第一个回归同时控制了

表 14-1 部长出生地的政治关联的作用

	政治关联：出生地					
	新任	卸任	籍贯	第一工作地	排除升迁	一般性转移
部长更换×D03	20 366.78*** (4 973.70)	−1 523.44 (5 536.17)	16 336.13*** (4 459.80)	9 186.32* (5 231.21)	20 366.48*** (4 976.86)	5 905.23 (5 247.48)
预算收入	0.007* (0.004)	0.008** (0.004)	0.007* (0.004)	0.011*** (0.003)	0.007* (0.004)	−0.045*** (0.009)
人均GDP	−0.482*** (0.067)	−0.491*** (0.067)	−0.485*** (0.067)	−0.522*** (0.067)	−0.482*** (0.067)	−0.210 (0.136)
人口规模	114.06*** (25.79)	118.75*** (25.71)	114.10*** (25.93)	103.87*** (26.80)	114.17*** (25.80)	285.60*** (36.44)
城市化率	−22 670.91** (11 469.87)	−17 332.96 (11 437.53)	−22 873.95** (11 529)	−16 710.24 (11 761.12)	−22 726.33** (11 480.79)	−43 981.65*** (14 069.3)
土地面积	−0.421 (0.469)	−0.455 (0.468)	−0.425 (0.472)	−0.217 (0.487)	−0.422 (0.470)	−3.929*** (1.089)
年份效应	yes	yes	yes	yes	yes	yes
Within R^2	0.734	0.731	0.732	0.725	0.733	0.561
城市数量	240	238	239	248	239	230
观测值	2 214	2 195	2 205	2 293	2 209	1 659

注：*、**和***分别表示10%、5%和1%的显著性水平。

时间效应、个体效应以及其他控制变量,①交互项显著为正,这说明在其他条件相同的情况下,部长会使其出生地的专项转移支付增加 2 亿元,相当于在平均水平上增加 27.7%。其他的控制变量也基本符合我们的预期,地方预算收入也显著为正,这是因为一般的专项转移支付都是采用项目的方式,要求地方进行一定比例的资金配套,因此配套能力越强的地方获得的专项转移支付也越多。人均 GDP 显著为负,这说明在给定配套能力的前提下,中央还是倾向于将转移支付分配给落后地区,以促进区域之间在基础设施和公共服务方面的均等化。此外,人口规模也是影响专项转移支付分配的因素,比如社会保障领域的专项转移支付就会考虑人口规模,人口越多的地区获得的专项转移支付也越多。城市化水平显著为负,因为专项转移支付中有很大比例是投向农村,因此城市人口占比越多的地区获得的专项转移支付越少。地区的行政区划面积不是影响专项转移支付的重要因素。

第二个回归考察了政治关联减少和增加的效应是否对称,即专项转移支付是否随着部长的卸任而显著减少。2003 年 17 个部委新委任了部长,相应的也有 17 个卸任的部长。我们比较了那些在 2003 年卸任的部长的出生地与参照组(一直没有部长的地级市)的差异,第二个回归中的交互项不显著,说明政治关联的减少没有对专项转移支付产生影响。其背后的原因可能有两个:一是前任部长还对其任职过的部门有影响;二是每个地级市获得的专项转移支付占全部专项转移支付的比重很小,新任部长不必对原有的分配模式进行大幅度调整。因此,与美国国会委员会主席卸任后的"人走茶凉"不同

---

① 实际过程中,我们是分步控制的,出于篇幅的考虑这里没有列出其他结果,有兴趣的读者可以向作者索要。

的是(Cohen et al.,2011),中国的政治关联效应没有随着部长的卸任马上消失。

从图14-3可以看出政治关联的效应在部长任期之内是非线性的。我们基于第一个回归将政治关联的效应分解到每一年,即D03分别拆分为2003—2007年各年,再将其结果画在图14-4上,可以清晰地看出各年的效应存在明显的倒"U"形走势。部长上任的第一年(2003)的效应不显著,新任部长之所以没有对其出生地特别照顾,可能是因为需要一段时间熟悉其掌握的资源。政治关联的作用在第二年(2004)开始体现出来,有政治关联的地级市比没有政治关联的地级市平均多获得了2.09亿元的专项转移支付。政治关联的作用在第三年(2005)达到顶峰,第四年(2006)开始下降,第五年(2007)减少到1.88亿元,并且是在5%的水平下才显著。综合来看,部长的政治关联效应会使得其出生地在5年的时间里一共多获得近10亿元的专项转移支付。

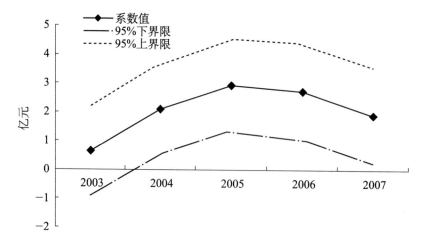

图14-4 部长的倒"U"形效应

我们还从另外几个维度考察了政治关联对专项转移支付的影响,表14-1中第三个回归用籍贯地代替出生地,发现籍贯度量的政治关联的效应较小,但是与出生地相比没有太大差异,这是因为大多数部长的籍贯地和出生地相同,例如在2003年的28个部长中,仅有4个部长的籍贯地与出生地不同,两个指标的重复度较高。我们在第四个回归中引入了工作地的政治关联,此时的工作地是指担任部长前在地方工作最长时间的所在地,该系数符号虽然为正,但是仅在10%的显著性水平下通过检验。因此,相对来说,部长与其出生地的政治关联最强,籍贯地次之,工作地最弱,政治关联的强弱也最终体现在各地获得的专项转移支付上。① 这些结果也在一定程度上厘清了政治关联的作用机制,工作地与部长的联系更多是"被动"的,而出生地和籍贯则主要是受到部长"主动"照顾,因此部长的政治关联效应是由情感效应导致的。

此外,部长自身的政治诉求也可能会影响到其决策,如果部长可以通过改变专项转移支付的分配来获得政治晋升的话,那么前面的估计就可能低估了政治关联的作用。第五个回归剔除了直接晋升的部长样本,此时的结果与前面没有差异。最后一个回归是从反面检验政治关联的作用渠道,估计政治关联是否会对一般性转移支付产生影响,结果与我们的预期一致,一般性转移支付有明确的分配公式,由财政部全权负责,其他部委的部长对此没有影响。

(二) 稳健性检验及扩展

为了获得更加稳健的结论,我们在表14-2中对一些可能的替代性假说进行了检验。第一个回归不再以2003年作为实验设计的截点,而是对部长

---

① 我们也考察过第二工作地,发现第二工作地的效应也不显著。

来源地直接赋值,某市某年至少有一位部长则赋值1,反之赋值0,由于我们同时控制了时间和截面的固定效应,这个赋值后的结果与DID逻辑上是一致的,可以看到部长更换的效应依然显著为正,这说明结果对赋值方式不敏感。第二个回归是在表14-1中第一个回归的基础上加入了省会城市的样本,这样处理的目的是为了考察城市行政级别的影响,可以看到政治关联的效应依然显著,不过系数的下降也说明省会城市能够利用其更高的行政级别获得更多的资源。第三个回归加入了那些没有对口的部委样本,如铁道部、外交部等,虽然这些部委没有向下级政府转移财政资源的直接权力,不过其间接效应还可能存在,即这些部长可以与其他部委进行利益交换,从而为其来源地争取到更多的转移支付,人为删除这些样本可能低估了部长的效应。从第三个回归可以看出,样本范围的扩大并没有影响到基本结论,但是政治关联的系数有明显的下降。为了进一步考察无对口部委和有对口部委之间的差异,我们在第四个回归中仅将无对口部委的部长作为处理组,控制组为那些一直没有部长的来源地,结果发现系数显著为负,即无对口部委的部长不仅没能为其来源地争取到更多的转移支付,甚至还有负面效应,这背后的原因可能是部委之间的竞争大于合作,部长之间的利益交换很难破除部门之间的利益冲突。

表14-2 稳健性检验

	有无部长	非直辖市	所有部委	无对口部委	省内样本
部长更换×$D03$	8 916.056*** (3 354.093)	14 462.82*** (4 841.483)	9 269.627** (3 750.766)	−30 353.59*** (9 399.631)	19 926.3*** (5 410.126)
预算收入	0.010*** (0.003)	0.004*** (0.002)	0.007* (0.004)	0.009** (0.004)	0.038*** (0.008)

续表

	有无部长	非直辖市	所有部委	无对口部委	省内样本
人均GDP	−0.525*** (0.066)	−0.390*** (0.054)	−0.481*** (0.064)	−0.499*** (0.064)	−1.978*** (0.294)
人口规模	103.674*** (26.416)	118.814*** (24.491)	76.521*** (24.987)	76.953*** (25.015)	503.027*** (80.511)
城市化率	−16 120.1 (11 477.4)	−6 829.289 (11 142.02)	−19 916.99* (11 039.21)	−16 050.83 (11 101.12)	−128 415.2*** (37 279.59)
土地面积	−0.211 (0.483)	−0.722 (0.484)	−0.412 (0.461)	−0.402 (0.460)	−4.214*** (1.183)
年份效应	yes	yes	yes	yes	yes
Within R^2	0.724	0.722	0.746	0.743	0.792
城市数量	256	262	240	228	67
观测值	2 370	2 422	2 213	2 102	633

注：*、** 和 *** 分别表示 10%、5% 和 1% 的显著性水平。

在图 14-4 中，当我们将政治关联的平均效应分解为年度效应时，2004 年和 2005 年的效应达到顶点，这两年的效应推动了平均效应在 1% 的水平下显著，但这种时间上的差异还不能简单地归结为部长基于任期做出的特殊考虑。2003 年之后国家对某些省份和地区有特殊的安排，如"振兴东北老工业基地""中部崛起战略"等，这种政策安排会增加流向这些地区的财政转移支付，如果有较多的部长恰好也来源于这些地区的话，就很难将部长的效应与地区战略的效应进行分离。表 14-2 中第五个回归仅包含有部长来源的省的城市样本，①由于国家层面的地区战略是以省作为划分对象的，因此将样本缩减为都有部长来源的省，就能够避免非部长政策的影响，我们发现此时以出生地度量的政治关联依然显著为正，这证实了部长的效应不是一个偶然的

---

① 新任部长主要来自 5 个省份：山西、辽宁、吉林、江苏、山东和河南。

因素，而是通过其政治关联影响了转移支付。①

虽然各部委之间的职责存在一定程度上的交叉和重叠，但各自都负责了一个相对明确的专业领域，各部委的部长对本领域的财政资源有相当大的话语权，他们往往决定了本部委的专项转移支付的分配。但国家出于宏观调控和区域发展的考虑，会对专项转移支付流向的领域进行调整，以更好地实施国家层面的政策，例如2011年加快推进的1 000万套的保障房建设中，由中央财政新增补助资金1 030亿元，住建部负责分配的专项转移支付也随之增加。因此，不同部长之间的权力大小也存在显著差异，那些实权部门的一把手的权力要远大于其他部门，他们的政治关联会对专项转移支付的分配产生更大的影响。我们依据2007年专项转移支付的具体流向将所有部委划分为重要部委和一般部委，其中重要部委包括专项转移支付最多的四个领域所对应的部委，即劳动和社会保障部、农业部、卫生部、教育部，②再加上另外两个事权较大的综合部委，即财政部和发改委，所有其他部委被划为一般部委。

表14-3中第一个回归只包含了重要部长的变量和其他控制变量，此时的交互项显著为正；第二个回归仅放入一般部长的交互项和其他控制变量，比较的是那些有较弱政治关联的地级市（一般部长来源地）与完全没有政治关联的地级市之间的区别，此时的交互项不显著，说明政治关联的作用还取

---

① 此外，我们也将样本缩小为东北三省的城市，发现部长的效应依然存在，这说明在控制了地区战略的影响后，部长的政治关联是影响地方获得转移支付的重要因素。
② 2007年专项转移支付最多的领域依次为：社会保障和就业1961亿元、农林水事务961亿元、环境保护748亿元、医疗卫生630亿元、教育391亿元，其中环保部在2008年才组建，因此没有包括在重要部委中。见 http://www.mof.gov.cn/pub/yusuansi/zhuantilanmu/zhongguocaizhengtizhi/zyddfzyzf/200806/t20080627_54319.html。

决于其掌握的资源。第三个回归同时放入了重要部长和一般部长的交互项，以及其他控制变量，结果没有太大差异，一般部长对其来源地几乎没有影响，而重要部长会使得其来源地获得的专项转移支付增加 9.4 亿元，相当于专项转移支付在原有水平上增加 1.3 倍，占地方预算收入的 34%。①

表 14-3 重要部委和一般部委的差异

	(1)	(2)	(3)	(4)	(5)	(6)
重要部长×D03	93 915.85*** (13 298.39)		94 171.3*** (13 292.84)			
一般部长×D03		8 556.35 (5 350.87)	8 979.85* (5 285.27)			
正部长				6 762.53** (2 956.47)		5 869.26** (2 974.12)
副部长					−3 627.52*** (1 312.40)	−3 315.57** (1 320.98)
控制变量	yes	yes	yes	yes	yes	yes
年份效应	yes	yes	yes	yes	yes	yes
Within R^2	0.738	0.732	0.738	0.723	0.724	0.724
城市数量	240	240	240	256	256	256
观测值	2 214	2 214	22 147	2 370	2 370	2 370

注：*、**和***分别表示 10%、5% 和 1% 的显著性水平。

一般部委的领导除正部长外，还有 3—11 个副部长，②每一个副部长分管该部委的某一个细分的领域，因此在决定专项转移支付的分配中，副部长也会产生影响。与正部长不同的是，副部长不需要人大任命，其更换也是随时进行的，如果某些副部长获得晋升或者是年龄原因卸任，国务院会及时补

---

① 2003 年后，所有地区平均获得的专项转移支付为 7.4 亿元，9.4/7.4＝1.3 倍；2003—2007 年地方预算收入的平均值为 27.9 亿元，9.4/27.9＝34%。

② 副部长的数量与部委的权力是一致的，例如发改委的权力最大，副部长也最多，民委的权力最小，副部长最少。

充副部长的人选,由于没有明确的时间划分,我们这里就无法采用倍差法进行估计,而只能采用普通的面板模型。与正部长的数据整理类似,我们收集了1998—2007年所有部委副部长的个人简历,在剔除了地方没有对口部门的部委后,一共涉及264位副部长,再根据其提供的出生地归总各地级市每年的政治关联数量。由于国家预算是在每年3月份的人大会议上确定,如果副部长在3月份之前卸任,那么其仅能影响上一年度的专项转移支付,因此仅计算上一年度的效应;反之,如果副部长在3月份之后才卸任,当年的效应也包含在内;对于新任的部长,如果其在10月份之前上任,则归为当年效应;反之则仅计算次年效应。

表14-3第四至六个回归采用普通面板数据双向固定效应方法,其中第四个回归包括了各地正部长的数量和其他控制变量,正部长的效应在5%的水平下显著,并且比表14-1的系数小了很多。第五个回归放入了副部长的变量,我们发现副部长不仅没有为其来源地争取更多的专项转移支付,甚至还会减少其来源地的专项转移支付,这可能是因为副部长比正部长有更多的政治诉求,副部长一般年龄都较小,有晋升为正部长的激励,为了刻意避嫌而没有对其来源地进行照顾。最后一个回归将正部长和副部长同时放入,结果与前两个没有差异。总体来看,副部长的效应远不及正部长,一般部长远不及重要部长。

六、结论

在世界各国的财政实践中,上级政府都会出于各种目的对下级政府进行转移支付,由于转移支付的分配涉及政治家个人的行为决策,因此这些政治家与地方的政治关联强度就会对转移支付的分配产生影响。我们在本章中发现中国也存在同样的现象,在1994年分税制改革之后,财政集权的结果是中央各部委掌握的资源越来越多,其中最关键的就是中央向地方的专项转移支付,该转移支付数额庞大,并且由于缺乏明确、科学的分配制度,部委的权力非常大,而作为部委一把手的部长的偏好就对专项转移支付的分配至关重要。

我们以2003年17个主要部委部长的更换为自然实验,采用倍差法估计了部长对其来源地的专项转移支付的影响,结果发现新增一个部长会使得部长出生地的地级市的专项转移支付增加2亿元,如果是最重要的6个部委,该效应上升至9.4亿元,增幅为130%,相当于地方预算收入的34%。这种效应比Cohen等(2011)估计的美国国会委员会主席的效应大很多,说明中国的部长比美国国会委员会主席拥有更大的权力。与其他西方国家不同的是,中国的部长卸任没有出现关联效应的反转,政治关联的减少没有使得来源地的专项转移支付随之下降。在时间趋势上,关联效应在第三年和第四年最大,头尾两年不明显。相对来说,一把手的权力远大于其他官员,副部长的政治关联的效应不明显。

由于部长的政治关联的效应使得地方财政收入出现大幅度的增加,这笔巨额的意外收入(windfall)对地方经济来说也不一定就必然产生正面效应,对私营经济和企业投资还可能存在挤出效应(Cohen et al., 2011);另一方面,政治关联会对转移支付的分配效率产生不利影响,使得转移支付制度很难实现国家层面的战略目标,如基本公共服务均等化、宏观经济调控等,因此未来的政策应削弱部长对专项转移支付的干预,建立公式化的分配制度,减少以项目的形式拨付专项资金。

参考文献：

Arulampalam, Wiji, Sugato Dasgupta, Amrita Dhillon, and Bhaskar Dutta. 2009. Electoral Goals and Center – state Transfers: A Theoretical Model and Empirical Evidence from India. *Journal of Development Economics*, 88 (1):103 – 119.

Boadway, Robin. 2007. Grants in a Federal Economy: A Conceptual Perspective. in Robin Boadway and Anwar Shah (Eds.), *Intergovernmental Fiscal Transfers: Principles and Practice*, World Bank.

Broid, Daniel S. K., and Jeffrey F. Timmons. 2012. The Political Economy of Municipal Transfers: Evidence from Mexico. Working Paper.

Brollo, Fernanda, and Tommaso Nannicini. 2011. Tying Your Enemy's Hands in Close Races: The Politics of Federal Transfers in Brazil. workingpaper.

Case, A. . 2001. Election Goals and Income Redistribution: Recent Evidence from Albania. *European Economic Review*, 45(3):405 – 423.

Cohen, L., J. Coval, and C. Malloy. 2011. Do Powerful Politicians Cause Corporate Downsizing? *Journal of Political Economy*, 119(6):1015 – 1060.

Cooper, M. J., H. Gulen, and A. V. Ovtchinnikov. 2010. Corporate Political Contributions and Stock Returns. *Journal of Finance*, 65(2):687 – 724.

Cox, G. W., and M. McCubbins. 1986. Electoral Politics as a Redistributive Game. *Journal of Politics*, 48(2):370 – 389.

Dahlberg, M., and E. Johansson. 2002. On the Vote-purchasing Behavior of Incumbent Governments. *American Political Science Review*, 96 (1):27-40.

Gropper, Daniel M., John S. Jahera, and Jung Chul Park. 2013. Does it Help to Have Friends in High Places? Bank Stock Performance and Congressional Committee Chairmanships. *Journal of Banking & Finance*, 37 (6):1986-1999.

Knight, Brian. 2002. Endogenous Federal Grants and Crowd-out of State Government Spending: Theory and Evidence from the Federal Highway Aid Program. *American Economic Review*, 92(1):71-92,

Knight, Brian. 2004. Parochial Interests and the Centralized Provision of Local Public Goods: Evidence from Congressional Voting on Transportation Projects. *Journal of Public Economics*, 88(3-4), 845-866.

Knight, Brian. 2005. Estimating the Value of Proposal Power. *American Economic Review*, 95(5):1639-52.

Knight, Brian. 2008. Legislative Representation, Bargaining Power and the Distribution of Federal Funds: Evidence from the U. S. Congress. *Economic Journal*, 118(532) (October):1785-1803.

Levitt S., and J. M. Snyder. 1997. The Impact of Federal Spending on House Election Outcomes. *Journal of Political Economy*, 105(1):30-53.

Lindbeck, A., and J. Weibull. 1987. Balanced-budget Redistribution as the Outcome of Political Competition. *Public Choice*, 52(3):273-297.

Musgrave, Richard. 1983. Who Should Tax, Where and What?. in

Mclure, Jr. (Eds.), *Tax Assignment in Federal Countries*, Canberra: Australian National University Press.

Oates, W.. 1999. An Essay on Fiscal Federalism. *Journal of Economic Literature*, 37(3): 1120-1149.

Tsui, K.. 2005. Local Tax System, Intergovernmental Transfers and China's Local Fiscal Disparities. *Journal of Comparative Economics*, 33(1): 173-196.

Weingast, B., K. Shepsle, and C. Johnsen. 1981. The Political Economy of Benefits and Costs: a Neoclassical Approach to Distributive Politics. *Journal of Political Economy*, 89(4): 642-664.

陈钊、陆铭、何俊志，2008，"权势与企业家参政议政"，《世界经济》第6期。

范子英，2013，"转移支付、基础设施投资与腐败"，《经济社会体制比较》第2期。

范子英、张军，2010，"粘纸效应：对地方政府规模膨胀的一种解释"，《中国工业经济》第12期。

付文林、沈坤荣，2012，"均等化转移支付与地方财政支出结构"，《经济研究》第5期。

贾晓俊、岳希明，2012，"我国均衡性转移支付资金分配机制研究"，《经济研究》第1期。

卢洪友、卢盛峰、陈思霞，2011，"关系资本、制度环境与财政转移支付有效性"，《管理世界》第7期。

罗党论、甄丽明，2008，"民营控制、政治关系与企业融资约束——基于中国民营上市公司的经验证据",《金融研究》第 12 期。

王贤彬、徐现祥,2008,"地方官员来源、去向、任期与经济增长",《管理世界》第 3 期。

尹恒、朱虹,2009,"中国县级地区财力缺口与转移支付的均等性",《管理世界》第 4 期。

于蔚、汪淼军、金祥荣,2012,"政治关联和融资约束:信息效应与资源效应",《经济研究》第 9 期。

余明桂、潘红波,2008,"政治关系、制度环境与民营企业银行贷款",《管理世界》第 8 期。

袁飞、陶然、徐志刚、刘明兴,2008,"财政集权过程中的转移支付和财政供养人口规模膨胀",《经济研究》第 5 期。

张丽华、汪冲,2008,"解决农村义务教育投入保障中的制度缺陷——对中央转移支付作用及事权体制调整的思考",《经济研究》第 10 期。

张牧扬、李力行,2012,"下派官员带去了什么?",北京大学国家发展研究院工作论文。

张平、赵国昌、罗知,2012,"中央官员来源与地方经济增长",《经济学(季刊)》第 11 卷第 2 期。